陳木杉 著

從函電史料觀汪精衛檔案中的史事與人物新探（一）

宋晞 題簽

臺灣學生書局 印行

自序

近年來隨著檔案史料的公佈及言論尺度的放寬，海峽兩岸歷史學者對反面歷史人物的研究，如汪精衛之流，有愈來愈受重視之趨勢。筆者不揣淺陋於民國八十四年二月及八十五年九月，由學生書局分別出版《從函電史料觀抗戰時期的蔣汪關係》及《從函電史料觀抗戰時期汪精衛集團治粵梗概》二書，引起學界不少讀者的迴響，給予本人莫大的鼓舞。

今再以《從函電史料觀汪精衛檔案中的史事與人物新探㈠》為題出版續集，是希望引用臺灣地區第一手《汪精衛資料檔案》中與汪精衛相關之函電史料，選取十四個題目，參照史料予以撰寫成篇，例如史事部份共有四篇，範圍包括汪精衛與中國國民黨早期家變問題、汪慶祝六十大壽問題、汪與國旗問題、汪與南京特工問題。另外人物部份共有十篇，範圍包括與汪有密切往來之人物，如陳璧君、陳公博、曾仲鳴、丁默邨、王蔭泰、高宗武、陶希聖、龍雲、何鍵、張景惠等。俗云歷史離不開事件與人物，因此透過對事件與人物的研究，可以找出歷史的軌跡更可以使抗日戰史的研究趨於全面性與真實性。本書得以順利付梓出版，承蒙宋師旭軒賜予題封及臺灣學生書局丁文治先生、鮑邦瑞先生的鼎力支持，謹致由衷的感謝。

陳木杉
民國八十六年六月十六日謹誌於斗六市
國立雲林科技大學人文科學院

目錄

史事部份

第一篇　從函電史料觀汪精衛與中國國民黨早期的家變問題關係梗概

壹、前言

人類最大的悲劇，就是無法吸收與記取過去的歷史經驗和教訓。邇來國民黨的家變，讓我們想起蔣中正先生和汪精衛先生，這兩個人在現代中國的政壇上，有過五次的分分合合。隨著史料的出現，筆者試著就「寧漢分裂」時期的蔣汪關係作一探討，進一步瞭解國民黨早期的家變，以還中國現代史之面貌。

貳、從汪精衛檔案史料解讀國民黨早期的家變

民國十六年，北伐軍尚在途中，武漢方面以汪精衛為首，由小軍頭唐生智、張發奎、程潛等人撐腰，也成立了國民政府，對抗在南京以蔣中正總司令為主幹的國民政府。時北洋軍

閩正陳兵於南京對岸的埔口，隨時可以渡江攻取南京。大敵當前，北伐未竟全功，國民黨內部先打起來，此次內門以蔣中正總司令下臺作為結束。

翻開《汪精衛檔案史料》，從一份由特派貴州宣慰委員李世榮在民國十六年八月二十六日所寫呈給當時任國民政府主席的汪精衛之留內報告，可看出國民黨早期家變的部份內幕，該報告內容茲引述如下：

> 精衛先生同志：此次蔣氏不容於黨的紀律，迫而下野，黨國前途，驟見光芒，無任欣慰。政府對於東南問題，當已有整個解決之計劃。逝江在東南問題以內，當然隨同解決，毋庸亨頤等鰓鰓過慮。惟亨頤等浙人略知浙事，用是不揣冒昧，妄陳所見，以備採擇：㈠浙江在黨的統治之下，決不提倡浙人治浙的主張，而且浙江久在軍閥壓迫，官僚腐化之後，革命空氣，非常稀薄，急應羅致多數忠實同志，前往指導，藉以鏟除一切腐化份子，俾浙江得隨革命潮流而並進。㈡張人傑爲　總理之老友，在革命歷史上亦有相當之地位，自不應過予難堪，此次開復黨藉，自是特殊辦法。惟病廢如此，神經多乖，再任政務，萬萬不可，予以休老，又所贊同，其他現任委員，多不知名，浙人決無信仰，而如馬敍倫，蔣夢麟等反覆無恥，思想腐化，實爲浙人所痛惡，此後改選浙江省政府委員，務請注意。㈢將來浙江省政府委員人選問題，諒已在政府物色之中，亨頤等皆服務中央，對於本省改革要政，縱未能親任共事，但極願以至誠之意供獻於左右，不使浙江再發生無謂之波折，如荷垂詢，當盡所能言。浙人思想尚進

展，而少堅決之力，所望加以非浙籍之人，而思想必須無後於浙人者。㈣前在蔣介石清黨運動時代所逮捕之黨部人員，如查係本黨忠實同志，固宜撤消，即查明確係共產黨員，亦應照本黨遷都南京宣言，予以感化之機會，一併開釋，以示寬大。以上僅舉大概，未詳之處，另推朱一鶚同志趨前叩謁，請賜予接見爲荷。專此奉布，敬祝黨祺。朱一鶚、鍾嘉桐、趙舒、梁鋆立、經亨頤、莊智煥、謝冠生、趙以慶、孫伏園、錢志喜同啟。八月二十五日。

就上述〈留內報告〉試解析如下：

一、從民國十四年（一九二五）孫中山先生逝世至民國二十七年（一九三八）十二月、蔣汪二人先後有五次合作和分裂，此份〈留內報告〉應屬極機密文件由特派員李世榮所呈，時間在民國十六年八月二十六日，應屬蔣汪第三次分合時期（大約是在民國十六年七月至民國十七年二月一日）。

二、李世榮為擁汪派，在蔣中正先生下野後，汪派希望藉此一舉，欲撤底掃除浙籍人士，反對浙人治浙，連孫中山先生的老友，黨國大老張人傑，汪派人士亦認為張氏年老多病，應予退休，對於像馬敍倫、蔣夢麟等人，則被汪派人士，形容為反覆無恥，思想腐化，不得選這些人當浙江省政府委員。很顯而易見的是，當年汪氏集團為反蔣進而反對浙人治浙，所謂省籍情結由來已久，於今猶烈。

三、汪派人士極力向汪推薦經亨頤出任浙江省府委員，也可說是反浙人治浙風潮中的惟一例，經亨頤簡歷如下：經亨頤（一八七七～一九三八）字子淵，號石禪，晚號頤淵。浙江上虞人。早年因參與通電反對慈禧廢光緒帝，遭清廷通緝而避居澳門。一九〇三年赴日留學，畢業於東京速成師範學校。一九〇八年任浙江兩級師範學堂教務長。一九〇九年再赴日本入東京高等師範學校，回國後仍任浙江兩級師範教務長。一九一一年浙江軍政府成立，被推管理教育行政。民國二年（一九一三）任浙江省立第一師範學校校長。民國十年（一九二一）受陳春瀾之聘，任春暉中學校長，並邀名流學者任教，有「北南開，南春暉」之譽。民國十二年（一九二三）任浙江省立第四中學校長。民國十五年（一九二六）當選為中國國民黨中央執行委員，赴粵參加革命工作。民國十六年（一九二七）任中央訓練部常務委員兼浙江省政府委員。民國十七年（一九二八）任國民政府委員。民國十九年（一九三〇）被北平反蔣派中央黨部擴大會議推為組織部委員，為南京國民黨中央黨部開除國民黨籍。。民國二十年（一九三一）五月寧粵對立，參加廣州反蔣派國民政府，同年十二月國民黨開四屆「中全會，被推為國民政府委員。曾任全國教育委員會委員長。抗日戰爭開始後寓居上海，因憂憤疾病發於民國二十七年（一九三八）九月十五日病逝。一生愛詩畫，曾出版《頤淵篆刻詩畫畫集》三冊。

四、關於民國十六年（一九二七）四月蔣中正先生所實行的清黨（清除共產黨）運動，汪派人士，認為所述捕之黨員如係擁汪之人，或係共產黨員，皆應予以寬大處理，給予感化之機會，殊不知由於「清黨」未能徹底執行，導致後來中國共產黨的坐大，史家亦或認為不能完全責怪於蔣中正先生，汪精衛及其擁護者或許也應負起一部份的歷史責任。

參、結　語

古人常言：「修身、齊家、治國、平天下」，蔣汪兩人屬國民黨重量級人物，早期在黨政、政爭上，個人的修為作風不一（諸如領袖欲、權力欲）導致國民黨的家變，家之不齊，導致國之不治，進而天下無法太平，歷史宛如一面鏡子，足以作為當今政治人物之借鏡。回首國民黨來時路，令人不勝唏噓。

註釋

一：〈李世榮致汪精衛留內報告〉（民國十六年八月二十六日），《汪偽資料檔案》，法務部調查局資料室藏，毛筆原件影本。

二：〈經亨頤〉人事資料，轉引自黃美真、郝盛潮主編：《中華民國史事人物錄》（上海：人民出版社出版，一九八七年九月第一版），頁六八八。

精衛先生同志：

此次蔣氏不容於黨的紀律，迫而下野，黨國前途，驟見光芒，無任欣慰。政府對於東南問題，當已有整個解決之計劃。浙江在東南問題以內，當然隨同解決，毋庸亨頤等贅之過慮。惟亨頤等浙人略知浙事，用是

引自《汪偽檔案》

不揣冒昧，妄陳所見，以備
採擇：
(一)浙江在黨的統治之下，決不提倡浙人治浙
的主張，而且浙江久在軍閥壓迫，官僚腐
化之後，革命空氣，非常稀薄，急應羅致多
數忠實同志，前往指導，藉以剷除一切腐

引自《汪偽檔案》

化份子，俾浙江得隨革命潮流而並進。
(二)張人傑為　總理之老友，在革命歷史上亦有
相當之地位，自不應過予難堪，此次開復黨
籍，自是特殊辦法。惟病廢如此，神經多乖
再任政務，萬萬不可，予以休老，又可贊同，
其他現任委員，多不知名，浙人決無信仰，

引自《汪偽檔案》

而如馬叙倫、蔣夢麟等反覆無恥，思想腐
化，實為浙人所痛惡，此後改選浙江省政府
委員，務請
注意。
(三)將來浙江省政府委員人選問題，諒已在政
府物色之中，亨頤等皆服務中央對於本省

引自《汪偽檔案》

改革要政，雖未能親任其事，但極願以愚識之

意供獻於

左右，不使浙江再發生無謂之波折，如有

垂詢，當盡所能言。浙江人思想尚進展，而少

堅決之力，所望加以非浙籍之人，而思想必須

無後於浙人者。

引自《汪偽檔案》

（四）前在蔣介石，以清黨運動時代所逮捕之黨部人員，如查係本黨忠實同志，固宜撤消，即查明確係共產黨員，亦應照本黨還都南京宣言，予以感化之機會，一併開釋，以示寬大。

以上僅舉大概，未詳之處，另推朱一鶚同志趙

引自《汪偽檔案》

前叩謁，請
賜予接見為荷。專此奉布，敬祝
鈞祺

朱一鶚　鍾嘉桐
趙舒　梁鋆立
經亨頤　范智煥　仝叩
謝冠生　趙以廉
孫伏園　錢來喜

八月二十五日

引自《汪偽檔案》

中華民國十六年八月二十六日

鈞內報告　謹呈

特派貴州宣慰委員李世

國民政府主席汪

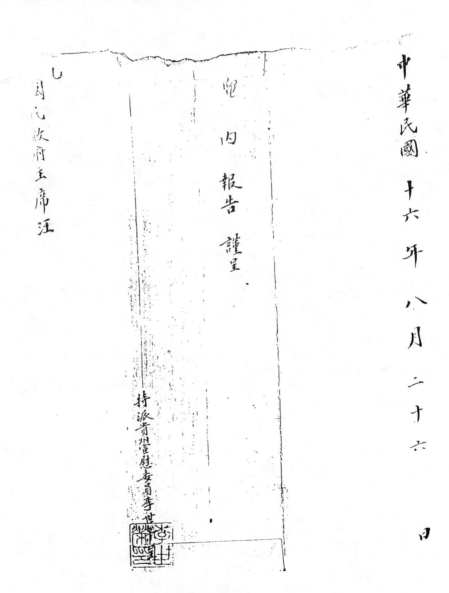

引自《汪偽檔案》

第二篇　從函電史料觀汪精衛與六十歲大壽關係梗概

壹、前　言

民國三十一年（一九四二）五月十二日，本日為汪精衛六十壽辰（虛歲），上午，召開偽行政院第一一一次會議，通過成立軍事委員長侍從室，任命朱赤子為侍從室少將副主任及其他人事任免事項。日本、德國、義大利等，各國元首來電祝六十壽辰。日軍影佐禎昭調任北滿炮兵司令，下午來辭行。旋即召陳公博、周佛海來見，告以此事，決定電東條挽留。蘇州清鄉區民眾代表團來致敬，勉以努力於和平反共建國工作。各院長、副院長來祝壽，晚宴於寧遠樓。①本文擬從函電史料，探討汪精衛與各界如何為他祝賀六十歲生日之梗概。

貳、陳璧君為汪精衛慶祝六十大壽之梗概

按照中國的習俗，六十日「壽」。民國三十一年五月十二日，是汪精衛六十歲（虛歲）

生日。陳璧君剛參加完偽廣東省政府成立兩週年慶典，專程從廣東飛回南京，伙同褚民誼等為汪精衛精心安排祝壽。汪精衛也是剛結束對偽滿洲國的訪問，匆匆趕回南京，接受親朋故舊和部屬們的拜賀。是日清晨，汪精衛在陳璧君及其子女、親屬、副官陪同下，驅車來到中山陵，這是陳璧君為慶祝汪精衛六十壽辰而安排的第一項活動——祭陵。②

陳璧君這天身穿淺紫色絲絨旗袍，汪精衛則著一件他平時很少穿的藏青色中山裝，率眾肅立在孫中山先生陵前。汪精衛垂著頭，早已失去當年的風采。民國初年，人稱汪精衛、顧維鈞、梅蘭芳為「三大美男子」，汪精衛居於榜首，現在已兩鬢染霜，加上旅途勞累，精神抑鬱，更顯得蒼老。陳璧君這時也是年過半百，本來不高的身材，再加上發胖，更顯得臃腫了，紅裡透黑的臉上架著一副黑邊眼鏡，雖然雌風猶存，但早已風韻無存。他們沒有舉行祭陵儀式，只是默默地低頭站著，幾顆苦澀的淚珠，順著汪精衛的面頰滾落在地上。陳璧君知道汪精衛內心的苦衷，不禁眼圈一熱，也暗暗陪著落起淚來。她感到汪精衛這幾年實在太苦了，身體一年不如一年了，國事、家事，事事都不順心，特別是影佐禎昭就像是太上皇一樣，處處鉗制，事事干預，他只能是「影喜亦喜，影憂亦憂」。日本人不斷地要糧、要款、要伕，一時不週，堂堂國府主席竟遭斥責，日子真不好過。

汪精衛木然地站在那兒，久久不抬起頭來，眾人的眼睛都在望著他，陳璧君只好輕輕拉了一下他的衣袖，嘆了口氣，說了聲：「回去吧！」汪精衛這才擦掉眼中的淚水，把頭抬了起來，由陳璧君攙著走上汽車，回到了頤和路三十四號官邸。

官邸已被裝飾一新，張燈結彩，十分氣派，拜壽的人正絡繹前來，早來的有陳璧君的義妹陳舜貞和褚民誼夫婦、陳公博和李勵莊夫婦、周佛海和楊淑慧夫婦、曾仲鳴的遺孀方君璧，還有一直在江身邊工作的陳璧君的侄子陳國琦、陳國強、陳常燾、外甥張恩麟、侄孫汪翔輝等等。當汪精衛、陳璧君在大廳落座之後，眾人依次給汪精衛拜壽略事休息後，即去寧遠樓大宴賓朋。

寧遠樓是當年南京偽政權酬賓之所，今天佈置得更加富麗堂皇，大廳內彩燈輝映，中間懸一幅兩米多高的「壽」字，兩旁紅燭閃爍。汪精衛偕陳璧君來到時，偽府的大小官員和一些國家駐南京的「使節」，早已恭候在那裡。他們一到，大家肅立鼓掌致敬。坐席排定之後，總司儀陳春圃宣佈祝壽典禮開始，先向「主席」敬壽酒，並請「主席」訓話。汪精衛緩緩站起，首先舉杯感謝大家的光臨，接著大談國府「還都」以來，「和平運動」取得的所謂「重大勝利」。「從中日條約簽訂、中日滿三國共同宣言，到東亞聯盟成立，明確了政治獨立、軍事同盟、經濟提攜、文化溝通四大綱領，中日更加親善。去年（指民國三十年）十二月爆發了大東亞聖戰，更是捷報頻傳，最近菲律賓群島及緬甸底定，珊瑚海戰，復得偉大成果。」表示：「中國和日本從前是兄弟，現在更是患難中的兄弟，不惟安危榮辱相關，並且存亡與共。我們一定要盡最大努力，支持東亞戰爭，徹底掃除英美勢力。」席間，觥籌交錯，笑語歡歌，盡歡方散。③

宴會之後，汪精衛、陳璧君在眾人簇擁下，步入大廳參觀賀禮。大廳四壁掛滿了壽幛，有的寫的是「壽比南山」、「萬壽無疆」，有的則是「功在黨國，日月同輝」，有一幅寫得更妙，竟把「和平反共建國」六個字寫在上面，汪精衛見後恬然一笑。最引人注目的是一個大花籃，鮮花朵朵，香氣四溢，艷麗異常。這是陳璧君的弟弟，廣東省省長陳耀祖從廣東用專機送來的。還有江蘇送來的鄭板橋墨竹真跡令人贊嘆不已。其他像浙江送來的大銀杯，上海金融界送來的金盾，以及古玩珠寶，琳琅滿目。在這眾多的禮品中，汪精衛最喜歡的有兩件，一是內政部長陳群送來的新刻《雙照樓詩詞稿》，此書是汪精衛的詩詞集，原為張江裁所編，汪精衛親自寫了《小休集序》、《掃葉集序》，這次印刷精美，裝潢漂亮。另一件是日本天皇裕仁請名畫家給汪畫的油畫肖像，畫上的汪精衛，神采奕奕，而又畢恭畢敬。

大家正在興致勃勃地觀賞禮品的時候，南京市警察署長蘇成德，雙手捧著一尊特製的汪精衛的石膏像向人群走來，大家一見，十分開心。不料蘇成德由於酒後手軟，腳下軟綿綿的，只聽嘩啦一聲，汪精衛的石膏像摔得粉碎。這一下子真好像晴天霹靂，滿座為之失色。蘇成德頓時嚇得臉色煞白，雙腿一軟，撲通一聲，跪倒在地。汪精衛見此情景，失聲痛哭，驚呼：「完了！完了！我的一切都完了！身敗名裂了！」陳璧君也感到這是一個不祥之兆。見汪精衛這般情景，又急又怒，馬上拉長了臉，狠狠地瞪了蘇成德一眼，然後急忙將汪扶入另室！極力勸慰。真可謂是樂極生悲，一場興高采烈的壽筵，竟不歡而散，汪精衛、陳璧君的心頭蒙上了一層難以抹掉的陰影。④

六十壽慶既然掃了汪精衛的興，第二年（民國三十二年）是汪六十周歲（足歲），陳璧君準備在廣東搞一個更大規模的祝壽活動，來驅散汪精衛心頭的陰影。她要褚民誼擬了一份提案，說什麼「主席花甲重周，七秩開一，壽在一人，勞及有眾，應該與民同樂。請特定癸未一年為『泰壽年』，並定月四日為『同慶』之期。」這一荒唐提案，竟被偽國民政府通過，並通令照辦。陳璧君在廣東積極進行籌備，計畫在廣州設立五個祝壽會場，將廣州市所有六十歲的市民通通找來作祝壽會的陪伴者，還準備在番禺瀝滘鄉強購沙田三千畝，建造「汪氏新村」，作為賀禮。後因汪精衛被去年（指民國三十一年五月十二日）的祝壽鬧得十分不快，特發表手諭，謝絕為其祝壽，謂：「去歲六十生日，因事前未曾防備，招致種種麻煩，實為可惱。今歲預先聲明，一切謝絕，友朋好意，不但不領情，反而慪氣，不如息事寧人，較為合宜也。」陳璧君雖然在家是說了算的，幾次相勸，汪仍執意不肯，她也不好太違背汪精衛的意願，只好不了了之。⑤

參、從函電史料觀各界對汪精衛祝壽之梗概

首先從汪精衛六十大壽時，各地特工人員致賀之密電，可看出其地方特工人事組織之梗概，茲就所見之史料，分別列述如下：

一、一封可能係民國三十一年或三十二年月十二日收發之函電，來報地名杭州，登報人謝文潮，內容如下：

南京　主席（指汪精衛）鈞鑒：欣逢攬揆良辰，敬維禮協懸弧詩徵，介壽仰瞻南星，無量歌頌。特工總部杭州區區長謝文潮率全體同志謹叩文。⑥

二、一封可能係民國三十一年或三十二年五月十二日收發之函電，來報地名為南京，登報人名馬嘯天等，該函電內容為：

南京　主席鈞鑒：欣逢吉日，恭值崧辰，褒鄂之毛髮未皤，李部（指李士群）之勳名已播，福澤一門，澤被萬姓，謹電馳賀，伏維睿察。特工總部南京區區長嘯天率全體同志謹叩文。⑦

三、一封署明年，而署明五月十二日收發之密電，來報地名為上海、登報人姓名為傅也文等，該電內容為：

南京　主席鈞鑒：月之吉日，恭值六秩誕辰，洵魯殿靈光，爲黨國柱石，絳老添籌，普天同慶，肅電申賀，恭敬松齡。調查統計部駐滬辦事處處長傅也文率全體同志謹叩文。⑧

四、一封未署年，只署明五月十二日收發之密電，來報地名為上海，登報人姓名為萬里浪等，該電內容為：

南京　主席鈞鑒：大東亞解放哉，勝利之日，恭逢主座花甲重關之慶，極斯民於水火，德被中原，謀國家之復興，共榮東亞，肅電申敬，祇請睿安。特工總部上海實驗區區長萬里浪率全體同志謹叩文。⑨

五、一封未署年時間，只註明五月十二日收發之密電，來報地名為紹興，登報人姓名為全體同志，該電內容如下：

南京　主席鈞鑒：欣逢孤矢之佳辰，彌仰蓋籌之偉績，引領都門無限頌祝。特工總部紹興站全體同志謹叩文。⑩

六、一封只註明五月十二日收發之密電，來報地名為上海，登報人姓名為李士群等，該函電內容為：

南京　主席鈞鑒，時維陽春佳日，恭逢攬揆良辰，敎甲子以重周，德星輝燦，備箕疇之，五福壽孝，維祺司馬，耆英咸尊，齒德汾陽，福澤更拜，功勳輯睦敦槃，期達共榮之城，和平建國解除同溺之虞，湛露濃恩，黎庶悉銘，五內懸弧志慶，舉國齊祝九如，謹電馳賀，伏維睿鑒。特工總部主任李士群率傳也文、揚傑、夏仲明、葉耀先、萬里浪、唐克明、晉輝、余珍等全體同志謹叩文。⑪

七、一封僅註明五月十二日收發之密電，來報地名為廣州，登報人姓名為王玉華。該電內容為：

南京　主席鈞鑒：敬悉主座花甲榮慶，星輝南極，德被中原，爲蒼生而重勞，大傅安社稷而集福，汾陽翹首，京華莫名，忭舞，謹申賀悃，恭祝遐齡。特工總部兼南區區長王玉華率全體同志謹叩文。⑫

八、一封僅註明五月十二日收發之密電，來報地名為蘇州，登報人姓名為胡鈞鶴。該密電內容為：

南京　主席鈞鑒：節居清和，欣逢主座六旬大慶，澤遍東南，登斯民於衽席，功彪史乘，措國家於磐安，普天同慶，薄海共歡，謹電馳賀，遙祝九如，祇請鈞安，伏維睿鑒。特工總部江蘇實驗區區長胡鈞鶴率全體同志謹叩文。⑬

九、一封僅註明五月十二日收發之密電，來報地名為鎮江，登報人姓名為呂澤民等，該密電內容為：

南京　主席鈞鑒：執中垂拱淵沖爲至道之原，扼蜀不言，濬哲洽大庭之治，欣值華誕，莫名賀忱。特工總部鎮江站站長呂澤民率全體同志謹叩文。⑭

十、一封僅註明五月十二日收發之密電，來報地名為揚中，登報人姓名為揚中站。該電內容為：

南京　主席鈞鑒：欣逢攬揆良辰，敬祝福壽無疆。特工總部揚中站全體同志謹叩文。⑮

十一、一封僅註明五月十二日收發之密電，來報地名為句容，登報人姓名為句容站，該密電內容為：

南京　主席鈞鑒：欣值生申令旦，謹獻九如之頌。特工總部句容站全體同志謹叩文。⑯

十二、一封僅註明五月十二日收發之密電，來報地名為吳興，登報人姓名為全體同志，該密電內容為：

南京　主席鈞鑒：欣逢六旬華旦，敬維薄金添籌，普天同慶，仰瞻仁壽，曷罄頌私，特工總部吳興站全體同志謹叩文。⑰

十三、一封僅註明五月十二日收發之密電，來報地名為吳江，登報人姓名為全體同志，該電內容為：

南京　主席鈞鑒：欣值六旬大慶，敬祝德躬康健。特工吳江站全體同志，謹叩文。⑱

十四、一封僅註明五月十二日收發之密電，來報地名為丹陽，登報人姓名為全體同志，該電內容為：

南京　主席鈞鑒：允文允武而協和萬邦，宜民宜人而煦嫗六合，欣逢令旦，祝嘏無量。特工總部丹陽站全體同志謹叩文。⑲

十五、一封僅註明五月十二日收發之密電，來報地名為漢陽，登報人姓名為全體同志，該電內容為：

南京　主席鈞鑒：欣逢懸弧令旦，虔祝壽齊仁、澤。特工總部漢陽站全體同志。謹叩文。⑳

十六、一封僅註明五月十二日收發之密電，來報地名為太倉，登報人姓名為全體同志，該電內容為：

南京　主席鈞鑒：欣值懸弧之慶，彌欽佩綬之榮翹，瞻仁壽無量頌忱。特工總部太倉站全體同志謹叩文。㉑

十七、一封僅註明五月十二日收發之密電，來報地名為武昌，登報人姓名為全體同志，該電內容為：

南京　主席鈞鑒：指仙人之壺嶠不老春，深仰盛之夔龍，長庚夜朗，欣逢令誕，敬申賀忱。特工武昌站全體同志謹叩文。㉒

十八、一封僅註明五月十二日收發之密電，來報地名為常州，登報人姓名為全體同志，該函電內容為：

南京　主席鈞鑒：華旦欣逢集祥瑞於佳日，海屋添籌，慶南星於無極，敬電馳賀，伏祈睿智。特工常州站全體同志，謹叩文。㉓

十九、一封僅註明五月十二日收發之密電，來報地名為江陰，登報人姓名為全體同志，該密電內容為：

南京　主席鈞鑒：欣逢壽辰，敬祝福躬康泰。特工總部江陰站全體同志。謹叩文。㉔

二〇、一封僅註明五月十二日收發之密電，來報地名為上海，登報人姓名為全體同志，該密電內容為：

南京　主席鈞鑒：欣逢六旬，懸弧之良辰，益欽爲國宣勞之偉績，仰企德輝，莫名忭頌。特工總部上海復興鐵工廠全體同志。謹叩文。㉕

二一、一封僅註明五月十二日收發之密電，來報地名為常熟，登報人姓名為全體同志，該函電內容為：

南京　主席鈞鑒：欣逢華誕，敬維箕疇衍福。特工總部常熟站，全體同志。謹叩文㉖

二二、一封僅註明五月十二日收發之密電，來報地名為崑山，登報人姓名為全體同志，該函電內容為：

南京　主席鈞鑒：欣逢鈞座大旬大慶，敬祝福壽無量。特工總部崑山站站長楊玉清率全體同志謹叩文。㉗

二三、一封僅註明五月十二日收發之密電，來報地名為青浦，登報人姓名為全體同志，該函電內容為：

南京　主席鈞鑒：宏開壽宇，薄海歡慶，遙望都門，●首祝頌。特工總部青浦站全體同志，謹叩文。㉘

二四、一封僅註明五月十二日收發之密電，來報地名為無錫，登報人姓名為全體同志，該函電內容為：

南京　主席鈞鑒：欣值鈞座令旦，敬維海屋添籌，普天同慶，肅電祇賀，伏乞睿智。特工無錫站，全體同志，謹叩文。㉙

二五、一封僅註明五月十二日收發之密電，來報地名為武漢，登報人姓名為全體同志，該函電內容為：

南京　主席鈞鑒：欣逢壽旦，敬維瑞集茵憑，祥凝簪紱，肅電敬賀，伏乞垂示。特工總部武漢區全體同志謹叩文。㉚

二六、一封僅註明五月十二日收發之密電，來報地名為嘉興，登報人姓名為全體同志，該函電內容為：

南京　主席鈞鑒：祥凝細柳，春熟蟠桃，欣值令旦，彌殷祝忱，特工總部嘉興站全體同志。謹叩文。㉛

茲將上述二十六封密電中，有關汪偽地方特工人事組織列表如下：

特工組織名稱	特工組織人事名稱	特工組織名稱	特工組織人事名稱
1. 杭州區	區長謝文潮	14. 丹陽站	站長（姓名待查）
2. 南京區	區長馬嘯天	15. 漢陽站	站長（姓名待查）
3. 調查統計部駐滬辦事處	處長傅也文	16. 太倉站	站長（姓名待查）
4. 上海實驗區	區長萬里浪	17. 武昌站	站長（姓名待查）
5. 紹興站	站長（姓名待查）	18. 常州站	站長（姓名待查）
6. 特工總部	主任李士群	19. 江陰站	站長（姓名待查）
7. 華南區	區長王玉華	20. 上海復興鐵工廠	廠長（姓名待查）
8. 江蘇實驗區	區長胡鈞鶴	21. 常熟站	站長（姓名待查）
9. 鎮江站	站長呂澤民	22. 崑山站	站長楊玉清
10. 揚中站	站長（姓名待查）	23. 青浦站	站長（姓名待查）
11. 句容站	站長（姓名待查）	24. 無錫站	站長（姓名待查）
12. 吳興站	站長（姓名待查）	25. 武漢區	區長（姓名待查）
13. 吳江站	站長（姓名待查）	26. 嘉興站	站長（姓名待查）

其次，江蘇省蘇州地區，奚則文、蒯建年、茅子明等人於民國三十一年五月十一日十六時三十分致賀向汪祝壽，該函電內容如下：

主席鈞座：律中姑洗，禮頌杖鄉，恭逢均座六秩攬揆，薄海同慶，壽世壽身造東亞無疆之福，救民救國樹中華不朽之勳，時方建午，遙祝生申，恭維算永，鶴齡挾雲水榛苓之慕，歡騰鳧藻上岡陵松柏之歌，肅電馳頌，恭叩千春，敬請崇安，伏乞霽照。職奚則文、蒯建年、茅子明同叩。㉜

另僞廣東省廣州市長周化人於民國三十一年五月十一日下午六時二十分致賀電給汪祝壽，內容為：

國民政府主席汪鈞鑒：和平倡導，萬民欣舞，值六旬之攬揆，喜四海之同籌，心香一瓣，遙祝南山大椿，八千常依北斗。僅肅電賀，伏乞睿鑒。廣州市長周化人叩真。㉝

再者，僞滿州國派駐汪僞國民政府之大使呂榮寰於民國三十一年（僞滿康德九年），五月十二日玫汪賀電，該函電內容如下：

中華民國國民政府主席汪主席閣下：欣逢閣下六秩覽揆良辰，敬維立國安和，作和平之先導，經文緯武，廣福利於群生，壽比南山，勳昭東亞。謹將五福恭祝千秋。呂榮寰真印。㉞

事實上，函電所提呂榮寰其人，是民國三十年一月十日偽滿派駐汪偽政權之特命全權大使，當時偽滿總理大臣張景惠及偽滿皇帝溥儀曾致汪一份派呂駐汪偽政權之特命全權大使國書，內容為：

奉天承運大滿洲帝國皇帝溥儀敬致書於威德隆盛之良友
大中華民國
國民政府主席汪兆銘閣下，朕維深願
貴我兩國間前所確立之正軌友好關係益臻鞏固親密，俾有所貢獻於東亞永久之和平，茲
特任勳一位呂榮寰爲特命全權大使，駐劄
貴國，該大使性行忠誠，才猷練達，爲朕所素知，膺茲事寄必能恪將使命，仰荷
貴主席之贊許而不辱朕之信任用，特授以國書交給大使親呈
惠鑒，該大使以朕之名義達陳於
貴主席者深冀
予以信用聽納，俾該大使克盡厥職，是所厚望，敬祝貴主席政躬安泰，

國運隆昌。

康德八年一月十日於新京宮廷親署朕名俾鈐國璽

溥儀

國務總理大臣張景惠㉟

肆、結論

從上述陳璧君與各界為汪祝六十大壽的情形看來，可以說場面甚大，甚至各地特工人員更是俯首恭祝，不落人後，中間雖然有些不祥之兆，但汪僞集團仍不能免俗，非大肆慶賀一番不可。

不知是否受到蘇成德摔毀汪精衛雕像之關係或其他原因之影響，事實上汪精衛在民國三十一年七月，在五月十二日各界為其祝壽後不到二個月的時間裏，汪精衛即以僞國民政府文官處之名義手諭，表示國難至此，應破除積習，婉謝各地各界的祝壽與賀禮，該手諭內容如下：

今歲爲國民政府主席汪先生，重逢花甲之年，故人僚屬，感懷於壽辰，有以爲祝，主席聞之，堅不可。謂此類積習，宜即破除，況國難至此，更何壽可祝爰於中央政治委員會會議中，申明此意並諭文官處，一切祝詞及紀念物品皆婉卻不受，遠近聞之，仰陳此意，停止舉行，惟亦有製品已成具之題款者，受之既不可，卻之又不能，爲別用處，致不敢受，而又未得前之之道，再三商榷，並得主席允可，盡將此項物品，移贈文物保管委員會，以資公衆，觀賞其中如梅景書屋主人及其諸弟子作品，極丹青之能事，爲藝苑之精華，陳列其中，致不辜負作者之關心，又可爲一般民衆淑心繕性之具，差可謂一舉兩得者。爰綴數語，以誌顛末。

中華民國三十一年七月　國民政府文官處謹誌[36]

從上述手諭內容觀之，汪是希望以簡約方式過生日，不要勞師動眾，婉拒一切賀詞、紀念品等，但對於一些「受之不可，卻之不能」的紀念品，如字畫、墨寶，汪則指示有關單位送文物保管委員會，開放供人觀賞。古云「子率以正，孰敢不正」，所謂「上樑不正，下樑歪」，汪精衛有心正己，破除積習，誰知在戰爭時期「天意已另換新局，而人心猶狎於故見」，汪精衛卻無法免於隨日本秋波逐流的命運。

註釋

① 蔡德金、王升編著：《汪精衛生平紀事》，（北京：中國文史出版社出版，一九九三年六月第一版），頁三三七。

② 王光遠、姜中秋著：《汪精衛與陳璧君》，（北京：中國青年出版社出版，一九九二年二月第一版），頁一七八。

③ 同前註二，頁一七九—一八〇。

④、⑤ 同前②，頁一八〇—一八一。

⑥ 〈特工總部杭州區區長謝文潮致汪精衛密電〉（民國三十一年或三十二年五月十二日），《汪偽資料檔案》，法務部調查局資料室藏，鋼筆原件影本。

⑦ 〈特工總部南京區區長馬嘯天致汪精衛密電〉（民國三十一年或三十二年五月十二日），《汪偽資料檔案》，法務部調查局資料室藏，毛筆原件影本。

⑧ 〈調查統計部駐滬辦事處處長傅也文致汪精衛密電〉（民國三十一年或三十二年五月十二日），《汪偽資料檔案》，法務部調查局資料室藏，毛筆原件影本。

⑨ 〈特工總部上海實驗區區長萬里浪致汪精衛密電〉（未署明年時間，五月十二日），《汪偽資料檔案》，法務部調查局資料室藏，毛筆原件影本。

⑩〈特工總部紹興站全體同志致汪精衛密電〉（未署明年時間，五月十二日），《汪僞資料檔案》，法務部調查局資料室藏，鋼筆原件影本。

⑪〈特工總部主任李士群等致汪精衛密電〉（未署明年時間，五月十二日），《汪僞資料檔案》，法務部調查局資料室藏，毛筆原件影本。

⑫〈特工總部華南區區長王玉華等致汪精衛密電〉（未署明年時間，五月十二日），《汪僞資料檔案》，法務部調查局資料室藏，鋼筆原件影本。

⑬〈特工總部江蘇實驗區區長胡鈞鶴致汪精衛密電〉（未署明年時間，五月十二日），《汪僞資料檔案》，法務部調查局資料室藏，毛筆原件影本。

⑭〈特工總部鎮江站站長呂澤民等致汪精衛密電〉（未署明年時間，五月十二日），《汪僞資料檔案》，法務部調查局資料室藏，毛筆原件影本

⑮〈特工總部揚中站致汪精衛密電〉（未署明年時間，五月十二日），《汪僞資料檔案》，法務部調查局資料室藏，毛筆原件影本。

⑯〈特工總部句容站致汪精衛密電〉（未署明年時間，五月十二日），《汪僞資料檔案》，法務部調查局資料室藏，毛筆原件影本。

⑰〈特工總部吳興站致汪精衛密電〉（未署明年時間，五月十二日），《汪僞資料檔案》，法務部調查局資料室藏，鋼筆原件影本。

⑱〈特工總部吳江站致汪精衛密電〉（未署明年時間，五月十二日），《汪僞資料檔案》，法務部調查局資料室藏，鋼筆原件影本。

⑲〈特工總部丹陽站致汪精衛密電〉（未署明年時間，五月十二日），《汪僞資料檔案》，法務部調查局資料室藏，鋼筆原件影本。

⑳〈特工總部漢陽站致汪精衛密電〉（未署明年時間，五月十二日），《汪僞資料檔案》，法務部調查局資料室藏，鋼筆原件影本。

㉑〈特工總部太倉站致汪精衛密電〉（未署明年時間，五月十二日），《汪僞資料檔案》，法務部調查局資料室藏，鋼筆原件影本。

㉒〈特工總部武昌站致汪精衛密電〉（未署明年時間，五月十二日），《汪僞資料檔案》，法務部調查局資料室藏，鋼筆原件影本。

㉓〈特工總部常州站致汪精衛密電〉（未署明年時間，五月十二日），《汪僞資料檔案》，法務部調查局資料室藏，鋼筆原件影本。

㉔〈特工總部江陰站致汪精衛密電〉（未署明年時間，五月十二日），《汪僞資料檔案》，法務部調查局資料室藏，鋼筆原件影本。

㉕〈特工總部上海復興鐵工廠致汪精衛密電〉（未署明年時間，五月十二日），《汪僞資料檔案》，法務部調查局資料室藏，鋼筆原件影本。

㉖〈特工總部常熟站致汪精衛密電〉（未署明年時間，五月十二日），《汪僞資料檔案》，法務部調查局資料室藏，鋼筆原件影本。

㉗〈特工總部崑山站站長楊玉清致汪精衛密電〉（未署明年時間，五月十二日），《汪僞資料檔案》，法務部調查局資料室藏，鋼筆原件影本。

㉘〈特工總部青浦站致汪精衛密電〉（未署明年時間，五月十二日），《汪僞資料檔案》，法務部調查局資料室藏，鋼筆原件影本。

㉙〈特工總部無錫站致汪精衛密電〉（未署明年時間，五月十二日），《汪僞資料檔案》，法務部調查局資料室藏，鋼筆原件影本。

㉚未署明年時間，五月十二日）《汪僞資料檔案》，法務部調查局資料室藏，鋼筆原件影本。

㉛〈特工總部嘉興站致汪精衛密電〉（未署明年時間，五月十二日），《汪僞資料檔案》，法務部調查局資料室藏，鋼筆原件影本。

㉜〈奚則文、蒯建年、茅子明致汪精衛賀電〉（民國三十一年五月十一日十六時三十分），《汪僞資料檔案》，法務部調查局資料室藏，鋼筆原件影本。

㉝〈僞廣州市長周化人致汪精衛賀電〉（民國三十一年五月十一日下午六時二十分），《汪僞資料檔案》，法務部調查局資料室藏，毛筆原件影本。

㉞〈僞滿駐僞國府之大使呂榮寰致汪精衛賀電〉（民國三十一年五月），《汪僞資料檔案》，法務部調查局資料室藏，打字原件影本。

㉟引自中國國民黨中央黨史會：〈中華民國重要史料初編——對日抗戰時期，第六編傀儡組織——參、汪僞政權〉，（臺北市：中央黨史會，民國七十年出版）頁四四〇~四四一。

㊱〈汪精衛諭偽國民政府文官處婉拒祝壽文稿〉（民國三十一年七月），《汪僞資料檔案》，中央黨史會庫藏史料，毛筆原件影本。

來電抄錄用牋

來電總號 600341　譯發總號 2327　第　頁

來報地名：上海

發報人姓名：傅式說寄

托列電文者蓋章

南京

主席鈞鑒月之吉日恭值六秩誕辰洞留啟燦光為黨國柱石緯

老添籌普天同慶爾處申賀恭啟松之論查梵川部駐滬辦事

處送上傅式說寄金鑄同志謹叩文

原發報台日時	收報台日時	抄送電文日時
七月12日09時40分	七月12日10時05分	七月12日13時40分

引自《汪偽檔案》

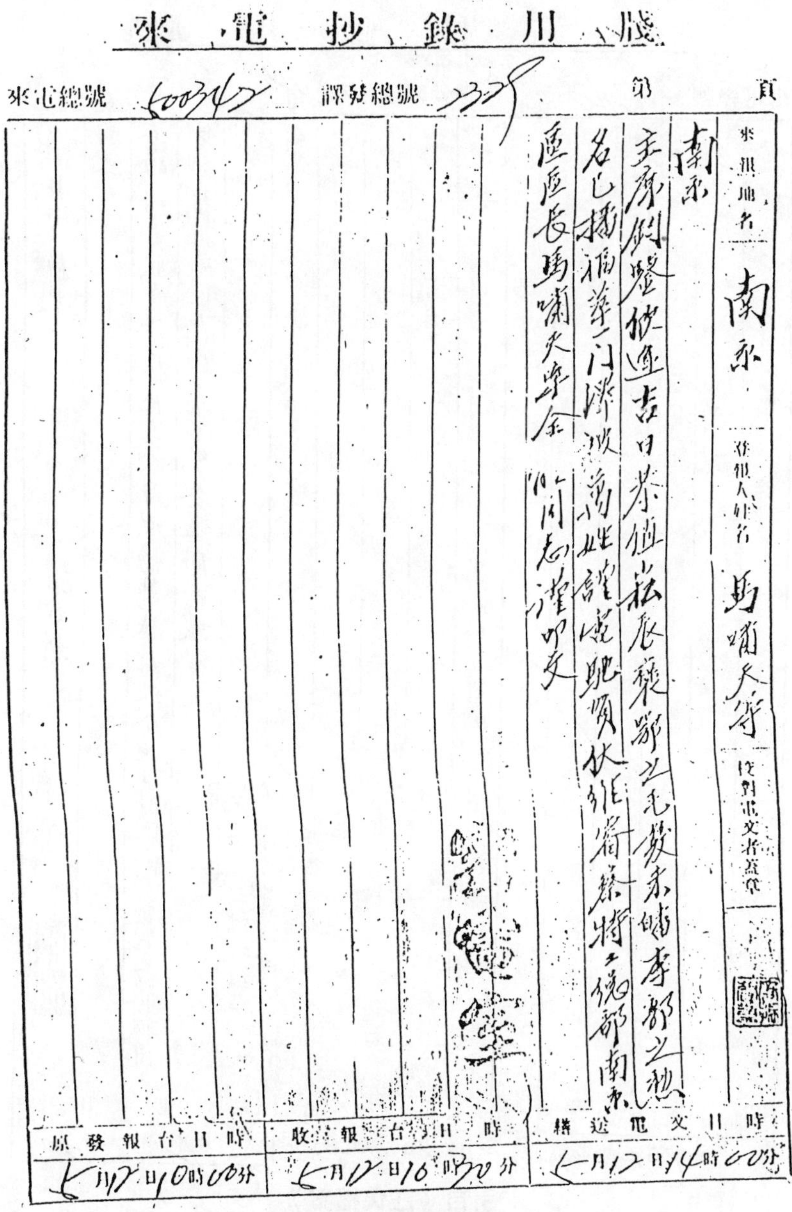

來電抄錄用箋

來電總號 600342　譯發總號 2335　第　頁

來報地名：南京

發報人姓名：馬嘯天等

核對電文者蓋章

南京

主席鈞鑒欣逢吉日恭值嵩辰藐躬之毛髮未饒壽鄰之想名已播福華一門潛沐萬姓謳歌跪頌伏維崧齡將統部南京區區長馬嘯天率全區同志謹叩支

原發報台日時	收報台日時	轉送電文日時
6月12日10時00分	6月12日10時20分	6月12日14時00分

引自《汪偽檔案》

來電抄錄用牋

來電總號 4002417　譯發總號 2328　第　頁

來報地名：杭州

發報人姓名：謝文潮

譯電員文書蓋章

南京

主席鈞鑒欣逢攬揆良辰敬維謨協懸弧詩徵介壽仰瞻南極無量敬頌[illegible]

總部杭州區區長謝文潮率全體同志謹叩文

原發報台日時	收報台日時	轉送電文日時
5月12日12時30分	5月12日10時28分	5月12日11時30分

引自《汪偽檔案》

來電抄錄用牋

來電總號 5003168　譯電總號 2231　第　頁

來報地名：紹興

發報人姓名：金雄白同志

收到電文者蓋章：

南京

主席鈞鑒欣逢弧矢之佳辰謹仰萊綵之榮頌引領都門無限頌祝特工總

部紹興站金雄白同志謹叩文

原發報台日時	收報台日時	遞送電文日時
5月12日08時10分	5月12日11時25分	5月13日13時40分

引自《汪偽檔案》

來電抄錄用牋

來電總號 600351　譯發總號 2338　第　頁

來報地名	發報人姓名	校對電文者蓋章
廣州	王玉華等	

南京

主席鈞鑒敬悉並屆花甲榮慶星輝南極德被中原為蒼生勳重勞大壽安社稷而集禧汾陽翹首京華莫名忭舞謹申賀悃恭祝遐齡特工總部華南區區長王玉華率全體同志謹叩文

原發報台日時	收報台日時	譯送電文日時
5月12日12時24分	5月12日13時10分	5月12日14時40分

引自《汪偽檔案》

來電抄錄用牋

來電總號 [illegible]　譯發總號 [illegible]　第　頁

來報地名：上海

發報人姓名：萬里浪等

南京

主席鈞鑒：大東亞解放戰勝利之日恭逢主席花甲重周之慶

拯斯民於水火拯被壓迫國家之獲解放共榮東亞[illegible]

祇請崇安特上總祈上海實驗區長萬里浪率全體同志叩謹

叩支

原發報台日時	收報台日時	精送電文日時
5月12日0時05分	5月12日10時20分	5月12日[illegible]時[illegible]分

引自《汪偽檔案》

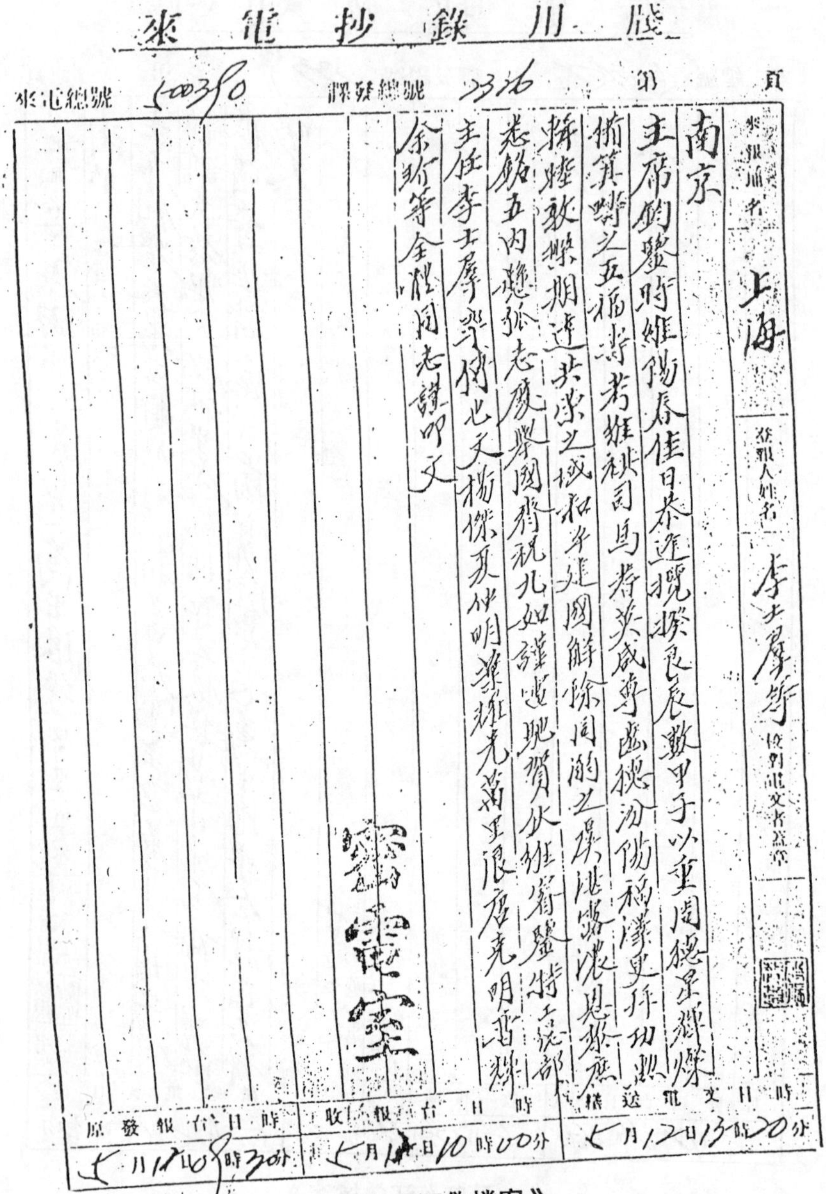

來電抄錄用牋

來電總號 10030　譯發總號 2326　第　頁

來報通名：上海

發報人姓名：李士羣等

南京

主席鈞鑒：時維陽春佳日，恭逢攬揆良辰，歎甲子以重周，德星燦備，箕疇之五福，壽考維祺；司馬耆英，咸尊齒德；汾陽福澤，史拜功勳。揮撻敉樂，期進共榮之域；和平建國，解除閭閻之災，湛露恩庶，悉銘五內。遙矜志慶，舉國騰歡，況九如頌，遙馳賀忱，維希鑒詧。特工總部主任李士羣暨也夫、楊傑、夏仲明、蘇成德、萬里浪、唐克明、胡均鶴、余玠等全體同志謹叩。文

原發報台日時	收報台日時	搭送電文日時
5月11日9時30分	5月11日10時00分	5月12日13時20分

引自《汪偽檔案》

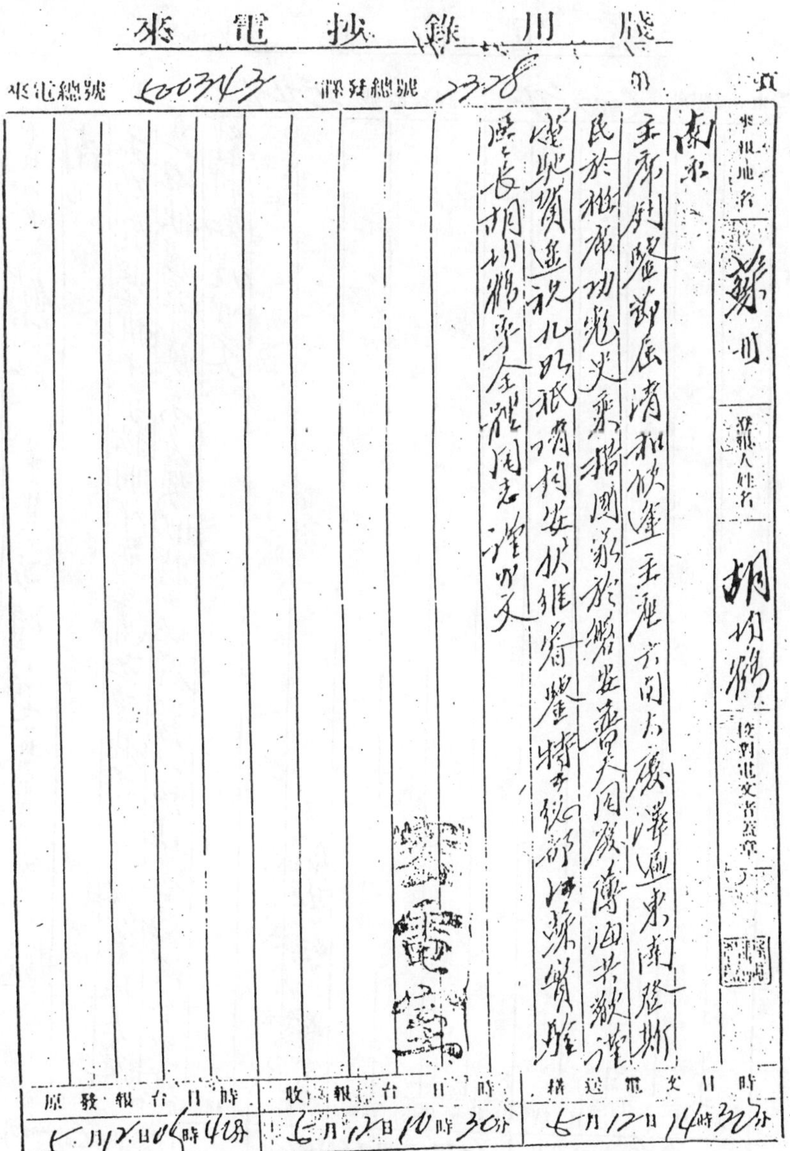

來電抄錄用牋

來電總號 600343　譯發總號 2328　第　頁

來報地名	發報人姓名
蘇州	胡均鶴

南京
主席鈞鑒：節屆清和，欣逢 主座六旬大慶，遙瞻東閣，登斯
民於衽席，功邁前哲，乘時圖強，於磐安普天同慶，薄海共欽，謹
建兕觥，遙祝以申祇頌，伏維 垂鑒。特工總部蘇州實驗
區區長胡均鶴率全體同志謹叩文

原發報台日時	收報台日時	繕送電文日時
6月12日06時42分	6月12日10時30分	6月12日14時32分

引自《汪偽檔案》

來電抄錄用牋

來電總號 6002624　譯發總號 7341　第　頁

來報地名：鎮江

發報人姓名：呂濟民等

校對電文者蓋章

南京
主席鈞鑒：執中等擬創辦至善（道）之原，抱閑石齋濟推治大庭
之治，彼植華蔬英名，攬收將綫府鎮江招諸長呂濟民等全
體同志謹叩文

原發報台日時	收報台日時	譯送電文日時
6月12日10時30分	6月12日11時02分	6月12日6時02分

引自《汪偽檔案》

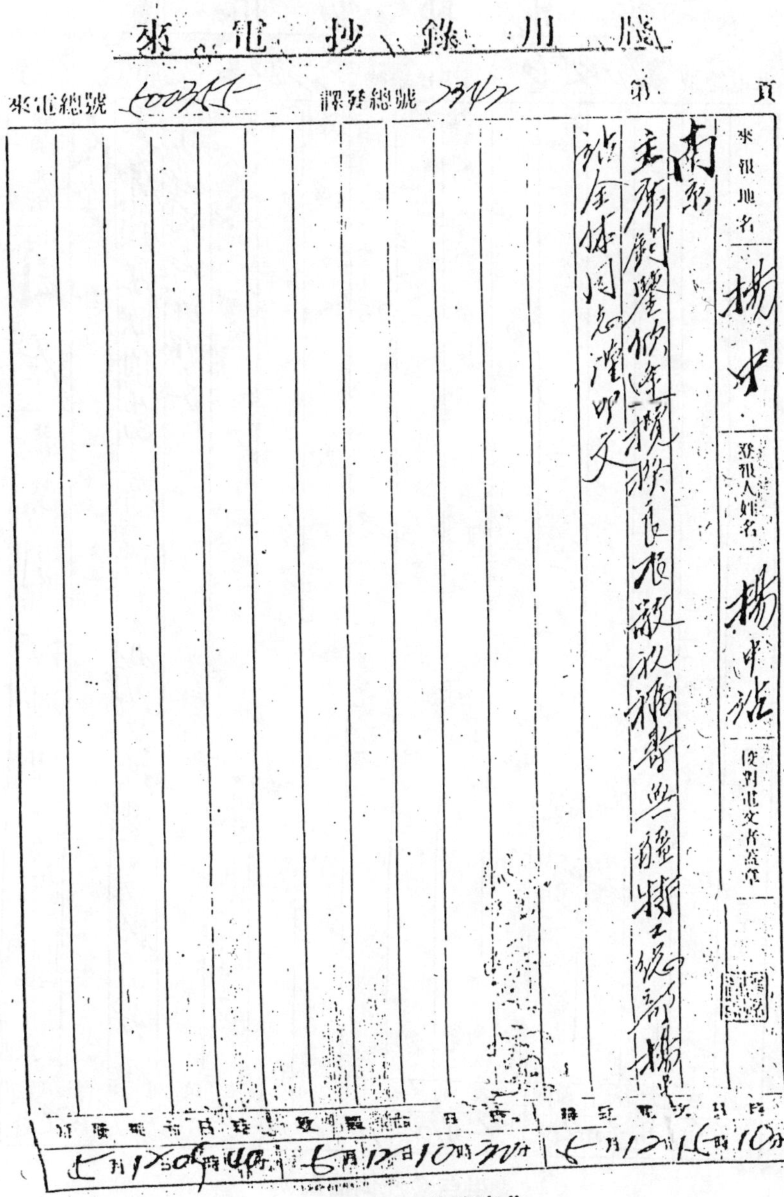

來電抄錄用牋

來電總號 6003?? 譯發總號 7347 第 頁

來報地名：揚中

發報人姓名：揚中站

校對電文者蓋章

南京

主席鈞鑒欣逢六秩攬揆良辰敬祝福壽無疆特工總部揚中站全體同志謹叩文

發報日時	收報日時	譯出電文日時
6月12日20時40分	6月12日10時20分	6月12日16時10分

引自《汪偽檔案》

來電抄錄用箋

來電總號 60226　　譯發總號 7343　　第　頁

來報地名	同右
發報人姓名	同右
校對電文者蓋章	張

南京

主席鈞座頃插生中全足漢獻九州之瑛特[illegible]

全體同志謹叩文

原發報台日時	收報台日時	繕送電文日時
6月12日14時46分	6月12日13時10分	6月12日15時21分

引自《汪偽檔案》

來電抄錄用牋

來電總號 6003444　　譯號總號 7330　　第　　頁

來報地名	發報人姓名	收到電文者蓋章
吳興	金雄同志	

南京

主席鈞座欣逢六旬華誕敬維詠慶添籌普天同慶仰瞻仁壽曷勝歡頌私

特工總部吳興站金雄同志叩文

原發報台日時	收報台日時	抄送電文日時
5月12日10時05分	5月12日11時05分	5月12日12時05分

引自《汪偽檔案》

來電抄錄用牋

來電總號 500740　譯發總號 2337　第　頁

來報地名	發報人姓名	校對電文者蓋章
吳江	全體同志	

南京

主席崇鑒欣值六旬大慶敬祝鈞躬康健特工吳江站全體同志謹叩文

原發報台日時	收報台日時	摘送電文日時
5月12日10時28分	5月12日12時25分	5月12日13時26分

引自《汪偽檔案》

來電抄錄用箋

來電總號 500264　　譯發總號 2344　　第　頁

來報地名	丹陽
發報人姓名	全体同志
校對電文者蓋章	[illegible]

南京
主席鈞鑒允文允武以協和萬邦宜民宜人而胸懷大合欣逢令旦祇祝
嘏無量特工總部丹陽站全体同志謹叩文

原發報台日時	收報台日時	抄送電文日時
5月12日09時18分	5月12日10時20分	5月12日14時25分

引自《汪偽檔案》

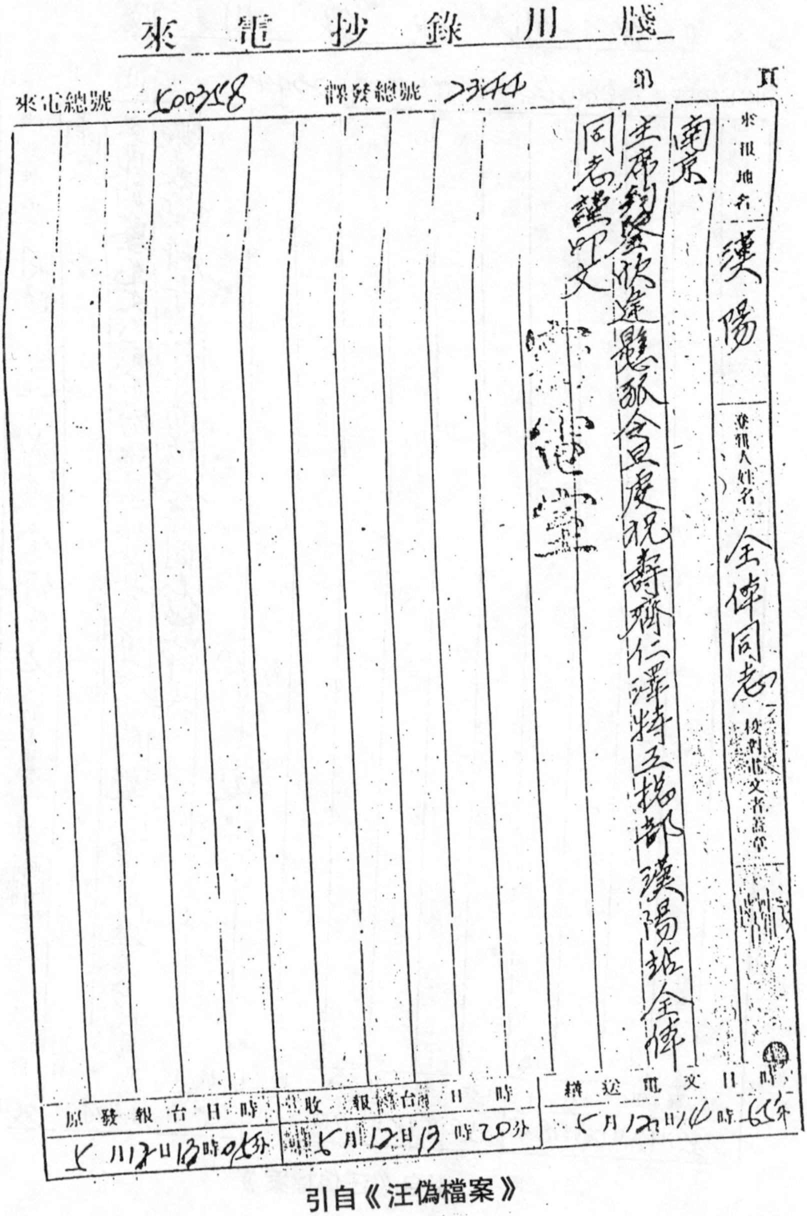

來電抄錄用牋

來電總號 600358　譯發總號 23474　第　頁

來報地名：漢陽

發報人姓名：全體同志

校對電文者蓋章

南京
主席鈞鑒欣逢懸弧令旦虔祝壽齊仁譯特工總部漢陽站全體
同志謹叩文

原發報台日時	收報台日時	轉送電文日時
5月12日13時05分	5月12日13時20分	5月12日16時55分

引自《汪偽檔案》

來電抄錄用箋

來電總號 K00348　譯發總號 2324　第　頁

來報地名	太倉
發報人姓名	全體同志
收到電文者姓名	

南京

主席鈞鑒欣值懸弧之慶彌欽佩綬之榮遙瞻仁壽無量頌忱

特工總部太倉站全體同志謹叩文

原發報台日時	收報台日時	抄送電文日時
6月12日01時20分	6月12日01時40分	6月12日14時35分

引自《汪偽檔案》

來電抄錄用牋

來電總號 600357　譯發總號 2343　第　頁

來報地名：武昌

發報人姓名：全体同志

譯對電文者蓋章

南京
主席鈞鑒搯仙人之盧嶠不老春深仰威安之夔龍長庚宜朗
逢令誕敬申賀忱特為武昌班全体同志謹叩文

原發報台日時	收報台日時	繕送電文日時
5月12日12時05分	5月12日13時00分	5月12日14時50分

引自《汪偽檔案》

來電抄錄用牋

來電總號 X00366　譯發總號 7313　第　頁

來報地名	發報人姓名	收報人	電文
常州	全體同志	南京	主席鈞鑒乘旦欣逢華誕祥瑞於桂月遙處前線慶南昊於無極敬電馳賀伏祈睿鑒特工常州站全體同志叩文

原發報台日時	收報台日時	抄送日時
8月12日08時15分	8月12日11時15分	8月12日13時25分

引自《汪偽檔案》

來電抄錄用牋

來電總號 600341　　譯發總號 7338　　第　頁

來報地名：江陰

發報人姓名：全體同志

南京

主席汪鈞鑒欣逢壽辰敬祝福躬康泰勞工運動江陰組全體同志謹叩文

原發報台日時	收報台日時	譯送電文日時
8月12日08時58分	8月12日11時58分	8月12日13時30分

引自《汪偽檔案》

來電抄錄用牋

來電總號 600363　　譯號總號 23160　　第　　頁

來電地名：上海

發報人姓名：余騰周志

收報地名：南京

主席鈞鑒：欣逢六旬[illegible]之良辰，[illegible]為國[illegible]之[illegible]，仰企德輝，莫名忭[illegible]，謹特[illegible]。[illegible]興鐵工廠余騰周志謹叩。文

原發報台日時	收報台日時	譯送電文日時
5月12日10時20分	5月12日12時40分	5月12日14時00分

引自《汪偽檔案》

來電抄錄用牋

來電總號 500349　譯發總號 2336　第　頁

來報地名：常熟

發報人姓名：全體同志

校對電文者蓋章

南京 主席鈞鑒欣逢華誕敬維箕疇衍福特工總部常熟班全體同志謹叩文

原發報台日時	收報台日時	譯發電文日時
5月12日13時10分	5月12日13時25分	5月12日14時40分

引自《汪偽檔案》

來電抄錄用牋

來電總號 5003417　譯發總號 2333　第　頁

來報地名：崑山

發報人姓名：金侍同志

南京

主席鈞鑒恭逢鈞座六旬大慶敬祝福壽無量特工總部崑山站站長楊玉清率全體同志謹叩文

原發報台日時	收報台日時	轉送電文日時
5月12日17時00分	5月12日13時0[illegible]分	5月12日14時30分

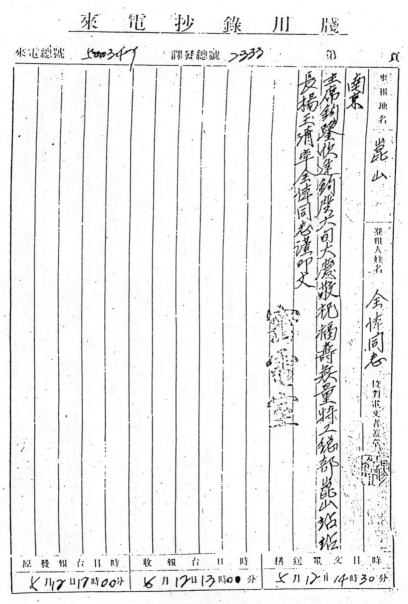

引自《汪偽檔案》

來電抄錄用箋

來電總號 500348　譯發總號 2336　第　頁

來報地名	發報人姓名	依對電文首蓋章
青浦	全体同志	

南京

主席鈞鑒茲屆壽辰舉國歡慶遙望都門額首祝頌特五總

部青浦站全体同志謹叩文

原發報台日時	收報台日時	譯送電文日時
5 11/12 日 07 時 30 分	5 11/12 日 07 時 50 分	5 11/12 日 14 時 35 分

引自《汪偽檔案》

來電抄錄用牋

來電總號 600266　　譯發總號 2347　　第　頁

來報地名：無錫

發報人姓名：全體同志

譯對電文者蓋章

南京

主席鈞鑒欣值鈞座令旦欽維勳庥慶衍普天同慶謹肅祗賀伏乞垂察

無錫縣全體同志謹叩文

原發報台日時	收報台日時	譯送電文日時
8月12日09時10分	8月12日11時10分	8月12日12時10分

引自《汪偽檔案》

來電抄錄用牋

來電總號 60027　譯發總號 23358　第　頁

來報地名：武漢

發報人姓名：余駿周志

南京

主席鈞鑒欣逢誕辰敬維[illegible]謹電致賀伏乞垂鑒特工總部武漢區余駿周志叩文

譯電室

原發報台日時	收報台日時	校繕人員日時
6月12日10時10分	6月12日12時08分	6月12日12時48分

引自《汪偽檔案》

來電抄錄用牋

來電總號 [illegible]　譯發總號 [illegible]　第　頁

來報地名：南京

發報人姓名：今體周志

備考（附註）電文首蓋章

主席崇鑒 [illegible]

原發報台日時：11月12日10時　分

收報台日時：11月12日12時　分

譯發電文日時：11月12日13時　分

引自《汪偽檔案》

來電抄錄箋

來電總號 2119　　　　第　頁

原發報台　5月11日16時30分　繙送電文　5月11日17時15分

示批	電文	來電地名：江蘇蘇州 發電人姓名：奚則文等 校對電文者：黃
	主席鈞座律中姑洗禮頌杖鄉恭逢鈞座六秩攬揆溥海同慶壽世壽身造東亞無疆之福救民救國樹中華不朽之勲時方建午還祝生申泰雅算永鶴齡挾雲水榛苓之慕歡騰恩藻上岡陵松柏之歌肅電馳頌恭叩千春敬請崇安伏乞霽照職奚則文薛建午蒸子明仝叩	

引自《汪偽檔案》

滿
館　啓

MANCHOUTIKUO EMBASSY CHINA

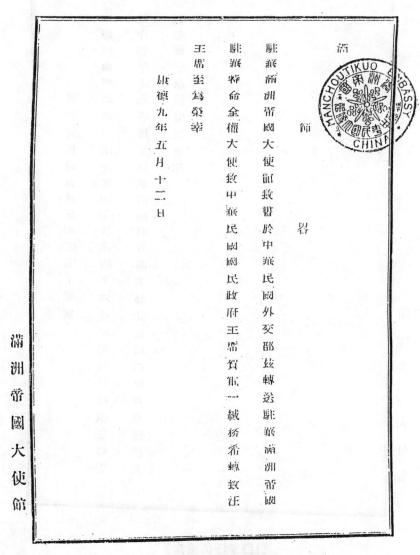

駐華滿洲帝國大使館致書於中華民國外交部茲轉送駐華滿洲帝國

駐華特命全權大使致中華民國國民政府主席賀電一紙務希轉致汪

主席查照爲荷

康德九年五月十二日

滿洲帝國大使館

引自《汪偽檔案》

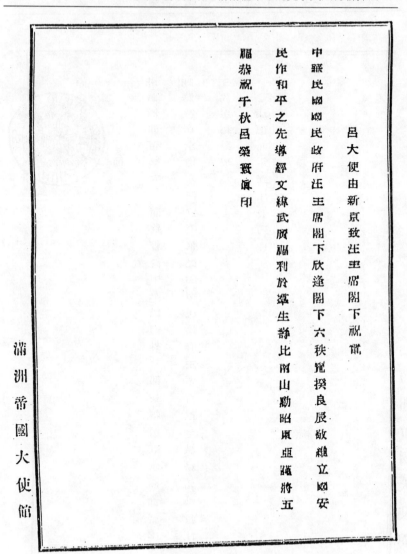

呂大使由新京致汪主席閣下祝電

中華民國國民政府汪主席閣下欣逢閣下六秩覽揆良辰敬維立國安
民作和平之先導經文緯武廣福利於羣生壽比南山勳昭東亞謹將五
福恭祝千秋呂榮寰頂印

滿洲帝國大使館

引自《汪偽檔案》

國民政府文電摘由紙

來文機關	廉隅
文別	專電
事由	為聞泰國承認我國致敬由
擬辦	閱 呈
批示	新京廉大使 [illegible]
備考	照覆

中華民國卅年七月八日 時到

文府字第1611號

引自《汪偽檔案》

國民政府電報紙

新京來明電（第　頁）

南京國民政府文官處轉呈

主席鈞鑒：頃聞泰國承認我國，招攜懷遠，薄海騰

歡，謹電致敬，虔叩崇安。職廉隅叩。虞（七日）。

譯　七月八日

（機　字第　號）

引自《汪偽檔案》

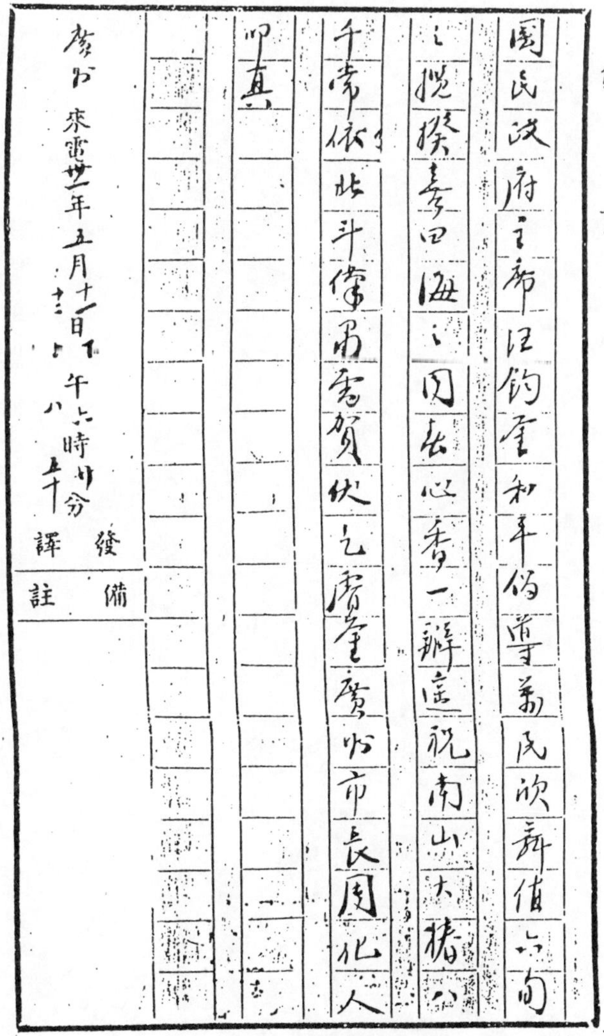
第　頁

國民政府主席汪鈞鑒和平倡導萬民歡舞值六旬
之攬揆壽四海之同聲心香一瓣遙祝南山大椿八
千常依北斗偉南香賀伏乞睿鑒廣州市長周化人
叩真

發於　來電卅二年五月十一日下午六時卅分
十二日上午八時五十分
發　譯
備　註

引自《汪偽檔案》

第三篇　從函電史料觀汪精衛與汪僞特工活動關係梗概——以南京區爲例

壹、前言

汪僞特工總部南京區（簡稱：南京區）成立於民國二十八年（一九三九）九月，是繼「七十六號」汪僞特工總部之後，汪僞政權最大的特務組織。在汪僞政權「還都」後，它是維繫其統治的重要支柱。南京區先後以「警政部政治警察署」和「調查統計部政治警衛總署」等公開名義，作為其對外的掩護機構，民國三十二年（一九四三）十月改為「軍委會政治保衛局南京直屬政治保衛分局」，民國三十四年（一九四五）一月，又改為「軍委會政治保衛總監部南京直屬區，直到日軍投降為止。本文擬從函電史料中對汪僞特務工作的活動與運作方式，試以南京區為例作一初探。

貳、汪偽特工南京區（二十一號）簡述

民國二十八年（一九三九）五、六月間，汪精衛由香港到達上海後，即通過「梅機關」將「七十六號」特工總部作為汪僞政權從事叛國活動的鷹犬。同年八月，僞「國民黨第六次全國代表大會」召開，「七十六號」特工總部則充當了僞國民黨中央的直屬特務機關。

不久，汪精衛、陳公博之流及其日本主子就開始為「還都」作準備。特工總部為加強在「還都」中以及今後的安全保衛工作，於民國二十八年八月份決定在南京成立特工組織，先後從上海派遣了幹將陳明楚、蕭一城等人到南京進行籌備工作，他們首先破獲了以余玠為首的軍統地下臺，逮捕了軍統在南京負責軍事活動的頭目王道生和地下組織成員多人。從而深得南京日本憲兵隊和「梅機關」的贊賞與支持，之後，「七十六號」特工總部即委派其副主任唐惠明任南京區區長，又命陳明楚會同原軍統電臺負責人余玠在南京慈悲社十四號設立了秘密電臺，繼派蕭一城（特工總部總務處長）率領事務、會計及警衛人員二十多人，由日本憲兵護送前來南京，暫以城北大樹根七十六號為營地。不久，唐惠明率領人馬，在「梅機關」負責人和日本憲兵軍曹的陪同下開到南京，民國二十八年（一九三九）九月初，南京區在頤和路二十一號正式開張。①對外名義暫時定名為「日本南京憲兵隊特務班」，每人發一梅證章以資掩護；同時由日本憲兵班作為「指導班」指揮特務班的一切行動。這樣避免了與「維新政府」的摩擦。一個多月後，由於區本部在頤和路二十一號的房屋不敷使用，就在二十一號後院添建了新屋多間，後來，為了車輛進出和便於警戒，把大門又開到靈隱路八號，頤和路二十一號大門改成了後門。南京區隨著其組織的演變及頭目的變換，特務代號也不斷改變，先後用過「金公館」、「馮公館」、「姜凌華」、「馮又新」等，又曾以「振華中學」作為證件代號，對外也用過「南京第一號信箱」②，但二十一號這個名稱已成為南京特務組織的代名詞，一般人只知已經有個「二十一號」特務組織，而不知有個南京區機構，以後成立的南京政治保衛局等特工單位，均沿用「二十一號」這個名稱。

參、汪偽特工南京區演變發展概述

南京區大致分為四個時期：

一、唐惠民時期

南京區成立後，第一任區長是唐惠民（化名孔九如），副區長陳明楚（化名胡天）、蕭一城。區本部機構龐大，下設總務、情報組訓、偵行四科及秘書、譯電、會計室和看守所。其主要任務是：建立情報網，培植特務細胞，防止國民黨中統、軍統份子的破壞活動，協助汪偽政權「還都委員會」接收「維新政府」，確保「還都」安全。③因此說，唐惠民可稱為「還都」的急先鋒。

唐惠民到任後，區本部內部矛盾立刻尖銳起來。上海「七十六號」特工總部總務處長蕭一城是丁默邨的親信。在「七十六號」時就身居要職，到南京後仍任總務處長，獨攬財政大權，並負有監視唐惠民的任務。

唐惠民原任「七十六號」特工總部副主任，也有一定實力，當然不甘示弱，他以親信為骨幹，組成偵行、情報兩科，駐在寧海路二十五號，對外稱第一處，下設偵察、行動、警衛三個隊，一個看守所。同時，唐惠民還拉攏了常海波、李義林等股土匪武裝；由其弟唐公福在南京四郊積極發展關係，收集情報和槍支，準備再成立一個軍事科。④另一副區長陳明楚，則以先到南京的人馬為骨幹，在莫幹路單獨設了辦公室進行情報活動，直接與上海「七十六號」聯繫。南京區本部還成立了一支警衛隊，一支特務隊。特務隊係由在上海襲擊《大美晚報》後被租界通緝不能容身的特務組成，隊長沈忠美。被破獲的中統、軍統兩部電臺，仍由投偽人員負責，作為南京區的電訊偵察機構，又先後在鎮江、蘇州及無錫建立了三個特工通訊站和儀徵直屬情報組。⑤

正當唐惠民雄心勃勃準備大幹一番時，「七十六號」接到南京密報，說唐私自建立武裝，並有貪污行為，遂下令撤了唐的職。因怕唐會反抗，就由「七十六號」將唐騙至上海開會，唐一下火車就被綁架。⑥從此，唐惠民在汪偽特工系統中與李士群平起平坐的局面被轉，唐本人及其勢力被完全擠出特工系統。

二、蘇成德時期

就在唐惠民在上海被扣的同時，李士群的親信，原中統骨幹蘇成德於民國二十八年（一九三九）十一月接管了南京區。副區長仍為蕭一城和陳明楚，另又增派了胡鈞鶴。蘇成德等人仍以原國民黨特務為骨幹，設立了情報、偵察、行動、組織、訓練等科，對外稱第一、二處。民國二十九年（一九四〇）三月，蕭一城離職，鎮江站長王玉華升任副區長。不久，胡鈞鶴又被調離。同年五月，蘇成德調任汪偽特科警察署署長，區長一度由王玉華代理。此一時期南京區的特工組織主要是朝向完善、擴大的方向邁進，其組織情況大致如下：

㈠總務科：由原總務處改編而成，下設事務股、人事股、文書股。

㈡情報科、設編審、登記、指導等股，專門負責情報的收集、整理與指導下設機構的情報網工作，並在重要地區及社團、工商等群眾團體發展直屬情報組和情報員。另設有一郵電檢查組，以配合情報的收集。

㈢偵行科：由原偵察、行動兩科合併而成，負責偵察、檢查及緝捕等工作。下設檢查、偵察、行動三股。

㈣組訓科：由原組織、訓導兩科合併而成。負責建立考核情報網，曾辦供內部用的《實踐》月刊及公開的《新東方雜誌》兩種特工刊物，並組織「和平反共建國大同盟」，辦短期培訓班。

㈤治安科：負責收編流散的土匪武裝。

㈥司法科：負責拘留、審訊工作，下設拘留、審訊兩股。

㈦看守所：分設於剪子巷十二號和寧海路二十五號。

㈧會計室：由總務處會計室擴組而成。

㈨警衛大隊。

㈩無線電臺：於民國二十八年（一九三九）底設立，不久即撤銷，由「七十六號」特工總部電訊處在南京設臺，與南京區本部合用。⑧

民國二十八年（一九三九）十一月至二十九年（一九四〇）十月，南京區的外設機構又增加了蚌埠、蕪湖兩個特工通訊站，並在南京城郊派出了「區工作組」。民國二十九年（一九四〇）五、六月間，又擴建了東、南、西、北、下關、浦（口）、六（合）等六個分區，在部份中學（如鍾英中學）利用中小學校長、教員組成了一個「和平反共建國大同盟」的外圍組織。⑨

這一時期，南京區的主要任務是：搜國民黨、四郊新四軍游擊隊及其他抗日武裝的情報，逮捕鎮壓愛國份子和國民黨中統、軍統潛伏在南京及周圍的人員，負責汪偽政權「還都」及各軍政機關的警衛工作，進一步建立情報網，發展情報員等。民國二十九年（一九四〇）夏，蘇成德極力巴結汪精衛，過份接近了「公館派」核心人物陳璧君、陳春圃等人，李士群對此大為不滿。李以丁默邨的二弟丁時俊在南京被暗殺為藉口，將蘇成德免職另調別處任用。

三、馬嘯天時期

民國二十九年（一九四〇）十月，「七十六號」特工總部派馬嘯天出任南京區區長，王玉華和張成霞先後任副區長，下設總務、組訓、偵行、情報、治安、司法六科，秘書、會計、電訊、專員、督察五室及看守所，警衛隊等。其職能與蘇成德任內略有變化。如偵行科，除過去的工作外，另在碼頭車站進行檢查，南京挹江門、中華門、玄武門、水西門均設立了關卡。治安科於民國三十年（一九四一）改為汪偽陸軍獨立第七旅，成為南京區直接控制的武裝。蘇成德時期相比，馬嘯天明顯強化了偵行活動，並起用親信幹將姜志豪為科長，在南京城區及四郊的特務活動更加猖獗。

這一時期，南京區的特工人員，大部份在汪偽警政部政治警察署及政治警衛總署兼職，並參加了洪幫「乾坤正氣山」組織，特別強調要在工商企業、社團和新四軍游擊隊中發展情報網。民國三十年（一九四一），為對付軍統「忠救軍」的行動，又專門成立了「肅清渝方忠義救國軍工作團」（簡稱「肅工團」）。

民國三十二年（一九四三），馬嘯天與李士群發生矛盾後受到排擠，區長由「七十六號」特工總部電務處長晉輝接任。同年九月，李士群死，偽特工總部改組，馬嘯天帶領一部份人轉到汪偽內政部煙毒查緝處。

四、南京區撤銷後的時期

民國三十二年（一九四三）十月，「七十六號」特工總部撤銷，與調查統計部組成「軍委會政治部政治保衛局」，南京區也改為「政治保衛局直屬南京政治保衛分局」，由晉輝任少將分局長。下設秘書、譯電室和總務、情報、組訓、偵行四科，一個拘留所、一個警衛大隊。此外，還在江寧，六合設立支局，江浦、句容及南京東西郊各設一個直屬情報組。分局特工人員大部份為馬嘯天任內人員與南京區不同的是，分局是一個公開的特工機構，科長為上、中校軍階，股長為中、少將軍階。其活動範圍和工作性質與南京區時差不多，只是機構已經公開，可以經常利用新聞記者定期進行交流，搜集各種情報。當時，與分局並併的還有一個「南京警察廳特高科」的特工組織，後改為「首都警察總監署特高處」。該機構雖然是獨立的，但所破重大案件均須秉承保衛分局旨意，重大案件須送保衛分局處，處理人事亦受局裏控制。

民國三十年（一九四一）下半年，局長胥輝又因內部矛盾而被免職。民國三十三年（一九四四）十一月，陳公博接替汪精衛代理國民政府主席。為爭奪特工組織的領導權，陳公博於民國三十四年（一九四五）一月將政治保衛局撤銷，成立了「政治保衛總監部」，直屬南京政治保衛分局也隨之改組為「政治保衛總監部南京直屬區」，由姜頌平任區長。六月，姜調離，由趙光濤接任。南京直屬區下設三科，總務科，分人事、事務、文書三股；情報科，分編審、登記、抄寫三股；組訓科，分組訓、偵行兩股，附設一看守所，負責佈置情報網，並兼負情報工作的指導與偵查、行動等事宜。外設城南城北（下關）江浦、天王寺四個情報組及句容、漂水、六合三個特工通訊站。南京直屬區時期，抗戰已進入尾聲。這時，這一特工組織的任務有所變化，主要任務是收集共產黨新四軍的情報，在與共產黨佔領區及淪陷區發展情報關係，與國民黨特工合流在共產黨新四軍內部進行策反等活動。

肆、汪偽特工南京區基層與外圍組織概述

南京區在汪僞政府「首都」所在地南京及四郊到處設立了基層區站和外圍組織。城區分東、南、西、北、下關、浦口六個分區，東分區在嚴家橋二號，南分區在剪子巷十二號，西分區在朝天宮西街一一二號之二，北分區在下關永寧街海房里十四號。另在大板巷五十七號增設了一個中區⑪，各區設主任一人，下設總務幹事、情報幹事一至三人，組訓幹事、偵行幹事若干人。分還領導各街道保甲長，接受最基層的情報人員的匯報。因此，從區本部到各街巷，形成了三級情報網，僞特工系統觸角遍佈南京城鄉，南京人民的活動完全控制在這一漢奸組織的魔爪之下。

在蘇成德任區長時，南京區還成立了為活躍文體活動的組織—中社，經常演出文藝節目，舉行體育比賽等等，為特工人員的業餘俱樂部性質。馬嘯天任區長時，為擴張個人勢力，還成立了一個幫會組織—乾坤正氣山，參加者多為南京區的特工人員，由原中統特務，南京商人高宋山和汪僞中央感化院長黃凱主其事⑫，基層特工人員為逢迎上司，攀附權貴，藉以有個照應，以便今後升官晉級，遂紛紛捐香資，拜香堂。從此，大家成了兄弟，時間長了，特務惡勢力急劇膨脹。

南京區在一些市縣還沒有基層站、組，另有一系列外圍組織，大致如下：

㈠鎮江特工站，民國二十八年（一九三九）十月成立，地址在鎮江正東路5號。下設總

務、情報、組訓、偵行四股，另設揚州、丹陽、句容三個分站及儀征、揚中兩個情報組，其外圍組織為「潤社」。民國三十年（一九四一）劃歸「江蘇實驗區」領導。

㈡蘇州特工站，民國二十八年（一九三九）十月成立，不久即劃歸「江蘇實驗區」。

㈢無錫特工站，民國二十八年（一九三九）十月成立，設於無錫新生路一號，下設總務、組訓、情報、偵行股及無線電臺，外稱「繆公館」。其外圍組織為「錫社」。民國三十年（一九四一）劃歸「江蘇實驗區」。

㈣蕪湖特工站，成立於民國二十九年（一九四〇）十一月，設於蕪湖西門十一號，民國三十一年（一九四二）劃歸「安徽實驗區」領導，下設總務、情報、組訓、偵行四股及無線電臺，其外圍組織先稱「蕪社」，後稱「皖社」。

㈤蚌埠特工站，成立於民國二十九年（一九四〇）五月，設於蚌埠天錫里五號，下設總務、組訓、情報、偵行四股及無線電臺，外設田家庵、明光、滁縣等組，其外圍組織為「商社」。民國三十年（一九四一）劃屬「安徽實驗區」領導。

㈥「肅清渝方忠義救國軍工作團」（簡稱「肅工團」），民國三十年（一九四一）底成立，團長由南京區情報科長（後升任副區長）張成霞擔任。該團專門為對付國民黨「忠救軍」南京行動總隊而設，因此先在南京區情報科內，民國三十一年（一九四二）三月遷至居安里七十七號，為南京區的外設機構，民國三十二年（一九四三）後撤銷。

㈦和平反共建國大同盟——京社，為南京區的外圍組織，工作性質與南京區差不多，僅是低一級而已。成立這一組織，是因為南京區作為特務機關太顯眼，人人都知道有個「二十一號」，臭名在外。為了便於隱蔽，南京區就成立了「京社」，地址在大板巷五十七號。其組織的書記長由南京區要員葛志民和徐國弼先後擔任。

㈧大民會——「東亞聯盟中國總會」。早在「維新政府」時就成立，受日本「興亞院」軍事教導部領導。民國二十九年（一九四〇）三月後由汪精衛改組為「東亞聯盟中國總會」，汪自兼會長。該會以統一思想、統一戰線為招牌收集情報，總會常務理事先後由南京區的區長唐惠民、蘇成德、馬嘯天兼，南京區則利用它進行情報活動。

㈨新東方雜誌。民國二十九年（一九四〇）創刊，總編輯由南京區編輯股長周用行兼任，為南京區的外宣傳喉舌，定期刊登各特工頭目及「和平反共建國大同盟」——「京社」的口頭、書面演講及宣傳文件。

㈩汪偽南京市政府經濟調查組，係南京區長馬嘯天與南京汪偽市長周學昌合謀籌設的一個經濟情報機構，專門負責調查市場經濟及物價情況。

南京區還控制了一批工商企業單位、幫會及群眾團體等組成情報網絡，專門獵取情報，偵察敵對人員行蹤，進行逮捕和暗殺。此外，配合南京區活動的日軍方面的特工組織有「梅機關」、南京特務機關、南京憲兵隊、大民會、東亞聯盟、興亞院、鋼筆大王、仁丹公司等。

汪偽特工總部南京區的組織龐大，本部及各區專職特工人員近千人，尚不包括機關文職人員；各特工站、組人員及基層情報的「細胞」，則在一五〇〇人至二〇〇〇人之間，外地各特工站及組織，數量更為龐大。這樣一個兇惡的特工組織，再加上日軍軍警憲特的協助，南京及江南、皖南一帶的一切抗日活動均處於日僞特工的魔爪控制之下。日本投降後，南京區龐大的特工組織也隨之瓦解，其特工人員部份逃散，部份投向國民政府。南京區的幾個頭目馬嘯天、晉輝等人，則被國民政府軍統逮捕關押後，予以任用。

伍、從函電史料觀汪僞地方特工活動梗概

對於汪僞特工活動，係屬秘密活動之任務，要留下任何隻字片語，誠屬不易，但從其相關佐證之史料，或可窺知一二，例如從汪精衛六十大壽時，各地特工人員致賀之密電，可看出其地方特工人事組織之梗概，玆就所見之史料，分別列述如下：

一、一封可能係民國三十一年或三十二年五月十二日收發之函電，來報地名杭州，登報人謝文潮，內容如下：

南京　主席（指汪精衛）鈞鑒：欣逢攬揆良辰，敬維禮協懸弧詩徵，介壽仰瞻南星，無量歌頌。特工總部杭州區區長謝文潮率全體同志謹叩文。⑬。

二、一封可能係民國三十一年或三十二年五月十二日收發之函電，來報地名為南京，登報人姓名馬嘯天等，該函電內容為：

南京　主席鈞鑒：欣逢吉日，恭值崧辰，褒鄂之毛髮未皤，李部（指李士群之勳名已播，福萃一門，澤被萬姓，謹電馳賀，伏維睿察。特工總部南京區區長馬嘯天率全體同志謹叩文。⑭

三、一封未署明年，而署明五月十二日收發之密電，來報地名為上海、登報人姓名為傅也文等，該電內容為：

南京　主席鈞鑒：月之吉日，恭值六秩誕辰，洵魯殿靈光，為黨國柱石，絳老添籌，普天同慶，肅電申賀，恭敬松齡。調查統計部駐滬辦事處處長傅也文率全體同志謹叩文。⑮

四、一封未署年，只署明五月十二日收發之密電，來報地名為上海，登報人姓名為萬里浪等。該電內容為：

南京　主席鈞鑒：大東亞解放哉，勝利之日，恭逢主座花甲重關之慶，拯斯民於水火，德被中原，謀國家之復興，共榮東亞，肅電申敬，祇請睿安。特工總部上海實驗區區長萬里浪率全體同志謹叩文。⑯

五、一封未署年時間，只註明五月十二日收發之密電，來報地名為紹興，登報人姓名為全體同志，該電內容如下：

南京　主席鈞鑒：欣逢孤矢之佳辰，彌仰蓋籌之偉績，引領都門無限頌祝。特工總部紹興站全體同志謹叩文。⑰

六、一封只註明五月十二日收發之密電，來報地名為上海，登報人姓名為李士群等，該函電內容為：

南京　主席鈞鑒：時維陽春佳日，逢攬揆良辰，數甲子以重周，德星輝燦，備箕疇之，五福壽考，維祺司馬，耆英咸尊，齒德汾陽，福澤更拜，功勳輯睦敦槃，期達共榮之域，和平建國解除同溺之虞，湛露濃恩，黎庶悉銘，五內懸弧志慶，舉國齊祝九如，謹電馳賀，伏維睿鑒。特工總部主任李士群率傅也文、揚、夏仲明、葉耀光、萬里浪、唐克明、晉輝、余玠等全體同志謹叩文。⑱

七、一封僅註明五月十二日收發密電，來報地名為廣州，登報人姓名為王玉華等。該電內容為：

南京　主席鈞鑒：敬悉主座花甲榮慶，星輝南極，德被中原，爲蒼生而重勞，大傅安社稷而集福，汾陽翹首，京華莫名，忭舞，謹申賀悃，恭祝遐齡。特工總部兼南京區區長王玉華率全體同志謹叩文。⑲

八、一封僅註明五月十二日收發之密電，來報地名為蘇州，登報人姓名為胡均鶴。該密電內容為：

南京　主席鈞鑒：節屆靖和，欣逢主座六旬大慶，澤遍東南，登斯民於衽席，功彪史乘，措國家於磐安，普天同慶，薄海共歡，謹電馳賀，遙祝九如，祇請鈞安，伏維睿鑒。特工總部江蘇實驗區區長胡鈞鶴率全體同志謹叩文。⑳

九、一封僅註明五月十二日收發之密電，來報地名為鎮江，登報人姓名為呂澤民等，該密電內容為：

南京　主席鈞鑒：執中垂拱淵沖爲至道之原，扼蜀不言，濬哲洽大庭之治，欣值華誕，莫名賀。特工總部鎮江站站長呂澤民率全體同志謹叩文。㉑

十、一封僅註明五月十二日收發之密電，來報地名為揚中，登報人姓名為揚中站。該電內容為：

南京　主席鈞鑒：欣逢攬揆良辰，敬祝福壽無疆。特工總部揚中站全體同志謹叩文。㉒

十一、一封僅註明五月十二日收發之密電，來報地名為句容，登報人姓名為句容站，該電內容為：

南京　主席鈞座：欣值生申令旦，謹獻九如之頌。特工總部句容站全體同志謹叩文。㉓

十二、一封僅註明五月十二日，來報地名為吳興，登報人姓名為全體同志。該密電內容為：

南京　主席鈞座：欣逢六旬華旦敬維薄屋添籌，普天同慶，仰瞻仁壽，曷罄頌私，特工總部吳興站全體同志謹叩文。㉔

十三、一封僅註明五月十二日收發之密電，來報地名為吳江，登報人姓名為全體同志。

該電內容為：

南京　主席崇鑒：欣值六旬大慶，敬祝德躬康健。特工吳江站全體同志。謹叩文㉕

十四、一封僅註明五月十二日收發之密電，來報地名為丹陽，登報人姓名為全體同志。

該電內容為：

南京　主席鈞鑒：允文允武而協和萬邦，宜民宜人而煦嫗六合，欣逢令旦，祝嘏無量。特工總部丹陽站全體同志謹叩文。㉖

十五、一封僅註明五月十二日收發之密電，來報地名為漢陽，登報人姓名為全體同志。

該電內容為：

南京　主席鈞鑒：欣逢懸弧令旦，虔祝壽齊仁、澤。特工總部漢陽全體同志。謹叩文。㉗

十六、一封僅註明五月十二日收發之密電，來報地名為太倉，登報人姓名為全體同志，

該電內容為：

南京　主席鈞鑒：欣值懸弧之慶，彌欽佩綬之榮翹，瞻仁壽無量頌忱。特工總部太倉站全體同志謹叩文。㉘

十七、一封僅註明五月十二日收發之密電，來報地名為武昌，登報人姓名為全體同志，該電內容為：

南京　主席鈞鑒：指仙人之壺嶠不老春，深仰盛世之夔龍，長庚夜朗，欣逢令誕，敬申賀忱。特工武昌站全體同志謹叩文。㉙

十八、一封僅註明五月十二日收發之密電，來報地名為常州，登報人姓名為全體同志，該函電內容為：

南京　主席鈞鑒：華旦欣逢集祥瑞於佳日，海屋添籌，慶南星於無極，敬電馳賀，伏祈睿安。特工常州站全體同志，謹叩文。㉚

十九、一封僅註明五月十二日收發之密電，來報地名為江陰，登報人姓名為全體同志，該密電內容為：

南京　主席鈞鑒：欣逢壽辰，敬祝福躬康泰。特工總部江陰站全體同志。謹叩文㉛

該密電內容為：

二〇、一封僅註明五月十二日收發之密電，來報地名為上海，登報人姓名為全體同志，

南京　主席鈞鑒：欣逢六旬，懸弧之良辰，益欽爲國宣勞之偉績，仰企德輝，莫名忭頌。特工總部上海復興鐵工廠全體同志。謹叩文㉜

該函電內容為：

二一、一封僅註明五月十二日收發之密電，來報地名為常熟，登報人姓名為全體同志，

南京　主席鈞鑒：欣逢華誕，敬維箕疇衍福。特工總部常熟站，全體同志。謹叩文。㉝

該函電內容為：

二二、一封僅註明五月十二日收發之密電，來報地名為崑山，登報人姓名為全體同志，

南京　主席鈞鑒：欣逢鈞座大旬大慶，敬祝福壽無量。特工總部崑山站站長楊玉清率全體同志謹叩文。㉞

二三、一封僅註明五月十二日收發之密電，來報地名為青浦，登報人姓名為全體同志，該函電內容為：

南京　主席鈞鑒：宏開壽宇，薄海歡慶，遙望都門，伏首祝頌。特工總部青浦站全體同志，謹叩文。㉟

二四、一封僅註明五月十二日收發之密電，來報地名為無錫，登報人姓名為全體同志，該函電內容為：

南京　主席鈞鑒：欣值鈞座令旦，敬維海屋添籌，普天同慶，肅電祇賀，伏乞睿安。特工無錫站，全體同志，謹叩文。㊱

二五、一封僅註明五月十二日收發之密電，來報地名為武漢，登報人姓名為全體同志，該函電內容為：

南京　主席鈞鑒：欣逢壽旦，敬維瑞集茵憑，祥凝簪紱，肅電敬賀，伏乞垂示。特工總部武漢區全體同志謹叩文。㊲

二六、一封僅註明五月十二日收發之密電，來報地名為嘉興，登報人姓名為全體同志，該函電內容為：

南京　主席鈞鑒：主席鈞鑒：祥凝細柳，春熟蟠桃，欣值令旦，彌殷祝忱。特工總部嘉興站全體同志。謹叩文。㊳

茲將上述二十六封密電中，有關汪偽地方特工人事組織列表如下：

特工組織名稱	特工組織人事名稱	特工組織名稱	特工組織人事名稱
1. 杭州區	區長謝文潮	14. 丹陽站	站長（姓名待查）
2. 南京區	區長馬嘯天	15. 漢陽站	站長（姓名待查）
3. 調查統計部駐滬辦事處	處長傅也文	16. 太倉站	站長（姓名待查）
4. 上海實驗區	區長萬里浪	17. 武昌站	站長（姓名待查）
5. 紹興站	站長（姓名待查）	18. 常州站	站長（姓名待查）
6. 特工總部	主任李士群	19. 江陰站	站長（姓名待查）
7. 華南區	區長王玉華	20. 上海復興鐵工廠	廠長（姓名待查）
8. 江蘇實驗區	區長胡鈞鶴	21. 常熟站	站長（姓名待查）
9. 鎮江站	站長呂澤民	22. 崑山站	站長楊玉清
10. 揚中站	站長（姓名待查）	23. 青浦站	站長（姓名待查）
11. 句容站	站長（姓名待查）	24. 無錫站	站長（姓名待查）
12. 吳興站	站長（姓名待查）	25. 武漢區	區長（姓名待查）
13. 吳江站	站長（姓名待查）	26. 嘉興站	站長（姓名待查）

由上表可知汪精衛集團，在抗戰時期所控制的地區，以長江流域上海、南京地區為主及華南地區，因此從地方特工組織分佈，可窺知端倪，而這些地區也正是日軍的佔領區，汪精衛政權是以日軍作靠山，更是顯而易見。

陸、結　論

綜上所述，儘管汪精衛南京地區的特工活動，經過四個時期的轉變，但其組織雖形有些是仿效國民政府時期的特工型態，汪偽政權建立地方的特工組織，無非是保衛政權，預防重慶特工的滲透破壞暗殺，而在日軍的介入下，汪偽的特工活動又和日本特務機關掛勾同流，受日軍之監督與控制，因此在八年抗戰歲月中，除了軍事戰場外，重慶國民政府特工、汪偽政權特工，日軍特務機關特工則在無形的戰場，展開一系列的鬥爭。從汪精衛檔案函電史料，也透露了汪偽政權重視特工的一面，雖然有些組織名稱如總部，處、區、站和負責人職稱如主任、區長、站長等均已浮出檯面，但是吾人相信，特工作為盡量講求隱密與無形，不留痕跡，因此欲蒐羅進一步具體史料，確實不易，但一葉知秋，從這些斷簡殘篇的函電史料中，相信已是雪泥鴻爪，它留下些許的蛛絲馬跡，已讓後人抓住了一些證據史料，吾人預料未來新史料將會隨時間如噴泉般湧出。

註釋

①劉曉寧：〈汪僞特工總部南京區簡介〉，《民國檔案》第四期，頁一三九～一四三。（一九九一年出版）

②③同前①，轉引自葛志民：《汪僞南京區初期概況》未刊南京市公安局檔案室藏。

④⑤同前①，轉引自馬嘯天《汪僞特工總部南京區組織系統及人事詳情》未刊。

⑥同前①，轉引自唐公福：《南京區第一任區要唐惠民被扣經過》未刊。

⑦同前①，轉引自《汪僞特工南京區基層組織概況》未刊

⑧同前①，轉引自唐公福：《南京區的歷史沿革》未刊，南京市公安局檔案室藏。

⑨同前①，轉引自馬嘯天：《南京區外設及利用機構》未刊。

⑩同前①，轉引自汪彬：《殺人魔窟～二十一號》未刊，江蘇省公安廳檔案處藏。

⑪同前①，轉引自馬嘯天：《南京區外設及利用機構》未刊。

⑫同前①，轉引自汪彬：《殺人魔窟～二十一號》未刊，江蘇省公安廳檔案處藏。

⑬〈特工總部杭州區區長謝文潮致汪精衛密電〉（民國三十一年或三十二年五月十二日），《汪僞資料檔案》，法務部調查局資料室藏，鋼筆原件影本。

⑭〈特工總部南京區區長馬嘯天致汪精衛密電〉（民國三十一年或三十二年五月十二日），《汪僞資料檔案》，法務部調查局資料室藏，毛筆原件影本。

⑮〈調查統計駐滬辦事處處長傅也文致汪精衛密電〉（民國三十一年或三十二年五月十二日），《汪偽資料檔案》，法務部調查局料室藏，毛筆原件影本。

⑯〈特工總部上海實驗區區長萬里浪致汪精衛密電〉（未署明年時間，五月十二日），《汪偽資料檔案》，法務部調查局資料室藏，毛筆原件影本。

⑰〈特工總部紹興站全體同志致汪精衛密電〉（未署明年時間，五月十二日），《汪偽資料檔案》，法務部調查局資料室藏，鋼筆原件影本。

⑱〈特工總部主任李士群等致汪精衛密電〉（未署明年時間，五月十二日），《汪偽資料檔案》，法務部調查局資料室藏，毛筆原件影本。

⑲〈特工總部華南區區長王玉華等致汪精衛密電〉（未署明年時間，五月十二日），《汪偽資料檔案》，法務部調查局資料室藏，鋼筆原件影本。

⑳〈特工總部江蘇實驗區區長胡均鶴致汪精衛密電〉（未署明年時間，五月十二日），《汪偽資料檔案》，法務部調查局資料室藏，毛筆原件影本。

㉑〈特工總部鎮江站站長呂民致等汪精衛密電〉（未署明年時間，五月十二日），《汪偽資料檔案》，法務部調查局資料室藏，毛筆原件影本。

㉒〈特工總部揚中站致汪精衛密電〉（未署明年時間，五月十二日），《汪偽資料檔案》，法務部調查局資料室藏，毛筆原件影本。

㉓〈特工總部句容站致汪精衛密電〉（未署明年時間，五月十二日），《汪偽資料檔案》，法務部調查局資料室藏，毛筆原件影本。

㉔〈特工總部吳興站致汪精衛密電〉（未署明年時間，五月十二日），《汪僞資料檔案》，法務部調查局資料室藏，鋼筆原件影本。

㉕〈特工總部吳江站致汪精衛密電〉（未署明年時間，五月十二日），《汪僞資料檔案》，法務部調查局資料室藏，鋼筆原件影本。

㉖〈特工總部丹陽站致汪精衛密電〉（未署明年時間，五月十二日），《汪僞資料檔案》，法務部調查局資料室藏，鋼筆原件影本。

㉗〈特工總部漢陽站致汪精衛密電〉（未署明年時間，五月十二日），《汪僞資料檔案》，法務部調查局資料室藏，鋼筆原件影本。

㉘〈特工總部太倉站致汪精衛密電〉（未署明年時間，五月十二日），《汪僞資料檔案》，法務部調查局資料室藏，鋼筆原件影本。

㉙〈特工總部武昌站致汪精衛密電〉（未署明年時間，五月十二日），《汪僞資料檔案》，法務部調查局資料室藏，鋼筆原件影本。

㉚〈特工總部常州站致汪精衛密電〉（未署明年時間，五月十二日），《汪僞資料檔案》，法務部調查局資料室藏，鋼筆原件影本。

㉛〈特工總部江陰站致汪精衛密電〉（未署年時間，五月十二日），《汪僞資料檔案》，法務部調查局資料室藏，鋼筆原件影本。

㉜〈特工總部上海復興鐵工廠致汪精衛密電〉（未署明年時間，五月十二日），《汪僞資料檔案》，法務部調查局資料室藏，鋼筆原件影本。

㉝〈特工總部常熟站致汪精衛密電〉（未署明年時間，五月十二日），《汪偽資料檔案》，法務部調查局資料室藏，鋼筆原件影本。

㉞〈特工總部崑山站站長楊玉清致汪精衛密電〉（未署明年時間，五月十二日），《汪偽資料檔案》，法務部調查局資料室藏，鋼筆原件影本。

㉟〈特工總部青浦站致汪精衛密電〉（未署明年時間，五月十二日），《汪偽資料檔案》，法務部調查局資料室藏，鋼筆原件影本。

㊱〈特工總部無錫站致汪精衛密電〉（未署明年時間，五月十二日），《汪偽資料檔案》，法務部調查局資料室藏，鋼筆原件影本。

㊲〈特工總部武漢區致汪精衛密電〉（未署明年時間，五月十二日），《汪偽資料檔案》，法務部調查局資料室藏，鋼筆原件影本。

㊳〈特工總部嘉興站致汪精衛密電〉（未署明年時間，五月十二日），《汪偽資料檔案》，法務部調查局資料室藏，鋼筆原件影本。

來電抄錄用牋

來電總號 1002413　譯發總號 2328　第　頁

來報地名 杭州　發報人姓名 謝文潮　核對電文者蓋章

南京

主席鈞鑒欣逢鈞座擢長大政繼續協[illegible]孫[illegible]徵介青仰瞻國[illegible]無量敬頌將又

總部杭州區區長謝文潮率全體同志謹叩文

原發報台日時	收報台日時	繙譯電文日時
(一)月12日0時30分	(一)月12日10時25分	(一)月12日11時30分

引自《汪偽檔案》

來電抄錄用牋

來電總號 600342　譯發總號 2325　第　頁

來報地名	發報人姓名	校對電文者蓋章
南京	馬嘯天等	

南京
主席鈞鑒彼逆吉川芥植松辰發部之已被我游擊隊李部之[illegible]
名已携福蔡一門灣波滬此謹呈鑒聽候指示後將總部南京
區區長馬嘯天等叩
附[illegible]明文

原發報台日時	收報台日時	譯送電文日時
6月12日10時00分	6月12日10時20分	6月12日14時00分

引自《汪偽檔案》

來電抄錄用牋

來電總號 600341　　譯發總號 2327　　第　頁

來報地名	上海
發報人姓名	傅式說等

南京
主席鈞鑒：月之吉日恭值六秩誕辰，[illegible]光為黨國柱石，[illegible]普天同慶，[illegible]中[illegible]恭[illegible]松[illegible]，[illegible]查[illegible]部[illegible]
[illegible]處長傅式說率全[illegible]同志謹叩[illegible]

原發報台日時	收報台日時	精譯電文日時
七月12日08時40分	七月12日10時05分	七月12日13時40分

引自《汪偽檔案》

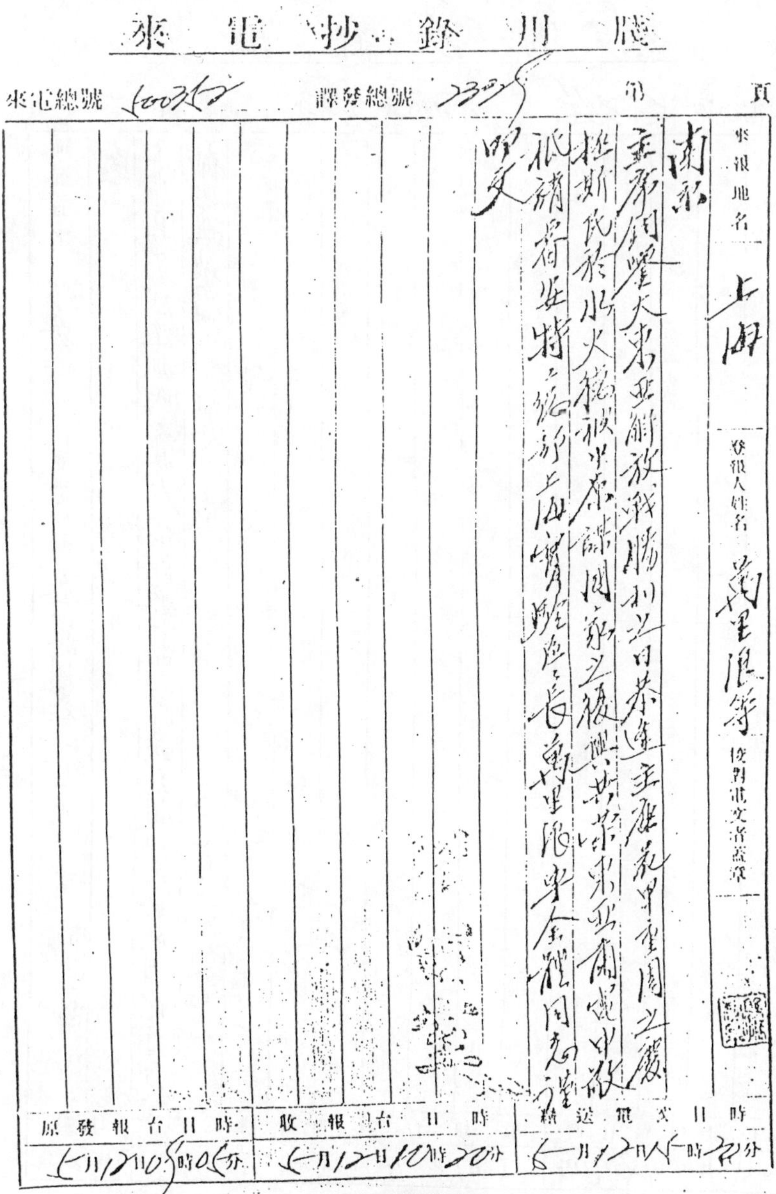

來電抄錄用牋

來電總號 [illegible]　譯發總號 [illegible]　第　頁

來報地名：上海

發報人姓名：萬里浪等

校對電文者蓋章

南京

主席鈞鑒大東亞解放戰勝利之日恭逢主席花甲重周之慶

拯斯民於水火拯救中原誦周公之德共榮東亞開[illegible]

祇請看安特工總部上海實驗區區長萬里浪率全體同志謹

叩

原發報台日時	收報台日時	繕送電文日時
5月12日10時05分	5月12日10時20分	5月12日16時22分

引自《汪偽檔案》

來電抄錄用箋

來電總號 X003166　　譯電總號 2231　　第　頁

來報地名：紹興

發報人姓名：全體同志

譯對電文者蓋章：

南京

主席鈞鑒欣逢孤夫之佳辰謹仰[illegible]之蔭引領都門翹瞻特叩總

部紹興縣全體同志謹叩文

原發報台日時	收報台日時	譯送電文日時
5月17日09時10分	5月17日11時25分	5月18日13時10分

引自《汪偽檔案》

來電抄錄用牋

來電總號 5003/0　譯電號 2326　第　頁

來報地名：上海

發報人姓名：李士羣等

（核對電文者蓋章）

南京

主席鈞鑒：時維陽春佳日，恭逢覽揆良辰，敬申予以重周德崇燦，備箕疇之五福，壽若維祺，同馬存炎，咸尊盛德，彌瞻稱讚，更升切頌，辨壯歎懋期，進共榮之域，和平建國，解除同胞之痛恨，盛德恩無，悉銘五內，懋孫志務，翼國禱祝，如雄遠馳賀忱，特工總部主任李士羣、副主任、楊傑及仲明、光萬里、很廣光明、番余玠等全體同志謹叩。文

原發報台日時	收報台日時	譯送電文日時
5月12日9時30分	5月12日10時00分	5月12日13時20分

引自《汪偽檔案》

來電抄錄用牋

來電總號 600351　譯發總號 2338　第　頁

來報地名：廣州

發報人姓名：王玉華等

負責譯電文者蓋章

南京

主席鈞鑒敬悉華座花甲榮慶星輝南極德被中原為蒼生而勤

東勞大傅安社稷而集經綸汾陽翹首京華莫名忭舞謹申賀

悃恭祝遐齡特工總部廣州區區長王玉華率全體同志謹叩文

原發報台日時	收報台日時	譯竣電文日時
5 月 12 日 12 時 24 分	5 月 12 日 13 時 10 分	5 月 12 日 14 時 45 分

引自《汪偽檔案》

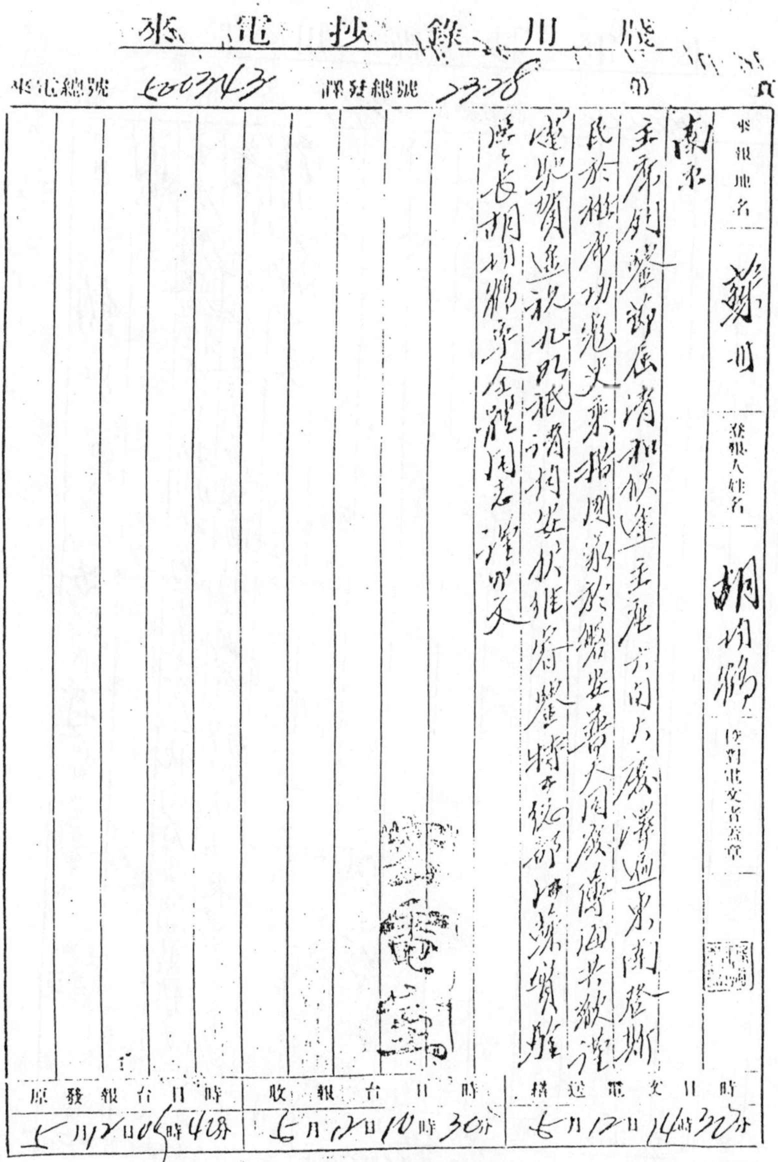
來電抄錄用牋
來電總號 600343
譯發總號 2328
第　頁
來報地名 蘇州
發報人姓名 胡均鶴
核對電文者蓋章
南京
原發報台日時 6月12日06時42分
收報台日時 6月12日10時30分
繕送電文日時 6月12日14時32分

引自《汪偽檔案》

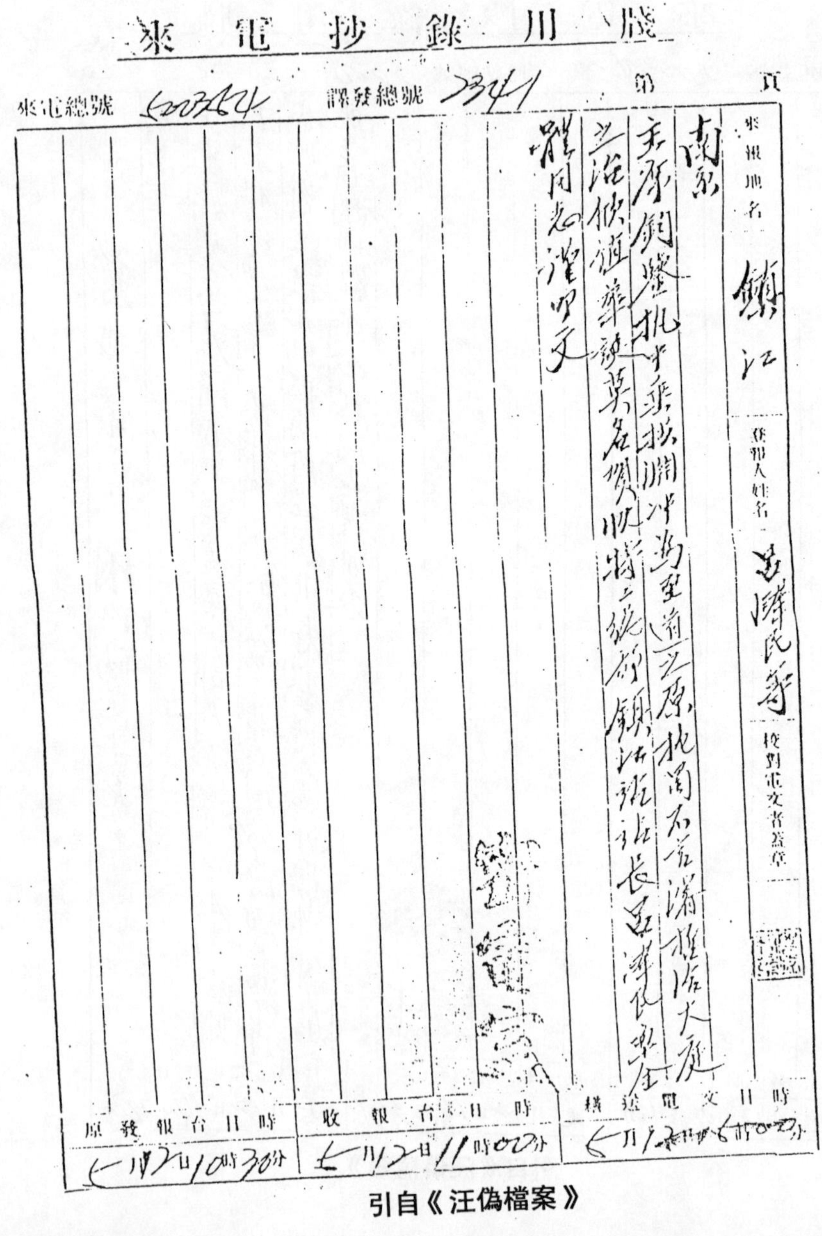

來電抄錄用牋

來電總號 6003624　譯發總號 2341　第　頁

來報地名：鎮江

發報人姓名：王瀞民等

校對電文者蓋章

南京

主席鈞鑒[illegible]

之[illegible]鎮江辦[illegible]長王瀞民率全

體同志謹叩文

原發報台日時	收報台日時	構造電文日時
(一)11/12日10時30分	(一)11/12日11時02分	(一)11/12[illegible]時02分

引自《汪偽檔案》

來電抄錄用牋

來電總號 500351　譯發總號 7347　第　頁

來報地名：楊中

發報人姓名：楊中站

校對電文者蓋章

南京

主席鈞鑒：頃途擬撥良衣徵稅稿費無盤特工總部楊

飭金林同志遵照叩文

譯電起訖時間	收到時間	發電文時間
6月12日9時40分	6月12日10時30分	6月12日11時10分

引自《汪偽檔案》

來電抄錄用牋

來電總號 60246　　譯發總號 7342　　第　頁

來報地名	發報人姓名	
同右	周右號	

南京
主席鈞座頃[illegible]生中今日謹獻九時之頃特[illegible]謝周右號
余[illegible]周志謹叩文

原發報台日時	收報台日時	譯送電文日時
6月12日[illegible]時46分	6月12日13時10分	6月12日15時25分

引自《汪偽檔案》

來電抄錄用牋

來電總號 600344　　譯發總號 2330　　第　　頁

來報地名	吳興
發報人姓名	金𪇳同志
校對電文者蓋章	[illegible]

南京

主席鈞座彼逆六日半且敵機[illegible]赴渝[illegible]晉天同慶仰[illegible]仁壽[illegible]級私

特工總部吳興站金𪇳同志謹叩之

原發報台日時	收報台日時	譯送電文日時
5月12日10時05分	5月12日11時15分	5月12日17時05分

引自《汪偽檔案》

來電抄錄用牋

來電總號 500280　　譯發總號 2337　　第　頁

來報地名	吳江
發報人姓名	余體同志
核對電文者蓋章	

南京

主席崇鑒欣值六旬大慶敬祝福壽康健特工吳江站余體同志謹叩文

原發報台日時	收報台日時	譯送電文日時
5月12日10時28分	5月12日12時25分	5月12日13時21分

引自《汪偽檔案》

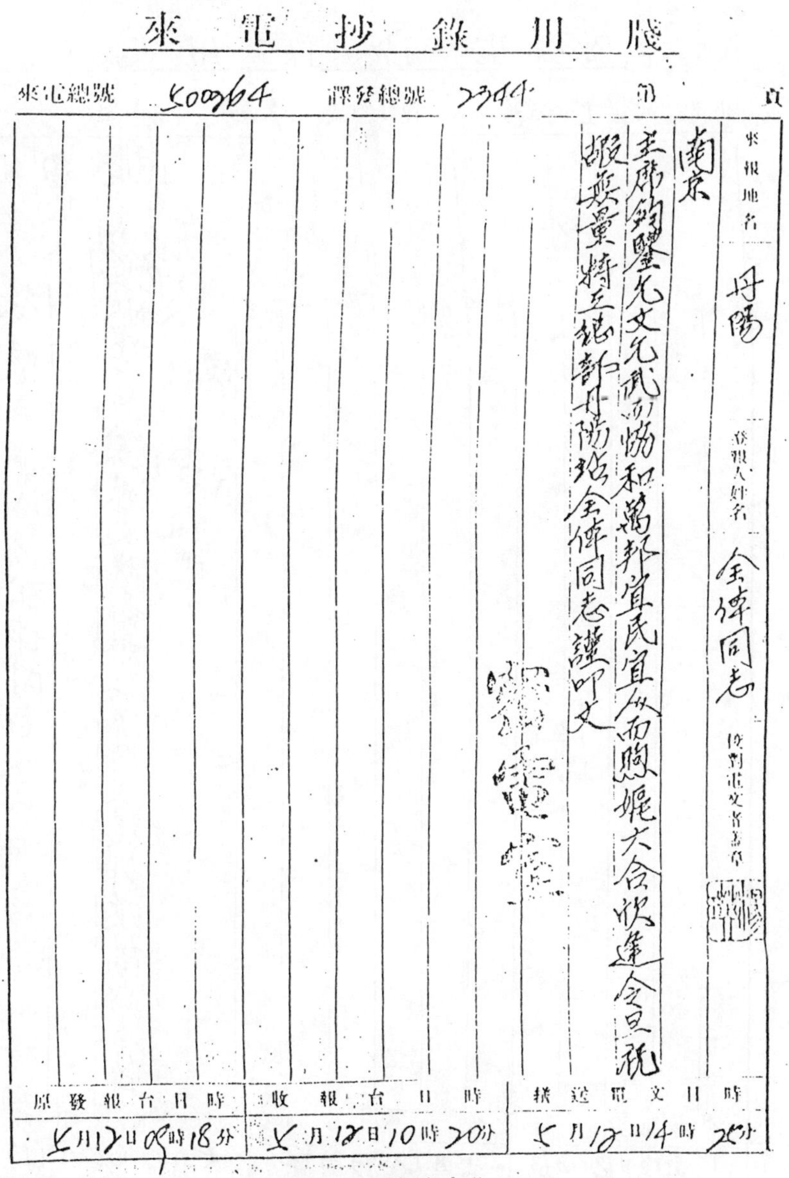

來電抄錄用牋

來電總號 500264　譯發總號 2344　第　頁

來報地名：丹陽

發報人姓名：金倬同志

南京

主席鈞鑒允文允武而協和萬邦宜民宜人而聰媲大合收肇令旦就職歡無量特工總部丹陽站金倬同志謹叩文

原發報台日時	收報台日時	抄送電文日時
5月12日09時18分	5月12日10時20分	5月12日14時20分

引自《汪偽檔案》

來電抄錄用箋

來電總號 600258　　譯發總號 23440　　第　　頁

來報地名：漢陽

發報人姓名：金偉同志

校對電文者蓋章

南京
主席鈞鑒欣逢懸弧令旦慶祝壽齊仁澤特立總部漢陽站金偉
同志謹叩文

原發報台日時	收報台日時	摘送電文日時
5月12日13時05分	5月12日13時20分	5月12日16時55分

引自《汪偽檔案》

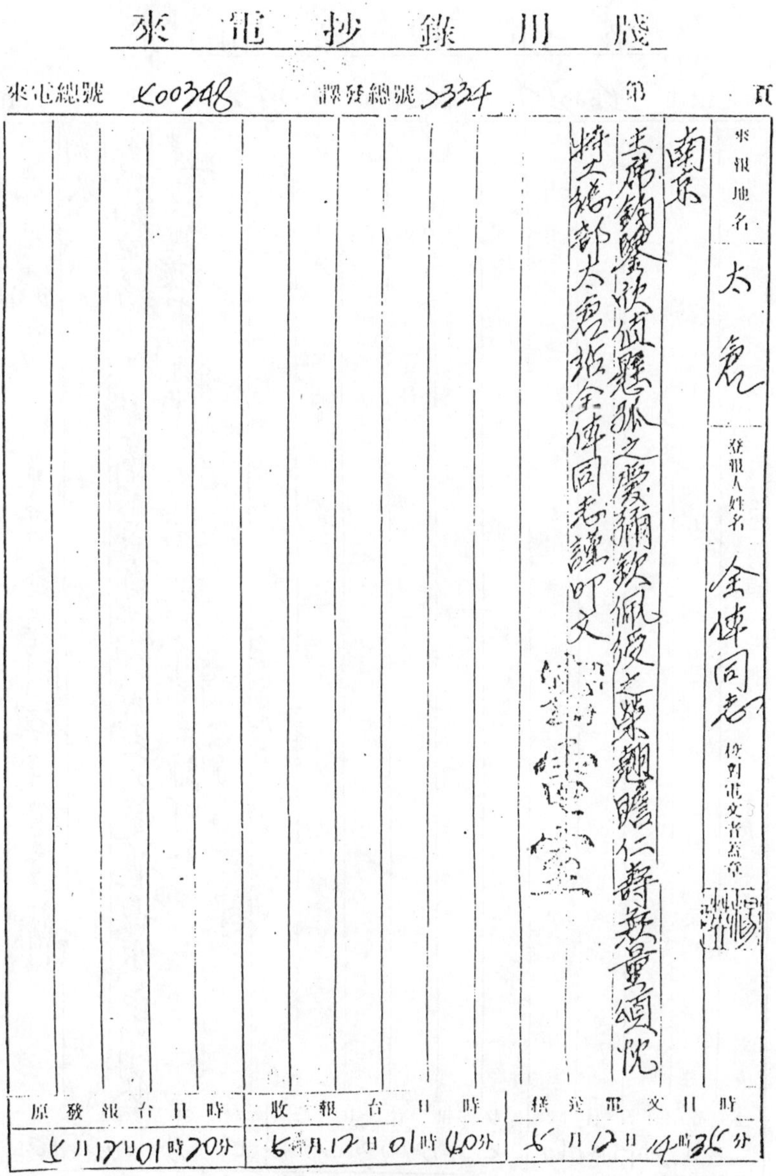

來電抄錄用牋

來電總號 K00348 譯發總號 2324 第 頁

來報地名：太急

發報人姓名：全體同志

校對電文者蓋章

南京
主席鈞鑒欣值懸弧之慶彌欽佩綬之榮翹瞻仁壽無量頌忱
特工總部大會招全體同志謹叩文

原發報台日時	收報台日時	繕送電文日時
5月12日01時20分	5月12日01時40分	5月12日4時35分

引自《汪偽檔案》

來電抄錄用牋

來電總號 600351　譯發總號 2343　第　頁

來報地名：武昌

發報人姓名：全偉同志

校對電文者蓋章

南京

主席鈞鑒：指松柏之蒼嶠不老，春深仰盛世之夔龍，長庚夜朗，欣逢令誕，敬申賀忱。特工武昌班全偉同志謹叩。文

原發報台日時	收報台日時	譯送電文日時
5月12日12時05分	5月12日13時00分	5月12日14時50分

引自《汪偽檔案》

來電抄錄用箋

第　頁

來電總號 5003666　譯發總號 2311

來報地名	常州
發報人姓名	余體剛同志
收報地名	南京

主席鈞鑒：乘[illegible]已放[illegible]特務於住日滋擾發覺南京[illegible]無線敵偽配貨款

祈嚐察特工常州組余體剛同志謹叩文

原發報台日時	收報台日時	譯述電日時
8 11 12 日 9 時 14 分	8 11 12 日 11 時 14 分	8 11 12 日 13 時 15 分

引自《汪偽檔案》

來電抄錄用牋

來電號碼 5002/1　譯發總號 7338　第　頁

來報地名：江陰

發報人姓名：全騏同志

摘由：

南京

主席鈞鑒欣逢壽辰敬祝福體康泰黨部江陰張全騏同志叩文

原發報台日時	收報台日時	譯送電文日時
5月12日08時55分	5月12日11時55分	5月12日13時30分

引自《汪偽檔案》

來電抄錄用牋

第　　頁

來電總號 600363　　譯發總號 22860

發報地名：上海

發報人姓名：余祥琴

收報：南京

[illegible]

原發報台日時	收報台日時	謄送電文日時
8月12日10時20分	8月12日12時40分	8月12[?]日14時00分

引自《汪偽檔案》

來電抄錄用牋

來電總號 500349　譯發總號 2336　第　頁

來報地名	常熟
發報人姓名	金埭同志
核對電文首末	[illegible]

南京
主席鈞鑒：恭逢華誕，敬祝算[illegible]。行營特工總部常熟組金埭同志謹叩文

[illegible]

原發報台日時	收報台日時	譯發電文日時
5月12日13時10分	5月12日13時25分	5月12日14時40分

引自《汪偽檔案》

來電抄錄用牋

來電總號 5003417　譯發總號 7333　第　頁

來報地名：崑山

發報人姓名：全體同志

南京

主席鈞鑒欣逢鈞座六旬大慶敬祝福壽無量特工總部崑山站站長楊玉清率全體同志謹叩文

原發報台日時	收報台日時	譯發電文日時
5月12日12時00分	5月12日13時00分	5月12日14時30分

引自《汪偽檔案》

來電抄錄用牋

來電總號 500348　譯發總號 7336　第　頁

來報地名	青浦
發報人姓名	全体同志

南京

主席鈞鑒恭聞壽辰薄海歡慶遙望都門翹首祝頌特工總部青浦站全体同志謹叩文

原發報台日時	收報台日時	轉發電文日時
5 11 12 日 07 時 30 分	5 11 12 日 07 時 50 分	5 11 12 日 11 時 35 分

引自《汪偽檔案》

來電抄錄用牋

來電總號 600466　　譯發總號 23117　　第　頁

來電地名：無錫

發報人姓名：余耀同志

收報人姓名：南京

主席鈞鑒 [illegible] 鈞座令以敵 [illegible] 大同 [illegible]

無錫站余耀同志 [illegible] 叩文

原發報台日時	收報台日時	譯送報之日時
5月12日05時10分	5月12日11時10分	5月12日12時10分

引自《汪偽檔案》

21

來電抄錄用紙

來電總號 6007 87　　譯發總號 2338　　第　頁

來報地名 武漢

發報人姓名 余體周

原報電報字數

南京

主席鈞鑒：啟公西齋回敵雖稍緩，尚未肅清，亦請嚴密[illegible]敵情，伏乞垂察，請公鑒

部武漢區余體周叩文

譯電室

原發報台日時	收報台日時	轉發報台日時
6月12日10時10分	6月12日12時08分	6月12日12時18分

引自《汪偽檔案》

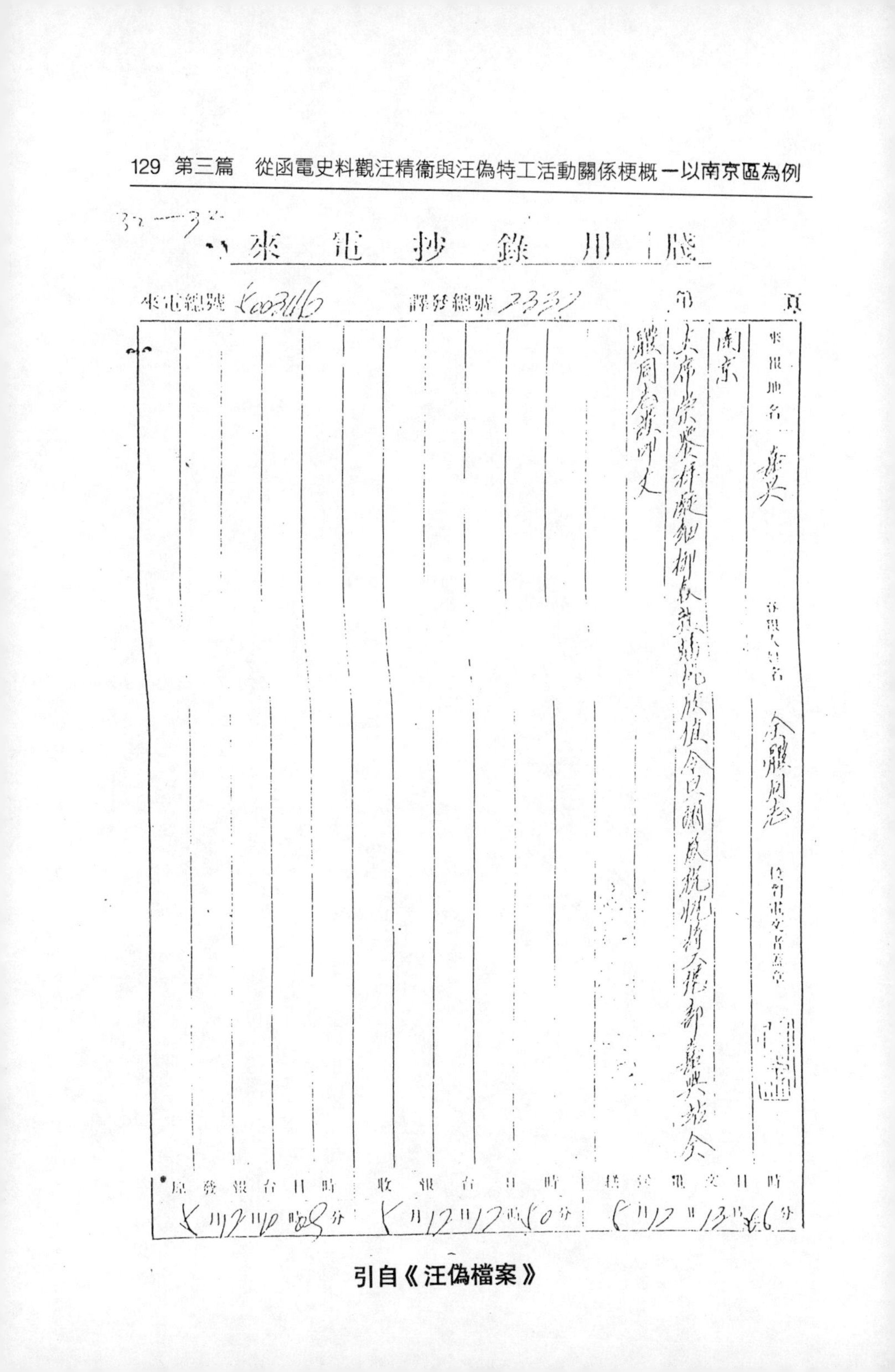

32—3?

來電抄錄用牋

來電總號 6003116　　譯發總號 2332　　第　頁

來報地名	南京
發報人姓名	余職周志
校對電文者蓋章	[illegible]

南京

主席崇鑒 [illegible]組柳長[illegible]報稱[illegible]值今日[illegible]特務部[illegible]

職周志[illegible]叩文

來發報台日時	收報台日時	譯發電文日時
5月12日10時08分	5月12日12時10分	5月12日13時56分

引自《汪偽檔案》

第四篇　從函電史料觀汪精衛與汪偽政權的「國旗」問題關係梗概

壹、前言

中華民國成立之前，其國旗制式已基本形成。中華民國成立後，對國旗的確定經多次討論，確定後又幾經變動。民國二十九年（一九四〇）三月三十日汪精衛集團在南京建立了偽政權。此一集團為了以繼承中華民國的法統自詡，在政府名稱、機構設置、「國旗」制式等方面，都採取了與原南京國民政府相同的形式。本文擬從中華民國國旗史談起，參照汪偽檔案函電史料觀汪偽政權所謂「國旗」的確定過程與意義。

貳、中華民國國旗歷史簡介

一、與中華民國國旗有關的幾種旗幟簡介

㈠青天白日旗及青天白日滿地紅旗

青天白日旗是革命派制定的第一面旗幟，由興中會領導人之一陸皓東設計製作。旗底為藍色，以示青天。旗子中央置一向四周射出叉光的白日，初制時，叉光多寡不一。後孫中山先生解釋：叉光代表干支之數，應排作十二，以代十二時辰，此後遂成定制。一八九五年三月十六日，孫中山先生在香港主持興中會幹部會議，決定以青天白日旗為擬於重陽節廣州起義時的旗幟。後因叛徒告密，起義未及爆發即遭鎮壓，此旗未能使用。一九〇〇年十月，與中會發動的惠州三洲田起義，首次以青天白日旗為革命軍軍旗。以後，青天白日旗改以紅色為底，白日移至旗子的右上角，謂之「青天白日滿地紅旗」①，長期為中華民國國旗。青天白日旗成為中國國民黨黨旗。

㈡五色旗

旗面以紅、黃、藍、白、黑五條色帶橫排組成。五種顏色分別代表漢、滿、蒙、回、藏五個民族，以示五族共和之意。它是辛亥革命時期南京起義時的標誌及滬軍府的旗幟，由革命黨領導人宋教仁等繪製，曾是中華民國國旗。

㈢鐵血十八星旗

旗面上的十八顆星代表當時中國本部的十八個行省。星為紅色，以示光明。此旗乃武昌起義時革命組織共進會所用之旗幟。起義成功後，湖北軍政府謀界處決定：「革命軍旗為十八星旗」②。此後，湖北、江西等地均懸掛此旗，直至南京臨時政府成立。臨時政府成立後，湖北軍政府建議以此旗為國旗，但未被採納。

二、中華民國成立前關於國旗制式的種種意見

一九〇六年冬，中國同盟會編纂《革命方界》，議及未來中華民國國旗制式時，意見紛紜，提出了種種方案：有人提議用五色旗，以沿中國歷史之習慣；有人提議用鐵血十八星旗，以代表中國本部的十八個行省；有人提議用以金瓜鉞斧為標誌的旗，以發揚漢族之精神；還有人提議用井字旗，以表示井田之意；孫中山先生主張用青天白日旗，以紀念在歷史武裝起義中犧牲的革命先烈③。對孫中山先生的主張，黃興持異議。他認為青天白日旗的形式不美，且與日本的旭旗（即太陽旗）相近。孫中山先生對自己的主張爭之甚力，並提出青天白日旗改以紅色為底，旗成紅、藍、白三色，以示自由、平等、博愛之義。由於各持己見，孫中山先生的主張未獲通過。但此後革命黨人發動的多次武裝起義，均以青天白日滿地紅旗為革命軍的標誌。

三、中華民國成立後關於國旗制式的討論、確定與演變

民國元年（一九一二）一月一日，中華民國成立，南京臨時政府各省代表會議決議：以五色旗為中華民國國旗。理由是：中華民國臨時政府設在南京，而南京在辛亥革命中起義時用的是五色旗。臨時大總統孫中山先生不同意這項決議。理由是：「清朝舊制，海軍以五色

旗為一、二品大官之旗。今黜滿清之國旗而用其官旗，未免失體。五色旗用意為五大民族，然其分配代色，取義不確，如以黃代滿之類。且既云五族平等，而上下排列仍有階級。」④孫中山先生力主以青天白日滿地紅為國旗。一月三日，各省代表會議對國旗問題重行討論，認為青天白日滿地紅旗係同盟會制定，一個黨派不能代表全國各方面意見，而五色旗已經武昌革命軍採用，意義更為重大。會議再次決議：以五色旗為國旗。

孫中山先生為了重申應以青天白日滿地紅旗為國旗的理由，於一月十二日發出了《復參議會論國旗函》。茲將此函節錄於後：

> 夫國旗之頒用，所重有三：一旗之歷史，二旗之取義，三旗之美觀也。武漢之旗（指鐵血十八星旗），以之爲全國之首義尚矣；蘇浙之旗（指五色旗），以之克復南京；而天日之旗（指青天白日旗），則爲漢族共和黨人用之南方起義者十餘年。……南洋、美洲各埠華僑，同情於共和者亦已多年升用（青天白日旗），外人總認爲民國之旗。至於取義，則武漢多有極正大之主張，而青天白，取象宏美，中國爲遠東大國，日出東方爲□星之最者。且青天白日，示光明正照自由平等之義，著于赤幟，亦爲三色，其主張之理由尚多。⑤

孫中山先生鑒於採用那種旗幟為國旗，意見一時難於統一，且當時正值「革命用兵之際，國旗統一，尚非所急」，所以他提議：國旗問題「不欲遽定之於此時，而欲俟滿虜既亡，民選國會成立之後，付之國民公決。」⑥

由於上述情況，南京臨時政府存在的三個多月中，全國沒有統一的國旗。如，廣東、廣西、福建、雲南、貴州等省均以青天白日滿地紅旗為國旗，孫中山先生在臨時大總統的辦公室內，亦懸掛青天白日滿地紅旗。

袁世凱竊取辛亥革命果實後，民國元年（一九一二）六月八日，臨時參議院再次討論國旗問題。會上爭論激烈，最後採取折衷辦法：以五色旗為中華民國國旗，青天白日滿地紅旗為海軍旗，鐵血十八星旗為陸軍旗。孫中山先生堅決反對以五色旗為國旗。民國三年（一九一四）七月，孫先生在日本組織中華革命黨，規定青天白日旗為中華革命黨旗（以後為中國國民黨黨旗），青天白日滿地紅旗為中華民國國旗。民國十二年（一九二三），孫中山先生建立廣州大元師府，宣佈廢止五色旗和鐵血十八星旗。孫中山先生對五色旗十分反感，鄙視。如民國十二年八月十五日，在廣州召開全國學生評議會，他蒞臨指導。會場懸五色旗，開幕式與會者向之行禮。孫中山先生演講時講道：「比如五色旗，你們剛才向伊三鞠躬，我就不，你們一定以為我不敬國旗了。那裏曉得五色旗是清朝一品官的旗，我們革了皇帝的龍旗，卻崇拜官僚的五色旗，成什麼話！諸君要就棄去五色旗，要就用我們從前革命的旗幟，現在海軍用的青天白日旗。」⑦

自民國十六年（一九二七）四月起，蔣中正先生南京國民政府，一直用青天白日滿地紅旗為中華民國國旗，而不用五色旗。此時，此京的張作霖安國軍政府仍懸掛五色旗，直至民國十七年（一九二八）十二月二十九日張學良在奉天宣佈改易旗幟。所謂改易旗幟，就是東北三省及熱河省棄掛五色旗，改懸青天白日滿地紅旗，以示服從南京國民政府領導，國家完成形式上的統一。

參、從函電史料觀汪偽政權的「國旗」問題

汪精衛集團叛逃不久，於民國二十八年（一九三九）五月二十八日向日本政府提出了所謂「關於收拾時局的具體辦法」⑧，其中提出：「不變更法統，不改國旗」。但日本政府對汪的請求不予批准。同年六月五日，日本陸軍省對汪精衛的「辦法」作出決定：「國民政府的名稱雖亦可用，但為使『反共救國』等字樣顯明起見，必須在國旗和黨旗上部附加大三角形黃色布片，上書『反共救國』等字樣。」這樣⑨，在奴才與主子之間就產生了矛盾。為了解決這個矛盾，民國二十八年六月十五日，汪精衛親自出馬，與日本陸軍大臣坂垣征四郎進行談判。顯然，這種談判，不可能取得什麼成果。民國二十九年（一九四〇）初，談判繼續進行。一月二十七日，汪精衛集團中的重要人物周佛海與日本的國會議員犬養健會談。周提出：「取消國旗上擬加之三角形布片」，被日方拒絕。⑩二月十五日，汪精衛再次出馬，與日本設在上海的特務機關（梅機關）的頭子影佐禎昭會談，汪提出：「希望日方允許在上海、南京一帶汪方使用的旗幟上，不附加三角形黃色布片。」對汪精衛的近似哀求，日方不予理睬。⑪三月十三日，汪精衛與陳公博再次與影佐等會談。在汪、陳的一再懇求下，影佐表示，「國旗」上附加的三角形黃色布片，「在（汪偽）中央政府成立時暫用一二日，然後

設法取消」⑫這完全是一種搪塞，但實際上，這個黃布片一直用了三年。直到民國三十二年（一九四三）二月，汪僞政府遵照日本方面的旨意，對英、美國宣戰，表示與日本共存亡，並確立戰時體制，全面控制戰界物資，供應日本的軍需，日本才同意把這個黃布片拿掉。⑬在一次會議中，周佛海提出：在（汪僞）「中央政府」門前「所懸掛的旗幟，三角飄帶不要在青天白日旗之上。而另以兩小竹竿交叉此三角飄帶，置於青天白日旗之下，以示附加的飄帶，並不是固定的形式。」⑭這種滑稽情景出現在所謂「中央政府」的大門前，堪稱天下奇聞。

汪精衛雖多次碰壁，仍不死心。於僞政權成立的前幾天，與日本派遣軍總司令西尾壽造及坂垣征四郎（此時任派遣軍參謀長）會談，再次「要求去掉國旗上的三角形布片，西尾和坂垣予以拒絕。」⑮

事實上，在此之前廣東省淪入日人手中，交由汪僞掌控之時，對於「國旗」形式，亦有談及，在民國二十八年十二月一日汪精衛致函電給陳璧君，即提到下列內容：

㈠廣東政務委員會，先設籌備處亦是一辦法，現在和平方案，尚未完會議定，故中政會議尚無開會日期，如廣東政務委員會有趕速成立之必要，迫不及待則只須作一決議聲明，國旗形式俟中政會議決定後，再行遵用，亦未嘗不可，汝珩、浩駒、馮節、仲豪均可加入道源加入，後仍可代表中央，彥慈緩加入，免致全班出齊，但如有加入必要，我亦無異議。㈡陸領所部國旗事，請告對方，現在中政會議尚未開會，對於國旗尚未決定，惟來歸軍隊驟令換旗，有失軍心，諸多不便，請於原有青天白日滿地紅之外加一黃布黑字「和平反共」旗以資識別，此爲過渡辦法，俟將來中政會議決定後，再行遵用。……⑯

由此可見汪僞控制下的廣東軍隊，陳璧君也正向汪請示，關於掛何種形式的「國旗」，汪則指示俟中政會議後再決定，過渡時期的作法是在青天白日滿地紅旗之外加一黃布黑字書寫「和平反共」字樣。

另外民國二十八年十二月九日十四時，汪精衛於上海致一封未署明給何人之函電，該函電內容如下：

本日中央陸軍軍官訓練團行開學典禮，各教職員及各學員帽章用和平反共建國金色篆字，門前懸和平反共建國黃地黑字之標語，旗堂上懸總理遺像及黨旗唱黨歌，由我主席說明國旗帽章，等候中政會議議決遵行，目前暫用和平反共建國標語，各人均精神振奮，並無頹喪，因我等並未用五色旗而等候中政會議議決遵行，亦並無不合理之處也。我意廣州亦可照此辦法，陸領軍隊將青天白日滿地紅旗暫時捲起而將和平反共建國黃地黑字之標語旗打開，亦是一辦法。明⑰

由上函電史料，汪精衛集團迫於無奈，對日本主子的旨意不得不俯首聽命，因此於民國二十九年（一九四〇）三月二十日，召開所謂「政治會議」，對「國旗」問題作出決議：「為宣傳反共建國之意義起見，暫另附標幟。」⑱所謂「另附標幟」，就是遵照主子的旨意，在青天白日旗上附加一個三角形黃布片，上書「和平反共建國」六個字。

經過一番緊鑼密鼓的策劃，汪精衛僞政權終於在民國二十九年三月三十日粉墨登場了，並掛出了附有三角形黃色布片的所謂「國旗」。於是，這個旗子成了當天最熱鬧的一件事。曾在汪僞政權中擔任過法制專門委員會副主任的朱子家在回憶錄中寫道：

> 那一天的遊行行列，確真是並不熱鬧。熱鬧的倒是日本軍人到處對青天白日旗當攻擊目標……殊不知中國的人民更不甘於國旗上再多出一條不倫不類黃布條。因此在懸掛的時候，許多人自動地把黃布片取消了。於是日本軍隊有了藉口，城裏到處亂哄哄地可以隨時發生大禍。汪政權的軍警與日軍部方面會同協力彈壓，總算安然過去，滿城小小的武劇，也成爲這個節日中最熱鬧的點綴。⑲

肆、結論

從上述史料，可知國旗代表國家的符號與標誌，汪精衛自比是孫中山先生的信徒，以中國國民黨正統自居卻甘冒漢奸之名投向日本，屈從日方旨意，在青天白日滿地紅旗上加一三角形黃布片，並書寫「和平反共建國」字樣，而在汪僞政權成立之後，淪陷區人民為了取消

「國旗」上的黃布片，和日軍及汪偽政權，進行了各種鬥爭，汪政權的軍警甘心成為日本的傀儡，充分暴露了汪精衛的賣國行徑，終究為國人所不恥。

註釋

①②③④⑤⑥⑦　趙友慈：〈中華民國國旗史話〉，《歷史檔案》第一期，頁一三三—一三四（一九九一年一月）

⑧⑨　《今井武夫回憶錄》，轉引自黃美真、張云編：《汪精衛國民政府成立》頁六九、八五（上海人民出版社出版，一九八四年四月第一版）

⑩⑪⑫⑬⑭⑮　蔡德金、李惠賢編：《汪精衛僞國民政府紀事》，頁四三、四五、四八、一九二、四九。（北京：中國社會科學出版社，一九八二年七月第一次印刷）。

⑭　趙友慈，〈從汪僞政權的「國旗」問題看汪精衛的漢奸嘴臉〉，《歷史教學》第一期（一九九二年一月）

⑯　〈汪精衛致陳璧君函電〉（民國二十八年十二月一日），《汪僞資料檔案》，法務部調查局資料室藏，鋼筆原件影本。

⑰　〈汪精衛致未署明何人之函電〉（民國二十八年十二月九日十四時），《汪僞資料檔案》，法務部調查局資料室藏，鋼筆原件影本。

⑱　同前註八，頁一一二—一一三。

⑲　《中華日報》（一九四〇年三月二十一日）

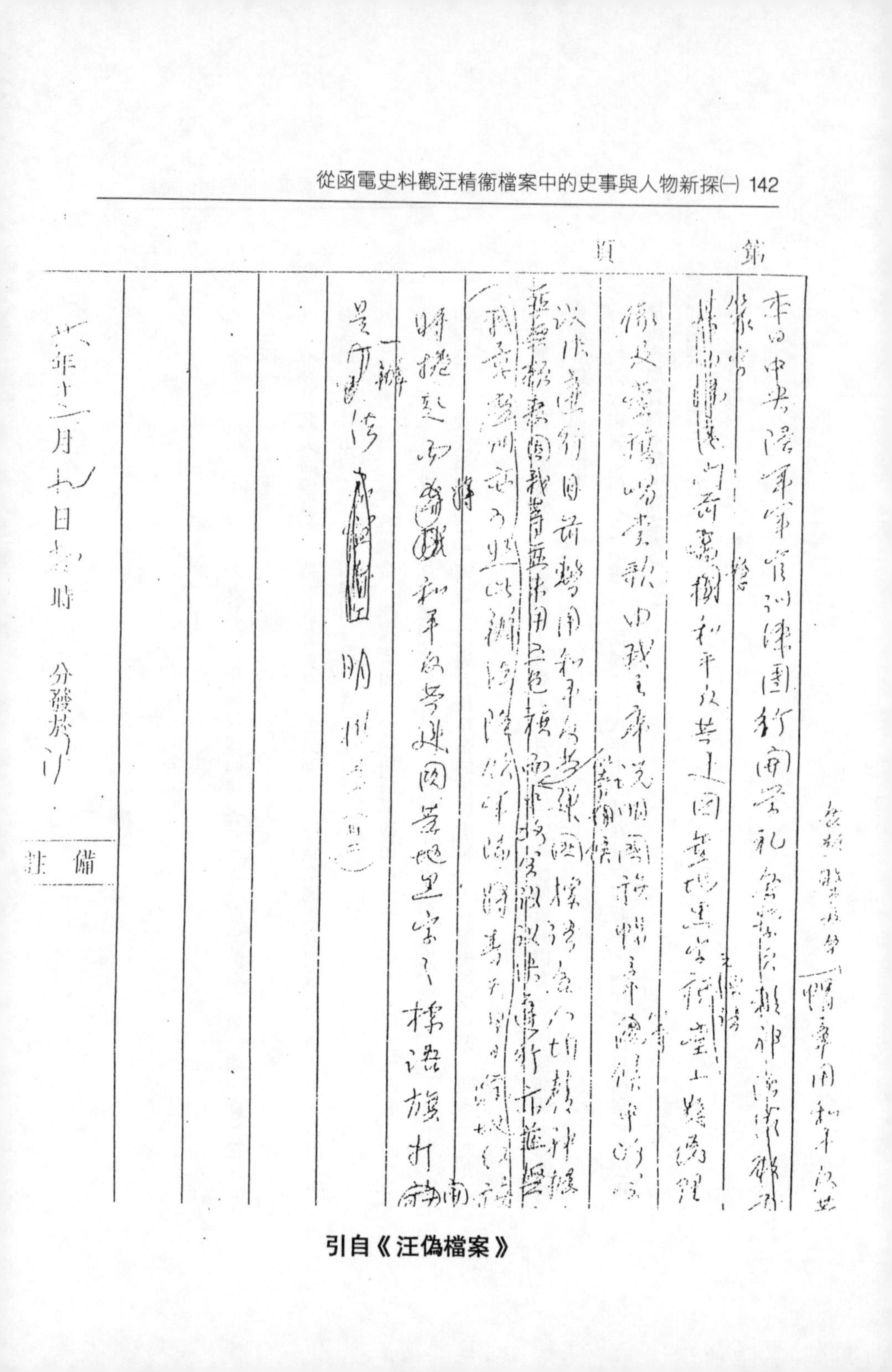

第　　頁

急 極機密 第一號 專用和平反共[illegible]

本日中央陸軍軍官訓練團行開學禮[illegible]
旅部
林柏生[illegible]向前高樹和平反共[illegible]
衛兵[illegible]我主席說明[illegible]
以作為[illegible]用和平反共[illegible]
[illegible]我[illegible]用[illegible]
[illegible]
時拋棄[illegible]和平反共建國黃色黑字之標語旗[illegible]
一併[illegible]
是否[illegible]明[illegible]

卅年十二月十日　時　分發於

備註

引自《汪偽檔案》

第　　　　頁

從速辦理接收

(一)廣東政務委員會先後籌備成立者十一縣但現在如果方[illegible]
案尚未完全議定故中政會議尚無開會日期如廣東政務
委員會籌建速成立又恐緩不及待則只須作一決議表
明國旗形式俟中政會議決定後再行通用亦未嘗不可
[illegible]汝珩諸[illegible]仲[illegible]均可直接加入後仍可代表
中央委員繼加入免致全體出席但如有加入必要我亦無
異議(二)[illegible]國旗事[illegible]對方現在中政會議尚未開會對於
國旗尚未決定[illegible]
[illegible]
[illegible]
[illegible]
[illegible]我們不能用[illegible]故[illegible]辦法最好我們做

年	月	日	時	分發於
				[illegible]

備註

引自《汪偽檔案》

人物部份

第一篇　從函電史料觀汪精衛與陳璧君關係梗概

壹、前言

俗語說：「一個成功的男人，背後一定有位賢惠的妻子來相助。」這一句話套在曾是黨國元老，後為漢奸的汪精衛與陳璧君夫婦身上，單以陳璧君這位女子對汪氏的影響，史家給予的評語是「汪精衛之成功則在於陳璧君，汪之失敗也在於陳璧君」，其實不虛也。本人僅以〈從函電史料觀汪精衛與陳璧君關係〉為題，試析其梗概。

貳、汪偽第一夫人陳璧君簡介

陳璧君，字冰如，筆名璧君，廣東新會人，清光緒十七年十月初四日（一八九一年十一月五日）生於馬來西亞檳榔嶼佐治市。父耕基，經營橡膠業，中年以後漸成殷富之家；母衛月娟（或作月朗），富革命思想。陳璧君排行第二，上有一兄，幼年隨兄妹入讀英文學校，放學後隨文姓家庭教師修讀中文。早歲與表兄梁宇皋有婚約，課餘常至黃金基開設之「維新書室」購讀「民報」、「革命先鋒」等書刊。光緒三十二年七月，孫中山先生設同盟會分會於庇能，加入為會員。光緒三十三年正月，同盟會會員汪兆銘（精衛）與黃興（克強）離開日本東京，其後隨總理孫中山先生至南洋各埠籌餉及宣傳革命，陳璧君與汪兆銘相識於檳榔嶼小蘭亭俱樂部，汪美丰儀，有美男子之稱（徐志摩「西湖記」云：「他（汪）真是個美男子，可愛！」）陳璧君一見傾心，於邂逅汪後，徵得梁宇皋同意，兩人解除婚約。光緒三十四年，年十八，冬，隨汪赴日，孫先生以陳璧君年少有志，毀家紓，難屬方君瑛（方聲洞（子明）胞姊）、曾醒（方聲洞夫人，曾仲鳴胞姊）予以照料，陳以會費拮据，嘗典置飾物勷助革命。

宣統元年春，汪兆銘於去年夏黨人雲南河口之役（第八次起義）失敗後，不顧同志反對，決定冒險擊一清廷重臣，以振天下人之心，即與黃樹中、黎仲實、曾醒、方君瑛、陳璧君、喻培倫（紀雲）等七人組一暗殺團，既而偕黎仲實、陳璧君離日前往香港，秘密在新界擇地試驗炸藥，復密約同志為之探偵，汪兆銘初欲入粵殺廣東水師提督李準（直繩），香港同志俱以為危，汪亦知胡漢民（展堂）等將在省城舉事，不欲以此打草驚蛇，因與陳璧君等離港，欲殺兩江總督兼南洋大臣端方（午橋）；七月，一行以炸端方不克遂願，乃決意北上，以無資斧，由陳璧君返家，求母得八千元，迨返日本，即與眾人共商辦法，數日後，由黃樹中入京租住所及設守真照相館於宣武門外玻璃廠火神廟西夾道，以備運藥居人；十一月初旬，黎仲實、陳璧君即行北上，寄寓黎君親戚家，由其親戚作保，租得住房一所，中旨，喻培倫購得全套照相器材，黃樹中、喻培倫與陳等同居一宅，以省節用，時守真照相館因須裝修門面，尚未開業，下旬，得知籌辦海軍大臣貝勒載洵定十二月二十日由哈爾濱抵京，乃電日本促汪速往奉天，屆時由陳乘火車至奉相迎，以汪斷不能貿然獨自入都也，二十日下午，汪、陳往車站候載洵來，彼等之意並不注重於載洵，蓋在民政部尚書肅親王善耆（艾堂）、度支部尚書鎮國公載澤（蔭坪）諸人，欲將諸親貴一網打盡，載洵等離去時，汪、陳聚精會神站於車場之門，惟以不穿補服，而紅頂花翎者又遍地皆是，故二人無從措手，只得悵然而返。宣統二年正月，汪等決定謀刺監國攝政王載灃（伯涵）；二月十六日，汪、陳定情，先為名義上之結婚，二十一日，夜，黃樹中、喻培倫往什剎海旁攝政王每日上朝必經之甘水橋下掘孔，二十二日，夜，炸藥已埋妥，以電線不夠，俟翌日再來，二十三日，夜，攜電線再往橋下掩埋，擬埋畢即藏身沽渠內，待翌長攝政王過橋時引爆炸藥不意賣樹中豪電線時，為野狗所見，因而大吠，附近群狗隨之吠聲，黃、喻知必有變，乃捨之而遁，二人抵汪、陳處，汪、陳著速返寓，蓋汪等身上有小手槍與小炸藥，備以自毀者，其後黃、喻折返原地，將電池全數攜歸，至於炸藥，因太重之故，攜帶不易，未便掘出，二十六日，陳璧君乘洋車過橋，見有巡警三人立橋下，黃等以無要物遺下，未有避匿他處，並以所餘者不足五磅，著喻培倫、陳璧君返日購置炸藥備用，三十日，喻、陳離京赴津，附輪前往日本；三月初六日，船抵東京，初七日，北京巡警廳查出地雷鐵殼乃北京騾馬市大街鴻泰永號所製，因而偵知為守真照相館所訂造，遂於是日按址將汪兆銘、黃樹中及照相館司事羅世勛（偉章；此據鄒魯《中國國民黨史稿》、郭廷以《近代中國史事日誌》、上海人民出版社《汪僞十漢奸》；羅家倫《國父年譜》作羅召勛）拘捕，押赴法部（尚書廷杰）審訊，後交由民政部內城巡警廳廳丞章宗祥（仲和）鞫訊，汪供認不諱，章見汪席地書供詞時，下筆洋洋數千言，甚欲慕其才，且以今之革命黨非殺戮所能戢，因與京師四城巡警廳僉事顧鼇（巨六）暗中多方維護，力請肅親王善耆轉請攝政王從寬處理，善耆亦恐激動民心，不欲遽興大獄，攝政王遂破例免汪、黃一死，「以安反側之心」（《載灃自訂年譜》語），當陳璧君驚悉汪郎被捕繫獄消息，心急如焚，即由日本火速回南洋，約同曾醒等攜巨款再次潛赴北京，共謀營救之策，先以重金買通獄吏，托其轉書汪氏，汪於待死之時，忽捧陳璧君手蹟，感激不已，搦筆作書，恐洩漏而釀成大禍，乃效清顧貞觀（梁汾）以詞代書，調寄「金樓曲」一闋寄意，云：「別後平安否？便相逢，淒涼萬事，不堪回首。國破家亡無窮恨，禁得此生消受？又添了離愁萬斗。眼底心頭如昨日，訴心期夜夜常攜手。一腔血，為君剖。淚痕料漬雲箋透，倚寒衾循環細讀，殘燈如豆。留此餘生成底事，空令故人僝僽。愧戴卻頭顱如舊。跋涉關山知不易，願孤魂繚繞車前後，腸已斷，歌難又！」（載「雙照樓詩詞藁」），二十日，清廷命將謀刺攝政王之汪兆銘、黃樹中永遠監禁，羅世勛監禁十年，陳仍在京多方奔走營救，不果，汪甚德之，二十八日，陳璧君、黎仲實上書孫先生，報告入京刺親貴事綦詳（原件藏中國國民黨中央委員會黨史委員會）；四月十六日，胡漢民偕黎仲實、衛月娟（在新加坡加盟，黨人以衛五姑稱之）、陳璧君母女等由庇能至新加坡，繼續籌款救汪，陳母罄其私蓄，其後陳、黎先行返港，胡繼至，續與陳璧君、黎仲實、喻培倫等密議救汪，胡漢民欲入京視察情勢，為陳、黎力阻。宣統三年三月二十九日下午五時三十分，廣州黃花岡之役起，是夜，胡漢民、黎仲實、李佩書、陳璧君、方君瑛等由港同船上省，船抵廣州，「則船不得停泊碼頭，而清軍艦派員至船檢查」，胡漢民心知情勢不妙，登岸後一行共入海珠酒店，黎仲實先返其家，旋使其姑母來，具言：「黨人圍攻督署已失敗，死者甚多（喻培倫、方聲洞等七十餘人死於是役），現時緹騎四出，旅館已布偵探，君等宜急避入鄉間，繞道往港！」李佩書聞言，不禁失聲痛哭，陳璧君急止之，胡漢民曰：「此非死所，宜急入城，我料必猶有未破壞之機關，則可據以殺賊！」陳璧君請試探能入城否，遂與黎仲實姑母去，約二小時，歸告城堅閉，不許入，宜作他計，即一行避居城外方君瑛親戚魏家，終以不宜久留，決定乘夜船返回香港，抵步後，「隊同返璧君處，痛定思痛，惟有相對痛哭耳」（《胡漢民自傳》）；八月十九日，武昌革命軍興；九月初六日，宣統帝下罪己詔，並大赦黨人，十六日，清廷開釋汪兆銘、黃樹中（黃以虎口餘生，改名復生）、羅世勛，命發往廣東，交兩廣總督張鳴岐（堅白）差遣。

民國元年四月底，汪兆銘與陳璧君在廣州（或作上海）補行婚禮，汪時年三十，陳年二十二，由胡漢民任主婚人，李曉生任介紹人，何香凝（瑞諫）任女儐相，婚後相偕同往福州、南洋省親；秋，隨汪乘輪赴法，同行者有曾醒、曾仲鳴、方君璧（兄聲洞）、君瑛等人，居於蒙達爾城。民國二年四月，長子文嬰（孟晉；嬰，取與方君瑛之瑛字同意）生；五月，返國；旅法時與蔡元培（孑民）、李煜瀛（石曾）、吳敬恒（稚暉）、張人傑（靜江）、褚民誼（重行，妻陳舜貞乃陳母衛氏養女）等提倡留學，發起組織「留法儉學會」。民國三年夏，於「二次革命」失敗後，汪夫婦亡命法國，居於蒙達爾；八月，歐戰爆發，避居法國西南部闍都城鄉間；冬，移居都魯司；同年長女文惺（惺，取與曾醒之醒同音）生

（共有二子三女：子文嬰、文悌；女文惺、文恂、文彬）。民國四年夏，汪、陳東歸；十二月，復回法國。六月一月，汪奉孫先生命回國，陳暫留歐陸照顧子女；九月，攜子女東歸，經南洋時將子女寄養外家。民國十一年六月十四日，陳炯明（競存）於砲轟廣州觀音山總統府前二日，誘捕廖仲愷（恩煦）於廣東石龍，生命懸於一線，何香凝救夫情切，嘗哭請陳璧君前往説項，陳璧君面斥陳炯明無情無義，並云：「你與孫先生政見不同，是你二人的事，與廖何干？廖作調人不特是為著孫先生，同時亦為著你，何罪之有？請你釋放仲愷為是！」（廖夢醒〈我的母親何香凝〉記云：「當時陳璧君、伍朝樞等人在香港，他們打算利用土匪把父親從獄中救出來，他們完全不知道石井兵工廠的情況，也不知道衛兵嚴密守衛的情形，而只是盲目的要做，因此母親拒絕了他們。」）廖於扣押六十二日後，經多方營救，始獲釋出；陳璧君奉孫先生命至美洲，向華僑宣傳演講，籌得捐款三十萬元（部分用作籌辦黃埔軍校）。民國十三年一月，汪兆銘當選為中國國民黨一屆中央執行委員；五月，汪兼任黃埔軍校（校長蔣中正）政治教官；七月，復兼任中國國民黨中央政治委員會委員；九月，孫先生前往韶關，督師北伐，汪囑陳璧君往滬，請吳敬恒往遊説陳炯明出師福建，一致討賊，陳抵步後，堅邀吳至港，汪兆銘、鄒魯（海濱）往迎，吳於前往韶關晉謁孫先生後，走訪陳炯明於汕頭，由於陳炯明不肯寫悔過書，孫、陳合作告吹。民國十四年三月十二日，孫先生病逝北京行轅；四月十九日，靈柩自協和醫院移至中央公園社稷壇大殿安放，陳璧君親往執紼，隸左紼（紼頭吳敬恒，紼尾于樹德）；六月，中國國民黨中央政治委員會議決組織國民政府，是時俄國政治顧問鮑羅廷等人決定捧「有野心，無宗旨」之汪兆銘為中國國民黨新領導人，以汪代胡（胡漢民是時留守廣州，代行大元帥職權），以便易於操縱（姚漁湘《胡漢民先生傳》引十六年七月上海「工商日報」，謂鮑羅廷、加拉罕在北京時介紹汪兆銘加入共產黨，改名汪季新，陳璧君同時入黨，汪並蒙共產黨舉為第三國際祕書長兼中國共產黨顧問）；七月，中華民國國民政府成立於廣州，汪兆銘任主席兼常務委員、軍事委員會委員，集軍、政大權於一身，取代帥胡漢民而代之；八月，財政部長廖仲愷被刺身亡，胡漢民長兄衍鶚（清瑞；漢民原名衍鸛，後改衍鴻）為黨軍拘捕，胡衍鶚被捕後，經陳璧君諸人力爭，得以釋出；九月，胡漢民被迫離粵乘輪遠赴蘇聯。民國十五年一月，汪兆銘當選為中國國民黨二屆中央執行委員，陳璧君當選為中央監察委員；三月八日，力主北伐之中央軍事政治學校校長蔣中正（介石）訪汪，痛陳：「實權不可落於俄人之手；即與第三國際聯繫，必須定一限度，不可喪失自主地位！」汪不置可否，十八日，廣州共黨謀作亂，隸共產黨籍之海軍代理局長李之龍矯令「中山艦」於傍晚駛泊黃埔，計劃發動軍事政變，剷除「右派」蔣氏，二十日，「中山艦事件」起，蔣中正下令廣州宣布戒嚴，拘捕共黨分子，共黨勢力受挫，二十三日，由於汪、陳與聞共黨陰謀（八日之蔣、汪密談，旋為俄人季山嘉得知，令蔣知汪、共勾結日深，又十九日，陳璧君曾三次致電東山蔣公館，催詢蔣校長何時返回黃埔。汪稱病不視事；五月，陳璧君隨夫離粵赴法；十月，中國國民黨中央暨各省市黨部聯席會議議決派何香凝等五人為代表，前往巴黎，迎汪兆銘出任國事；十一月，與曾仲鳴陪汪返國，途經德國柏林時，因汪盲腸炎開刀未癒，發高燒至四十度，迫得一行折返巴黎。民國十六年二月，於汪康復後，離法前往德國、波蘭；四月，一行經莫斯科、海參崴返抵上海，同月寧漢分裂；十二月，汪於共黨「廣州暴動」後，自知為輿論所不容，由滬攜眷經港赴歐。民國十九年七月，陪汪由港經日本、天津前往北平，同月與汪兆銘、閻錫山（伯川）、馮玉祥（煥章）、李宗仁（德鄰）、陳公博等二十九人署名發表宣言，對蔣中正多所指摘；八月七日，「中國國民黨中央黨部擴大會議」（簡稱「擴大會議」）在北平懷仁堂開，由汪任主席，十二日，陳璧君於「擴大會議」臨時會議上當選為海外部委員（祕書主任陳樹人）；九月，「擴大會議」瓦解；十一月，與汪逃抵天津，後暫居香港。

民國二十年十一月，中國國民黨第四次全國代表大會議決第一、二、三屆中央執、監委員一律連任，陳璧君連任四屆中央監察委員；十二月，中國國民黨四屆一中全會推舉胡漢民、汪兆銘、蔣中正等九人為中央執行委員會常務委員，陳璧君獲悉後，先行入京。民國二十一年一月，汪任行政院長；十月，隨汪赴歐養病。民國二十二年三月，隨汪返國，汪復任行政院長。民國二十四年一月，陳璧君訪馮玉祥於山東泰安；十一月，行政院長汪兆銘於南京中國國民黨中央黨部被刺受傷，陳以為蔣、汪前嫌未釋，刺客奉蔣命行事，怒不可遏怒斥蔣中正（稍後查出兇徒孫鳳鳴受王亞樵指使，王奉陳銘樞（真如）、李濟琛（任潮）之命殺汪），汪於施手術後由陳陪赴上海療養；十二月，由軍事委員會委員長蔣中正兼任行政院長。民國二十五年二月，汪由祕書曾仲鳴等陪同赴法休養，經常與留京之陳璧君等人密電頻傳，對國內政治情況瞭如指掌，準備隨時復出；十二月，聞「西安事變」起，汪兼程離歐返國。①

民國二十六年一月，返抵上海；七月，抗戰軍興。民國二十七年四月，中國國民黨臨時全國代表大會推舉蔣中正、汪兆銘為正、副總裁；七月，汪兆銘任國民參政會議長，同月汪公開向報界發表談話，表示中國願意接受和平調停；十月，汪系梅思平由港飛渝，帶回日本希望汪脫離重慶，另組政府，談判和平之條件；十一月，在汪對陳公博提及對日和平主張，陳力持異議（陳公博嘗言：「沒有璧君，汪先生成不了；沒有璧君，汪先生也敗不了！」），極力主張謀和之陳璧君認此時不宜與陳公博密商，俟事成始行告知，認為：「若是我們都走，他是否能留的！」其後果如其言；十二月二日，高宗武通知日方，汪承認上月由梅思平、高宗武與日方影佐禎昭、今井武夫在上海祕密簽訂之「日華協議紀錄」、「日華協議紀錄諒解事項」、「日華祕密協議紀錄」，十八日，汪僞稱應中國國民黨四川省黨部主任委員陳公博之邀至成都訓話，偕陳璧君、曾仲鳴、方君璧、婿何文傑等由重慶飛昆明（事前陳嘗至滇有所活動），計劃由雲南省政府主席龍雲（志舟）、第四戰區司令長官張發奎（向華）通電擁汪，響應反戰談和，詎龍雲臨時改變主意，十九日晚，汪、陳與曾仲鳴、周佛海等乘滇越路火車（或坐飛機）離滇，二十日，一行抵達越南河內，二十九日，汪發布「艷電」（「艷」乃「二十九日」之電碼代日字），公開主張中止抗戰，對日求和。民國二十八年一月一日，中國國民黨中常會議決永遠開除汪兆銘黨籍；三月二十一日，汪、陳在河內高朗街二十七號寓所遇刺未中，誤中副車，曾仲鳴重傷不治去世，方君璧以身救夫，身受三傷，事後汪深居簡出，由陳至港與周佛海、林柏生（石泉）等密商投敵方策，然後帶回河內向汪請示決定，陳經常來往香港、河內之間；四月，汪、陳由日本軍部安排離開河內；五月，乘日本貨船「北光丸」抵達上海：七月十四日，中國國民黨中常會復議決永遠開除褚民誼、周佛海、陳璧君等黨籍；八月，汪在上海召開偽中國國民黨第六次全國代表大會，會議推汪兆銘為臨時主席，周佛海為主席團主席，褚民誼、梅思平、高宗武、陶希聖（彙曾）、陳璧君等為副主席，梅思平兼祕書長，大會通過廢總裁制，實行主席制，推汪兆銘為中央委員會主席；九月，陳璧君於偽中國國民黨六屆一中全會上，當選為六屆中央監察委員會常務委員會委員。民國二十九年三月，汪召集陳公博、周佛海、陳璧君等會商，決定於三月二十日召開中央政治會議，二十六日成立中央政府，二十四日，汪宣布中央政治委員會名單，由汪任主席，委員分當然委員、列席委員、指定委員、聘請委員四類，陳璧君任指定委員，其後連任多次，三十日，偽國民政府成立於南京，由汪兆銘任代理國民政府主席兼行政院長（龔德柏《汪精衛降敵賣國密史》云：「汪兆銘一定做漢奸，陳璧君之逼迫為其重大原因。沒有陳璧君，或者顧孟餘、陳公博可以阻汪做漢奸。牝鷄司晨，惟家之累，陳璧君實為最適當之例。」陳乃汪偽「公館派」之首要人物，該派以粵籍人士居多，林柏生為其中之表表者）；十一月，汪與陳璧君、陳公博、周佛海、梅思平會商，決定於召開中央政治委員會會議時，推舉汪為國民政府主席，同月汪兆銘就任偽國民政府主席，陳璧君之弟耀祖繼陳公博為廣東省主席。

民國三十年二月一日，「東亞聯盟中國總會」成立於南京，由汪任會長，陳璧君任常務理事；七月，清鄉委員會駐蘇州辦事處（處長李士群）清鄉人員舉行宣誓典禮，偽國民政府派陳璧君、林柏生、陳群（人鶴）前往監誓；十二月八日，「太平洋戰事」起，二十五日，日軍攻佔香港，二十六日，汪令各省、市政府為日軍佔領香港舉行慶祝會，並派陳璧君、褚民誼、林柏生等前往香港，對滯留港九重要軍政大員進行招降活動。民國三十一年一月，與林柏生抵港。民國三十二年一月，與林柏生至廣州出席擁護參戰擊滅英美民眾示威大會，並在大會上發表演說，同月汪政權改省政府委員會制為省長制，並任命陳耀祖為偽廣東省省長；四月，至杭州視察清鄉情況，並至紹興拜祭汪氏祖墳（汪兆銘廣東番禺人，祖籍浙江山陰（今紹興））。民國三十三年三月三日，與子女等陪汪前往日本名古屋帝國大學附屬醫院就醫，醫生斷為患有骨髓腫病，四日，醫院為汪施手術，二十二日，中央政治委員會臨時會議決定在汪易地治療期間，國民政府主席職務由立法院長陳公博代行，行政院事務，由周佛海負責；四月四日，弟耀祖在廣州文德路被刺身亡，十四日，由堂姪陳春圃繼任偽廣東省省長，同日日皇裕仁追贈陳耀祖勳一等旭日重光章；八月九日，汪病情惡化，十日，佛海前往探病，並與陳璧君商談人事調整問題；十月，汪病中口授對國事遺囑〈最後之心情〉全文，由陳璧君謄正；十一月十日，汪因骨癌去世，年六十二歲（一八八三—一九四四），十二日，護送遺體運返南京，二十三日，葬於南京明孝陵前之梅花山上。

民國三十四年三月，離京至穗，任粵政指導員；四月，褚民誼繼陳春圃為偽廣東省長，陳璧君素來支配慾強，遇上碌碌無能之褚民誼，無異為「太上省長」，恣意搜括；八月，抗戰勝利，日偽投降；九月九日，與褚民誼被捕，二十一日，與褚民誼、婿何文傑等由第二方面軍司令部（司令官張發奎）收押於廣州；十月二十八日，國民政府主席蔣中正令第二方面軍將拘押之廣州地區漢奸褚民誼、陳璧君、汪宗準（汪兆銘之侄，汪兆鏞四子）、李蔭南、何文傑、徐義宗、高齊賢等九人即押解入京審辦，旋用軍機解送南京，關押於寧海路二十一號前馮玉祥住宅。民國三十五年一月，第七十四軍第五十一師工兵營奉命將有失觀瞻之汪墓炸開，屍體連棺木運往清涼山火葬場火化，屍骨無存，應其「殘軀付劫灰」（「被逮口占」）之詩讖；二月，陳由南京轉解蘇州看守所；三月二十八日，檢察官根據「懲治漢奸條例」、「特種刑事案件條例」，控以漢奸之罪，在第三百六十九號起訴書上，除列舉陳璧君在僞府擔任中央政治委員會委員、中國國民黨中央監察委員會常委職務外，並列出五大罪狀：1.慘害地下同志，2.取決粵政，目的在斷絕政府物資來源，3.與汪同惡同濟，返粵主政達四月之久，4.主持特務，5.用人行政，一切仰敵鼻息；四月十六日（一作十五日），江蘇高等法院（劉紹唐《民國大事日誌》作首都高等法院，不確）正式開庭聆訊，陳在庭上驕橫傲慢，辯稱汪政權純屬政治問題，絕非法律問題，以汪一本「救國救民之素志」，眼見「當時淪陷區人民，痛苦至深，中央已無力維持」，「不忍坐視」，毅然挺身而出，「予以拯救，何能謂為通敵叛國」？又云「另立政權，策動全面和平」，「實與中央策略，並行而不悖」（《江蘇高等法院刑事決判書》）；二十二日（此據劉紹唐《民國大事日誌》、郭廷以《中華民國史事日誌》；近代中國出版社《中國現代史辭典》作二十三日），江蘇高等法院裁定陳璧君罪名成立，處以無期徒刑，褫奪公權終身（褚民誼判處死刑，同年八月二十三日在獄中伏法），聞判，朗聲語法官曰：「我對判決絕對不服，但絕對不會上訴，因為上訴的結果，必然還是與初審一樣！」女文恂在京延律師向最高法院聲請覆判；五月二十一日，南京最高法院刑事庭作出兩份判決：(1)核准江蘇高等法院四月二十二日所作出之裁決，(2)駁回汪文恂之聲請，其理由為「違背法律上之程式」，茲「從程序上予以駁回」。

民國三十八年春，於共軍渡江前夕，與其他汪僞囚犯移押上海提籃橋監獄繼續服刑；五月，上海淪共，在獄中拒絕「思想改造」，一不如意，一如往昔，輒大吵大鬧，甚至以絕食相威脅。民國四十一年，中共派「中華人民共和國」副主席宋慶齡、「政務院」華僑事務委員會主任委員何香凝等赴滬探監，勸以繕寫悔過書，出任僞委員職，為彼所拒。民國四十四年七月，撰親筆交代一紙；其後曾多次要求與「其他反革命罪犯」一起至蘇北勞動農場接受「勞動改造」，以晚年體弱多病，未獲批准。民國四十八年三月，因心臟病入監獄醫院治療；六月十七日下午（此據上海人民出版社《汪僞十漢奸》、近代中國出版社《中國現代史辭典》，陳錫璋「細説護法」作八日），瘦死上海獄中，年六十九歲，遺體火化後，骨灰運往廣州，由在港子女（女文惆任香港教育司署中文視學）派人前往領回安葬。②

參、從函電史料觀汪精衛與陳璧君關係梗概

一、汪、陳二人與廣東省黨務人事關係梗概

㈠民國二十九年四月二十一日汪精衛自南京致電函給陳璧君及李謳一，該函電如下：

菊、謳同鑒：呂春榮綏靖督辦名義，非我方委派，我方亦從未加以承認，日方軍部委派此類名義，各省均有，非獨廣東爲然，擬俟阿部大使來後，交涉一律取消，若專對廣東日方軍部提出，未免偏枯也。又我等此時宜多注意厚集自己力量，取得對方信用，

於他人行事不妨看開些。乞詳察。明。③

從函電可知日本軍方委派呂春榮為綏靖督辦，汪精衛勸其妻陳璧君（代號菊）及軍事委員會廣州分會主任委員李謳一，雖然不滿日方的安排，但也不妨看開些，先厚集實力再說，只有無奈的面對事實。

(二)觀民國二十九年六月七日上午九時十分發，六月八日下午二時三十分譯，一封由陳璧君（菊），署名致汪精衛陳公博（群）和周佛海（典）的函電，內容如下：

密明群、典鑒：據報彭東原等或有重組全民黨事，如屬實，此間無法打消，但當仍遣珩勸止之，中央有辦法否？因前歐大慶告我謂：彭東原怨彼不早組黨，故在中政會議，無出席資格，今何佩瑢已作總裁，則彭東原當然亦想，雖其勢不足畏，惟法律資格將來頗窒礙。菊。④

由此函電可知汪偽政權的核心人物汪精衛、陳璧君、陳公博、周佛海顯然與彭東原不和，處於敵對關係，彭東原有意重組全民黨，另立山頭。汪派人士派遣林汝珩勸止，林汝珩曾任偽廣東省教育廳廳長。彭一方面想藉政黨勢力擠進偽中政會，汪派人士則全力打壓。

二、汪、陳二人與廣東省政人事問題之關係梗概

㈠首先關於廣東省主席由何人擔任較合適的問題，日軍方面佐籐等堅持由汪精衛兼任，但汪在民國二十九年四月十六日致其妻陳璧君的函電中表示不宜，汪說：

關於我兼省主席，諸同志皆有難色，蓋恐此例一開，將來要求以中央大員遙領省主席者，必紛紛而來，政局必爲之混亂也。請設法約佐籐或延原一談，請其諒解，惟佐籐等如堅持，則諸同志爲廣東政局計，亦不反對我兼，盼速覆。季。⑤

由此可知汪為顧及同志的反對且不願開惡例，希望與日方談談，如果日方堅持，也只好順從日方意見。民國二十九年四月十九日汪再致電其妻陳璧君談到：

菊鑒：頃與影佐詳談我（指汪）兼省主席，實太滑稽，不如公博兼任，仍以耀祖代理較好，影佐已電佐籐，盼接洽。季。⑥

汪認為應由陳公博兼任廣東省主席，由陳耀祖代理廣東省主席較為妥適。同年四月二十四日汪從南京再致電函陳璧君談稱：

昨得粵對方電後，已發表公博兼省主席，今晨兩電均悉。公博以立（法）院長兼省主席係表示尊重省主席，同時表示，如實力派來，隨時可讓出也。耀祖實援因省黨部與對方及對彭（東原）等之惡感，勉強行之，必生不良結果，乙凸顯代理在中央院部可，在省政府則不可，以省主席爲領袖官故也。我（指汪精衛）兼太滑稽，且同於蔣之兼川省主席，請婉告各同志，並告以，如以後不能改善態度，則即此局亦恐不可久矣。明。⑦

由此函電可知汪藉此舉例影射當年蔣中正先生兼四川省主席是不妥當的。當此命令公佈後，陳璧君再致電汪詢及如此作法是否妥適，該函電內容為：

明鑒：閱報忽想及群兄（指陳公博）爲立法院院長，如何可做行政官，如遇非難，應如何答覆，請即示知……。菊。⑧

汪精衛則在該函電上批示：「立法院長係行政官與立法院委員不同，孫科兼經濟委員會常務委員，公博兼軍事委員會政治訓練部長已有前例，況有人代理，不過掛名，更無問題……。」⑨汪認為孫科與陳公博皆有前例在先，因此由陳公博兼廣東省主席並由陳耀祖代理省主席並無問題。

㈡汪精衛於民國二十八年十二月一日十八時自上海致函電給其妻陳璧君，該函電內容如下：

㈠廣東政務委員會先設籌備處亦是一辦法，現在和平方案尚未完全議定，故中政會議尚無開會日期，如廣東政務委員會有趕速成立之必要，迫不及待，則只須作一決議聲明，國旗形式俟中政會議決定後，再行遵用亦未嘗不可，汝珩、浩駒、馮節、仲豪均可加入，道源加入後，仍可代表中央，彥慈緩加入，免致全班出齊，但如有加入必要，我亦無異議。㈡陸領所部，國旗事，請告對方現在中政會議尚未開會，對於國旗尚未決定，惟來歸軍隊驟令換旗，有失軍心，諸多不便，請於原有青天白日滿地紅之外，加一黃布黑字和平反共旗以資識別，此爲過渡辦法，俟將來中政會議決定後，再行遵用。㈢滇事待蕭回再談，不必著急，始萬勿往。㈣桂事除介紹得力人員與對方接洽外，實無其他辦法，因桂現已入戰事範圍，非復如從前之可醞釀自如矣。關於劉玉山、林中原、何人魂等事，我何從遙度，妹以爲可辦即辦，錢應用多少即用多少，不過以我度之，最好介紹與對方，若在港接洽必出亂子，花冤枉錢，猶其小事。㈤警校事已告影佐轉告佐籐，得覆並聞我意中央分校與彼無礙，所以如此留難，必由於廣州已有軍警教練所，慮及中央分校開辦起來，將因待遇不均，學科不齊，種種問題相形見絀，故不免遲疑，果真如此，我等何妨主張合辦，現在所欲得者，警官人才，其他形式不必拘泥，請仲豪本此意與對方交涉。㈥黃子琪與彭佩茂各任一混成旅此是吾人目的。但在步驟上亦要考慮現時覓中下級軍官難，招兵難，購械難，與其各掘一井，彼此無成，何如合掘一井。黃、彭係青年同志，必不計較高低，兩人合力先練成一混成旅最好，不然則黃先彭後可也。㈦此間已與對方約定發往廣州之電報由軍部轉遞，今若改由領館則軍部必然以爲我不信之。故此事宜慢慢商量，且只須香港與廣州領館肯任轉遞，則各事由我電妹，由妹轉廣州較爲接頭也盼酌。㈧妹正熱烈進行之際，我忽請妹來滬、妹或不快，但請俯允，因有必要。明㈨發電問對方轉來黃質文電，甚懇切。明。⑩

從上述函電史料談到九點重要事項，第一是汪要陳璧君儘快先成立廣東政務委員會，榷商相關人事，第二項是決定國旗形式暫以青天白日滿地紅外加一黃布黑字以資識別。第三、四項為如何拉攏雲南和廣西之作法。第五項為創辦軍警院校與教練所等問題，第六項為汪要其妻整合黃子琪與彭佩茂之軍隊。第七項為約定電報發送傳遞，以資保密。第八項是汪要陳璧君赴上海一趟，要事待商。第九項為説明接獲黃質文函電，未敍明內容。

㈢汪精衛於民國二十八年十二月二十一日十八時自上海致電陳璧君，該函電內容為：

彼八十五號電悉。㈠我因來電云廣州對方甚無禮，故不欲妹上省。㈡在港每兩星期見二次無妨。㈢我不過願妹保留最後決定之權，勿誤會。㈣我對烈甚信任，但不願其今日斥金章，明日斥黃質文，因此等均對方覓來，且其往來在我等之前，我等自己努力，使我等自己所做之事，勝過別人便了，不必斥別人對我不妨，對對方如此，則必被其譏爲無容人之量，故不憚諄諄相戒，同志間責善是常事，不是侮辱。明。⑪

從上述函電可知陳璧君坐擁廣東省，汪精衛凡事要讓她三分，汪表示對汕頭市市長陳光烈動輒斥責金章及黃質文兩同志頗有微詞，文中所指金章其人，係廣東番禺人，曾任僞華北政務委員會郵政總局局長。汪要求同志間，擇善包容為要。

㈣汪於民國二十九年二月二｜日十七時自上海致電函陳璧君，內容如下：

㈠廣東做好，香港人心始轉，香港做好，南洋人心始轉，此爲一定之順序，且港令嚴禁帶信則拜通訊之作用亦失矣。如要做事可駐廣州，如不駐廣州，可在上海另覓辦事處，決無人阻礙，更無人蔑視也。㈡群兄肯任行政院長甚慰，惟須即來，因行政院各部人選須本月內決定，三月初開中政會議，三月中即成立行政院，如群兄於中政會議後始來則萬萬來不及矣。㈢中政會議妹決定不出席，如群兄亦不出席，乞電知，因十人缺二，不是小事，如不補人則表決將生問題。明。⑫

從函電可知汪要求陳璧君做好廣東工作，以作為香港、南洋人心歸向之指標。其陳公博應允任汪僞政權之行政院院長，汪要渠在二月底以前儘速到上海共商各部人事問題，最後一件要事，則是汪要陳璧君及陳公博儘量出席三月初召開的中政會議。蓋當時汪任中政會主席。如二人不來，表決將發生問題，此事非同小可。

㈤民國二十九年四月二十六日下午四時五分發，四月二十七日下午四時二十分譯，係由陳璧君自廣州致電函汪精衛，該函電內容摘要如下：

明鑒……㈡省府組織條例內保安副司令能否出席或列席省府會議，若不能，可否加鄭洸薰爲省委或列席省委，否則恐發生障礙。㈢此間軍校第二旅宣訓班報館等食米交涉結果即代辦，每擔二十元，市價三十五元。菊。⑬

汪精衛隨即在民國二十九年四月二十九日於南京在函電上批示，保安副司令有必要可列席廣東省府會議。

㈥民國二十九年五月五日汪精衛自南京致電函陳璧君，該電內容為：

各電均悉。㈠轉廣東省政府鑒省政府已經成立，以前所設政務委員會等機關，應即撤銷行政院院長汪兆銘。㈡曹榮通電全文，請以明電見示。㈢李主任謳一鑒李輔群委爲陸軍第四路司令。兆銘。㈣公博、民誼赴東京報聘。菊見華後，能來南京至慰，有急事，須面商。明。⑭

由上述函電可以確認僞廣東省政府已在民國二十九年五月左右成立，其次是汪向李謳一推薦李輔群為陸軍第四路司令。此時正值陳公博、褚民誼赴日本東京報聘，表示親日的行為。

㈦李謳一於民國二十九年五月十八日下午一時五十分自廣州致電函給汪精衛及陳璧君，在五月二十日上午十一時四十分翻譯，該函電內容如下：

密明、菊鈞鑒：吳康楠件，因聯絡手續尚欠妥善，麥堅石今再赴澳聯絡，並約吳、鄭來省面商，爲慎重計，應俟通電發表後，方與對方接洽，熊樾仍病並聞。謳叩。⑮

上述函電為僞軍事委員會委員長駐粵辦公處主任李謳一與汪及陳璧君二人連絡相關事宜之部分內容。

㈧陳璧君於民國二十九年六月三日下午八時四十分自廣州發，六月四日下午十時譯，致函電給汪精衛，該函電內容為：

密明鑒：㈠此次中日秘密諒解二本，已妥帶粵存入保險箱中，可放心。㈡粵安籐所擬華南政治整理粵省計劃書，兄當時囑馬先生譯後，兄謂臨行時交我，但並無其事，可囑並帶來至緊，因華等甚欲一見。菊。⑯

由此函電可知有關汪精衛與日本間的所謂「中日秘密諒解」二本資料，係由陳璧君帶到廣東保管，事涉機密，故存入保險箱中。另外有關日方所擬華南政治整理粵省計劃書，陳璧君及其弟陳耀祖皆想一睹究竟，要汪帶來。

三、汪、陳二人與廣東省軍政人事的關係梗概

內容為：

㈠民國二十八年（一九三九）十二月十四日二十一時，汪從上海致電函給其妻陳璧君，

茲決定如下：㈠中央現已成立軍事籌備委員會，應於廣州設分會，以李謳一、陳昌祖、黃子琪、彭佩茂、王仲豪五同志爲委員，並以李謳一同志爲主任委員。㈡設中央陸軍軍官學校廣州分校，以李謳一同志爲主任。㈢以黃子琪同志爲陸軍第一混成旅旅長，以彭佩茂同志爲陸軍第二混成旅旅長。㈣菊鑒菊以中央軍事籌備委員資格，對於分會隨時指導。㈤琪兄鑒，茲決定請兄擔任第一混成旅旅長，關於軍官分校，請移交李謳一同志擔任籌備，詳細情形，由（謳一）、彭（東原）兩同志面告，敬祈同心協力，奠定和平反共建國基礎，至盼。兆銘寒友蔬。⑰

由函電內容可知汪任命李謳一為「偽軍委員會委員長駐粵辦公處主任」，菊為陳璧君之化名，由她以中央軍事籌備委員資格，指導監督廣東分會，又陳昌祖係陳璧君之弟，後曾被汪任命為偽航空署署長。更可見汪以家族裙帶關係來鞏固廣東的地盤。除此之外，汪於民國二十八年十二月初，並設立「中央陸軍軍官訓練團」，汪任團長，葉蓬任教育長；受訓學員共八百多人，經過大約三個月的學科與術科訓練，至民國二十九年（一九四〇）二月底，汪偽政權建立前一個月，始行結業。受訓的學員，以後便分散於偽政權各軍事機構中擔任中、

下級幹部⑱，顯然該團是為了儲訓軍事人員而開辦。因此除設中央陸軍軍官學校外，更要在廣州設立分校。

㈡汪在民國二十八年十二月九日十四時從上海致電函給廣州當局，指示如下：

本日中央陸軍軍官訓練團行開學禮，各教職員及各學員帽章用和平反共建國金色篆寫，門前懸和平反共建國黃地黑字之標語旗，堂上懸總理遺像及黨旗，唱黨歌，由我（指汪本人）主席說明國旗、帽章等候中政會議議決遵行，目前暫用和平反共建國標語，各人均精神振奮，並無頹喪，因我等並未用五色旗而等候中政會會議議決遵行，亦並無不合理之處也。我意廣州（分校）亦可照此辦法，陸領軍隊將青天白日滿地紅旗暫時捲起，而將和平反共建國黃地黑字之標語旗打開，亦是一辦法。明。⑲

汪深諳槍桿子出政權的道理，因此指示廣州分校隨著中央陸軍軍官訓練團的舞步起舞，接受日軍魔棒的指揮。

㈢民國二十九年四月十九日汪精衛自南京致電函陳璧君，該函電內容為：

菊鑒：㈠轉李謳一，招桂章兩兄鑒：本日軍事委員會決議派李謳一為軍事委員長駐粵辦公處主任，每月經費二萬五千元，派招桂章爲廣州江防籌備處長每月一萬五千元。請即將以前軍分會名義取消並公佈成立，在額定經費範圍內，撙節開支爲要。兆銘。㈡嬰，豐皆已薦任傑、任事，在兩人之前，請自四月份起，在我存款內月支港幣貳佰元。季。⑳

由上述函電可知，汪僞軍委會發佈李謳一、招桂章之職務及薪資，其中招桂章，係廣東南海人，黃埔海軍軍官學校畢業，而嬰，係指汪文嬰，乃汪精衛之長子，向汪推薦任傑、任事二人，獲汪精衛同意，並由汪存款內月支港幣貳佰元，作為薪水。

㈣民國二十九年四月二十日汪精衛自南京致電函陳璧君及李謳一，該函電內谷為：

菊鑒：謳兄同鑒：軍事委員會組織條例第十一條，本會於必要時得於重要地點，設立委員長行轅，此條用意在防止地方軍事割據之漸收中央指臂之效，此次設駐粵辦公處，即是此意，主任權限由委員長所賦予，可輕可重，對於日方交涉，無屈就之嫌，對於前方將士，亦不失招來作用，至於保安司令，其性質爲地方部隊，不宜統屬，以亂系統，若指導則爲當然之事也。總期善於運用以應機宜至荷。明。㈡菊鑒：來電所云，能如砲仔例，語意不明，函詳何如？明。㉑

上述函電顯示汪向陳璧君及李謳一說明設立軍委會駐粵辦公處的最主要原因及目的，係便於中央集權統治。

㈤民國二十九年四月二十七日汪精衛再自南京致電函陳璧君、李謳一，該函電內容為：

㈠曹榮、屈仁則已否發動。㈡妹（指陳璧君）在廣州佈置各事甚好，似不必急於赴港，君直明日赴滬飛粤，德昭等數日後亦來，妹宜與彼等晤後，始赴港。㈢李謳一兄鑒：關於軍事宜多與日方會商，安籐最高指揮官曾對弟説，欲與兄多談，如安籐無暇，則佐籐延原，必須常見，誠意以交換而得且消除無謂之隔膜與誤會也。兆銘。㉒

上述函電顯示，汪要其妻陳璧君儘量坐鎮廣東，要李謳一多與日方指揮官如安籐、佐籐延原等多聯絡以消除彼此之隔膜與誤會。

㈥民國二十九年五月四日汪精衛自南京致電函陳璧君，該函電內容為：

菊鑒：墊支之款，已與群、典兩兄熟商，此款係政府成立以前所用，無理由令政府撥還，如必須撥還，非動用團練基金不可，然與其動用團練基金，不如即在港存款百萬元內動支，如將來軍隊來歸時，港存款不敷用則可電請軍事委員會由政府撥款。如此既不致使團練基金有所搖動，而政府成立以後，軍隊來歸由政府撥款，亦名正言順也。團練基金保管委員爲典、群、菊三人，今加以我之同意，即可作爲決議，而港存款之動支，亦爲我等之共同議決，非菊一人負責矣！明。㉓

由上述函電顯示，典指周佛海、群指陳公博，更可知汪僞集團設有一團練基金，存於香港，至少有壹佰萬元，係由汪、周、陳公博、陳璧君四人共同保管把持，其他人不得過問，作為訓練軍隊與招募軍隊之用。

㈦民國三十年四月三日汪精衛自南京致電函陳璧君，該函電內容為：

惺（指汪之女兒汪文惺）到接各函：㈠護沙事，關於黃志敏，現謳一已回粵，請與面商關於槍械已與影切商，影表示甚困難，因日方售我槍械之數，甫經協定，今多出五百枝，參陸兩部必以爲非協定中應售之數，難於答應也。現仍在設法，惟尊處勿待。㈡軍票法幣問題，華、準均能注意甚慰。中央直轄部隊，無法維持，不得已只有緩禁賭博，盼忍痛爲之。明。㉔

上述函電顯示，汪向陳璧君表示廣東軍隊要求汪向日方影佐禎昭購買槍械，實有難處，試著設法，也請陳璧君不要抱太大希望，可能很難通過日方參謀部及陸部這一關卡。其次廣東省長陳耀祖，財政廳長汪宗準皆能注意到軍票與法幣的問題，汪表示甚慰，如果汪僞中央軍無法維持應有的法紀時，汪勸陳璧君只好暫緩禁止軍人賭博，盼其忍痛為之。

四、汪、陳二人與廣東省經濟問題關係梗概

在淪陷區，由於敵僞的掠奪和榨取，經濟崩潰，百業凋零。一九四〇年十月，僞《中山

日報》刊登了一篇關於失業者的報導，指出即使在廣州市，也是「富者轉貧，貧者變乞，芸芸眾生，無食者眾」。這篇關於「企市」者（按：指失業者）的報導稱，當時廣州有「企市」約十餘處，失業者每天集中到這些地點等待雇傭的機會，最多的一處每天有千餘人。文中說：「在昔企市，絕未有婦女參加，今則無論老幼的婦女，甚至襁負嬰孩的婦女，都很多參加企市的，此皆為生活所驅使，多數是不得已而為之」；這些「企市」者幸而被人雇用，一天也僅能得到軍票五十錢，可購三等米一斤半左右。同年三月，該報有一篇關於廣州貧民生活的文章說，在廣州市，「到處可以看見的都是鳩形鵠面的貧苦群眾，充滿了悲哀情緒的眼光，徘徊於馬路之上，其時廣州一帶尚無戰事，日僞為維持其統治，對廣州不得不稍為注意。在僞報紙的文章裡，廣州市居民生活尚且如此，淪陷區其他城市居民生活的苦況，就不難想見了。

廣州米價的飛漲反映人民生活困苦之一斑。一九三三年，在廣州十元能買米七〇公斤，一九三六年能買八・三斤，一九四二年只能買六斤，一九四三年只能買二斤一〇兩，一九四四年五月只能買七兩，同年十二月，僅能買〇・六兩，米價騰漲當然帶動所有物價的上漲，不僅一般居民要在死亡邊緣掙扎，其它各階層人士，也苦不堪言。以知識界的待遇為例，一九四四年七月，大學教授每月發米僅八〇斤，中學教員每月發米僅五〇斤。㉕

民國三十年三月二十七日陳璧君自廣州致電函給汪精衛，內容為：

南京主席汪：政府第一次所辦暹羅米壹萬包，已運到，以後陸續可運來。璧君感印。㉖

汪精衛在該函電上面以毛筆字批示「廣州陳委員璧君鑒：感電敬悉，至為欣慰。兆銘。」㉗

可見廣東糧荒嚴重，不得不引進泰國米（暹羅米），當陳璧君為汪偽政權派駐廣東的地下太上皇，一切發號施令，皆由陳氏掌控，向外求助米糧，更不例外，非透過她不可。

五、汪、陳二人與廣東省警政保安關係梗概

㈠民國二十九年四月二十六、二十七日陳璧君致電函汪精衛，該函電內容為：

明鑒：㈠閱報忽想及群兄爲立法院院長如何可作行政官，如遇非難應如何答覆，請即示知。㈡省府組織條例內保安副司令，能否出席或列席省府會議，若不可能，可否加鄭洸薰爲省委或列席省委，否則恐發生障礙。……㉘

上述函電顯示陳璧君向汪請示保安副司令，是否能出列席省府會議，汪精衛以毛筆在上面批示「保安副司令有必要可列席」㉙廣東省府會議，可見汪之重視保安工作。

㈡民國二十九年四月二十九、三十日林汝珩、豪、李謳一聯合致電函汪精衛、陳公博、陳耀祖，該函電內容為：

密明（汪精衛）、群（陳公博）、華（陳耀祖）公鑒：鄭來說「警察隸屬問題」，今晨已有電告，茲與謳、珩、豪商，如有詢及，可否解釋爲直隸省府統轄省會市鎮之警察，其餘綏靖任務由保安隊任之，此點可使洸薰、李道軒職權劃分，但對市府如何解說，乞電示「和平」。珩、（仲）豪、謳。㉚

上述函電顯示汪偽廣東軍頭鄭洸薰向林汝珩、豪、李謳一等詢問，關於警察隸屬、職權、定位問題，汪則以毛筆字在上面批示「電悉，省會所在地，現有全省警務處則市不必再有警察局，此為通則，詳由德昭（陳耀祖）回復面商。明。」㉛

㈢民國二十九年七月十八、二十一日陳耀祖致電函汪精衛，該函電內容為：

行政院汪院長鈞鑒：廣東綏靖督辦問題，經將詳情報告，由君直面呈，惟現與日軍部磋商情形略有不同，日方主張改設東區行政督察專員兼區保安司令，只轄潮、澄各縣，劃出汕頭市不在轄區之內，專責人選由省府選定，此項辦法，日軍部已令知當地日軍將成事實，謹先電聞，應如何辦理，請電示遵。職陳耀祖。㉜

上述函電顯示日方主張設區行政督察專員兼區保安司令，以配合警政、特工、清鄉工作之執行。

六、汪、陳二人與廣東省特務工作關係梗概

民國二十八年（一九三九）五、六月間，汪精衛由香港到達上海後，即通過「梅機關」將「七十六號」特工總部作為其賣國活動的鷹犬，積極籌組汪記國民黨。八月，偽「國民黨第六次全國代表大會」召開，「七十六號」特工總部則充當了偽國民黨中央的直屬特務機

關。

僅就汪、陳二人與廣東省有關之特工函電史料，作一研析如下：

㈠民國二十九年二月五日十二時二十二分發自香港，六日下午三時三十分譯及二月六日汪精衛自上海致電函給陳耀祖和陳璧君二人，要渠二人，注意安全，免遭特工暗算，該函電內容如下：

電悉頃得群（指陳公博）電云：密昭（指陳耀祖）蘭（指陳璧君）尊鑒：昨杜月笙對某君言，蘭姊將歸，此行諒敦群（指陳公博）北上，是蘭姊南歸消息已洩，請即改行期，弟臆測內部尚有人通消息者並請注意群「鄰字夜號」等語，妹如赴港必有危險，請即改行期或約群至廣州一同來此，在港諸人，妹欲晤之者，可招之至廣州，不必妹赴港始能集事也。群小洶洶，港又無武衛，何苦以此身餧之，萬望納此忠言，幸甚。明。㉝

㈡民國二十八年十二月二十一日汪精衛自上海致電函其妻陳璧君，該函電內容摘要如下：

招來函悉：㈠妹欲赴渝勸蔣，真乃與虎謀皮，萬不可行且萬不可更爲一人言之。㈡已遣始探顧，如何再覆，顧（指顧孟餘）於仲鳴死，無一言之弔唁，其心已死，不必再注意其人矣。㈢廣州日方，前來電亦云，道源身上密碼被檢，盼勿再用此碼，乃事隔月餘，昨始來電云密碼外，最低條件誓約軍隊來歸辦法，廣東政委會協定亦全部被檢，憤急已極，是否港府已將此事公布，請告省港同志，如受日方埋怨，勿與強辯，此事由道源疏忽，我等自應受其埋怨也。明。㉞

由上述函電可知，汪叛離重慶國民政府後，其妻陳璧君有意赴重慶勸蔣中正先生放過汪精衛，此一行動被汪勸阻，汪要陳璧君萬萬不可並要提防顧孟餘等，尤其要注意密碼已被重慶特工檢查出來，希望不要再使用。

㈢民國二十八年十二月二十四日汪精衛致電函陳璧君，該函電內容為：

蔣嚴令戴笠動作，數日來亂殺人，盼妹等嚴防勿出門，勿見客，因出門彼必以汽車相撞，見客尤不可測至要。明。㉟

上述函電顯示汪被通緝後，到處躲避重慶特工的追殺，要其妻陳璧君提高警覺。

㈣民國二十九年四月十四日汪精衛自南京致電函陳璧君，該函電內容為：

因風下午五時始到京，記得去年八月我由粵回滬後，港反動緊張，次高遂遇難，此次妹萬勿即赴港，其他同志能不赴港最好，萬不得已，必須格外審慎至要。銘。㊱

上述函電顯示汪表示在民國二十八年八月，渠由廣東回上海後，重慶國民政府緝拿之聲浪高漲，因此有同志名次高者遂遇害，故要其妻特別小心提防，不要赴香港為要。

㈤民國三十年一月四、五日陳耀祖致電函給陳璧君，該函電內容為：

密菊鈞鑒：今晨在西關何國義部下，情報處長陳某被刺中三鎗，仍可追匪，據報獲一人。華。㊲

上述函電中，何國義為特工總部華南區副區長，陳耀祖向陳璧君報告何氏部下陳某被刺情形。

㈥民國三十年二月十九、二十一日陳耀祖致電函汪精衛、李士群，該函電內容為：

汪主席鈞鑒：並請轉李部長士群兄勛鑒：密耀於本月四日赴潮汕觀察，十三日回省，於十五日與矢崎機關長談話，據謂得報，何國義副處（區）長於三日晚上，親率人員往東亞銀行啟開保險箱，取去紙幣及貴重首飾各值一百萬元，並將其中舊毫券焚燬，問得知否？並謂此事關係重大，省府如何處理？耀答：因赴汕甫歸，昨始得報，但未查實情，希望貴方詳查見告，以資參考辦理後，即詢問何副處（區）長，據稱：因得報該銀行藏有槍械經與日本憲兵聯絡並會同便裝憲兵二人，同往檢查，復有西憲兵隊部派憲兵二人在場巡視，當時確開保險箱百餘個，檢出手槍四枝及港紙大洋毫券等現款連同約值七百元之首飾，共值三萬元，除現款及首飾共值一萬元，已充賞線人及工作人員外，尚餘現款貳萬元及手槍仍存撥歸特工之用。至當時所檢出不通用之毫券，經即放還箱內，此事翌日即往特務機關報告經過情形各等語，本日矢崎機關長派人來府云：軍司令部以此事與治安紀律關係重大，憲兵方面決由軍部軍事裁判，希望中國將何國義處分撤職，如我方不將其撤職，軍部對憲兵亦決處辦，惟軍部對於治安，此後則難以負責協助矣等語，事關華南特工所行之事，自應電呈核辦並請示復為禱。陳耀祖巧。㊳

上述函電顯示日本特務機關長矢崎向陳耀祖密告汪偽特工華南區副處（區）長何國義涉及不法之情事，要中國方面（汪偽），將何氏撤職查辦。就此事件，汪精衛的侄子汪屺，他也是華南區特工負責人之一，亦於民國三十年二月十九、二十日致電函汪精衛，向汪請示如何處理。

七、汪、陳二人與廣東省軍事訓練學校關係梗概

民國二十八年十二月九日十四時汪精衛自上海致電函陳璧君，該函電內容為：

本日中央陸軍軍官訓練團，行開學禮，各教職員及各學員、帽章用「和平反共建國」金色篆字，門前懸「和平反共建國」黃地黑字之標語，旗堂上懸總理遺像及黨旗，唱黨

歌，由我（指汪精衛）主席說明國旗、帽章等候中政會議議決遵行，目前暫用和平反共建國標語，各人均精神振奮並無頹喪，因我等並未用五色旗，而等候中政會議議決遵行亦並無不合理之處也。我意廣州亦可照此辦法，陸領軍隊將青天白日滿地紅旗暫時捲起而將和平反共建國黄地黑字之標語旗打開，亦是一辦法。明。㊴

上述函電顯示汪控制下的廣東軍隊，無論建軍或訓練，汪主張將迎合日本軍方，以和平反共建國黃地黑字之旗幟取代青天白日滿地紅國旗。

八、汪、陳二人與廣東省高等院校關係梗概

民國二十九年六月二十二、二十三日陳璧君自香港致電函汪精衛，該函電內容為：

密明鑒：我愧對執信學校久矣，現決將學校遷回廣州，恢復民十六（年）前之執信，請兄召集京、滬執信校董，開校董會，將議決案用公函付我，全權辦理一切，如朱三嫂不敢遷回，則擬從新組織。菊。㊵

上述函電顯示汪妻陳璧君決定要將執信學校遷回廣州，要求汪精衛召集在南京、上海執信學校董事先生們，並要求全權委由陳璧君辦理一切事宜。事實上後來到民國三十一年汪陳

為了紀念曾仲鳴和沈崧，特別在廣州也設立了鳴崧學校，陳璧君任董事長，於民國三十一年九月一日舉行開學典禮，汪精衛為該校寫了校歌，定了校訓。在該校開學典禮上，林柏生代表汪精衛致訓詞，陳璧君致答詞，大肆吹捧汪精衛，要學生們學習曾仲鳴、沈崧「為和平運動獻身的精神」。勉勵學生們要有汪精衛所提倡的「好學、力行、知恥的精神」，做「敏智仁勇的完人」。㊶

肆、結　論——陳璧君最後的下場

民國三十四（一九四五）年八月十日，無線電中傳出日本投降的消息，汪政權第一夫人陳璧君驚得目瞪口呆。今後怎麼辦？她胸無一策，於是緊緊拉住褚民誼（妹婿），要他迅速安排後路。十五日，日本天皇正式下詔無條件投降，她更感絕望。

重慶當局電令汪偽海軍部次長招桂章為廣州先遣軍司令。招原為汪偽廣東海軍司令，因對陳璧君不是言聽計從，被她用明升暗降的手法逐出廣東，在南京偽府中當掛名的海軍部次長。如今招以廣東先遣軍司令的身分重返廣州，陳璧君當然不便求他幫忙，唯有整天躲在家中，催促褚民誼等抓緊與重慶聯絡。

八月二十日，自稱是軍統局在粵負責人的鄭介民突然到褚民誼寓處求見。他除表明身分外，向褚談了在國民黨軍隊開抵以前的地方治安問題。第二天又來談了褚的個人問題，認為需要去重慶解決。第三天他再次登門，當場取出重慶來電，交褚過目。電報全文如下：

重行兄（褚民誼字重行）：兄於舉國抗戰之際，附逆通敵，罪有應得。惟念兄奔走革命多年，自當從輕以處。現已取得最後勝利，關於善後事宜，切望能與汪夫人各帶秘書一人，來渝商談。此間已備有專機，不日飛穗相接。弟蔣中正印。

電報上還附有密碼，絲毫不像出之偽造。鄭還講，他得到重慶另一電文，知專機後日即可抵穗，望他即轉告「汪夫人」早為準備。處於惶惶不可終日的褚民誼見此情景，毫不懷疑。

陳璧君亦住法政路，與褚寓隔街相望，鄭介民一走，褚民誼立即去見陳璧君，向她轉達鄭介民的來意。幾天來，陳璧君一直處於焦躁不安之中，她一向視為左右手的教育廳長林汝珩、警務處長汪屺，竟在日本投降後毫無蹤跡，其他親信也相繼失蹤。她初則大罵林、汪兩人「無良心」，捨她而去；繼而大哭大嚷，講這些人「無陰功」，欺凌她是寡婦。但很快，褚民誼又帶來蔣介石對她格外開恩的消息，她不禁喜出望外，當即表示：重慶如能派機來接，當即首途。於是兩人漏夜整理行裝。

鵠候至第三天，鄭介民始來通知：飛機業已抵穗，希望立即動身。陳、褚等人遂於當日下午三時，齊集原省長官邸，陳國強等原廣東省府舊人亦趕來送行。

鄭介民調來十餘輛汽車，宣佈每車只准乘坐兩人，其餘座位由軍統陪送人員乘坐。陳璧君覺得有些反常，但仍懷著很大希望，上了汽車。從廣州至重慶的飛機，都在白雲機場起飛，而汽車卻向珠江方向疾駛而去。陳璧君發覺後，立即向陪送人員發問，陪送人員說，來的是水上飛機，所以要至珠江上船過渡。

在珠江大橋附近，已有兩艘小汽船在碼頭上等候。陳璧君等相繼上船後，鄭介民向她表示，自己有事留穗，不能回去，並介紹另一軍統負責人與他們相見。

汽船剛離開碼頭，那個軍統負責人就宣布：在飛機上不能攜帶武器，如有須立即交出。不到五分鐘，他又取出一份「電報」，大聲宣讀：「蔣委員長現因公赴西安，四、五日內不能回渝，陳璧君等一行此時來渝，殊多不便，應先在穗移送安全處所，以待後命。」

此時陳璧君已明白有了變故，知道鄭介民所說的一切，是預先做好的圈套。她站起來拍著桌子高叫：「既是老蔣不在重慶，我就沒有去的必要。若論安全，我自己的家鄉，才是最安全的地方。」她堅持立即返航，送她回家。軍統人員見她發怒，忙向她解釋，說是奉命辦理，請她原諒。褚民誼怕事鬧僵，也幫同婉勸，要她暫時忍耐一下，以待事態進一步變化。經眾人勸說，陳璧君雖不再堅持開回原處，但一路上仍大吵大罵。

汽船開到市橋，那位軍統負責人又要他們改乘小船。這時已不用解釋，也明白究竟是怎麼一回事了。陳璧君怒氣更盛，厲聲說：「我決不下小船去，再聽你們的擺布。除非你們用槍打死我。」軍統人員端起手提機槍，從四面環視著她。形勢頓時變得十分緊張。陳璧君毫不退讓，還像平時一樣，以訓斥的口吻，瞪著眼睛說：「老蔣都知道我的脾氣，你們是什麼東西？」雙方相持不下，一時成為僵局。[42]

褚民誼知道越鬧對自己的處境越不利，於是又向陳璧君勸解。說這樣鬧下去，於事無補，假如重慶方面決心要為難，我們也只有聽天由命。這批人是奉命辦事，與他們爭執，也不會有用。陳璧君覺得這話也不錯，才勉強下了小船。小船又開了一會，到了李輔群住宅。那裏顯然早已被接收，而且作了周密布置。李宅是一所兩層樓的房屋，在空曠的院子裏，有十餘個士兵攜著卡賓槍守衛。陳璧君等六人被帶上二樓，指定兩人住一個房間。她與女傭住在一塊，褚民誼等另住兩間。

看守人員告訴他們：除不准下樓外，可以自由行動。如需飲食用品，可通知他們辦理。每人床上蚊帳、毛毯、涼席等也一應齊全。生活雖算可以，但他們的心情都忐忑不安，每天唯以下棋、看書來消磨難熬的時光。

在此期間，他們最感奇怪的是，樓下房間內每天大聲開著留聲機，從早到晚，無止無歇。留聲機的吵鬧，使他們感到煩躁，與看守人員交涉，推說那是另一機構，不便干涉。一天，留聲機出了毛病，只發出沙沙的雜音。喧聲一停，忽然傳出一陣吃吃的笑聲，陳璧君、褚民誼聞得發慌，聽覺特別敏銳，他們一致斷定，這是政務廳長周應湘與財政廳長汪宗準的聲音。這兩人突然失蹤之謎，至此已解開了一半。

九月十二日，看守人員通知他們要重回廣州。出門後，每人被送進一輛汽車，兩面有武裝士兵挾持，這已完全是押解的形式了。陳璧君等在廣州的幽囚之處，原是一個日本軍官的住所。在那裏，他們一人一室，條件很壞，已遠非市橋時的情形可比，只是表面上還不是監獄的樣子，且看守人員態度尚好。

在廣州拘押兩週之後，軍統局派一個姓徐的告訴陳璧君，不日將送他們去南京解決。她愁容滿面地表示：「我有受死的勇氣，但決無坐牢的耐性。」來人委婉地向她勸說：「將來一定用政治手段解決，不會送司法審判的，請暫時委屈一下，為時也不會太久了。」（轉引朱子家：《汪政權的開場與收場》第三冊）。

十一月初，軍統人員先把各人身邊的貴重物品，包括手錶、鋼筆等全部收繳，再用一架美國軍用飛機，把陳璧君等六人以及她的長女汪文惺、次女汪文悌（編者按：陳璧君共育二子三女，子：文嬰、文悌；女：文惺、文恂、文彬。）以及年甫兩歲的外孫女何冰冰等五人一同解往南京。

在南京，陳璧君被關押在寧海路二十一號，抗戰前那兒是馮玉祥的住所。看守所長徐文祺，是汪政權中的舊人，曾任行政院庶務科長之職，這時已搖身一變，成為國民黨政府看守汪政權要犯的所長了。在南京看守所，陳璧君除不能與外人接觸外，每天的食物也換成黑麵粉加鹽製成的麵疙瘩，那已經是真正的囚糧了。

民國三十五年（一九四六）二月的一個深夜，軍統局將陳公博、陳璧君、褚民誼三個重犯從南京解送蘇州看守所。國民黨政府根據新頒布的「懲治漢奸條例」和「特種刑事案件訴訟條例」，開始對他們逐一起訴審判。

陳璧君是國民黨的元老，對蔣介石的手腕有比較多的了解，特別對抗戰初期蔣介石與日本暗中謀和的事實更是瞭如指掌。因而對汪精衛及自己甘心充當漢奸的賣國罪行根本不肯承認，盡管身在囹圄，傲慢倔強之態度始終未改。最初提訊時，獄卒照例直呼其名，她立即瞋目怒叱：「陳璧君這個名字是你叫的嗎？當年國父孫先生不曾這樣叫過我，你們的蔣委員長不敢這樣叫我。你是下面雇用的人，你配這樣叫我？」一說也奇怪！從此獄卒再也不敢對她直呼其名了，每次傳呼，不是稱她為「汪夫人」，就叫她「陳先生」。

經過多次偵訊，民國三十五年（一九四六）年三月二十八日，檢察官正式立案起訴，控以漢奸之罪。在第三百六十九號起訴書上，除列舉她在汪政權中擔任中央監察委員的職務外，還列出了五大罪狀：㈠慘害地下同志；㈡取決粵政，目的在斷絕政府物資來源；㈢與汪同惡共濟，返粵主政達四月之久；㈣主持特務；㈤用人行政，一切仰敵鼻息。

四月十六日，國民黨江蘇省高等法院正式對陳璧君開庭審判。抗戰勝利後，汪政權中被逮捕審判的人，他們不是諉責於被迫參加，就是大談事先與國民政府有默契，是假投敵，或者列舉在汪政權中與重慶暗通情報、保護地下人員的「立功」事實，態度「老實」，以求輕判或解脫。而陳璧君卻與眾不同，她的驕橫傲慢，一如既往，根本否認汪政權的賣國行為，堅持認為汪政權是一個政治問題，絕非法律問題。在滔滔不絕的辯訴中，她時而對當局抨擊，時而對法官譏嘲，有時近乎申斥，常使檢察官章維清為之狼狽不堪。

四月二十二日，江蘇高等法院匆匆給她定了案，判處無期徒刑，終身監禁。第二天她聽完判決之後，對法官說：「我對判決絕對不服，但也絕對不要上訴。因為上訴的結果，必然還是與初審一樣。」

陳璧君的這句話沒有講錯，她的案子實際上是當時最高當局所決定的，絕無更改的可能。她不想上訴，但家住南京的女兒汪文惸仍聘請律師向最高法院聲請覆判。五月二十一日，南京最高法院刑事第二庭作出了兩份判決：第一、核准江蘇高等法院四月二十二日所作

出的判決。第二、駁回了汪文惀的聲請，理由是「違背法律上之程式」，「從程序上予以駁回」。（引自《汪僞檔案資料》）

民國三十八年（一九四九）春，在共軍橫渡長江前夕，南京國民政府為「應變」而南遷。它對關押的漢奸作出決定：凡處無期徒刑者繼續關押，其餘一律釋放。

民國三十八年（一九四九）五月上海為共軍所佔，陳璧君由蘇州監獄遷送上海提籃橋監獄繼續拘押。

在過去幾年的牢獄生活中，由於精神上的刺激以及生活條件的惡化，陳璧君的身體已十分虛弱，心臟病嚴重。中共一面對這個犯有重罪的漢奸以思想改造，同時對其生活條件亦適當加以改善，每當發病，還及時送監獄醫院治療。

開始，陳璧君對中央政府有很深的對立情緒，一不如意，即大聲吵鬧，甚至以絕食相威脅。看守人員嚴肅耐心地對她進行批評教育，時常讓她看書讀報，在身體狀況許可時，讓她與其他犯人一起，參加獄中的輕微勞動。經過一段時間的改造，她的思想雖常有反覆，但對立情緒逐步消除。同時，對過去一向拒絕承認的漢奸罪行也開始有所認識，先後寫了多篇交代材料。民國四十四年（一九五五）七月，陳璧君在一份談自己歷史和思想變化的交代材料中寫道：「……女監也每早九時送報紙給我。後來我便求得自己定（訂）一份《解放日報》。我很用心的從它學習理論和了解人民政府的措施。我便漸漸信服共產黨毛主席領導下人民政府的正確理論和用心了，尤其是我懂得〈論人民民主專政〉的一文，我讀了八遍，不夠，要還給人家，我便將它抄錄下來。日日的看，看了一遍又一遍，我完全了解了。有一個

姓龍的朋友送了現在這一大批書給我，我便明白了共產黨為什麼勝利，國民黨為什麼失敗。（見〈陳璧君親筆交代〉）

以後，陳璧君還幾次要求與其他反革命罪犯一起到蘇北勞改農場接受勞動改造。但考慮到她年歲已高，身體虛弱，心臟病嚴重而未被批准。

民國四十八年（一九五九）三月，陳璧君的病情已十分嚴重，於是被移送到監獄醫院住院治療。經過三個月的醫治，病情沒有好轉，終於六月十七日下午病死在上海監獄醫院。由於上海沒有她的直系親屬，屍體由一遠房親戚收殮。火化後，骨灰送往廣州，由其在香港的子女派人到廣州認領。（摘自上海人民出版社《汪僞十漢奸》）

編者按：關於陳璧君在南京被囚情形請參閱《傳記文學》第四十三卷第五期徐文祺先生〈陳璧君及汪僞要犯被囚記〉一文，徐先生於抗戰勝利後曾任國民政府南京寧海路汪僞要犯看守所所長。[43]

註釋

① 趙志邦：〈汪僞第一夫人陳璧君〉，《傳記文學》第五十二卷第五期，（民國七十七年五月出版），頁二四—二七。

② 同前註一，頁二七—二八。

③〈汪精衛致陳璧君、李謳一函電〉（民國二十九年四月二十一日），《汪僞資料檔案》，法務部調查局資料室藏，鋼筆原件影本。

④〈陳璧君致汪精衛、陳公博、周佛海函電〉（民國二十九年六月七日上午九時十分發自廣州），《汪僞資料檔案》，法務部調查局資料室藏，鋼筆原件影本。

⑤〈汪精衛致陳璧君函電〉（民國二十九年四月十六日），《汪僞資料檔案》，法務部調查局資料室藏，鋼筆原件影本。

⑥〈汪精衛致陳璧君函電〉（民國二十九年四月十九日），《汪僞資料檔案》，法務部調查局資料室藏，鋼筆原件影本。

⑦〈汪精衛致陳璧君函電〉（民國二十九年四月二十四日），《汪僞資料檔案》，法務部調查局資料室藏，毛筆原件影本。

⑧ ⑨〈陳璧君致汪精衛函電〉（民國二十九年四月二十六、二十七、二十九日），《汪僞資料檔案》，法務部調查局資料室藏，鋼筆及看筆原件影本。

⑩〈汪精衛致陳璧君函電〉（民國二十八年十二月一日十八時發），《汪僞資料檔案》，法務部調查局資料室藏，鋼筆原件影本。

⑪〈汪精衛致陳璧君函電〉（民國二十八年十二月二十一日十八時發），《汪僞資料檔案》，法務部調查局資料室藏，鋼筆原件影本。

⑫〈汪精衛致陳璧君函電〉（民國二十九年二月二十日十七時發），《汪僞資料檔案》，法務部調查局資料室藏，鋼筆原件影本。

⑬〈汪精衛致陳璧君及陳璧君致江精衛函電〉，（民國二十九年四月二十六、二十七、四月二十九日），《汪僞資料檔案》，法務部調查局資料室藏，鋼筆及看筆原件影本。

⑭〈汪精衛致陳璧君函電〉（民國二十九年五月五日），《汪僞資料檔案》，法務部調查局資料室藏，毛筆原件影本。

⑮〈李謳一致汪精衛、陳璧君函電〉（民國二十九年五月十八、二十日），《汪僞資料檔案》，法務部調查局資料室藏，鋼筆原件影本。

⑯〈陳璧君致汪精衛函電〉（民國二十九年六月三、四日），《汪僞資料檔案》，法務部調查局資料室藏，鋼筆原件影本。

⑰〈汪精衛致陳璧君函電〉（民國二十八年十二月十四日二十一時），《汪僞資料檔案》，法務部調查局資料室藏，鋼筆原件影本。

⑱朱子家，《汪政權的開場與收場》，第二冊（香港：春秋雜誌社，民國五十年三月，再版），頁一二。

⑲〈汪精衛致廣州當局函電〉（民國二十八年十二月九日十四時），《汪僞資料檔案》，法務部調查局資料室藏，鋼筆原件影本。

⑳〈汪精衛致陳璧君函電〉（民國二十九年四月十九日），《汪僞資料檔案》，法務部調查局資料室藏，毛筆及鋼筆原件影本。

㉑〈汪精衛致陳璧君、李謳一函電〉（民國二十九年四月二十日），《汪僞資料檔案》，法務部調查局資料室藏，鋼筆原件影本。

㉒〈汪精衛致陳璧君、李謳一函電〉（民國二十九年四月二十七日），《汪僞資料檔案》，法務部調查局資料室藏，鋼筆原件影本。

㉓〈汪精衛致陳璧君函電〉（民國二十九年五月四日），《汪僞資料檔案》，法務部調查局資料室藏，鋼筆原件影本。

㉔〈汪精衛致陳璧君函電〉（民國三十年四月三日），《汪僞資料檔案》，法務部調查局資料室藏，鋼筆原件影本。

㉕陳木杉：《從函電史料觀抗戰時期汪精衛集團治粵梗概》，（臺北市：臺灣學生書局出版，民國八十五年九月初版），頁一九八－一九九。

㉖〈陳璧君致汪精衛函電〉（民國三十年三月二十七日），《汪僞資料檔案》，法務部調查局資料室藏，鋼筆原件影本。

㉗〈汪精衛致陳璧君函電〉（民國三十年三月二十七日），《汪僞資料檔案》，法務部調查局資料室藏，毛筆原件影本。

㉘〈陳璧君致汪精衛函電〉（民國二十九年四月二十六、二十七日），《汪偽資料檔案》，法務部調查局資料室藏，鋼筆原件影本。

㉙〈汪精衛致陳璧君函電〉（民國二十九年四月二十六、二十七日），《汪偽資料檔案》，法務部調查局資料室藏，鋼筆原件影本。

㉚〈林汝珩、仲豪、李謳一致汪精衛、陳公博、陳耀祖函電〉，（民國二十九年四月二十九日、三十日），《汪偽資料檔案》，法務部調查局資料室藏，鋼筆原件影本。

㉛同前註㉚，毛筆原件影本。

㉜〈陳耀祖致汪精衛函電〉（民國二十九年七月十八、二十一日），《汪偽資料檔案》，法務部調查局資料室藏，鋼筆原件影本。

㉝〈汪精衛致陳璧君、陳耀祖函電〉（民國二十九年二月五、六日），《汪偽資料檔案》，法務部調查局資料室藏，鋼筆原件影本。

㉞〈汪精衛致陳璧君函電〉（民國二十八年十二月二十一日），《汪偽資料檔案》，法務部調查局資料室藏，鋼筆原件影本。

㉟〈汪精衛致陳璧君函電〉（民國二十八年十二月二十四日），《汪偽資料檔案》，法務部調查局資料室藏，鋼筆原件影本。

㊱〈汪精衛致陳璧君函電〉（民國二十九年四月十四日），《汪偽資料檔案》，法務部調查局資料室藏，鋼筆原件影本。

㊲〈陳耀祖致陳璧君函電〉（民國三十年一月四、五日），《汪偽資料檔案》，法務部調查局資料

室藏，鋼筆原件影本。

㊳〈陳耀祖致汪精衛、李士群函電〉（民國三十年二月十九、二十日），《汪僞資料檔案》，法務部調查局資料室藏，鋼筆原件影本。

㊴〈汪精衛致陳璧君函電〉（民國二十八年十二月九日），《汪僞資料檔案》，法務部調查局資料室藏，鋼筆原件影本。

㊵〈陳璧君致汪精衛函電〉（民國二十九年六月二十二、二十三日），《汪僞資料檔案》，法務部調查局資料室藏，鋼筆原件影本。

㊶同前註㉕，頁四〇五—四〇六。

㊷㊸曹振威原作：〈陳璧君最後的下場〉，《傳記文學》第五十二卷、第五期（民國七十七年五月出版），頁二九—三一。

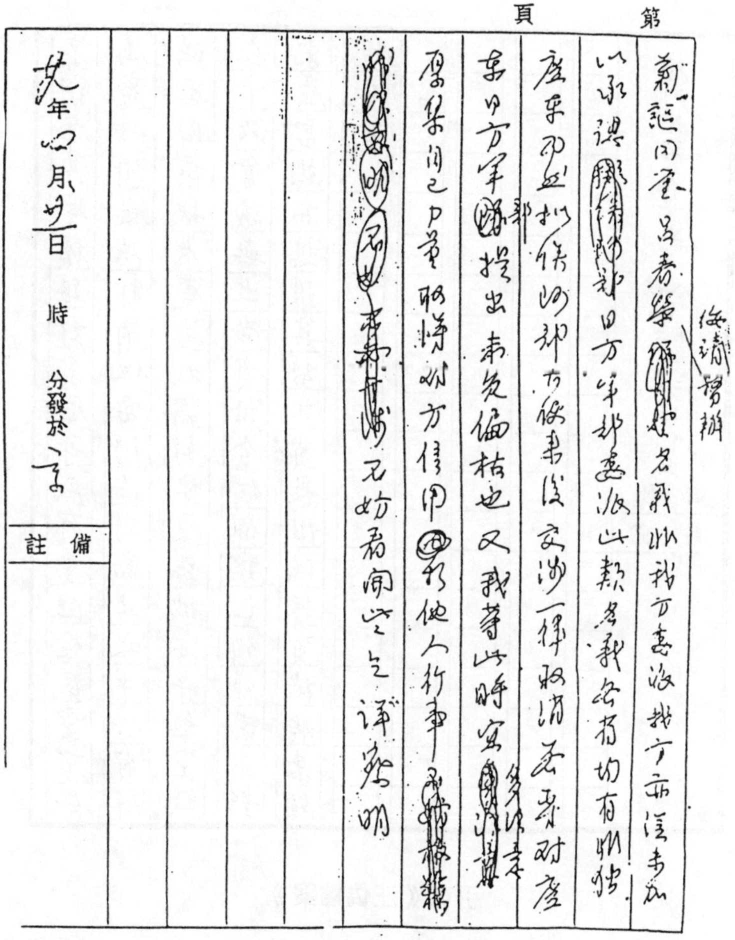

引自《汪偽檔案》

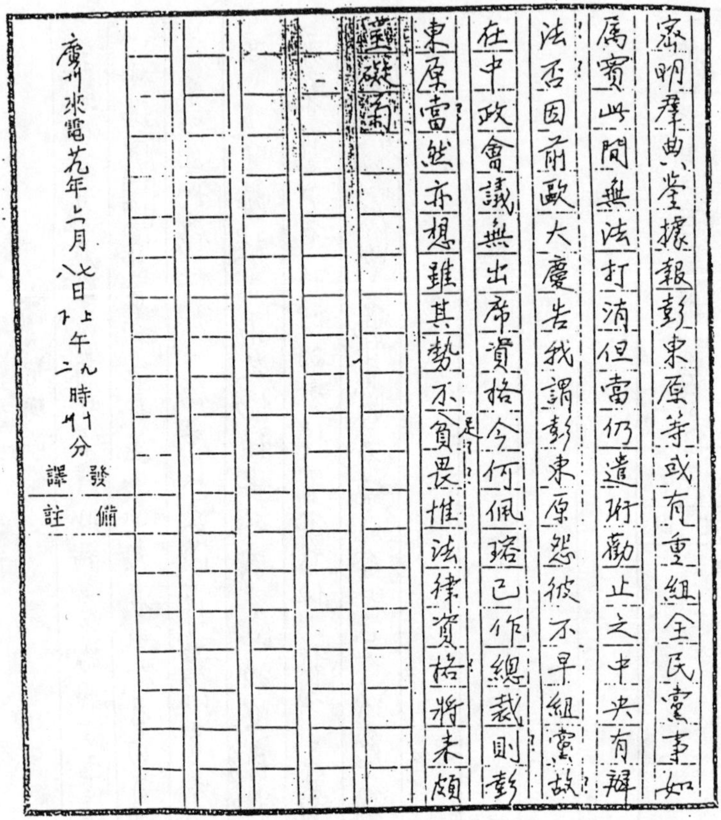

密明肇曲、瑩懷報彭東原等或有重組全民黨事如
屬實此間無法打消但當仍遣附勸止之中央有辯
法否因前歐大慶告我謂彭東原怨彼不早組黨故
在中政會議無出席資格今何佩瑢已作總裁則彭
東原當然亦想難其勢不負畏推法律資格將來頗
逆磯甫

廣州來電 廿九年七月八日 上午九時十分 下午二時卄分
發 備
譯 註

引自《汪偽檔案》

(一)廣東做於香港人心如轉香港做於南洋人心將轉此為一定

之形勢且港當局禁書信則許通訊之作用亦失矣如要做

事可駐廣州如不駐廣州可在上海另覓辦事處以避阻礙

藏(蝶)也(二)羣先生允任行政院長甚好惟須即來因

行政院需那人選須本月內決定三月初旬中政會議三月中

即成立行政院如羣先中政會議後始來則為之未及

若羣先行政院長矣(三)中政會議如羣先如不來

出席那請速知如出席如羣先亦不出席乞電知

因十人缺二不足十人如不補人則表決將生問題

九年二月廿日十八時　分發於

(精衛)

備註

引自《汪偽檔案》

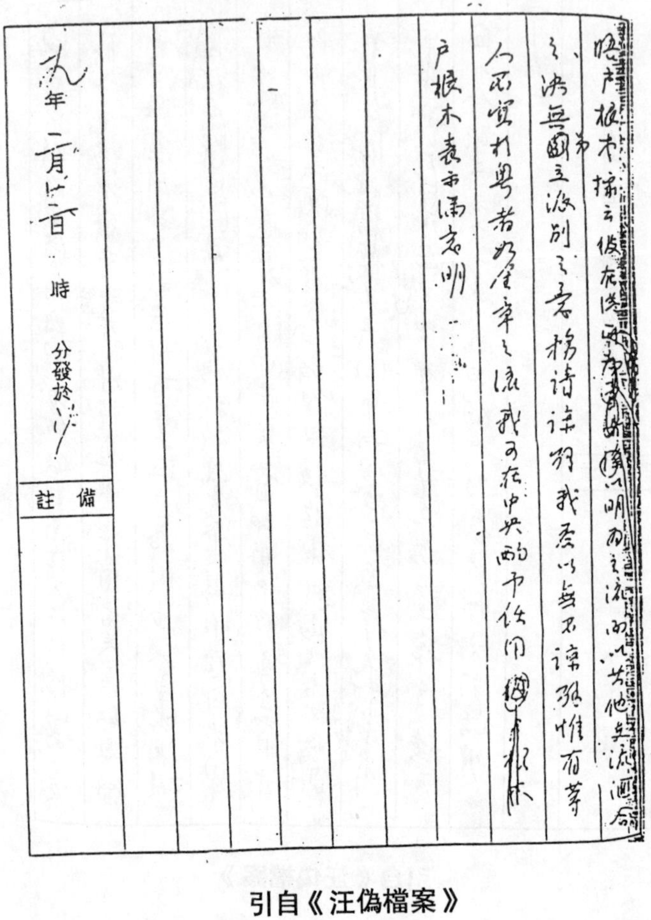

昨戶根來談云彼在港晤[illegible]以明為之流而以其他黨派合
之黨無國之派別之意務請諒解我亦以無不諒解惟有等
人亦宜於粵者如僅幸之懷我可在中央酌予任用 銘
戶根木表示滿意明

九年 二月廿三日 時 分發於 滬

備註

引自《汪偽檔案》

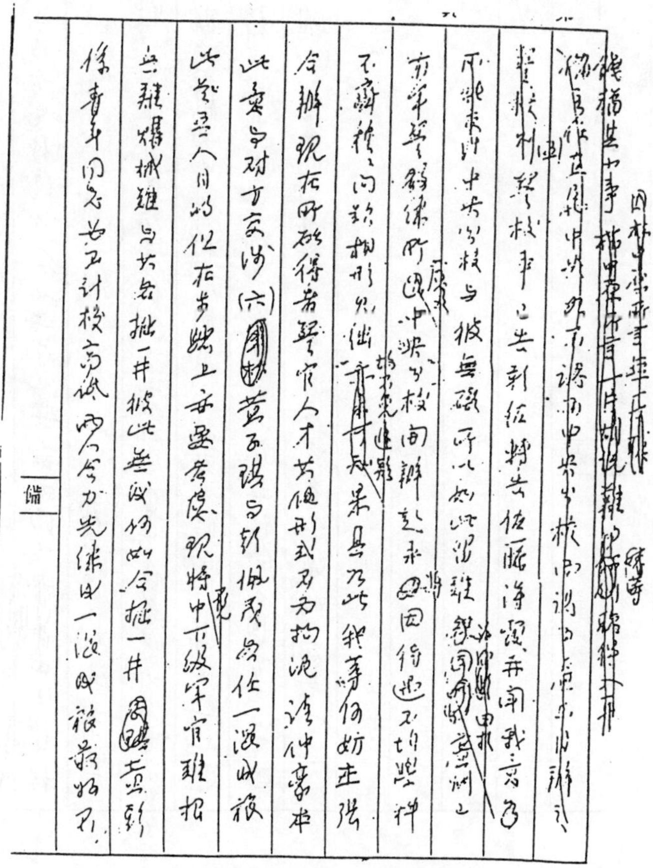

引自《汪偽檔案》

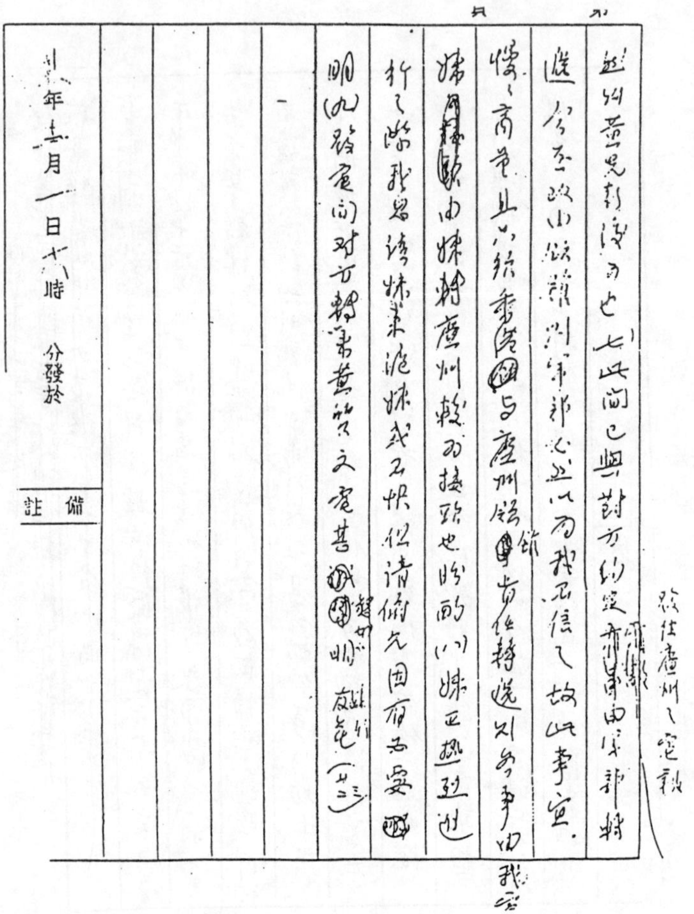

引自《汪偽檔案》

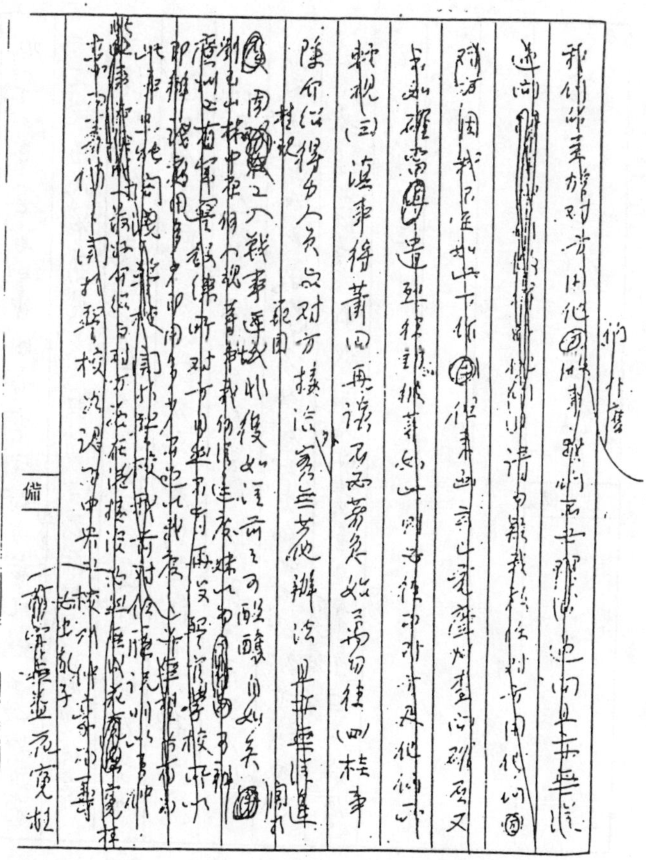

引自《汪偽檔案》

据八十五号電悉(一)弟回來電云对方無礼故不敢婦止有 廣州 [illegible]

(二)在港每兩星期見一次無妨(三)[illegible]陈伴留前俟後決定

子植回信全(四)我对赵某信任但不能其今日[illegible]屋章明

日[illegible]萬覺文因此事均对方見來且其後來在我等之

前我等自己努力使我等自己所做之事勝過別人使了

無為[illegible]別人对我[illegible]不好对对方如此則必被其議而若

人之本故不悼諒之相戒同志間責甚甚[illegible]偽傳

明 [illegible]

十六年十二月廿一日十八時 分發於 [illegible]

備註

引自《汪偽檔案》

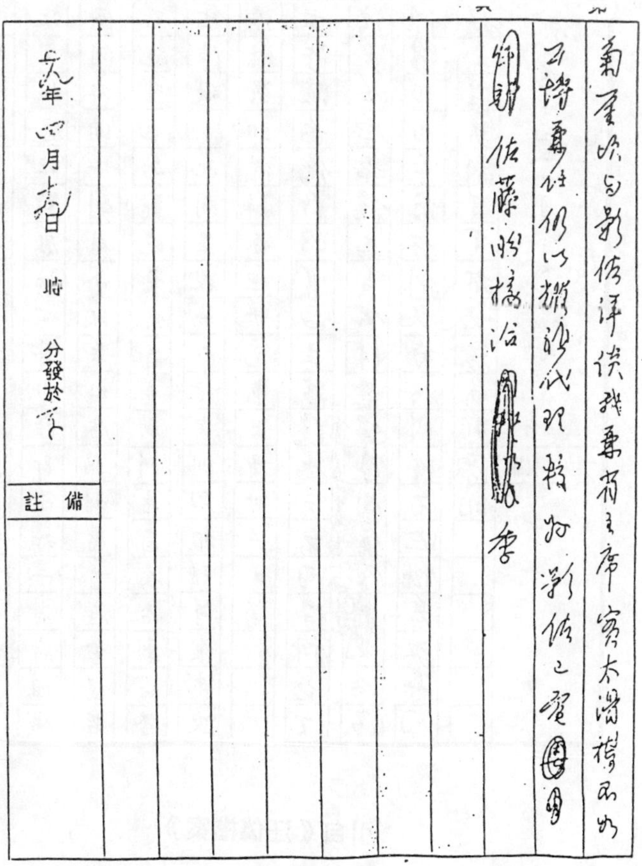
年 月 日 時 分發於

備註

引自《汪偽檔案》

明鑒閱報忽想及覃兄為立法院院長如何卸作行
政官如遇非難應如何答覆請即示知(二)省府組織
條例內保安副司令能否出席或列席省府會議若
不能可否加鄭洸薰為省委或列席省委否則恐發
生障礙(三)此間軍校第二旅宣訓班報館等食米交
涉結果即代辦每担廿元市上價卅五元第
立法院長係行政權與立法院委員不同科無經
法委員常務委員可特兼[illegible]政治
訓練部長已有前例既有人代理不過掛名及委向
題二)保安副司令有決定可列席明

廣州來電 廿九年四月廿七日下午四時五十分 發 譯 備註

引自《汪偽檔案》

密。明、翦鈞鑒：吳康楠件因聯絡手續尚欠妥善，夢壁石今再赴澳聯絡，并約吳鄭來省面商，為慎重計，懇俟通電發表後方與對方接洽。熊樾仍病，并聞。謳叩

廣州來電 廿九年五月廿六日下午一時半分 發

廿日上午十一時卅分 譯

備註 茂字

引自《汪偽檔案》

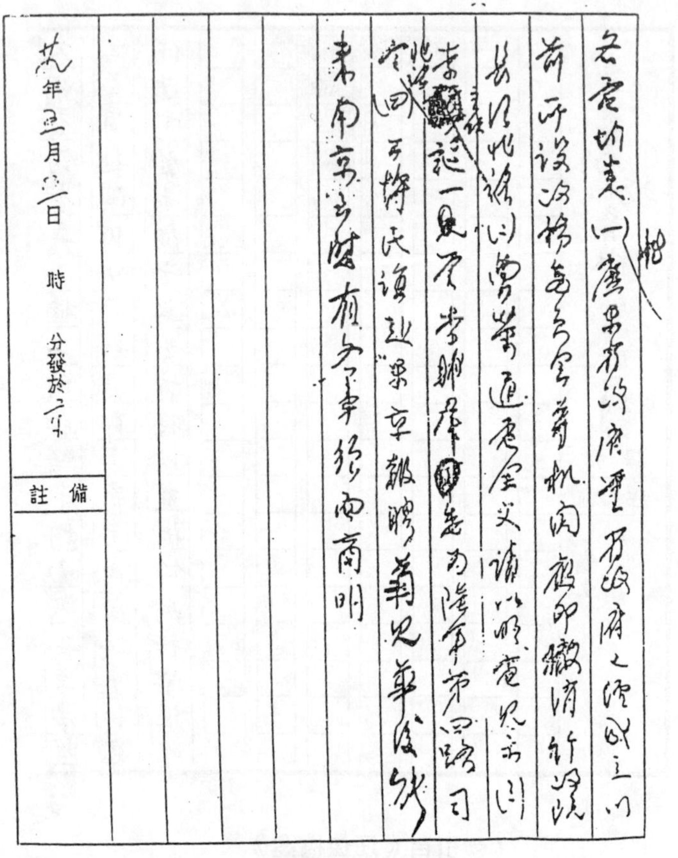

各處均悉（一）慶中央政府[illegible]政府之經成立以
前所設[illegible]務委員會[illegible]機關應即撤消[illegible]
長汪兆銘以曾[illegible]通電全文請以明電見示（三）
來[illegible]記一[illegible]為陸軍第四路司
令（四）[illegible]氏[illegible]來京報聘[illegible]
來南京之[illegible]有分[illegible]而商明

廿九年三月廿二日　時　分發於[illegible]

註　備

引自《汪偽檔案》

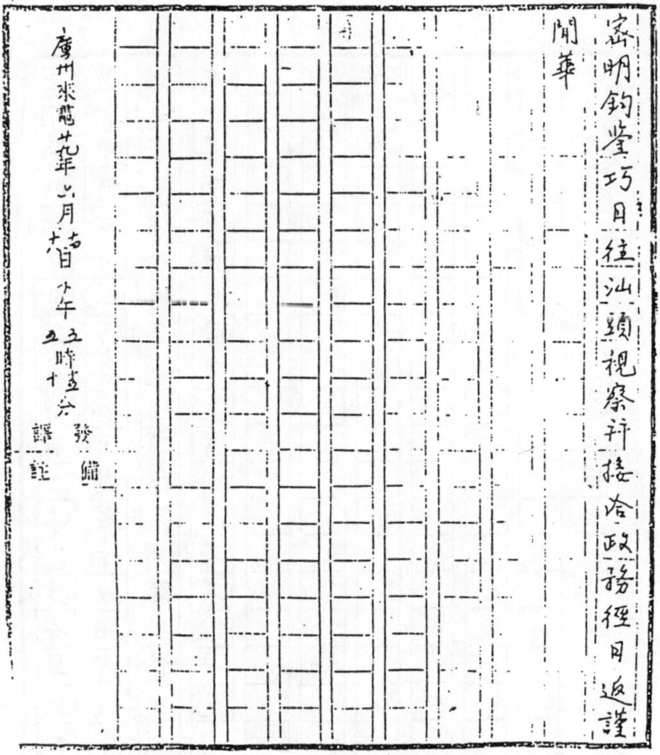
密明釣鑒巧日往汕頭視察并接洽政務經日返謹

聞華

廣州來電廿九年六月十六日下午五時十五分

譯註　發繕

引自《汪偽檔案》

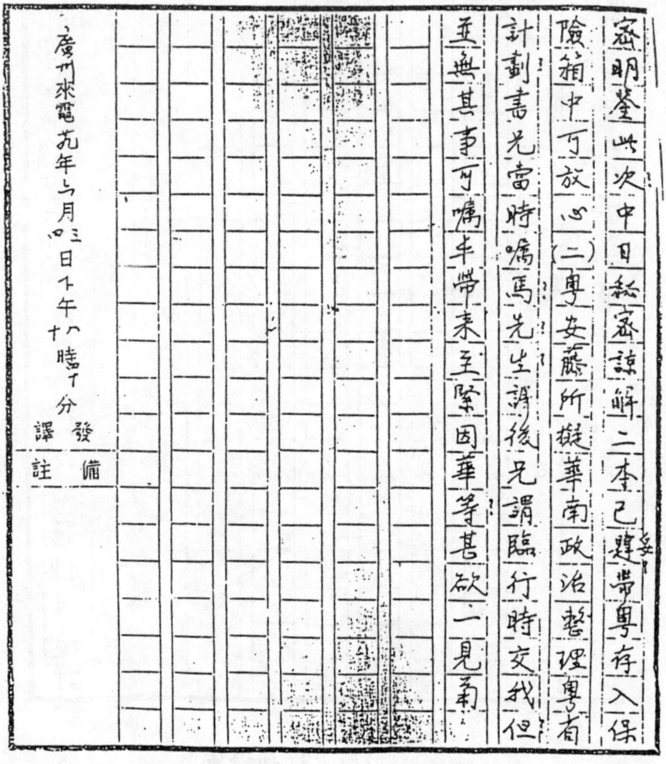

密明鑒此次中日秘密諒解二李已妥攜帶粵存入保險箱中可放心（二）粵安藤所擬華南政治整理粵省計劃書先當時囑馬先生請後兄謂臨行時交我但並無其事可囑丰帶來至緊因華等甚欲一見弟

廣州來電 廿九年七月廿三日下午十八時十分

發
備
譯
註

引自《汪偽檔案》

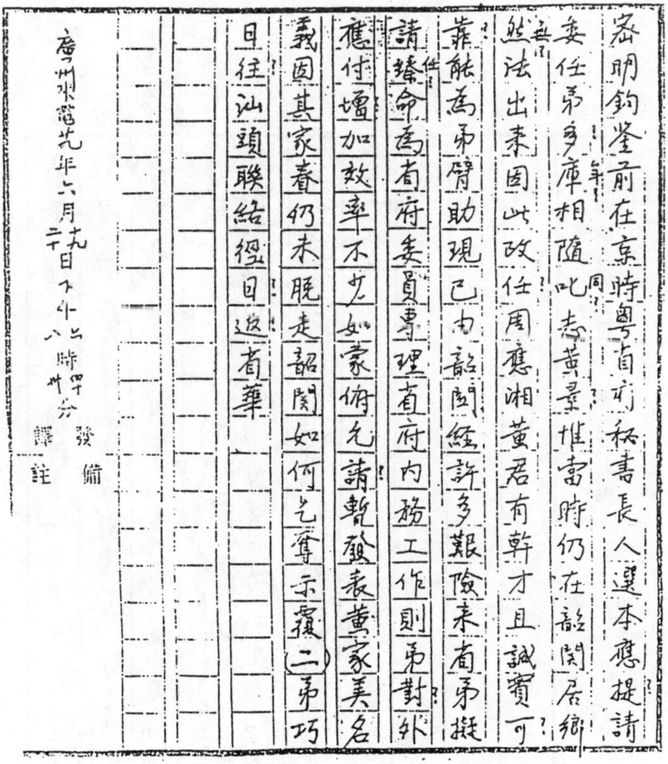

密明鈞鑒前在京時粵省府秘書長人選本應提請
委任弟多年相隨同志黃景堆當時仍在韶關居鄉
無法出來因此改任周應湘黃君有幹才且誠實可
靠能為弟臂助現已由韶關經許多艱險來省弟擬
請任命為省府委員專理省府內務工作則弟對外
應付壇加效率不少如蒙俯允請暫發表黃家美名
義因其家眷仍未脫走韶關如何乞尊示覆二弟巧
日往汕頭聯絡經日返省華

廣州水電廿九年六月十九日下午六時四十分 發
二十日 八時廿分 譯
備註

引自《汪偽檔案》

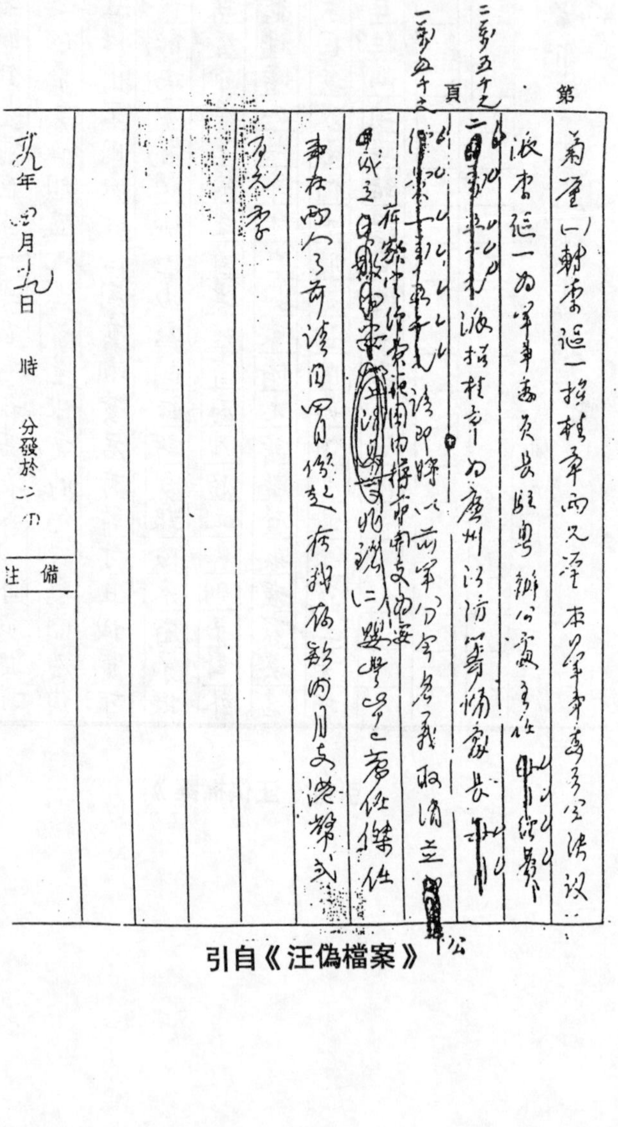

引自《汪偽檔案》

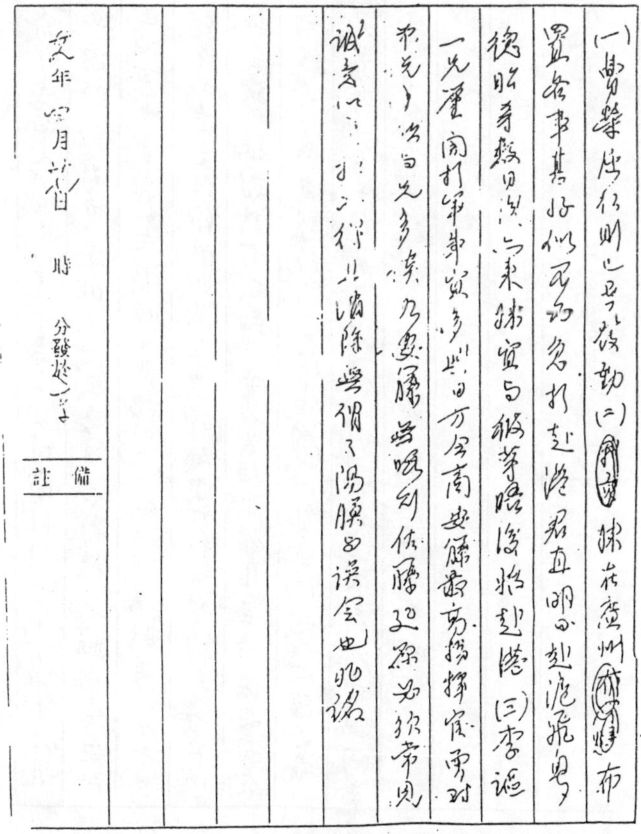

引自《汪偽檔案》

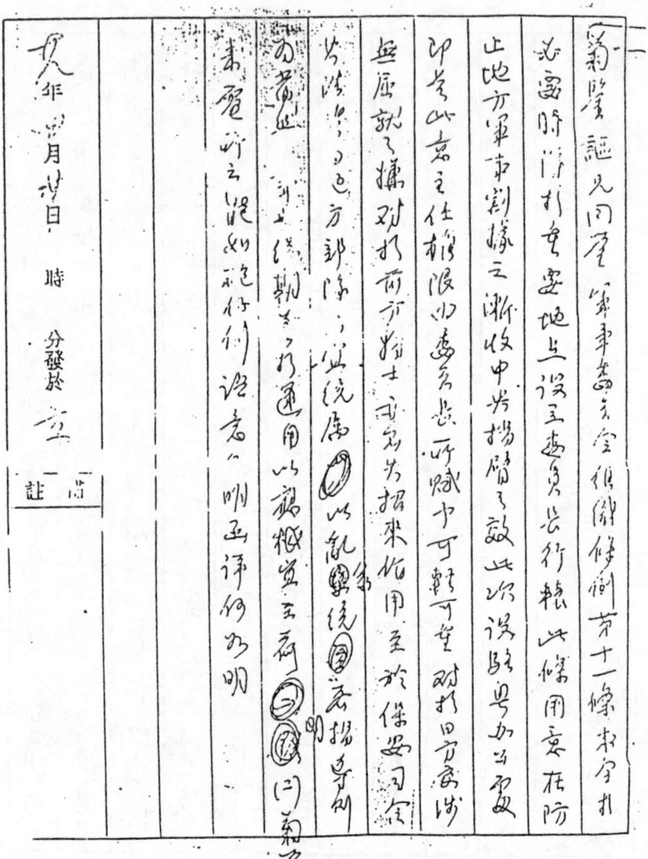

年 月 日 時 分發於

註 記

引自《汪偽檔案》

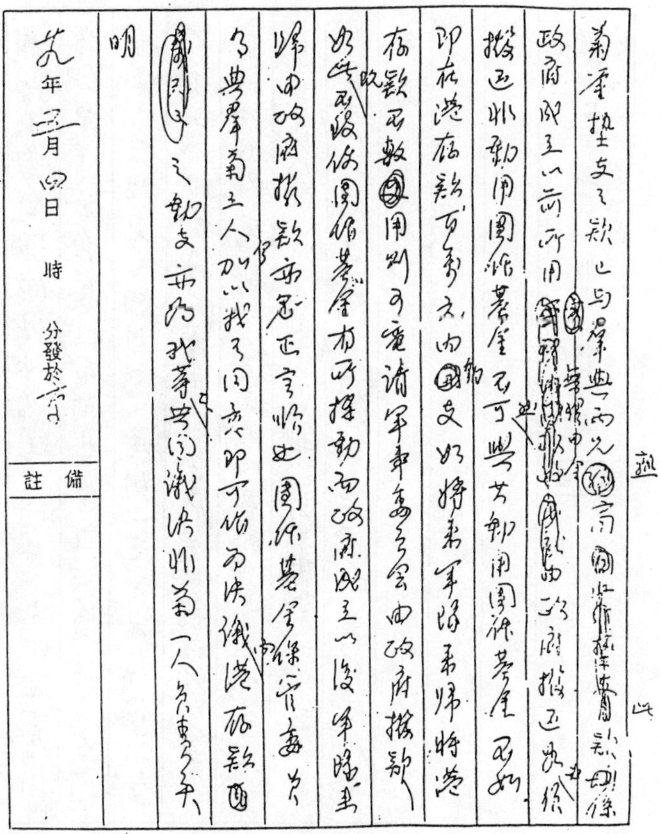
明

年　月　日　時　分發於

備註

引自《汪偽檔案》

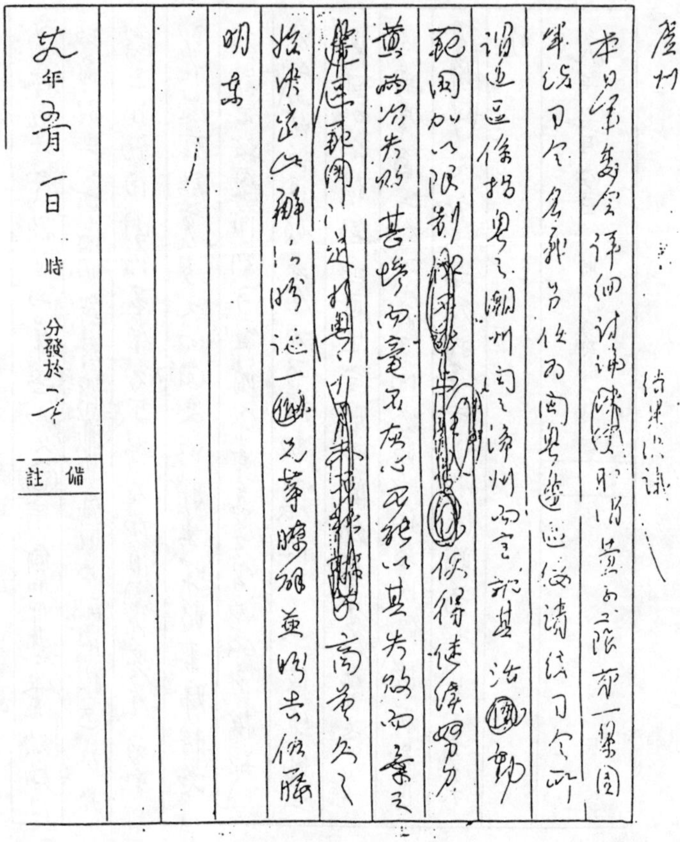

引自《汪偽檔案》

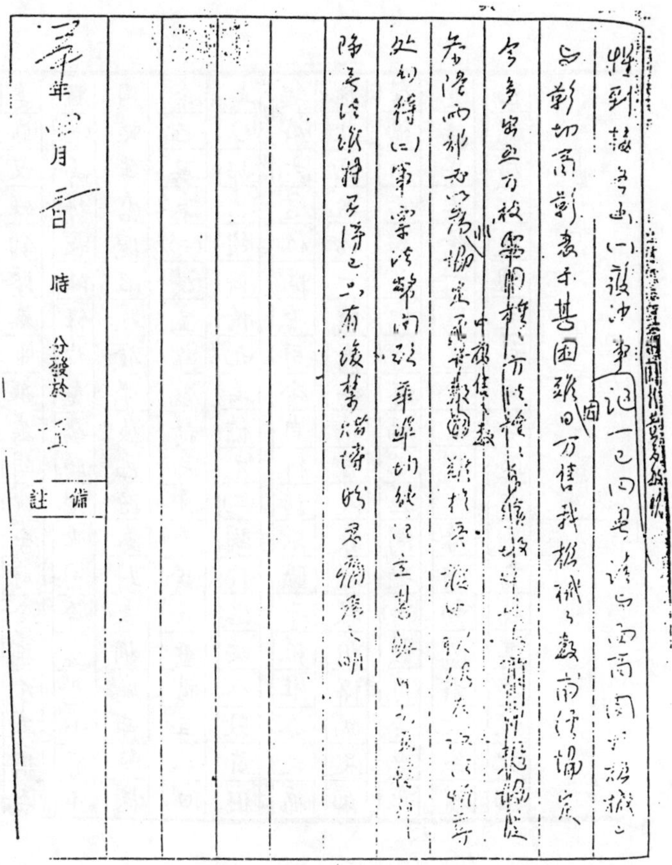
年 月 日 時 分發於
備註

引自《汪偽檔案》

第　頁

委員長汪鈞鑒奉電敬悉關於李司令輔群呈稱各
點(一)姜科長溆澤於整編時隨李司令意見小有不
同略生磨擦經職發覺後已將姜科長調廣西警校
令已無事(二)該呈謂餉糈兩月十於茲查截至昨日
止〇部已領去拾九萬餘元(三)關於應編人數前擬
編成六營係據李司令自行請求職予權准今又據
補此議既係一時衝動仍有人數槍枝仍得編足九
營職亦已知之仍可再編已無問題(四)該司令要求
直接軍委會一點完全出於一時衝動關於此點現
已不成問題總之該司令過於衝動係其個性此誠

來電　年　月　日　午　時　分

發簡　譯註

引自《汪偽檔案》

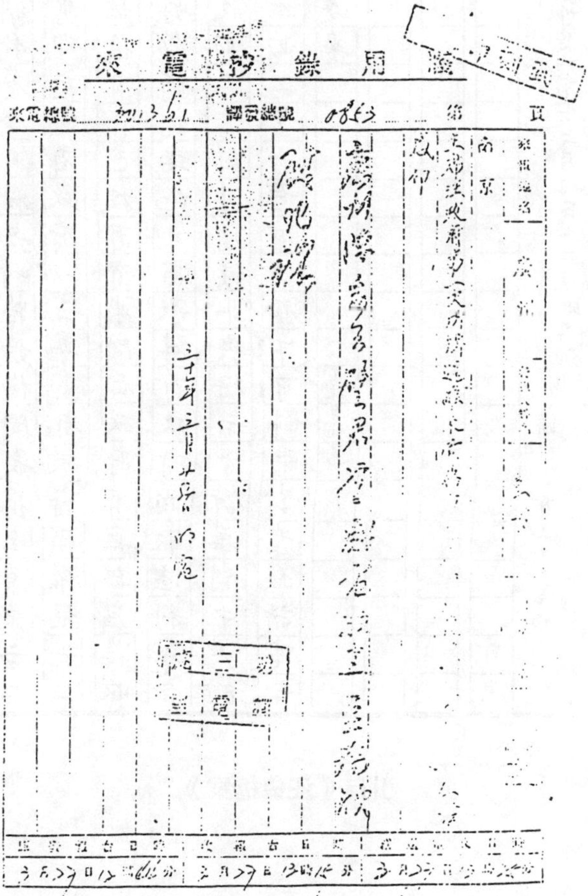

引自《汪偽檔案》

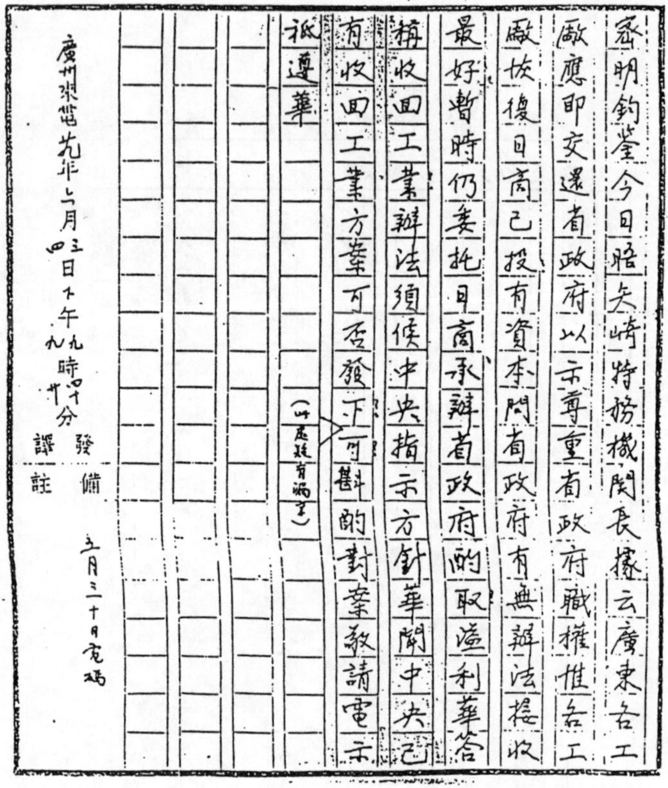

密。明釣鑒：今日晤矢崎特務機關長據云廣東各工
廠應即交還省政府以示尊重省政府職權惟各工
廠坺復日商已投有資本問省政府有無辦法接收
最好暫時仍委托日商承辦省政府酌取溢利華答
稱收回工業辦法須候中央指示方針華聞中央已
有收回工業方案可否發下一閱俾斟酌對案敬請電示
祇遵。華
（此處疑有漏字）

廣州來電 廿九年七月三日下午九時四十分
發
譯
備註
七月三十日電碼

引自《汪偽檔案》

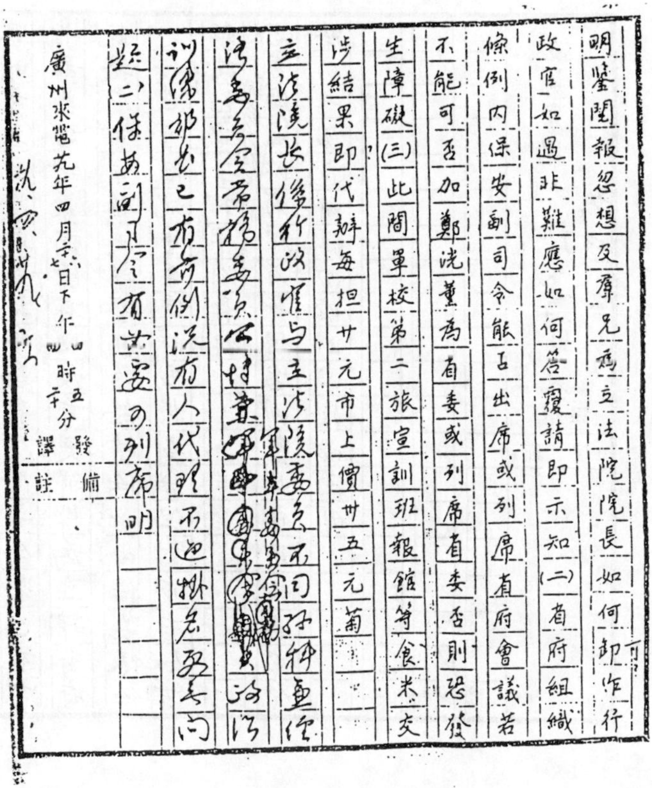

明鑒閱報忽想及渠兄為立法院院長如何卸作行
政官如過非難應如何答覆請即示知(二)省府組織
條例內保安副司令能否出席或列席省府會議若
不能可否加鄭洸薰為省委或列席省委否則恐發
生障礙(三)此間軍校第二旅宣訓班報館等食米交
涉結果即代辦每担廿元市上價廿五元弟
立法院長係行政官與立法院委員不同孫科兼任
法委員會常務委員[illegible]特兼[illegible]
訓練部長已有前例既有人代理不過掛名及未問
題(二)保安副司令有必要可列席明

廣州來電　廿九年四月廿六日下午四時五分
發　備
譯　註

引自《汪偽檔案》

密明羣華公鑒鄭來說警察隸屬問題今晨已有電
告茲與衍豪商億有地及可更解釋為直隸省府
統轄省會市鎮之警察其餘綏靖任務由保安隊任
之此點可使沈董事道軒職權劃分但對市府如何
解決乞電示和平衍豪銀
定惟成政府在省市稅收廣州市不必再有市
察局此層逾由詳由後照同陵面商明

廣州來電 廿九年四月廿九日下午八時 分

發譯

備註

兆銘

引自《汪偽檔案》

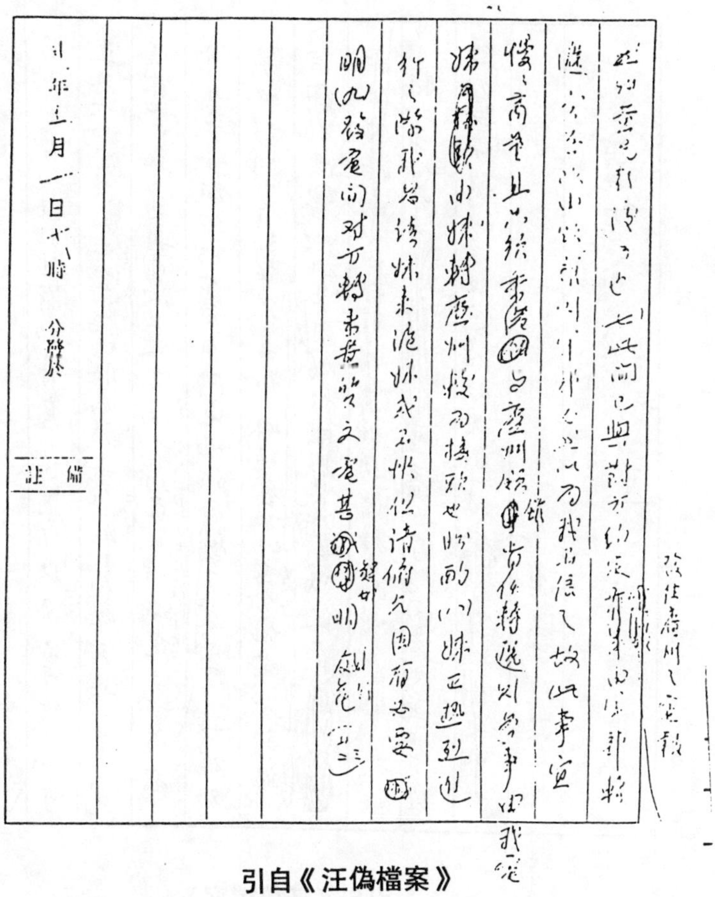

引自《汪偽檔案》

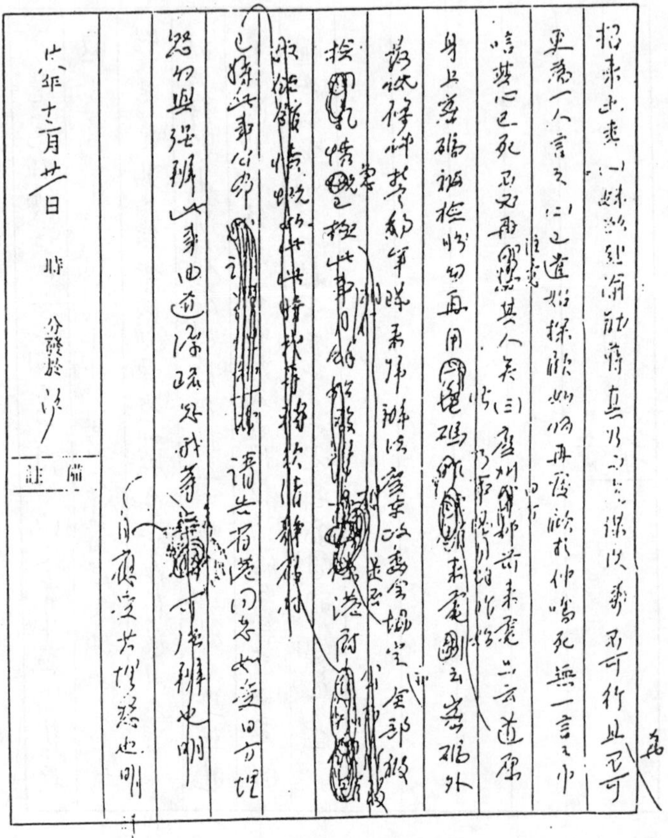

引自《汪偽檔案》

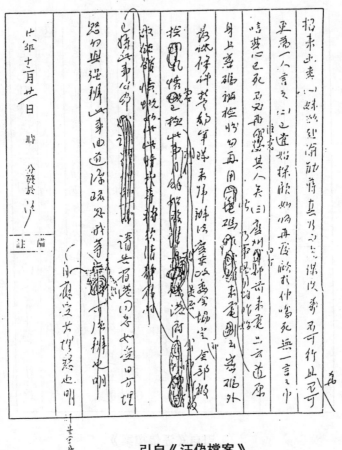

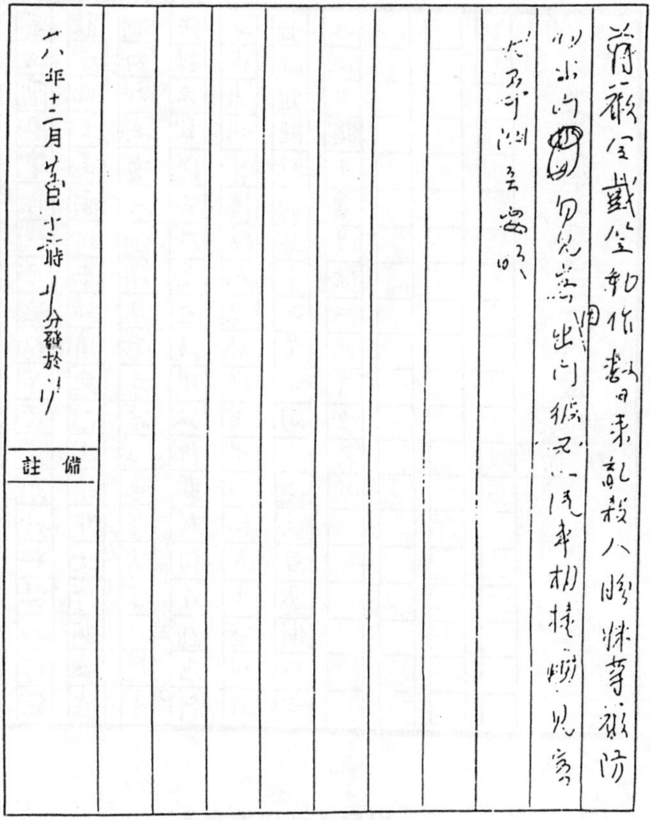

請嚴令戴笠勿作惡日來亂殺八股[illegible]等嚴防
[illegible]出門[illegible]
[illegible]安[illegible]

廿八年十二月廿三日十三時廿分發於川

備註

引自《汪偽檔案》

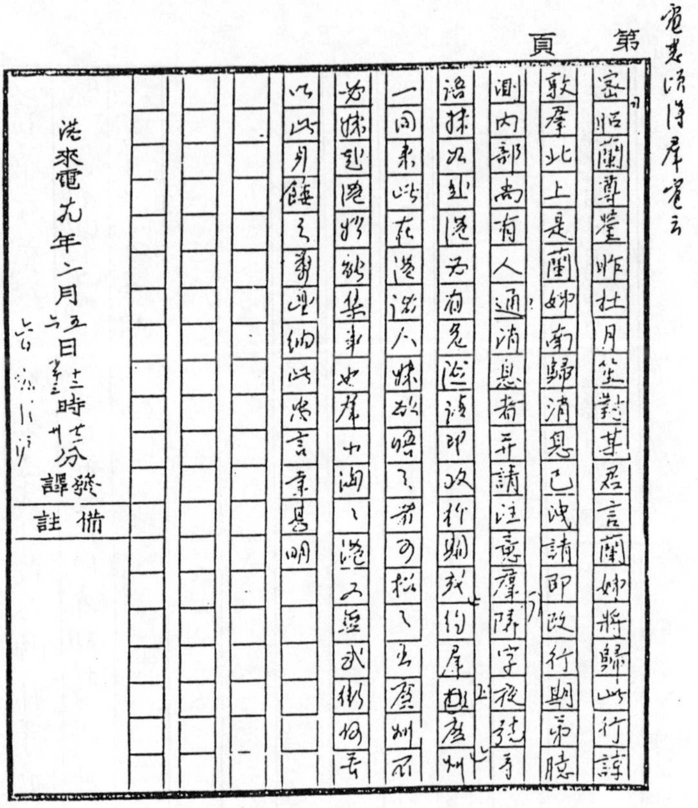

引自《汪偽檔案》

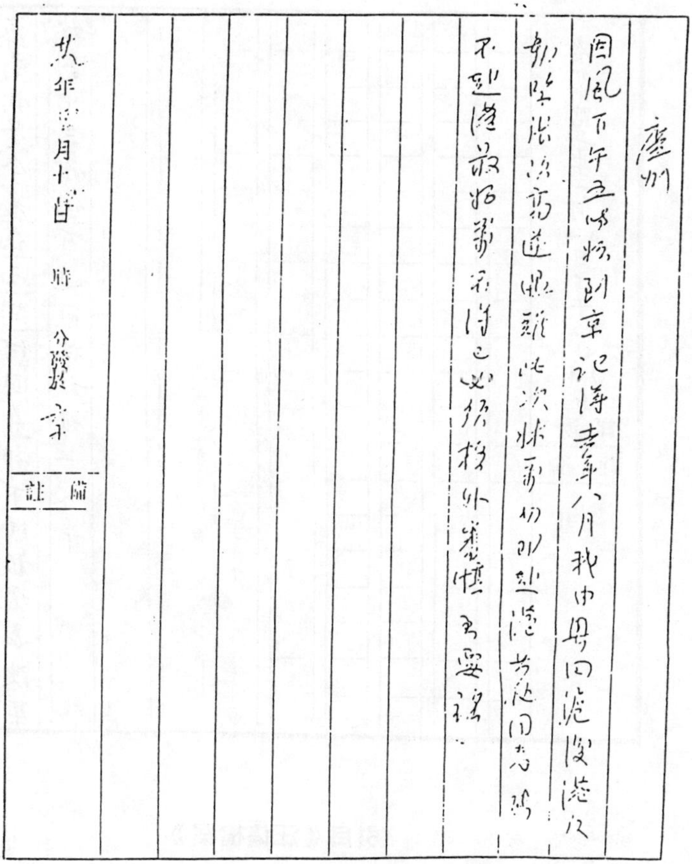

廬州

因風下午五時始到京記得去年八月我由粵回滬後滬人

紛傳汝高興照辦此次妹來切切勿到滬苟能因[illegible]

不到滬最好將事不得已必須格外審慎為要禱

廿八年　月十日　時　分發於京

註備

引自《汪偽檔案》

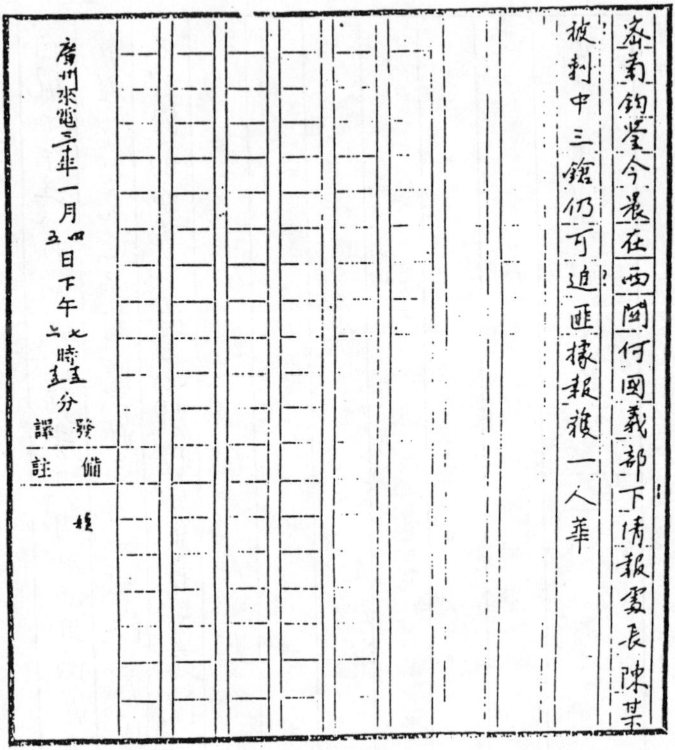

密蕭鈞鑒今晨在西關付國義部下情報處長陳某
被刺中三鎗仍可追匪據報獲一人華

廣州來電三十年一月四/五日下午七/六時五十/五十五分
發 譯
備註
核

引自《汪偽檔案》

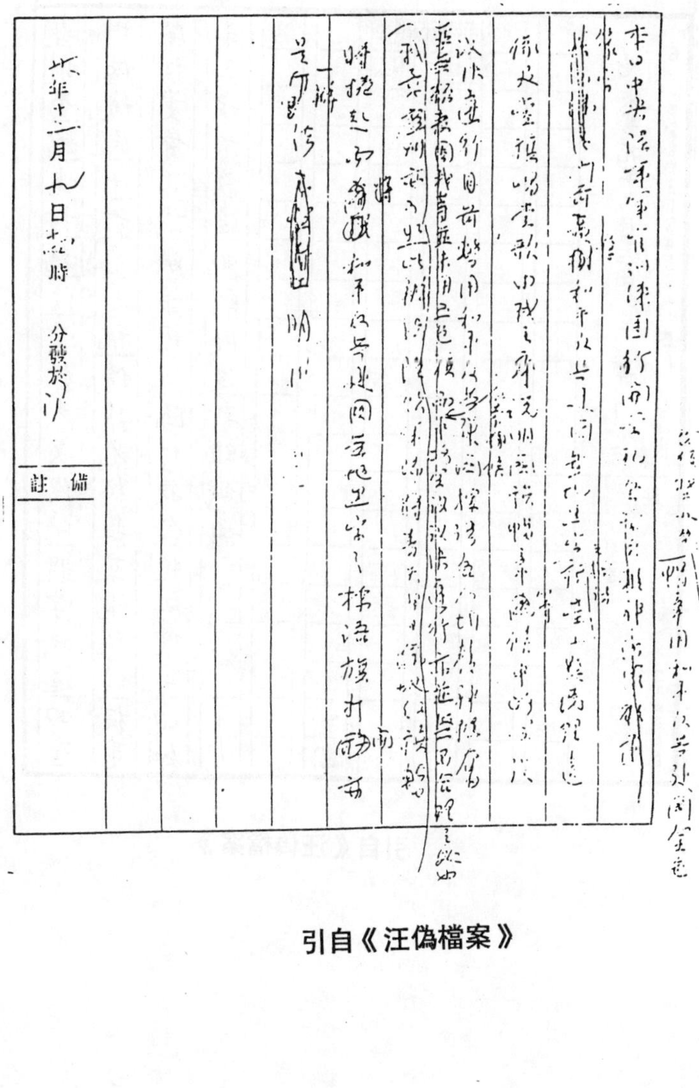

引自《汪偽檔案》

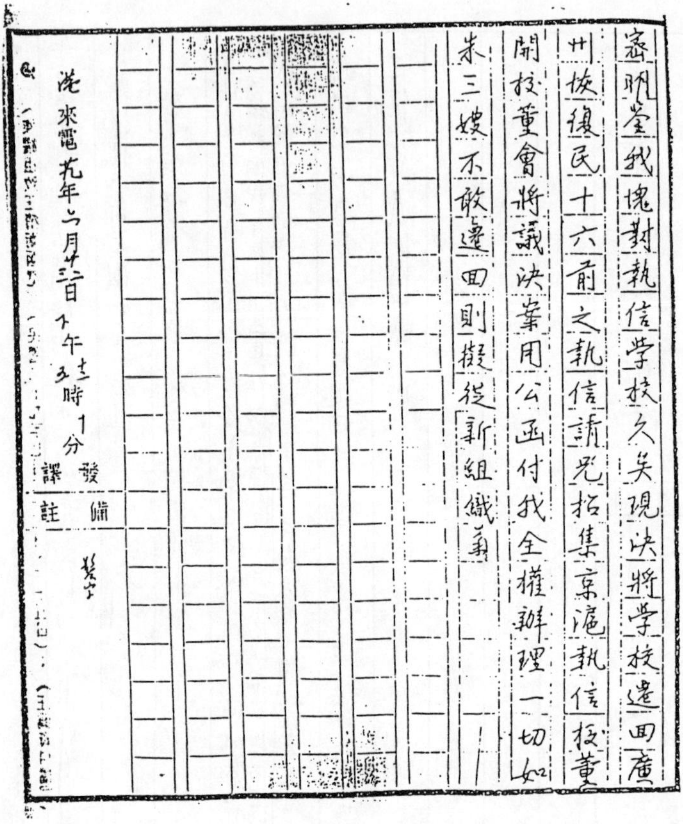

密明堂我愧對執信学校久矣現決將学校遷回廣州恢復民十六前之執信請兄招集京滬執信校董開校董會將議決案用公函付我全權辦理一切如朱三嫂不敢遷回則擬從新組織矣

滬來電 廿九年六月廿三日 下午 五 十二 時 1 分

發譯

備註 兆銘

引自《汪偽檔案》

密明鈞鑒據珩稱廣東大學籌備事宜大致就緒亟
應早日組織校董會董事宜以粵人任之擬以陳君
慧石光瑛鄺擬生林汝珩由公另選三人共七人
為董事請公指定董事長并以林汝珩兼校長是否
可行敬乞核示華

廣州來電　廿九年六月廿五日下午七時五十分
發　譯
備註　任字

引自《汪偽檔案》

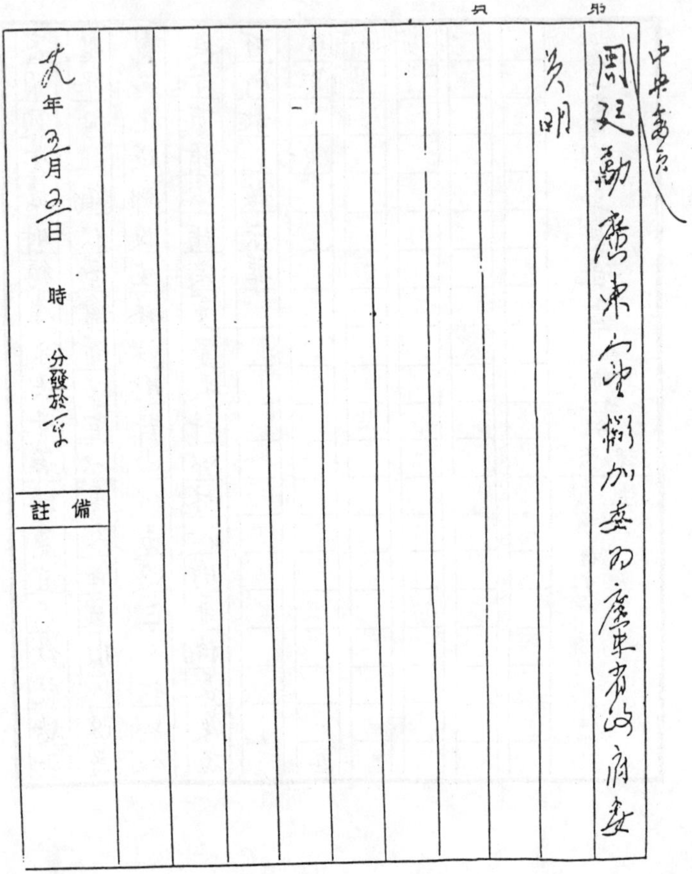
中央委員
周廷勱廣東省黨部加委為廣東省政府委
兆明

廿九年五月二日 時 分發於京

備註

引自《汪偽檔案》

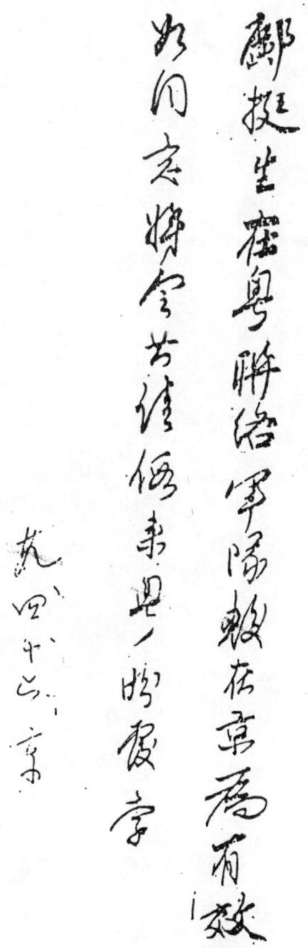

鄭挺生在粵聯絡軍隊較在京為有效
如用之將令其續任來思人盼覆字
兆 四、十六、京

引自《汪偽檔案》

第二篇　從函電史料觀汪精衛與陳公博關係梗概

壹、前　言

從相關的檔案史料中，可以看出在汪精衛集團中，除了陳璧君以外，汪僞集團人物中與汪精衛有極密切關係的人士，陳公博應是其中之一，本文擬以《汪僞資料檔案》中的函電史料作為分析之基礎，試著觀察汪精衛與陳公博一些關係梗概。

貳、陳公博基本人資簡介

陳公博（一八九二—一九四六）廣東南海人。生於清光緒十八年（民元前二十年）八月廿九日（另說生於一八九〇年，即光緒十六年；惟據陳公博「我與共產黨」文云：「我在民元時候……不過二十歲。」應為光緒十八年。）光緒三十三年，年十六，加入同盟會。早歲嘗任職參謀、縣議會議長，後入廣東法政專門學校，三年畢業。民國六年，入北京大學哲學系。九年，畢業後與譚平山、譚植棠在廣州辦「群報」，並兼廣東法政專門學校教授，又與陳獨秀等組織「社會主義青年團」，負責建立和發展工會組織，任廣東省教育會宣講所所長，十二月，兼廣東省教育委員會出版科科長。

民國十年一月，佐陳獨秀在廣東成立中國共產黨支部；七月，以廣東代表資格，出席中國共產黨第一次全國代表大會，為出席中共「一全大會」十二代表之一。民國十一年十一月，乘輪赴日，同年，「群報」停刊，並脫離共黨。翌年二月，由橫濱赴美，入哥倫比亞大學，研究經濟。民國十四年二月，獲文學碩士學位，同月經歐陸歸國，任廣東大學教授；七月，任廣東省農工廳長兼軍事委員會政治部主任；十二月廣州國民政府免去鄒魯廣東大學校長職務，由顧孟餘繼任，顧未到前，由陳兼代。

民國十五年一月，任國民黨二屆「一中全會」中央常務委員；二月，任國府教育行政委員會委員；六月，任為解決香港罷工全權三代表之一，與陳友仁、宋子文赴港，向港督金文泰爵士交涉；七月，革命軍興，任北伐軍政務局長，所遺政治部主任一職，由鄧演達繼任；北伐途中，歷兼湖北省財政委員會主任委員、江西省政務委員會主任委員、江海關監督。

民國十六年三月，當選二屆「三中全會」中央常務委員兼工人部長；九月，繼鄧演達再任總政治部主任；十一月，因不滿南京特別委員會，南下廣州，旋因牽涉參預廣州暴動（十一月十七日張發奎、黃琪翔發動兵變，以陳為廣東省政府主席，失敗後避居香港），遭免職查辦，並失去出席「四中全會」出席權。後轉上海，刊行「革命評論」，在汪兆銘支持下，主張改組國民黨政策，又組織「改組同志會」，世稱「改組派」。民國十七年九月，「革命評論」被迫停刊。

民國十八年三月，國民黨「三全大會」決議開除其黨籍；同年，與顧孟餘、潘雲超等刊行「民心週刊」（後改出「民主」），主張繼續先總理改組精神，又在上海創辦大陸大學，自任校長；十月，國民黨中央以陳勾結軍閥餘孽、顛覆黨國，交國府明令緝拿。

民國十九年四月，攜「共同宣言」至太原，晉謁閻錫山。擁閻錫山主政，汪兆銘主黨，馮玉祥、李宗仁主軍事，與中央對峙。七月，在北平「黨務人員談話會」席上，公開主張以閻錫山為國民政府主席；八月，北平「擴大會議」推汪、陳等起草「國民政府組織大綱」；九月，「擴大會議」任陳為「約法起草委員會」委員兼組織部委員；十一月，「擴大會議」瓦解。民國二十年十一月，獲准恢復黨籍。

民國二十年十二月，任實業部長。民國二十三年，赴南洋考察華僑經濟。民國二十四年十一月，當選為第五屆中央執行委員；十二月，於汪兆銘在中央黨部被刺受傷後，辭去實業部長職務，由吳鼎昌繼任。民國二十六年，任中央黨部民眾訓練部部長；十二月，以專使名義奉派赴歐，訪意外長齊亞諾，爭取意大利保持中立，後轉倫敦；同月，與我駐法大使顧維鈞、駐英大使郭泰祺、駐德大使程天放、駐比大使錢泰及李煜瀛、蔣方震、張彭春等會於巴黎。民國二十七年一月，由歐經港返國；十月，任中國國民黨四川省黨部主任委員；十二月，汪兆銘潛赴河內，發出「艷電」，通敵求和。翌年一月，陳藉演講為詞，由滇入越，惟反對汪另組政府，同月經港赴歐；二月返港，靜觀其變；八月，汪由滬飛穗，陳由港往見，勸汪氏以發表國是主張為止，勿另組政府貽人口實。

民國二十九年三月，汪組偽府於南京，陳出任偽「立法院長」、「軍事委員會副委員長」、「政治訓練部部長」兼「上海警備司令」，同月，國府明令通緝；十月，上海市長傅筱庵被殺，由陳兼上海市長；並歷任南京偽「國民黨中央執行委員會」常務委員會、「國民黨中央政治委員會」當然委員。民國三十一年，率代表團訪日。民國三十三年十一月十日，汪兆銘在日本名古屋逝世；十二月廿七日，由陳出任偽「行政院長」兼代「國民政府主席」，以迄日本投降為止。民國三十四年八月十五日，下令解散偽政權；二十五日偕林柏生、陳君慧等飛往日本京都；十月三日，由日押解回京，初押於寧海軍統看守所。翌年三月，轉解蘇州高等法院看守所；四月，付司法審判，蘇州高等法院以陳「通謀敵國，圖謀反抗本國」有據，處以極刑；六月，轉解江蘇第三監獄；同月三日晨在監獄執行槍決，年五十五歲。著有：《寒風集》、《四年從政錄》、《我與共產黨》、《八年來的回憶》、《陳公博先生文集》等。（闕國煊稿。參考：《民國大事日誌》第一冊及陳公博遺著①。）

參、甘願為汪精衛死的陳公博其行事風格梗概

陳公博父志美，曾任滿清廣西提督，一八九七年解職後回廣州。暖衣足食的家庭，又因晚生獨子關係，公博自幼很受父親鍾愛和放縱；而母親是續配，對公博管教甚嚴。當時，公博由聽講故事，已開始閱讀水滸、封神榜等小說。至九歲才正式上學讀書。至十五歲時便因事停頓。故公博一生學習我國固有典籍不過六年，可說淺嚐即止。公博父自廣西解職回廣

州，即仍舊與其早年加入三合會秘密結社聯絡，時孫先生倡導國民革命，運用秘密會黨作武裝起義的主力。公博父往返香港數次後，言行大變。一九〇三年，準備在廣州舉事，不料先期洩漏，計劃失敗，人幸保全。一九〇七年秋，公博隨父回乳源祖籍，企圖聯絡會黨在湘粵邊境起義。不幸又失敗。公博父為保全乳源居民被清軍燒殺，挺身自首只是個人行動與他人無涉。按清律原應為死罪，幸其父有知己在京朝任官為之關說，故判決「終身監禁」。公博父在事敗之初，即令老家人陪同公博回廣州再逃往香港。

公博到香港後得其父同黨傅佐高照料，介紹任一報社校對，勉維生活。翌年夏，公博回廣州，以父親監禁南海監獄，可便於探望，且母親一人居穗也需人照料；尤其報社長夜工作，絕無時間讀書，在家庭狀況大不如前，非常困窘情況下，考取育才書社，每月學費兩元，膳宿在家，又無制服等費用。公博因此在這一書社三年，依賴父執輩按時借款學習英文。一九一一年，完成學業。公博父也在是年辛亥大革命廣東獨立時恢復自由。旋當選為省議員。②

當時，傅佐高當選乳源縣議會議長，公博也被選為縣議員，傅旋以議長請公博自代，不久與公博父同被繫獄恢復自由湖南人黎尊，自任為民軍領袖，大招兵馬。邀請公博任參謀。時公博年方弱冠。事聞於其父，對公博大加申斥：「你有多大年紀？多大學問？要當議長、當參謀！你如果要做事，先去當大兵！民安定以後，得要讀書。」公博當遵父命，辭卸各職去當學生軍，入伍後半月升班長，再一月又升為司務長。至南北和議、清帝退位、民國統一。這學生軍不及出發就宣佈解散。

一、求思想又苦於多思想

民國元年九月，公博父逝世。公博感念庭訓，自知學識膚淺，即下決心，擺脫一切，與政治有關朋友也謝絕往來。擬入學一專門學校。為準備學費書籍費，乃回育才書社母校任教。約兩年半後辭職，考入廣東省立法政專門學校。同時兼任香港一報社通訊員，月薪三十元，一以養親，一作學雜費用。三年努力苦讀，得免繳學費數十元。但對法律實在沒有興趣，民國六年畢業後，北上考入國立北京大學哲學系。如公博自述：「我可以說未至北京之時，苦於求思想；既至北京之後，苦於多思想，就以唯心、唯物兩論而說，終日在腦內思維，終無是處。」「當時的確是一種苦悶，這一苦悶，直至後來研讀經濟學理才算解決。」這是當時北大在蔡元培先生主持下，「兼容並包」，各方名師都集中於此。蔡與陳獨秀、胡適、蔣夢麟、李石曾、章士釗各教授都曾給予公博思想上的影響。

公博在北大時，只和譚平山、譚植棠、區聲白等約十名廣東籍同學來往，對其他同學都是「寡交遊」。

五四運動時，公博只參加一次遊行，以及因哲學系班長身份出席幾次校內會議，此外並沒有多大興趣；「新潮社」也不參加。公博自述「因為當時我們已另有組織，對於『新潮』運動，認為不澈底，更感覺只是請願，尤其是懦弱可憐。」（見香港大學亞洲研究中心刊陳公博撰《苦笑錄》附錄〈少年時代的回憶〉。此段不見於公博民國二十六年在《良友》雜誌有較詳說明。

發表的〈我的生平一角〉及其手撰〈我與共產黨〉兩文中。）但公博所謂「另有組織」又沒

二、創辦群報組織共產黨

民國九年，公博完成北大學業後南返，譚平山、譚植棠也先後回粤，公博等三人在北大畢業時，就已商議回廣東創辦一報紙，目的在介紹新文化運動。公博等回粤時，桂系軍閥仍盤踞廣州，無惡不作，報紙幾乎完全是商業消息和廣告，很少學術文化新聞。故約集同學擬集資三千元，創刊「群報」，結果只收到股款半數。公博等也不顧一切，仍按原計劃創刊。公博撰發刊詞中有「恐怕不出三月便要關門」——果然，不幸言中。因是年八月中陳炯明回師廣東，驅逐桂系。十月下旬，占領惠州，繼續前進。桂系軍人恐報紙為粤軍宣傳，故命令各報一律停刊。但停刊不過數日，十月二十九日，陳炯明軍已進入廣州城，於是群報與各報又都恢復。

陳炯明入羊城後，就想創辦一報紙或參加一報社工作。陳的親信陳秋霖、陳雁聲一日突來訪公博，說明擬參加群報，陳炯明每月將津貼三百元。公博答復：歡迎參加，但每月三百元謝絕。並鄭重申明：群報絕不能作為任何人的機關報，只能介紹新文化運動。陳秋霖立即同意，因此決定，公博工作稍減輕。大半時間在法政專校任課，只於下午到報社撰評論，看大樣。

當時，共產國際代表吳廷康(Voitinsky)已來上海晤陳獨秀，共產主義小組及中國社會主義青年團早於是年春夏先後成立。十一月，「共產黨」月刊在上海創刊。陳獨秀以廣東是革命策源地，非常注意，於是兩名俄國人以經商為名到達廣州，首先與無政府主義者區聲白往來，由於公博與聲白原為北大同學，區就介紹公博與這兩名俄人來往，加以陳獨秀又有信致公博和譚平山、譚植棠。三人都贊成獨秀的主張，由他們三人成立廣州共產主義小組，並開始作社會主義青年團的組織，公開在廣州成立。

社會主義青年團成立，聲勢很浩大，參加份子有各學校教授、學生。這是由於公博任法政專校教授，平山任廣東高等師範教授，所以參加的非常踴躍。這些人都不是對社會主義有研究，而是好新和好奇。「共產小組」即利用「青年團」作外圍，吸收黨員，如林祖涵、楊匏安、阮嘯仙等就是由「青年團」慢慢吸收入黨。

「青年團」同時吸收工人，比較吸收知識份子較難。因當時廣東還沒有產業工人，只有注意機器工會和海員公會。

是年十二月，陳獨秀應陳炯明聘請南來，擔任廣東教育委員會委員長，並任命公博為宣講所所長，進行煽動及組織工作。而「群報」就成廣州共產小組的機關報。③

三、陳公博與共黨決裂

民國十年七月，中共在上海舉行第一次代表大會，獨秀指派公博為廣州共產小組代表赴滬參加。

公博自述：這次出席會議是他後來和共黨分裂的一個因素。他對這一會議極端不滿原因：㈠開議地點原議每日更換，以免警探注意。而事實上卻始終在李漢俊家集會。張國燾說這是故意與李漢俊為難。公博因此以為各小組代表首次見面就有傾軋，以後惡果，更可想見。㈡張國燾主持會議，趾高氣揚。一切卻唯共產國際代表馬林(Maring)和吳廷康的馬首是瞻，自己並沒有主見。（今按張國燾撰〈我的回憶〉所述不同。）㈢大會宣言對孫逸仙先生和北京政府的大總統相提並論，公博堅決反對，無效，急找周佛海和李漢俊商討補救方法，最後到末次會議才提出一折衷案：宣言是否發表，授權新任總書記（陳獨秀）決定。公博南返後向獨秀痛陳利害（但這是公博和共黨分裂後，參加汪偽組織時憶述，是否有自我表揚，應存疑）。

陳獨秀在廣東頗得陳炯明推崇，有人向炯明密告其宣播共產主義，炯明一笑置之，不以為意。但當地人反感日甚，改獨秀名為「陳毒獸」。是年（民國十年）八月，獨秀以四面楚歌，孤立無援，不得不辭卸廣東職務，往上海，專任中共總書記。

民國十一年五月，陳炯明反抗孫先生北伐，辭卸各職回惠州。陳獨秀忽於這時南來。公博自述：獨秀邀公博及炯明秘書陳秋霖、黃居素同往惠州。獨秀只單獨與炯明密談近一日後乃回廣州。途中獨秀告公博：「恐怕廣東不免有事」，後來獨秀在回滬前告公博：「廣東必有變故，我們應知有所適從：論道理應當聯孫，論力量是應當聯陳。」公博答復：「我們暫不說道理和力量，孫先生到底是一個中國人，陳炯明縱然有力量，也只是廣東一個人。何去何從？先生當知所擇。」是年六月十六日，陳炯明叛變，所部炮轟總統府孫先生住處。孫先生幸及時出險，登永豐艦，候北伐軍回師。

當時張太雷忽奉獨秀命攜其手函來告公博，香港、上海謠傳：陳公博有幫助炯明嫌疑。望即離粵赴上海。公博自述：聞太雷言大生氣。即手書千餘言長函交張帶交獨秀，主旨質詢陳獨秀是否記得聯孫聯陳的話以及公博答復。並且公博早有赴美研究經濟學的主意，獨秀在廣州任職時也表示贊成，今忽於將啟程時加以阻撓。且對謠言不為公博對外闢釋，更嚴責譚平山「賣友」。因此在這信中申明：今後獨立行動，絕不受黨的約束云云。翌日，公博約集廣州共黨份子報告這些經過，申明以後不再負責。譚植棠等聞言紛紛主張廣東共黨獨立，旋被共黨處分。④

公博自述如此，共黨記載公博是留黨察看。不論如何，雙方關係從此決裂。

四、赴美國留學研究經濟

是年（民國十一年）十一月上旬，公博離廣州到香港乘日本客輪東渡。經過上海時也不上岸。到日本逗留約三個月，至民國十二年二月十二日才由橫濱渡美。

公博在日小住時，在東京橫濱遇見許多朋友，不是廣東法專同學，就是北大同學。

民國十二年一月底，廖仲愷與蘇俄特使越飛(Joffe)來日本熱海温泉勝地，繼續談論「孫越聯合宣言」發表後的種種問題。仲愷自其兄弟廖鳳書（在中國駐日使館服務）處知公博在橫濱候船，特派人持手函約他來東京晤談。公博因乘參加一書畫展覽會之便到東京中國使館與廖相見。廖聞公博赴美留學，即加勸阻：他自己生長於美國，也不過如此；倒不如早日回廣東做點事，最好擔任省立法政專門學校校長。公博唯唯，旋告廖：曾與張繼及共產國際代表馬林晤談。仲愷因邀公博與越飛一見。當晚三人會晤。公博提出問題，越飛不是緘默無言，就是疑似之詞。公博不感滿意，即回橫濱，如期乘輪赴美。

是年二月二十八日，公博在紐約哥倫比亞大學研究院註冊，翌日交納學費等。按哥倫比亞大學校曆春季開學日，已遲到約一個月。是年公博讀完春季、夏季、秋季課程，幾乎全都是經濟學方面的。第一學年，他積聚得三十學分。民國十三年（一九二四），他完成碩士論文「中國共產黨運動」，一月三十一日，經指導教授Professor Vladimir Simkovitch批准。二月六日，以這論文二份呈送研究院。二月二十二日，獲得碩士學位。公博是在紐約一華僑中學兼課，以工讀完成學業。（今按這一論文中保存中共早期史實及文件甚多。）

當公博在紐約時，接譚植棠來信言：中共中央以公博不服從命令前往上海轉赴蘇俄留學，處以「留黨察看」。公博自述：不以為意，專心研究馬克斯、恩格斯理論及英美各派經濟學說，使他從原來信仰馬、恩理論中醒悟：㈠馬克斯所謂中等階級消滅理論，絕對錯誤。㈡馬的辯證法不確。㈢所謂剩餘價值是片面的觀察。也不贊成英人亞當斯密斯(Adam Smith)理論和英國自由主義。他從此決定孫逸仙先生的民生主義是解救中國和建設中國的。故他著重研究美國的「實用經濟」，以為中國造福利。

民國十四年（一九二五）二月，公博已修完博士必修課程，沒有繼續寫博士論文，因他自知沒有印刷博士論文的費用。他曾自我解嘲：自己是「四分之一博士」。廣東大學聘公博回粵任教，並匯寄他經歐洲東歸的旅費。⑤

五、擔任中央黨部工作

公博於民國十四年二月八日離紐約往倫敦，再經過柏林、巴黎都小停。抵羅馬時，知孫先生在北京逝世噩耗，因恐廣東又有變動，即取消原定赴東歐參觀計劃，在義大利那波里乘輪直航歸國。四月中旬，到達廣東，旋往廣東大學拜訪校長鄒魯後，就在家準備秋季開始的學年功課。

當時，蔣中正校長正率黃埔學生及其他部隊在東江，與陳炯明餘部作戰。廖仲愷也隨軍前進。廖回廣州後聞公博歸國即約面談。公博初表示，已任廣東大學教授，對政治無興趣，但廖堅決表示：「你批評國民黨還沒有組織嚴密是對的，但如果只會冷靜的批評，而不肯努力參加工作，這樣，國民黨永遠沒有辦法，中國國民革命也永遠不能實現。」「我們不要你教書，要你到中央黨部工作。我和你約：我們失敗一起的失敗，我們成功也一起的成功。望你立刻答應我。」公博當即同意。因此，廖再與公博談黃埔學生軍回師包圍盤踞廣州的滇桂劉震寰、楊希閔兩部計劃、宣傳方法、成立國民政府等。

劉、楊兩軍在廣州搜括，官兵都有錢，根本沒有打仗決心。故不幾日就被解決，從此廣東消除心腹之患。公博為大本營作了兩篇文告：㈠本著中央黨部決議案，宣言統一軍政、民政、財政。㈡力闢中國國民黨共產化的謠傳。

當時，公傳在中央黨部是任添設的書記長。原來制度中央執委會九常務委員互推三人組織秘書處，只有書記秉承這三常委兼秘書處理日常公事。不久即發現這一制度不妥，以常務委員都兼職甚多，每日能來黨部辦公的不過二三小時，書記又只能起草文件，無法提挈秘書處的事務。並且黨部內又有組織、宣傳等部，每日都有公務需要與秘書處洽商，常委既不常在，而書記又無權處理，故有書記長設置的必要的。公博初以本人並非中央執行委員，對於各部可能不易指揮和聯絡，辦事必多困難。但廖仲愷及汪精衛懇切地要公博擔任。⑥

六、公博曾身兼三職

孫先生早有組織國民政府計劃。今廣東既告統一，自應立即進行。公博奉命起草國民政府組織條例，經中央政治委員會通過。定期七月一日成立。汪精衛被推擔任國民政府主席及軍事委員會主席。代理大元帥胡漢民卻被預定任外交部長，公博撰《苦笑錄》於此記述甚詳，並指出後來廖仲愷被刺、西山會議的召集，種種惡因都種於此次國民政府改組。

民國十四年五月三十日，上海發生英國巡捕槍殺遊行民眾慘案。廣州各界為加入聲援，六月二十三日舉行遊行示威。沙面英兵開槍，遊行軍民都有死傷。因此，促成現代史上有名的省港大罷工。英、法軍艦雲集廣州，隨時可引發嚴重外交。陳炯明又死灰復燃，乘蔣校長回師平楊、劉時占領東江，南路也有反叛部迫近江門。廣州四面危機。但國民政府仍按期於七月一日成立。公博改任廣東省政府農工廳廳長，兼軍事委員會政治訓練部主任。

民國十四年八月二十日，廖仲愷被刺於中央黨部門首。兇手當被警衛射擊重傷。在昏迷中大聲叫朱卓文的綽號。經查證兇手使用的槍確是朱所有。但朱已逃亡。中央黨部組特別委員會查辦主使人，調查結果，胡漢民堂弟毅生是主要指使人，也已逃走。漢民因此難安居廣州，中政會派他赴莫斯科考察。暫離中國。公博於《苦笑錄》中指出這「顯然是黨內左右派之爭」。漢民從此始終不和汪精衛合作，即和這案有關。

民國十四年十一月十二日，國民黨一部份幹部在北京西山孫先生停靈處舉行會議。這對於國民黨後來許多變化都有影響。廣東大學校長鄒魯是召集這會的熱心人之一。自不便再回廣州。中央黨部集議另選人繼任，公博被派擔任。首先解決教授罷教風潮，學校照常上課。但學生的小組無法打破；左派學生聯絡省港罷工委員會，右派學生聯絡反共的工會，時常發生衝突。公博因身兼三職，且接受廣大校長職務原約只任三個月，以解決教授罷教風潮為度。加以外間謠傳公博出任這校長，是共黨陰謀奪取廣大的一種計劃。因此，公博堅辭是職，中央當予批准。

翌年（民國十五年）三月二十日，廣州又發生事變。公博於此事有幾篇記述，所述原因都不相同。但汪精衛因此離粵。五月，中央黨部會議決定國共關係案。

七、革命軍北伐隨同前進

同時，這一會議決定：蔣中正校長兼任軍事委員會主席，積極準備北伐，以實現孫先生多年未成的心願。時湖南省長唐生智因遭受吳佩孚攻擊，願率部歸附國民政府。北伐軍由粵北上至湘南可不必經過戰爭。六月二日，唐被委為國民革命軍第八軍軍長。四日，中央執行委員會臨時全體會議通過出師北伐。翌日，國民政府任命蔣中正校長為國民革命軍總司令。七月九日，蔣總司令誓師北伐，即率第四軍、第七軍北進。七月十日，革命軍攻克長沙。北伐進展更加迅速。七月三十日，成立湖南省政府，以唐生智為省政府主席。這是國民政府在北伐期間設立的第一個省政府。

國民革命軍總司令部成立時，原屬軍委會的政治訓練部改隸總司令部，稱政治部由鄧演達任主任。公博專任總司令部新組設的政務局長（廣東農工廳長也由他人接替）。七月二十二日，是政務局自廣州出發日期，先乘粵漢鐵路火軍至韶關。從此不是乘馬就是步行或乘木船。

公博隨軍前進途中，親見革命軍官兵真正實行「不拉夫」、「不住民房」的口號標語，沿途農家賣茶賣粥的，官兵也照價付錢。故很受民眾歡迎。

八月十二日，蔣總司令到達長沙舉行軍事會議，決定第一期軍事計劃開始。因以前衡陽之戰祇是將敵軍壓迫北退，還談不到北伐的軍事計劃。

當時，吳佩孚軍退集平江、汨羅一線。革命軍計劃以第四軍、第七軍、第八軍分三路進攻。八月二十日，攻擊開始。公博和前敵總指揮唐生智同行前進，很輕易地克復平江、汨羅。公博即乘粵漢車直駛岳陽。從此以北，鐵路被敵軍破壞。公博當令自廣州隨同前來罷工工會選出的鐵路工人，協助長岳路原有路工趕修。而革命軍未經惡戰即占領汀泗橋—這是自岳陽至武昌間的險要之一。公博目睹鐵橋並未破壞，完全單軌，二十餘丈長橋，並無扶橋。如敵人以機槍守橋北，革命軍很難前進。但事實卻未如此，使革命軍驚奇。⑦

公博到達咸寧縣城，即開始籌劃鄂境已克復的各縣縣長人選和財務整理等問題。旋蔣總司令乘車到達，即在火車上召集軍事會議，準備攻克賀勝橋以後計劃——賀勝橋是鐵道線上另一險要。吳佩孚曾親自督戰，對後退官兵均用機關槍掃射，或槍斃或用大刀砍殺。故橋南北滿佈屍骸，橋底也浮屍甚多。並有三旅長頭顱懸掛樹上。只以革命軍一鼓作氣猛烈攻擊，不過半日戰鬥，這一險要即被占領。車站上滿堆步槍及麵粉袋。

吳佩孚軍直退至武昌，利用城垣守禦。（比廣東惠州城高得多，必須幾個竹梯相連，才能爬城。）前線軍用電話線都未及撤收。革命軍曾搖動湖北督辦署電話，已迫近武昌城外。政治部即請附近農民協助架竹梯，準備攻城。但第一次攻擊時，爬城沒有成功。從此放棄這一方法，改採圍城封鎖。以孤立城內守軍。

公博當時對湖北省政府的組織決定不採粵、桂、湘三省制度，而將省政府分為兩個委員會：一、政務委員會，鄧演達為主任委員。二、財政委員會由公博主持，並兼任一政務委員，以溝通這兩個獨立組織的意見。因漢口、漢陽已經另路革命軍克復。

革命軍總司令部參謀長白崇禧到漢口，以湖北當外交要衝，即以蔣總司令名義在公博為湖北省交涉員兼江、漢關監督。後陳友仁到漢，一切交涉即由友仁與英方洽談。而武昌城內敵軍以糧食缺乏，無線電臺又被革命軍飛機炸毀，無法久守。十月十日早，革命軍克復武昌城。十一月中，江西肅清。總司令部即由長沙移往南昌。公博調任江西省政務委員會主任。這一委員會是新創的制度，等於省政府；比湖北另有一財政委員會分立制不同。

八、寧漢分裂黨內糾紛公開

十月中，國民政府與中央黨部決定取道江西遷往南昌，但因鮑羅廷、鄧演達、唐生智陰謀反蔣。而蔣總司令率部於民國一六年三月克復南京、上海。在南昌的一部份中央幹部卻前往武漢。汪精衛忽於這時返回上海，並與中共總書記陳獨秀發佈聯合宣言，與蔣總司令意見多相左。汪旋西上武漢。大部份中委會議主張將國民政府中央黨部遷武漢。孫科、宋子文等也如此主張。

四月十八日，由於中央監察委員提出彈劾共黨案。國民政府即在南京宣佈成立，並推請胡漢民返國擔任主席。江、浙、皖、閩、川和兩黨都開始清黨。武漢即公開反蔣。這就是所謂「寧漢分裂」。幸雙方都不相對用兵。南京北伐徐州，武漢也出兵攻河南。後來寧漢能夠復合，大約還靠這點生機。（民國十六年）是年九月十五日，寧、漢、滬三方面主要負責人在南京成立特別委員會。汪精衛以在特委會沒有確定的領導地位而出走。

公博最初是贊成國府遷設武漢，本人仍回南昌任職。後來就轉往武漢。汪精衛出走後，公博及粵方中委等遂有反對南京特別委員會的言行。（民國十六年）是年十一月十七日廣州發生驅逐李濟琛、黃紹竑事。十二月十日又發生共黨變亂，旋被張發奎軍平定。李、黃等又起而討張發奎。張失敗。公博被迫逃香港，後再北上滬濱。⑧

九、「革命評論」倡改組黨

公博到上海之初，並沒有創辦刊物意。只在孫伏園主編的《貢獻》雜誌發表〈國民黨所代表的是什麼？〉而第二篇續稿卻印行單行本，引起當時青年注意。公博因又發表「國民革命的危機和我們的錯誤」。明白地批評國民黨於黨的運用、群眾運動、政治訓練等方面的問題。

粵方中央委員因此建議公博創辦一刊物，經宋子文同意每月補助二千元。於民國十七年五月七日創刊《革命評論》周報。許德珩、施存統等與公博是主要撰稿人，都是站在國民黨左派立場。每期可銷三萬五千份。

《革命評論》創刊號，公博發表〈今後的國民黨〉。提出國民黨必須再次統一；而欲統一，黨必須首先重行改組。第十期中，公博再撰刊〈黨的改組原則〉。以為必如此，國民黨才能夠實行專政。

《革命評論》雖標榜〈相信總理全部遺教〉、〈三民主義是指導革命的最高原則〉。若干言論過於激烈。是年（民國十七年）九月三日被迫停刊。公博旋又與王樂平等籌辦大陸大學。是年（民國十七年）冬又組織「改組同志會」。但由於種種理由和內部組織鬆弛，以致失敗（公博撰《寒風集》中有較詳記載）。公博旋於翌年（民國十八年）一月二十四日離滬往法國。在國外約四個月，是年（民國十八年）五月八日由法國回國。十月上旬，汪精衛自法回至香港，大事活動。

民國十九年夏，國民黨左派及西山會議派支持張發奎及李宗仁、閻錫山、馮玉祥等組「護黨救國軍」，引起中原大戰。是年（民國十九年）七月，汪精衛、閻錫山與西山會議派在北平召開「國民黨擴大會議」。公開反對南京。這些為權利一時結合的軍人政客，如公博自述所形容是「東湊西湊」而成。閻錫山並在北平組織「國民政府」擔任「主席」。因張學良率軍入關（公博曾往與張晤談以斷定張將取消中立），擴大會議各方人物都被迫遷往山西太原繼續會議。而中原戰局已急轉直下，閻、馮等只得下野。在這以前公博曾隨汪往鄭州見馮玉祥商挽救之策。⑨

是年（民國十九年）六月初，公博曾在北平發表「解決黨是的兩條大路」，反映出當時左派及西山會議派各有自所承認的黨統。故兩方意見紛歧。汪精衛左派內部對這問題也分溫和與激進兩派：溫和派以汪為首，他認為與西山會議派合作是必要的。公博是激進派首要，立場非常強硬，不接受西山派在黨統方面的理論。後來，汪在擴大會議結束宣言中有「我們願做在野派」一語，公博也表不滿——公博以為汪派內部實在可再分為幾派：如汪的嫡系、改組派、公館派、左派等。

汪派人分別化裝離太原，繞道到天津。公博換穿長袍、戴瓜皮小帽、留鬚，在途中遇東北軍檢查，未被發現。十一月十五日，乘直航香港輪到港。

民國二十年一月一日，香港報載：汪精衛解散改組同志會宣言。公博當即發電贊成。時汪精衛早已到香港，未約公博見面，公博即不好前往。一月底，自香港乘輪赴歐洲。故廣州「非常會議」時，公博沒有參加。

公博於是年（民國二十年）九月，自歐起程回國。十月一日到香港，汪精衛早使人來通知公博不必往廣州。汪旋於十月五日自廣州到港，當即約公博長談：「廣州拒絕你和顧孟餘、甘乃光。我在廣州非常受氣；不獨許崇智當眾向我無禮謾罵，連小小的西山會議派×××也當眾和我為難」。汪妻陳璧君也說：「我們真氣死了！」

十、日本侵略國民黨努力統一

當時，「九一八事變」已發生，全國以國難來臨，國民黨尤須統一。寧、粵合作運動進行。汪精衛又親自赴滬當「和平會議」代表。公博在和平會議結束後才北上。十二月二十日，國民黨第四屆全體執監會議在南京舉行。汪精衛忽患病住醫院。公博與顧孟餘、陳璧君卻赴南京。蔣中正主席為促成全黨團結，下野返奉化故鄉。嗣因行政院長孫科難以應付日益嚴重的日本侵略，知難而退。行政院長一職虛懸。汪精衛因派顧孟餘與陳果夫聯絡，商討蔣、汪合作。民國二十一年一月十六日，蔣、汪在杭州會晤，協議由蔣氏主持軍事，汪出掌行政院。汪當即赴南京。是年（民國二十一年）一月二十八日，中央臨時政治會議通過汪任行政院院長。當晚，日本軍在淞滬發動侵略戰。國民政府為避免日艦威脅，遷移洛陽辦公。同年（民國二十一年）三月六日，中央政治會議通過蔣中正任軍事委員會委員長，坐鎮南京。

民國二十一年八月六日，汪精衛發表意見，指責張學良對日軍不抵抗。且向中央要索巨款。請辭行政院長職，並電勸張學良同時引退，以謝國人。汪於十月二十二日，自上海攜眷赴歐洲。但在外只兩月，因聞日軍又進攻山海關（民國二十二年一月三日占領）。汪立即回國。三月十七日返抵上海。三十日到南京復職行政院長。

自民國二十一年一月至民國二十四年十一月，汪在南京工作，不幸在中央黨部被刺，未死，傷愈後，汪即於民國二十五年二月悄然赴歐洲休養。但陳璧君及公博仍留南京。

公博於汪精衛任行政院長時，擔任實業部，曾撰有《四年後政錄》一冊。當時外患內憂日甚，加以世界經濟不景氣，白銀貶值，國內農村經濟凋蔽，工商業只是勉維現狀已經不易，談不到發展實業。惟統一全國度量衡制度及編纂《中國經濟年鑑》。汪被刺後，公博即辭職，仍留南京。

是年（民國二十五年）五月，胡漢民逝世。「西南政務委員會」、「西南執行部」都沒有可資號召的領導人。陳濟棠乘機與廣西李宗仁聯合，於是年（民國二十五年）六月一日電請抗日。七日，兩廣軍改稱「抗日救國軍」，向湖南進兵。南京發電勸阻無效。軍事、政治工作同時進行。陳濟棠內部陸、空軍多不贊成發動內戰，先後投向南京。七月十三日，南京明令陳濟棠免職。十八日，濟棠離廣州走香港。廣西李宗仁、白崇禧也經各方奔走勸導，接受中央和平解決方針。

兩廣問題才解決，華北日軍又有進一步要求，西北張學良、楊虎城也有異常言行。十月，蔣委員長趕往西安處理，旋移駐洛陽。十二月四日，蔣委員長再至西安。十二日，張、楊發動「西安事變」。⑩

汪精衛在德國聞西安事變消息，立即回國。十二月二十三日，公博與陳璧君離南京，由上海乘船往香港迎候。民國二十六年一月十二日，汪抵達香港。旋即乘船回上海，公博等隨行到南京。

十一、對日抗戰汪精衛主和

民國二十六年「七七事變」發生，日軍又於八月十三日進攻淞滬，十一月國民政府宣佈移設重慶，繼續領導抗戰。公博出任四川省黨部主任委員。曾奉政府命赴義大利及倫敦，向兩國當局說明中國抗戰決心後仍回國。南京擬任公博為駐義大使，公博謝卻。

民國二十七年十月，我軍撤出武漢。自是國內大都市均淪陷敵手。我軍按預訂戰略在西南、西北山地佈防，繼續長期抗戰。而汪精衛早在武漢時即託義大利使館轉信致日本首相近衛，試探和平。汪到重慶後仍照常與日本聯絡。

據公博於抗戰勝利後繫獄中撰自白書《八年來的回憶》憶述：汪精衛在民國二十一年「一二八」淞滬戰役時是主張抵抗的。民國二十二年長城古北口戰役時仍舊如此。但由這次戰役，我官兵以血肉之軀抵抗日軍鋼鐵強烈火力，實在相距太遠。以後汪便逐漸有主和傾向。自對日全面抗戰發生，日軍揚言三個月征服中國。事實上我軍在淞、滬即抵抗日軍陸、海、空軍夾攻三個月。日軍進入武漢時已距「八一三」全面戰爭開始時一年又二個月餘。而汪主和活動已在當時開始。但據陳公博自白：汪在民國二十七年十一月才告知他：對日和平已有端緒。公博大感驚奇。因以前毫無所聞。曾向汪提出反對理由：一、方今國家多難，國民黨不容再分裂。二、對外和戰，首在全國一致，他黨意見或不相同。國民黨內萬不可有兩種主張，否則易為他黨所乘。三、日本絕無誠意，對中國要求至何限度，無法確實知悉。公博固反對汪言和，更反對汪離開重慶。兩人辯論甚久，並無效果。十一月底，汪又電公博自成都來重慶，告知「中日和平」已經成熟。近衛已表示五項原則。其中如「承認滿洲國及內蒙、共同防共、華北經濟合作」三項。公博尤堅決反對。但汪肯定「中國國力已不能再戰，非設法和平不可。我在重慶主和，他人必誤會以為是政府的主張。我若離開重慶，則是我個人的主張。如交涉有好條件，然後政府才接受。」汪堅持主和主張。公博無可再辯。陳璧君且說：「我們一定走的，你不走時，一個人留在此地好了。」

公博自白：回成都後考慮：一、不隨汪走，他人可能以陳在內地為汪作內應工作。（今按此理由殊牽強，因左派人士如顧孟餘等仍留四川。）二、若隨汪走，數年來隱忍以求黨的統一苦衷都盡付流水。三、倘和平成功，按近衛原則，東北、內蒙是屬日本，華北經濟合作也等於共有。都於中國絕無好處。衹希望如離四川，能以個人努力阻止汪組織政府。

十二月十四日，汪派人到成都通知公博：務於十八日到昆明。公博嗣因天氣關係延至二十日才飛到昆明。公博旋趕往河內。數日後奉汪命攜帶一答復近衛的通電帶往香港。即所謂「艷電」（十二月二十九日）。

公博到香港發電後，恰值老母病重，遂在家侍候。後聞汪已到日本，曾電汪：「先生如此，何以面國人？」汪覆電陳：「弟為愛國愛人民而赴日，有何不可以面國人？而且在此國家敗亡之時，更不計及個人地位。」（今按汪完全是狡辯詭辯之詞）。

民國二十八年夏末，汪到廣州，約陳前往一談。不久，汪在上海召集幹部會議。公博未往參加。十二月，汪又電陳：中日基本條約草約已在討論，如陳不來討論，以後就是反對也來不及。公博以此為一關鍵，因北上至滬。到達時這所謂條約已討論一半。公博知汪已不必等他，故小住半月，仍於是年底回香港。

民國二十九年一月初，高宗武等到香港，揭露這中日基本條約內容。汪精衛仍往青島舉行會談。三月初陳璧君來港邀公博北上。公博臨行時曾和錢新之、杜月笙兩人晤面告以將赴上海。三月十四日，公博到達上海，聞「還都」一切都已準備妥。汪竟假冒國民政府名義，且宣稱「自重慶還都南京」。

民國二十九年五月，公博代表這一偽組織赴日本「答禮」（因日本特使阿部信行來南京）。旋出任這一偽組織「立法院院長」。民國三十年，公博兼任「上海市市長」。民國三十三年十一月十日，汪病逝日本，公博代理這一偽組織「主席」。時歐洲戰局盟軍已恢復巴黎。民國三十四年五月，德國投降。日本掙扎三月餘，海軍主力已失，陸軍陷於中國大陸，加以美軍投擲原子彈，是年（民國三十四年）八月十四日，日本向中、美、英、蘇四國無條件投降。十六日，南京偽組織宣佈解散。二十五日，公博乘飛機赴日本。公博自白：此舉是「重慶方面便於處理。」（公博自言當時南京上海謠傳「公博擁兵自衛反抗重慶」。）何應欽總司令到南京受降後，向日本通知遣送陳回國。（民國三十四年）是年九月三十日，公博到日本半子（地名），因氣候關係，十月三日才起飛返南京。即被收押。翌年（民國三十五年）三月，與陳璧君、褚民誼轉押於蘇州高等法院看守所。四月五日，高院審訊陳公博，以十大罪狀起訴。公博應訊時，自知必死，不請律師辯護，祇由本人對十大罪狀逐款答覆。最後公博言：「我於自白書中曾幾次說：我對汪先生的心事是了了」。並言不再上訴。審判長宣告審判終結。

民國三十五年四月十二日，蘇州高等法院宣判：「陳公博通謀敵國，圖謀反抗本國，處死刑」。五月十二日最高法院核准原判決。六月一日，經司法行政部核准。六月三日，即在蘇州高院刑場執行死刑。[11]

肆、從函電史料觀汪精衛與陳公博關係梗概

一、關於運用若干參政員提出請求對日宣戰案與汪、陳關係

蔣總裁於民國二十七年十一月二日下午六時半自南嶽致電重慶汪主席表示「可否於本屆參政會中運用若干參政員提出一請求對敵宣戰之建議案，但不作硬性決議而送政府參考並作為密案不公布，是否可行」[12]，汪於十一月四日回覆蔣總裁表示：「……宣戰利少害多，就參政會言，份子如此複雜，即使對宣戰案，不作硬性決定不公布，會外傳說無從禁止，倘政

府不宣戰，必藉此攻擊，謂政府無抗戰決心，是不啻自作束縛，以上兩點敬祈考慮示覆為幸」⑬由此可見蔣先生是主張對日宣戰，而汪則反對對日宣戰外，更不贊成利用參政員提對日宣戰案。又此一對日宣戰之提案，汪精衛表示，是事先與葉楚傖、陳公博、陳立夫等黨國指導同志，先熟商過，陳公博是此一參贊機要的要角之一於此可見。

二、關於保障人民權利和言論出版自由問題與汪、陳關係

參政員沈鈞儒、張瀾、鄒韜奮提出保障人民權利和言論出版自由，國民政府在國民參政會大會閉幕後公佈圖書雜誌審查標準，把「鼓吹偏激思想」，也列入「反動言論」，而且規定出版刊物一律要審查原稿。參政會上強烈反對這種規定，鄒韜奮領銜七十三人聯署提案，要求徹銷審查原稿辦法，雖經大會通過，卻被蔣中正先生指責為「不重要的提案」，討論許久是「消耗抗戰時期的寶貴光陰」⑭，大會決議遂完全無效。蔣先生對於戰時圖書雜誌原稿審查辦法，非常重視且堅持己見，特別於民國二十七年十一月三十日電函重慶中央黨部及最高國防會議秘書處「表示此撤銷審查原稿案決不能通過，否則無異自促敗亡也」⑮，後來竟獲多數通過，汪精衛對此特別表示「至為疚歉，深自引咎」⑯，汪亦致電蔣先生呈報並說明為何多數通過之原因，內容如下：

參政會昨日休會議決案共八十餘件，容彙寄呈中有鄒韜奮等提圖書雜誌檢查案，將原稿檢查改爲出版後檢查，與現行辦法不符，卒以多數通過，至爲疚歉，在開會前曾召集黨

團中明約束，非得指導委員允許勿提案、勿簽名於他人之提案，開會期內復隨時召集黨團，由楚傖、立夫、公博三兄指導，乃鄒韜奮等此案，連署者七十三人，同志居三分之一，及審查會議決維持現行辦法後，復經通告同志，而表決時仍不遵約束，此在黨的紀律上爲最大缺憾，楚傖、立夫、公博三兄憤而辭職，弟召集同志痛加責備，並深自引咎，同志已悔悟，聲稱以後改過矣。謹以報。⑰

三、民國二十九年二月四日陳耀祖致電函陳公博，該函電內容如下：

群兄鑒：迭電計達，明覆廣州分校政訓事務，關係重要，胡澤吾同志不能赴粵，擬請林汝珩同志擔任，林現在省，辦事努力，當能不負委託也，特達之查照爲何。昭。⑱

按林汝珩曾任汪僞政府廣東省教育廳長，陳耀祖向陳公博報告由林汝珩擔任協辦中央軍校廣州分校政訓事宜，再由陳公博向汪精衛報告，獲汪同意。

四、民國二十九年二月五日十二時二十二分發自香港，六日下午三時三十分譯及二月六日汪精衛自上海將從公博獲得的情報消息致電函給陳耀祖和陳璧君二人，要渠二人，注意安全，免遭特工暗算，該函電內容如下：

電悉頃得群（指陳公博）電云：密昭（指陳耀祖）蘭（指陳璧君）尊鑒：昨杜月笙對某君言，蘭姊將歸，此行諒敦群（指陳公博）北上，是蘭姊南歸消息已洩，請即改行期，弟臆測內部尚有人通消息者並請注意群「鄰字夜號」等語，妹如赴港必有危險，請即改行期或約群至廣州一同來此，在港諸人，妹欲晤之者，可招之至廣州，不必妹赴港始能集事也。群小洶洶，港又無武衛，何苦以此身餧之，萬望納此忠言，幸甚。明。⑲

五、汪於民國二十九年二月二十日十七時自上海致電函陳璧君談及陳公博事，內容如下：

㈠廣東做好，香港人心始轉，香港做好，南洋人心始轉，此爲一定之順序，且港令嚴帶信則拜通訊之作用亦失矣。如要做事可駐廣州，如不駐廣州，可在上海另覓辦事處，決無人阻礙，更無人蔑視也。㈡群兄肯任行政院長甚慰，惟須即來，因行政院各部人選須本月內決定，三月初開中政會議，三月中即成立行政院，如群兄於中政會議後始來則萬萬來不及矣。㈢中政會議妹決定不出席，如群兄亦不出席，乞電知，因十人缺二，不是小事，如不補人則表決將生問題。明。⑳

從函電可知汪要求陳璧君做好廣東工作，以作為香港、南洋人心歸向之指標。其陳公博應允任汪偽政權之行政院院長，汪要渠在二月底以前儘速到上海共商各部人事問題，最後一件要事，則是汪要陳璧君及陳公博儘量出席三月初召開的中政會議。蓋當時汪任中政會主席。如二人不來，表決將發生問題，此事非同小可。

六、汪於民國二十九年二月二十二日十八時自上海致電函陳璧君及陳公博，內容如下：

菊（陳璧君），群（陳公博）同鑒：晤陳夫人，悉一切中政會議三月初在南京開，約數日可議決，中央政府隨即成立，不復遲延，盼兄等本月底來，三月初同赴南京。明。[21]

由函電可知，汪偽中央政府在民國二十九年三月三十日總算正式成立，並在南京舉行了所謂「還都」典禮。在三月三十日之前，汪則積極與陳璧君、陳公博聯繫，展開權力的分配與組合，互相約好行動一致。

七、汪於民國二十九年二月二十三日十六時，自上海致電函陳公博，內容如下：

群（陳公博）兄電悉：兄能任行政院長最好，惟外交部長無人必須兼任，此著非兄所願，否則任立法院長兼政治訓練部長，何如？明。二、菊鑒群（公博）前說過，勿強之做外交部長，故上電云云。明。[22]

由上述函電可知，汪精衛在汪僞政權正式成立之前，對於內閣人選的安排，首先有意安排陳公博任行政院長兼外交部長，或讓陳公博任立法院長兼政治訓練部長，惟陳公博對外交部長並不感興趣。乃當上了立法院院長，事實上最初立法院長的人選是梁鴻志、陳公博此時仍住在香港，據說陳公博此時的態度是在動搖中，汪精衛除了函電敦促外，並派林柏生為代表，一再勸駕，後來陳公博經不起汪精衛的敦促，便於民國二十九年三月十一日去上海，參加了三月二十日在南京召開的僞中央政治會議，因此汪僞政府乃取消了梁鴻志的立法院長，而代之以陳公博，以後陳公博就成了汪精衛的繼承人。

八、關於汪僞廣東省政府成立，省主席由何人擔任較合適，日軍方面佐籐等堅持由汪精衛兼任，但汪在民國二十九年四月十六日致其妻陳璧君的函電中表示不宜，汪說：

關於我兼省主席，諸同志皆有難色，蓋恐此例一開，將來要求以中央大員遙領省主席者，必紛紛而來，政局必爲之混亂也。請設法約佐籐或延原一談，請其諒解，惟佐籐等如堅持，則諸同志爲廣東政局計，亦不反對我兼，盼速覆。季。㉓

由此可知汪為顧及同志的反對且不願開惡例，希望與日方談談，如果日方堅持，也只好順從日方意見。民國二十九年四月十九日汪再致電其妻陳璧君談到：

菊鑒：頃與影佐詳談我（指汪）兼省主席，實太滑稽，不如公博兼任，仍以耀祖代理較好，影佐已電佐籐，盼接洽。季。㉔

汪認為應由陳公博兼任廣東省主席，而由陳耀祖代理廣東省主席較為妥適。同年四月二十四日汪從南京再致電函陳璧君謚稱：

昨得粵對方電後，已發表公博兼省主席，今晨兩電均悉。公博以立（法）院長兼省主席係表示尊重省主席，同時表示，如實力派來，隨時可讓出也。耀祖實援因省黨部與對方及對彭（東原）等之惡感，勉強行之，必生不良結果，凸顯代理在中央院部可，在省政府則不可，以省主席爲領袖官故也。我（指汪精衛）兼太滑稽，且同於蔣之兼川省主席，請婉告各同志，並告以，如以後不能改善態度，則即此局亦恐不可久矣。明。㉕

由此函電可知汪藉此舉例影射當年蔣中正先生兼四川省主席是不妥當的。當此命令公佈後，陳璧君再致電汪詢及如此作法是否妥適，該函電內容為：

明鑒：閱報忽想及群兄（指陳公博）爲立法院院長，如何可做行政官，如遇非難，應如何答覆，請即示知……。菊。㉖

汪精衛則在該函電上批示：「立法院長係行政官與立法院委員不同，孫科兼經濟委員會常務委員，公博兼軍事委員會政治訓練部長已有前例，況有人代理，不過掛名，更無問題……。㉗汪認為孫科與陳公博皆有前例在先，因此由陳公博兼廣東省主席並由陳耀祖代理省主席並無問題。

九、民國二十九年五月四日汪精衛自南京致電函陳璧君，該函電內容為：

菊鑒：墊支之款，已與群、典兩兄熟商，此款係政府成立以前所用，無理由令政府撥還，如必須撥還，非動用團練基金不可，然與其動用團練基金，不如即在港存款百萬元內動支，如將來軍隊來歸時，港存款不敷用則可電請軍事委員會由政府撥款。如此既不致使團練基金有所搖動，而政府成立以後，軍隊來歸由政府撥款，亦名正言順也。團練基金保管委員爲典、群、菊三人，今加以我之同意，即可作爲決議，而港存款之動支，亦爲我等之共同議決，非菊一人負責矣！明。㉘

由上述函電顯示，典指周佛海、群指陳公博，更可知汪僞集團設有一團練基金，存於香港，至少有壹佰萬元，係由汪、周、陳公博、陳璧君四人共同保管把持，其他人不得過問，作為訓練軍隊與招募軍隊之用。

十、民國二十九年五月五日汪精衛自南京致電函陳璧君，該電內容為：

各電均悉。㈠轉廣東省政府鑒省政府已經成立，以前所設政務委員會等機關，應即撤銷行政院院長汪兆銘。㈡曹榮通電全文，請以明電見示。㈢李主任謳一鑒李輔群委爲陸軍第四路司令。兆銘。㈣公博、民誼赴東京報聘。菊見華後，能來南京至慰，有急事，須面商。明。㉙

由上述函電可以確認僞廣東省政府已在民國二十九年五月左右成立，其次是汪向李謳一推薦李輔群為陸軍第四路司令。此時正值陳公博、褚民誼赴日本東京報聘，表示親日的行為。

十一、觀民國二十九年六月七日九時十分發，六月八日下午二時三十分譯，一封由陳璧君（菊），署名致汪精衛、陳公博（群）和周佛海（典）的函電，內容如下：

密明群、典鑒：據報彭東原等或有重組全民黨事，如屬實，此間無法打消，但當仍遣珩勸止之，中央有辦法否？因前歐大慶告我謂：彭東原怨彼不早組黨，故在中政會議，無出席資格，今何佩瑢已作總裁，則彭東原當然亦想，雖其勢不足畏，惟法律資格將來頗窒礙。菊。㉚

由此函電可知汪僞政權的核心人物汪精衛、陳璧君、陳公博、周佛海顯然與彭東原不和，處於敵對關係，彭東原有意重組全民黨，另立山頭。汪派人士派遣林汝珩勸止，林汝珩曾任僞廣東省教育廳廳長。彭一方面想藉政黨勢力擠進僞中政會，汪派人士則全力打壓。

伍、結論

從上述可知，陳公博一生變化多，少年青年時即如此。民國九年自北京大學畢業後回粵，先創辦報紙，旋因陳獨秀及俄共影響，與譚平山、譚植棠三人組設廣州共產主義小組，又兼廣東宣講所所長，協助陳獨秀在粵推行共產宣傳組織工作。民國十年七月，參加中共第一次代表會。民國十一年六月以陳炯明叛變事，與獨秀及中共決裂。民國十二年前往美國留學。民國十四年夏回廣州，在中國國民黨中央黨部工作。

民國十五年七月，蔣總司令率師北伐，公博以總部政務局長隨軍前進。民國十六年四月，汪精衛返國，寧漢分裂，公博赴漢隨汪進退。十七年，公博倡國民黨改組論，且組「改組同志會」。後北平擴大會議時，也參加，公開反對南京。

民國二十一年春，蔣、汪合作。汪、陳等至南京工作。民國二十六年八月，對日全面抗戰開始。汪在武漢即秘密主和，與日本聯絡。二十七年冬，汪離重慶飛昆明轉河內。公博自述：最初反對汪「主和」「離渝」主張，但並未堅持到底。仍隨汪赴河內轉香港為汪發表主和通電。二十九年，汪在南京設立僞組織，公博也參加。

八年抗戰勝利結束。公博繫獄草自白書，再三言對汪心事已了。終伏法死。

綜觀陳公博一生政治路線常多突變。自言隨汪二十年，甘願為汪死。殊不知這是效忠個人，忘卻民族大義。

註釋

① 劉紹唐主編：《民國人物小傳》、《傳記文學》第三十三卷、第五期，（民國六十七年五月出版），頁一四三—一四四。

② 吳相湘：〈陳公博甘願為汪精衛死〉，《傳記文學》第四十一卷第六期，（民國七十五年六月出版），頁一八—一九。

③④⑤⑥⑦⑧⑨⑩⑪ 同前②，頁一九—二五。

⑫ 〈蔣總裁致汪精衛函電〉（民國二十七年十一月二日），《汪偽資料檔案》，法務部調查局資料室藏，毛筆原件影本。

⑬ 〈汪精衛致蔣總裁函電〉（民國二十七年十一月四日），《汪偽資料檔案》，法務部調查局資料室藏，毛筆原件影本。

⑭ 陳木杉：《從函電史料觀抗戰時期的蔣汪關係》，（臺北市：臺灣學生書局，民國八十四年二月出版），頁七七。

⑮ 〈蔣總裁致重慶中央黨部函電〉（民國二十七年十一月三十日）及〈蔣總裁致國防最高會議祕書處函電〉（民國二十七年十一月三十日），《汪偽資料檔案》，法務部調查局資料室藏，毛筆原件影本。

⑯ 〈汪精衛致蔣總裁函電〉（民國二十七年十一月），《汪偽資料檔案》，法務部調查局資料室藏，

毛筆原件影本。

⑰ 同前⑯。

⑱〈陳耀祖致陳公博函電〉（民國二十九年二月四日），《汪偽資料檔案》，法務部調查局資料室藏，毛筆原件影本。

⑲〈汪精衛致陳璧君、陳耀祖函電〉（民國二十九年二月五、六日），《汪偽資料檔案》，法務部調查局資料室藏，鋼筆原件影本。

⑳〈汪精衛致陳璧君函電〉（民國二十九年二月二十日十七時發），《汪偽資料檔案》，法務部調查局資料室藏，鋼筆原件影本。

㉑〈汪精衛致陳璧君、陳公博函電〉（民國二十九年二月二十二日十八時分），《汪偽資料檔案》，法務部調查局資料室藏，毛筆原件影本。

㉒〈汪精衛致陳公博函電〉（民國二十九年二月二十三日十六時發），法務部調查局資料室藏，毛筆原件影本。

㉓〈汪精衛致陳璧君函電〉（民國二十九年四月十六日），《汪偽資料檔案》，法務部調查局資料室藏，鋼筆原件影本。

㉔〈汪精衛致陳璧君函電〉（民國二十九年四月十九日），《汪偽資料檔案》，法務部調查局資料室藏，鋼筆原件影本。

㉕〈汪精衛致陳璧君函電〉（民國二十九年四月二十四日），《汪偽資料檔案》，法務部調查局資料室藏，毛筆原件影本。

㉖
㉗〈陳璧君致汪精衛函電〉（民國二十九年四月二十六、二十七、二十九日），《汪僞資料檔案》，法務部調查局資料室藏，毛筆原件影本。

㉘〈汪精衛致陳璧君函電〉（民國二十九年五月四日），《汪僞資料檔案》，法務部調查局資料室藏，鋼筆原件影本。

㉙〈汪精衛致陳璧君函電〉（民國二十九年五月五日），《汪僞資料檔案》，法務部調查局資料室藏，鋼筆原件影本。

㉚〈陳璧君致汪精衛、陳公博、周佛海函電〉（民國二十九年六月七日上午九時十分發自廣州），《汪僞資料檔案》，法務部調查局資料室藏，鋼筆原件影本。

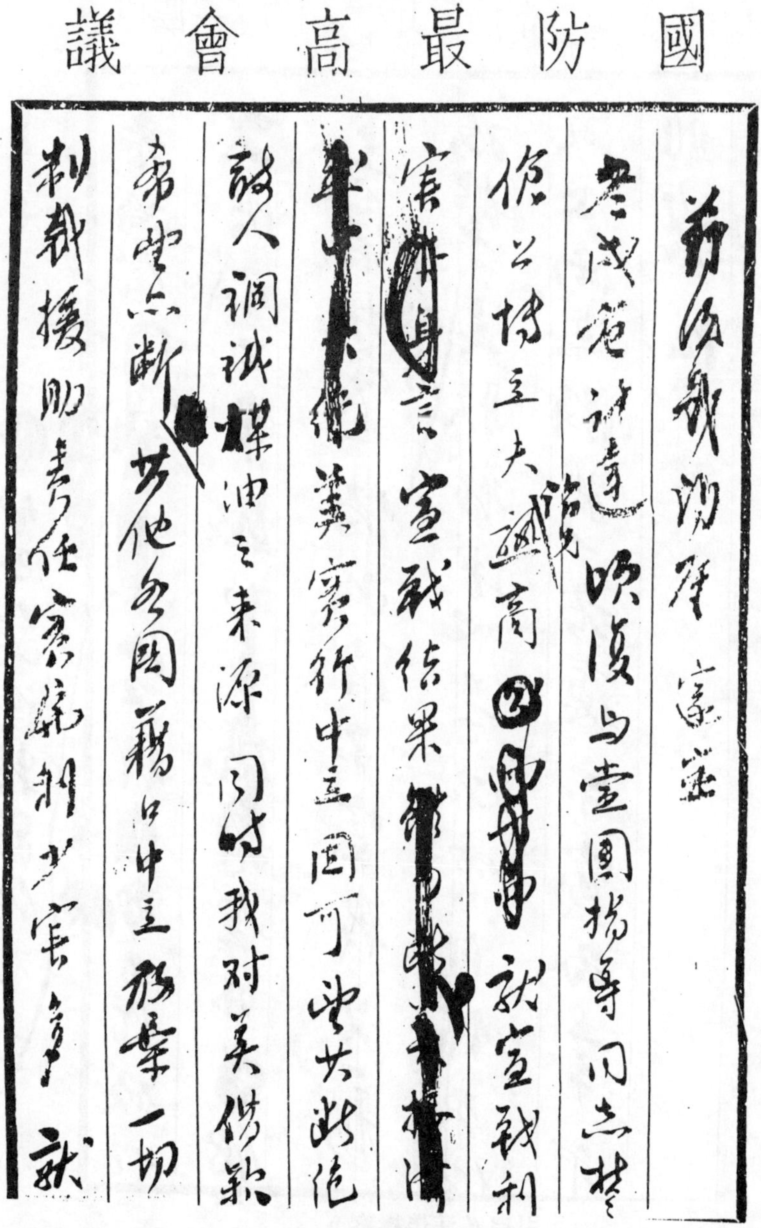
國防最高會議

前後我函俱悉
[illegible]成老謀遠 喚復與壹國指導同志楚
從公博立夫諸兄談商[illegible] 就宣戰利
害弁身言宣戰結果[illegible]
[illegible]蘇實行中立固可與共斷絕
敵人調識[illegible]油之來源同時我對英俄款
帝豈不斷[illegible]也他各國藉口中立取消一切
制裁援助責任實屬相等宜[illegible] 就

引自《汪偽檔案》

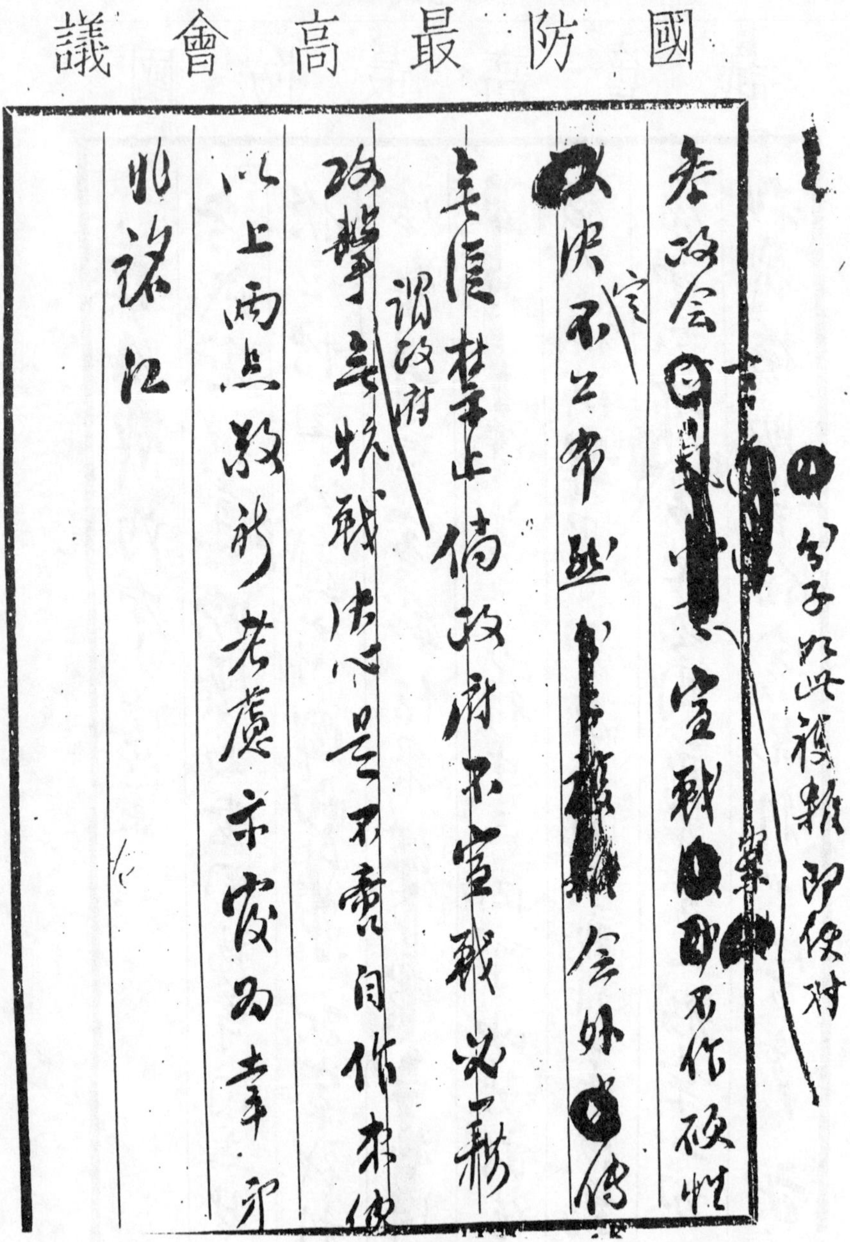
國防最高會議

本政會[redacted]宣戰[redacted]即不作犧牲 [illegible]分子如此犧牲即使樹
決不亡常邀[redacted]會外[redacted]傳
主張禁止偽政府不宣戰必犧
攻擊謂政府主張戰決心是不負責自作於使
以上兩點較易考慮示覆為幸
兆銘 江

引自《汪偽檔案》

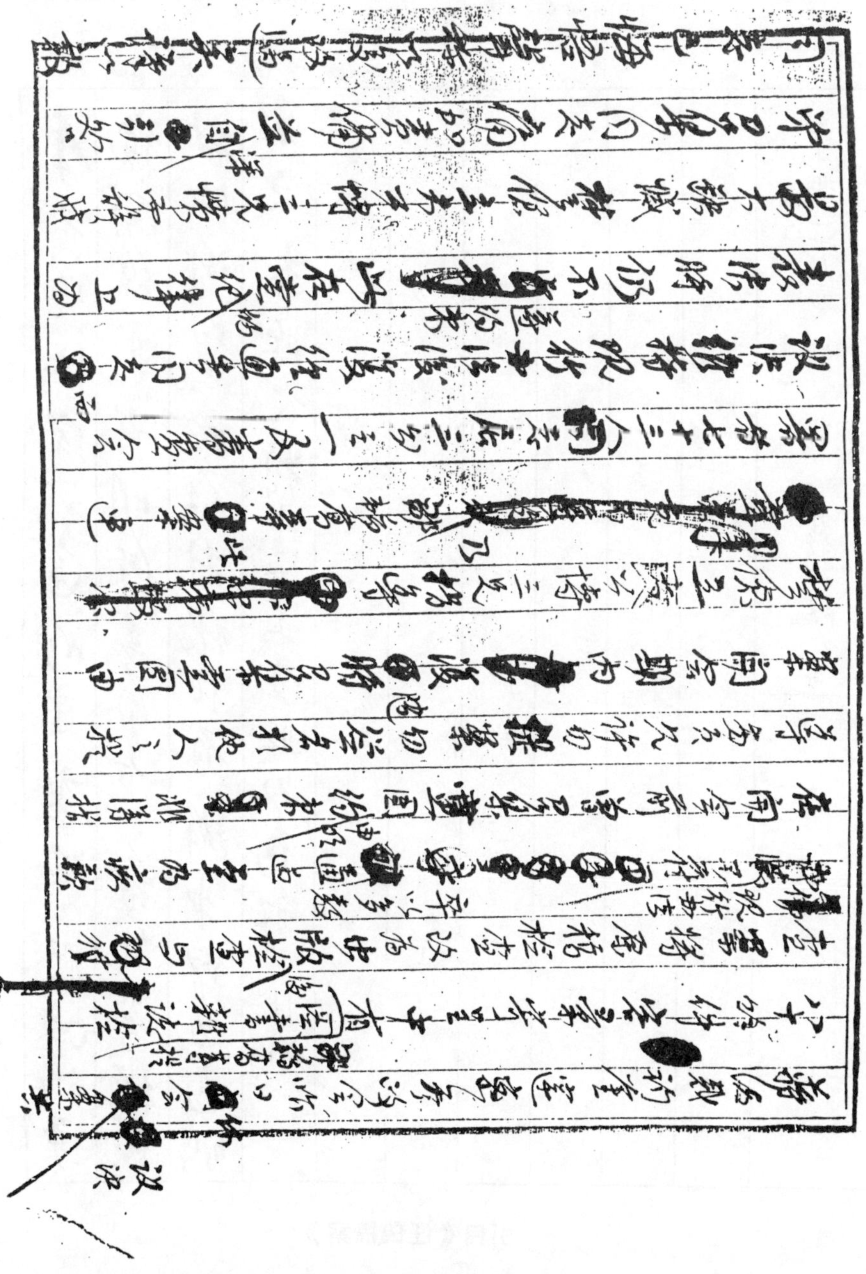

第　　頁

屬以從速定計達明霞廣州分校政訓事
務關係重要期峰早日赴粵接談
林汝珩因患擬任林現在省辦理甚為努力當能
不負委託也特達之盤照所請 兆銘

廿九年二月四日　時　分發於

備註

引自《汪偽檔案》

密明犀曲鑒據報彭東原等或有重組全民黨事如屬實此間無法打消但當仍遣珩勸止之中央有辯法否因前歐大慶告我謂彭東原怨彼不早組黨故在中政會議無出席資格今何佩瑢已作總裁則彭東原當然亦想雖其勢不足負畏惟法律資格將來頗

董礎萌

廣州來電　廿九年七月七日八日　上午九時十分　下午二時卅分

發譯

備註

引自《汪偽檔案》

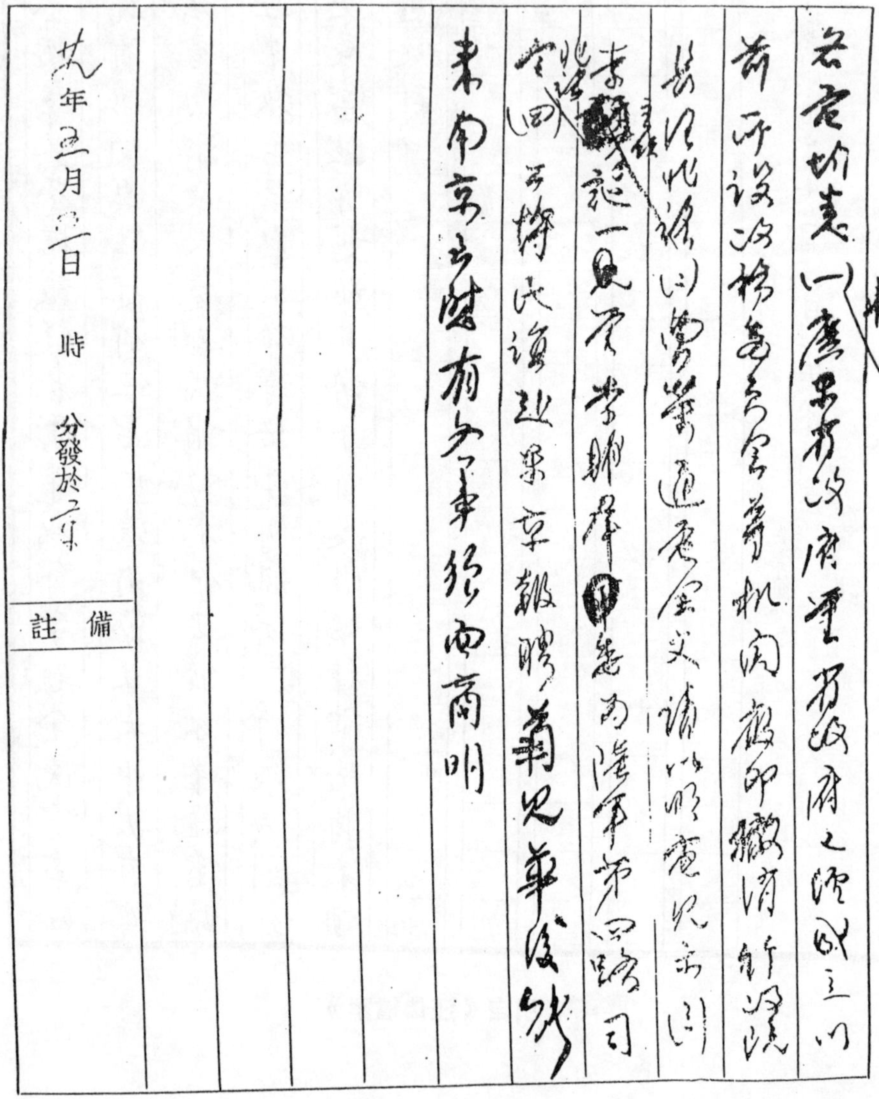
君意切悉（一）應由新政府[illegible]成立以
前所設之政務委員會等機關[illegible]
[illegible]
[illegible]
[illegible]
[illegible]
東南[illegible]

廿九年五月廿一日　時　分發於[illegible]

備註

引自《汪偽檔案》

菊農墊支之款已與羣與兩兄商定此款則係
政府成立以前所用無須由會由政府撥還如係
撥還外動用團體基金可照此動用團體基金如
即在港存款項下劃支之由國支如將來軍隊來歸將港
存款之數用則可電請軍事委員會由政府撥款
如此則改依團體基金有所挪動而政府成立以後軍隊來
歸由政府撥款亦屬正當將此團體基金保留為
與羣菊三人加以我之同意即可作為決議港存款
之動支亦為我等共同議決非菊一人負責矣
明

廿九年五月四日　時　分發於香

備註

引自《汪偽檔案》

明鑒閱報忽想及羣兄為立法院院長如何卸作行可？
政官如遇非難應如何答覆請即示知(二)省府組織
條例內保安副司令能否出席或列席省府會議若
不能可否加鄭洸薰為省委或列席省委否則恐發
生障礙(三)此間軍校第二旅宣訓班報館等食米交
涉結果即代辦每担廿元市上價卅五元菊

立法院長係行政權與立法院委員不同好辦些
法委會常務委員似特兼軍事委員會政治
訓練部長已有前例說有人代理不過掛名政委而
題(二)保安副司令有必要可列席明

廣州來電 廿九年四月廿六日下午四時五十分

發 譯 備註

引自《汪偽檔案》

昨得粵对方電後 160

已發表
公博兼
前主席
公展
第 頁

兩電均悉公博以院長兼前主席係表示尊重前
主席同時表示如實力派來歸時可讓出此
職但實權因有軍部與對方及對於等之
惡感[illegible]勉強行之尤其不良結果竟致代
理在中央政治部而在省政府則不可[illegible]
以前主席為領袖權威也我兼太[illegible]權
且開粵籍之兼則前主席請擬其名目
表並告以如以後政局要變更則即以為（可能）
此職兼可定奪明、

廿九年五月廿四日 時 分發於南京

備註

第　　頁

肅密頃與影佐詳談我兼行主席實太滑稽因此
不讓兼任似以擬請代理精衛為妥影佐已電[illegible]
[illegible]佐藤照接洽[illegible]季

廿九年四月十四日　時　分發於京

備註

引自《汪偽檔案》

羣兄密鑒　兄能任行政院長最好以外交部長其人必須兼

任此者則兄所願否則任立法院長兼政治訓練部長均

以[illegible]明二篇呈羣前說過勿強之做外交部長[illegible]故上

電云云[illegible]明　友湄

卅年二月廿二日十時　分發於[illegible]

備註

引自《汪偽檔案》

蕭羣同、童啓深夫人鑒：一切中政會議三月初在南京開，數日可議決，中央政府隨即成立，不復遲延。昭光等本月底來，三月初同赴南京。明（林譯）

廿九年二月廿六日十時　分發於滬

備註

引自《汪偽檔案》

（四）廣東做好香港人心始轉香港做好南洋人心將轉此為一定

之理且港令報禁帶信則評論通訊之作用亦失矣如要做

事可駐廣州如不駐廣州可在上海另覓辦事處決無阻礙

蔑視之嫌也（二）羣兄出任行政院長甚贊惟須即來因

行政院各部人選須本月內決定三月初旬中政會議三月中

即成立行政院如羣兄中政會議後始來則為之來不及矣

前羣兄行程猶豫矣（三）中政會議如羣兄如不能

出席聯事必到不出席如羣兄安不出席望電知

因十八人缺二不足十中事如不補人則表決將生問題明

（附識）

九年二月廿日十七時　分發於

備註

引自《汪偽檔案》

密。昭蘭尊鑒：昨杜月笙對某君言，蘭姊將歸，此行諒敦促北上，是蘭姊南歸消息已洩，請即改行期。弟臆測內部尚有人通消息者，并請注意。摩陳字夜號尋

諸妹此赴港為有危險，該即改行期，或約摩邀廣州一同來此。在港諸人妹於[illegible]之，若可招之去廣州，而為妹赴港將就集來也。摩小湖之港，又經武衛何善，以此月餘之事理納此忠言，幸甚。明

港來電 九年二月五日 時 分 發 譯

備註

引自《汪偽檔案》

第三篇　從函電史料觀汪精衛與曾仲鳴關係梗概

壹、前言

民國二十七年（一九三八）十二月十五日，中國國民黨副總裁、國民參政會議長汪精衛，秘密逃離重慶，經昆明，於十九日飛抵越南河內，並於十二月二十九日發表《艷電》，公然響應日本首相二十二日發表的招降聲明，陰謀建立反對國民政府的「新政權」，與日本實施「和平」。民國二十八年三月十九日，戴笠電令陳恭澍等人對汪予以嚴厲制裁，汪的親信祕書曾仲鳴卻成了替死鬼，於三月二十一日身亡，本文試從函電史料觀汪精衛與曾仲鳴關係梗概。

貳、曾仲鳴基本人資簡介（一八九六－一九三九）

曾仲鳴，福建閩縣人，清光緒二十二年二月二十八日（一八九六年四月十日，此據汪兆銘〈曾仲鳴先生行狀〉，上海密勒氏評論報《中國名人錄》、李立明《中國現代六百作家小傳》作生於一九〇一年，誤）生於閩縣，於兄弟姊妹中，年最少。幼孤，民國元年，年十七，與方君瑛、君璧（姊曾醒夫之女弟，黃花崗烈士方聲洞胞妹）等留學法國（李書華《碣廬集》以民二曾仲鳴、方君璧與汪兆銘夫婦乘輪至法），入蒙達爾智中學，每值學校休假，補習國學；中學畢業後，考入法國波鐸大學，獲理科學士，繼入里昂大學專攻法國文學，獲文學博士學位。民國十年冬，任里昂中法大學祕書長（校長吳敬恒，副校長褚民誼）。民國十四年初，偕妻方君璧返國（《碣廬集》作十二年秋仲鳴返國，不確），君璧少仲鳴二歲，畢業於法國國立高等專門學校，受業於名畫家殷伯門下，民國十三年以所繪畫兩幀送至巴黎美術展覽會，即獲選，為我國女畫家作品得列巴黎美展之第一人；返國後，任廣州廣東大學法文教授；七月一日，中華民國國民政府成立於廣州，採合議制，委員十六人，由汪兆銘（精衛）任常務委員兼主席，仲鳴被任為祕書。自此隨汪共進退，嘗任香港《南華日報》編輯。民國十九年七月，汪兆銘至北平參加「擴大會議」，仲鳴偕行；八月，隨汪兆銘、陳公博晤閻錫山於石家莊。

民國二十年十二月，當選為中國國民黨第四屆候補中央執行委員。民國二十一年一月二十八日，汪兆銘繼孫科為行政院院長，任為行政院祕書長，旋調為鐵道部次長（正顧孟餘）。民國二十四年十一月一日，行政院院長汪兆銘在南京中國國民黨中央黨部內，遭南京「晨光通訊社」記者孫鳳鳴刺傷，六日，汪於赴醫院施手術前，口授啟事及報告，由仲鳴筆錄，汪簽字，八日，汪在中央醫院施手術，取出面頰槍彈，二十日，傷癒出院；同月，仲鳴連任中國國民黨第五屆候補中央執行委員；十二月，汪兆銘辭去行政院院長職務，由軍事委員會委員長蔣中正兼任，同月行政院改組，由張嘉璈任鐵道部長，免去次長職務。民國二十五年二月十九日，汪兆銘赴歐療養，仲鳴隨行；十二月，西安事變起，聞變，隨汪兼程東歸。民國二十六年一月，隨汪返國，同月汪呈請國民政府特赦行刺本人各犯；二月，任中央政治委員會副秘書長；七月，抗戰軍興；八月，中央政治委員會設國防最高會議，任祕書主任，同月國防最高會議及黨政聯席會議議決以軍事委員會為抗戰最高統帥部，推蔣中正為陸海空軍大元帥；十二月，北平僞「中華民國臨時政府」成立，王克敏、王揖唐等主之。民國二十七年三月，南京僞「維新政府」成立，由梁鴻志任「行政院」院長；七月，汪兆銘任第一屆國民參政會議長；十月，汪兆銘電覆僑領陳嘉庚，謂「抵抗侵略」與「不拒和平」並非矛盾，和平條件如無害於中國之獨立生存，何必拒絕；十二月十八日，隨汪由重慶潛飛昆明，二十日，復隨汪潛赴河內，二十九日，汪在河內發布通敵求和之「艷電」，主張中止抗戰，對日求和。民國二十八年一月一日，中國國民黨中常會議決：汪兆銘危害黨國，永遠開除黨籍，並撤除其一切職務；二月，高宗武奉汪命至東京，與敵勾結；三月二十一日晨，在河內高朗街二十七號三樓前房為政府派員槍傷，目標原為汪，不意誤中副車，君璧以身救夫，身受三傷，仲鳴延至下午四時，終因傷重不治去世，終年四十四歲，成為「汪政權」犧性之第一人。

著有：《中國詩史》、《中國與和平》、《一滴水》、《三湖遊記》（曾仲鳴、孫伏園、孫福熙等著）、《法國文學叢談》、《法國的浪漫主義》；編有：《法國的歌謠》；譯有：《堪克賓》、《神聖的童年》、《法國短篇小說集》等書。（關志昌稿。參考：汪兆銘〈曾仲鳴先生行狀〉。）①

參、曾仲鳴被刺經過梗概

民國二十七年（一九三八）十二月三十一日，國民黨中央緊急召開臨時會議，作出了開除汪之黨籍及撤銷其一切職務的決定。民國二十八年（一九三九）初，戴笠親自偕陳恭澍、王魯翹等重要特工人員前往河內，嚴密監視汪的行為，並多方偵察汪派的活動。②

民國二十八年三月十九日，戴笠電令陳恭澍等人著即對汪予以嚴厲制裁。他們的行動計劃是：由陳恭澍督導指揮，以汪的住室為目標：進入汪宅後，由唐英杰帶王魯翹、余樂醒直奔汪室；由張逢義等三人擔任警戒、掩護：任務完成後，仍在原出發地集合，萬一被當地警察逮捕，切不可暴露身份。三月二十日晚十一時四十分，陳恭澍等七人於夜深人靜中悄悄出發。他們將車開到汪宅附近，騙走了在附近巡邏的越南警察，繞到河內高朗街二十七號後院，唐英杰、王魯翹、余樂醒等持槍翻牆跳入院內，打開樓門，相繼登樓。王魯翹到了三樓，站在早已偵察好了的臥室門口，用手推門，推不動，也扭不開把手，他斷定裏邊一定有人。便退後兩步，使勁用腳踹門，門仍踹不開。急中生智，他隨即與余樂醒用斧頭將門劈了一個一尺見方的大窟窿，朝內望去，見床底下趴著一個人，而且是個男的。王魯翹以為此人定是汪精衛無疑，毫不懷疑，舉槍便射。因為距離太近，子彈都射入床下人的腰背，只是由於房門上鎖，他們無法進入室內把床下人拉出來看個究竟。

但是被王魯翹打傷的並不是汪精衛，而是汪的親信祕書曾仲鳴及其夫人。此次誤傷副手完全是偶然的。汪精衛的臥室，確如陳恭澍等人事先所偵知的，是當晚曾仲鳴所住的這個房間。但事情巧就巧在曾妻方君璧剛剛由香港抵河內，汪以自己臥室較大，則臨時將臥室讓與曾仲鳴夫婦，自己則搬到曾仲鳴的臥室。而這一讓，卻躲過了軍統的暗殺，曾仲鳴則成為替死鬼。事發後，曾仲鳴被立即送往醫院搶救，由於傷重不治，遂於二十一日下午去世。曾妻方君璧也被擊傷，但傷勢較輕，經過一段時間的治療，恢復了健康。③

肆、從函電史料觀汪精衛與曾仲鳴關係梗概

河內刺殺案發生後，汪精衛在日本的保護下逃往上海並開始籌組偽政權後，國民政府當局也加緊了對汪的制裁行動。軍統局上海區也屢屢派遣特務人員，以圖借機暗殺和採取直接行動，但都因汪防範甚嚴，軍統的行動計劃，不是被揭破，便是無法下手。④

汪對於曾仲鳴的死亡之反應及嚴防戴笠再度暗算甚為謹慎，可從《汪偽資料檔案》中獲得印證如下：

㈠汪於民國二十八年十二月二十一日從上海致函電給其妹，其內容是：

招來函悉㈠妹欲赴渝勸蔣，真乃與虎謀皮，萬不可得且萬不可更爲一人言之。㈡已遣始探顧（顧孟餘）如何再覆，顧於仲鳴死，無一言之弔唁，其心已死，不必再注意其人矣。㈢廣州日方，前來電只云，道源身上密碼被檢，盼勿再用此碼，乃事隔月餘昨始來

電云，密碼外最低條件，誓約軍隊番號辦法，廣東政委會協定，亦全部被檢，憤急已極，是否港府已將此事公布，請告省港同志，如受日方埋怨，勿與強辯。此事由道源疏忽，我等自應受其埋怨也。明。⑤

由函電內容可知：㈠蔣中正與汪精衛關係已徹底決裂，國民政府於民國二十八年（一九三九）六月八日對汪通緝，民國二十九年（一九四〇）十一月三十日，以十萬元懸賞緝汪歸案。汪要其妹（指汪妻陳璧君）勿赴重慶找蔣先生，更要為自身安全，切勿對他人談此事。㈡對於曾仲鳴之死，汪感到難過之至，對於曾經是汪偽同一陣線的顧孟餘⑥，竟然對仲鳴的死，而無動於衷，汪更感到痛心，表示顧當漢奸之心已死，要其妹（指汪妻陳璧君）不要再注意其人了，顧孟餘果真急流勇退不願當漢奸。⑦㈢汪偽人士，有些密碼已被檢查到，汪要其妹（指汪妻陳璧君）務必小心行事，勿再用此密碼，以防萬一。⑧

㈡民國二十八年十二月二十四日十三時二十分汪於上海再度致電其妹，內容是：

蔣嚴令戴笠動作，數日來亂殺人，盼妹（指汪妻陳璧君）等嚴防勿出門，勿見客，因出門彼必以汽車相撞，見客尤不可測，至要。明。⑨

由上述函電內容可知，國府之通緝，戴笠之威名，已讓汪及其家人寢食難安，因此汪要其妹（指汪妻陳璧君）乾脆足不出户，以免不測，也因汪的提高警覺，使得軍統幹員爾後刺汪工作難上加難。

㈢民國三十年（一九四一）三月二十一日曾仲鳴逝世三週年，汪精衛特親撰紀念辭，內容如下：

曾仲鳴同志殉國倏已三年，全面和平，尚未實現，當此紀念日，倍覺傷心。大東亞戰爭開始以來，中國應該同甘共苦，應該對於建設共存共榮之東亞新秩序，盡其最大之努力。中國所負的責任很大，所要做的事業很多，所謂全面和平，不過是一個起點，今年此起點，尚未能做到，實無以慰曾仲鳴同志在天之靈。確立治安，改善經濟生活，為我們致力的兩大方向，但是渝方還在策動種種擾亂計劃，游擊區內固然民無噍類，和平區內亦受其影響，因之治安迄未能確立，而交通阻梗，生產掣肘，物質缺乏，日甚一日，人民生活的困苦，日深一日，這樣下去，中國的元氣，只有日益頹喪，以至於盡。渝方這種擾亂計劃，不但毫無意義，抑且毫無人心。舉近事來說，上海每逢一處發生炸彈，那一處及其附近的人民便蒙受無窮災難，試問這些炸彈，有甚用處，不過替獨夫虛張聲勢，不過替獨夫所用的鷹犬，開一條升官發財的方便法門。只就這一點來說，我們就應該用盡力量，把這些毒物消除乾淨。我們紀念曾仲鳴同志，要紀念他那仁慈勇毅的精神，因為仁慈，故肯犧牲，因為勇毅，故能犧牲，他因為不忘國家元氣的消耗，不忘人民之陷於塗炭，所以自我犧牲來拯救一切。曾仲鳴的夫人方君璧同志，當他身受四傷，預備與他的伴侶一同殉國的時候，曾說和平也要流血的，這是說流自己的血，以堵住一般人民的血。同時說一般人民的血，到應該流的時候，是要毫不姑息的流出來的，只要流得正當。流血有價值，便流盡也不妨，如果爲維持獨夫個人的權力地位而流血，爲維持做英美的看門狗而流血，這些血流得冤枉，流血毫無價值。我們和平反共建國的後死同志，個個準備著以自己的心血，以至身上的血，於最短期間，掃除全面和平的障礙，爲中國國家民族多保留一點未消耗的元氣，並且將這些元氣，培養起來，擴大起來，完成興復中華，保衛東亞的偉大使命。這種心血，以至身上的血，一滴一滴的絞出來，成爲興復中華，保衛東亞一條大道上的光明，成爲歷史上的光明，這光明照耀於無窮無盡的將來。請看罷，我們和平反共建國的後死同志，個個準備以自己的心血，以至身上的血，與曾仲鳴同志的血連成一線，繼續不斷使中國前途東亞前途，永遠的照耀著光明。汪兆銘。三月二十一日。⑩

從上述紀念辭，可以看出汪精衛是非常器重曾仲鳴，比之左右手，一再美言曾氏，對於曾氏被誤殺，甚表痛心與扼腕，因此特親自撰稿，透過汪僞「中央社」於報上發表紀念文，希望汪僞集團人人能效法曾仲鳴之精神。

(四)汪精衛於民國二十九年三月二十一日前後親撰〈曾仲鳴同志殉國週年紀念辭〉乙文，內容如下：

同親愛的伙伴在戰壕裏，這伙伴忽然中彈死了，當這時候，是來不及悲哀的，只有將他未完的心事，未了的責任，一齊背在自己身上，等到出了戰壕，那悲哀總會浮起來了，等到戰事完了，回到家中，那悲哀便越發的支持不住，無窮無盡，至於沒世。當（民國）二十七年十二月十八日，我同幾個伙伴先後離開重慶，從事和平運動的開始，換句話說，準備著全副生命、全副精神，爲和平運動而奮鬥而犧牲，曾仲鳴同志便是同我由重慶而昆明而河內，飛機中的一個，他於（民國）二十八年三月二十一日被刺，我眼睜睜的看著他爲和平運動而死了，可是和平運動不絕，貢獻了全副精神，以至於全副生命，我來不及悲哀，我直至今日紀念他殉國週年的時候，我還來不及悲哀，我不能想著，怎樣的將他未完的心事，未了的責任，背在自己身上，當中日戰事未爆發的時候，我們同志，苦心焦慮的，要將這場戰禍，避免了去，及其由爆發而蔓延，我們同志，苦心焦慮的，要把這場戰場及時挽回，當和平沒有曙光的時候，我們想方法要把曙光現出來，及至曙光已經現出來，我們想方法決不將他放過去，一直要到光明燦爛，被於東亞而後已，「抗戰到底，最後勝利」這是騙人的話，從歷史看來，兩個有民族性、有愛國心的國家，死拼起來，只有循環報復，無上無休，縱使一方面得到勝利，也不過是片時的勝利，絕不是最後，中日兩國這次戰事，最好的結果，應得到合於正義的和平，所謂「抗戰到底，最後勝利」是用不著羨慕的，羨慕已用不著，欺騙之無恥，更不待言了。外交的最大希望，不過打嗎啡針，軍事、經濟的最大效用，不過吃砒霜餵老虎，這是人所共見的事實，不是欺騙所能抹殺的，所謂打嗎啡針、國際援助，並無可望，最多是到了山窮水盡的時候，來一筆小借款，精神上得些安慰，物質上也得些點綴，好比病人已無起死回生的希望，只好打嗎啡針苟延殘喘，最近所謂美國借款，便也是這一套，所謂吃砒霜、餵老虎，焦土戰、游擊戰，都從此出發，明知焦土戰、游擊戰，其結果民必窮，財必盡，但是國亡定了，民窮財盡有何足惜，落得一拍兩散，吃了砒霜，固然死了，吃了吃了砒霜的屍首，也就休想得活，以上打嗎啡針及吃砒霜、餵老虎兩個辦法，在和平沒有曙光的時候，不得已而用之，然而和平有了曙光之後，則不應該再用這下策了。有人說道：「抗戰難，和平更難」，但是我們爲了國家，爲什麼沒有勇氣勉爲其難呢？又有人說道：「抗戰沒有出路，和平也沒有出路」，這更是沒氣力的話，我們要有勇氣替國家打開一條出路，和平的前途是有困難的，然而和平的曙光，已在面前，他的光明，必然日益燦爛，被於中國，被於東亞，只要我們努力前進，曾仲鳴同志，你放心罷，已經有無數青年，有志之士，將你未完的心事，未了的責任，背在身上了，曾仲鳴同志，你放心罷！[11]

伍、結論

從上述汪為曾仲鳴撰寫之紀念辭，可以看出汪、曾同伙堅決主張「對日和平」，而反對蔣中正先生的「抗戰到底」政策，換言之，汪對抗戰是抱持失敗主義的心態，因此對於曾之被刺，促使汪對蔣更加痛恨。

總之，從函電史料及汪為紀念曾仲鳴所撰的文稿，可以看出二人唇齒相依的關係，然曾仲鳴原是國民黨人後來叛離重慶國民政府，成為汪僞集團之人物，起伏轉折，讓人難以捉摸，最終難逃被殺的命運，或許是時也、命也，因他的被殺，換得汪精衛的活命，難怪汪會那麼心疼與在乎，從此也提醒了汪隨時預防重慶特工的暗殺，而此後重慶特工隨時想暗殺除掉汪精衛的決心，也就更加難以達到目的了。

註釋

① 黃美真、郝盛潮主編：《中華民國史事件人物錄》，頁八〇一，（上海：人民出版社，一九八七年九月第一版）及劉紹唐主編，《民國人物小傳》、《傳記文學》第四十二卷第一期，頁一四六。

② 蔡偉、高恒、王明賢編著：《軍統在大陸的興亡》，頁一四一，（鄭州市：中州古籍出版社出版，一九九〇年八月第一版）

③④ 同前②，頁一四四—一四五。

⑤ 〈汪精衛致妹（妻）函電〉（民國二十八年十二月二十一日），《汪僞資料檔案》，法務部調查局資料室藏，鋼筆原件影本。

⑥ 顧孟餘（一八八八—一九七二）原名兆熊。河北宛平人。早年赴德留學，畢業於柏林大學政治經濟學專業。民國十一年（一九二二）回國，先後任北京大學教授兼德文系主任、經濟學系主任，並連任教務長多年。民國十五年（一九二六）遭北京政府通緝，乃南下廣州。同年當選為中國國民黨中央執委員會委員，後又任常務委員暨宣傳部部長。民國十六年（一九二七）積極支持汪精衛發動七・一五「分共」。民國十七年（一九二八）參加發起組織國民黨改組派，在上海主辦「前進」雜誌，進行反蔣活動。民國二十年（一九三一）任國民黨第四屆中央執行委員會常務委員。次年一月蔣汪合作，任行政院鐵道部部長。民國二十四年（一九三五）任國民黨第五屆中央執行委員會委員、中央政治會議祕書長。抗日戰爭期間，汪精衛投敵後，與汪分道揚鑣，自香港返回重慶。民國

三十年（一九四一）繼羅家倫任中央大學校長。民國三十七年（一九四八）五月任行政院副院長，因見國民黨大勢已去，推辭未就。旋在香港創辦「大道」雜誌。其後赴美定居，並受聘為中華民國總統府資政。民國五十八年（一九六九）往臺灣定居，民國六十一年（一九七二）死於臺北。轉引自黃美真、郝盛潮主編：《中華民國事件人物錄》，頁七二四。（上海：人民出版社，一九八七年九月，初版）。

⑦ 羅君強原作：〈細說汪僞〉，《傳記文學》第六十二卷第一期，頁九二（民國八十二年元月出版）。

⑧ 同前⑤。

⑨ 〈汪精衛致其妹（指汪妻）函電〉（民國二十八年十二月二十四日），《汪僞資料檔案》，法務部調查局資料室藏，鋼筆原件影本。

⑩ 〈汪精衛於曾仲鳴逝世三週年親撰紀念辭〉（民國三十年三月二十一日），《汪精衛僞組織資料檔案》，中國國民黨中央黨史委員會藏，打字原件影本。

⑪ 〈汪精衛親撰曾仲鳴同志殉國週年紀念辭〉（民國二十九年三月二十四日），《汪精衛僞組織資料檔案》，中國國民黨中央黨史會藏，鋼筆原件影本。

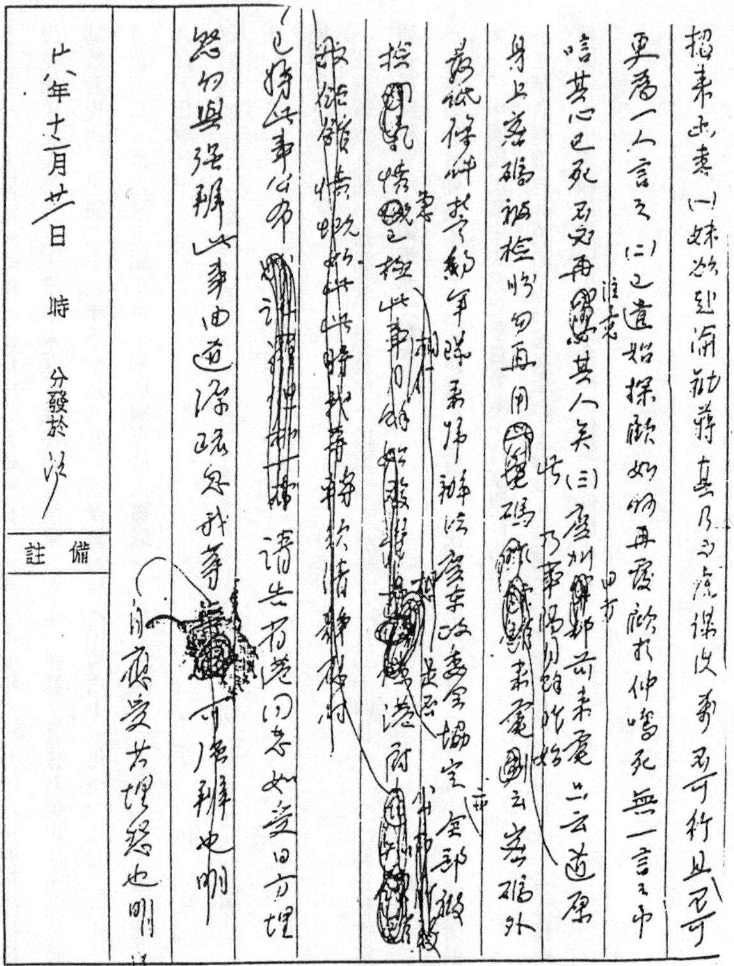

引自《汪偽檔案》

蔣敵令戴笠動作數日來亂殺人盼妹等嚴防

切出門[illegible]兄若出門被人以汽車相撞[illegible]兄寄

大哥淵之安明

廿八年十二月廿四日十二時卅分發於川

備註

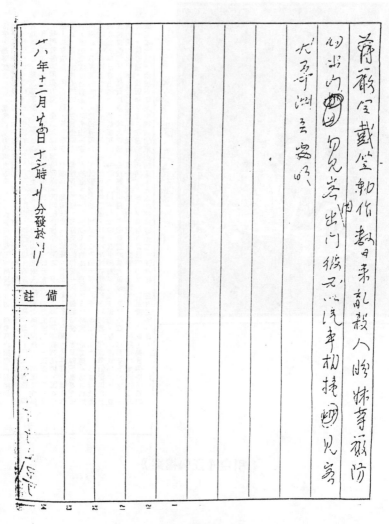

引自《汪偽檔案》

曾仲鳴先生遺影

曾仲鳴同志殉國倏已三年，全面和平，尚未實現，當此紀念日，倍覺傷心。大東亞戰爭開始以來，中國應該同甘共苦，應該對於建設共存共榮之東亞新秩序，盡其最大之努力。中國所負的責任很大，所要做的事業很多，所謂全面和平，不過是一個起點，今年此起點，尚未能做到，實無以慰曾仲鳴同志在天之靈。確立治安，改善經濟生活，爲我們致力的兩大方向，但是渝方還在資助擾亂計劃，游擊區內固然民無噍類，和平區內亦受其影響，因之治安迄未能確立，而交通阻梗，生產掣肘，物質缺乏，日甚一日，人民生活的困苦，日深一日，這樣下去，中國的元氣，只有日益斲喪，以至於盡。渝方這種擾亂計劃，不但毫無意義，抑且毫無人心。舉近事來說，上海每逢一處發生炸彈，那一處及其附近的人民便蒙受無窮災難，試問這些炸彈，有甚用處，不過替獨夫虛張聲勢，不過替獨夫所用的鷹犬，開一條升官發財的方便法門。只就這一點來說，我們就應該用盡力量，把這些毒物消除乾淨。我們紀念曾仲鳴同志，要紀念他那仁慈勇毅的精神，因爲仁慈，故肯犧牲，因爲勇毅，故能犧牲，他因爲不忘國家元氣的消耗，不忘人民之陷於塗炭，所以自我犧牲來拯救一切。曾仲鳴的夫人方君璧同志，當他身受四傷，預備與他的伴侶一同殉國的時候，曾說和平也要流血的，這是說流自己的血，以堵住一般人民的血。同時說一般人民的血，到應該流的時候，是要毫不姑息的流出來的，只要流得正當，流得有價值，便流盡也不妨，如果爲維持獨夫個人的權力地位而流血，爲維持做英美的看門狗而流血，這些血終流得冤枉，流得毫無價值。我們和平反共建國的後死同志，個個準備着以自己的心血，以至身上的血，於最短期間，掃除全面和平的障礙，爲中國國家民族多保留一點未消耗的元氣，並且將這些元氣，培養起來，擴大起來，完成興復中華，保衛東亞的偉大使命。這種心血，以至身上的血，一滴一滴的搾出來，成爲興復中華，保衛東亞一條大道上的光明，成爲歷史上的光明，這光明照耀於無窮無盡的將來。請看罷，我們和平反共建國的後死同志，個個準備着以自己的心血，以至身上的血，與曾仲鳴同志的血連成一線，繼續不斷使中國前途東亞前途，永遠的照耀着光明。汪兆銘，三月二十一日。

引自《汪偽檔案》

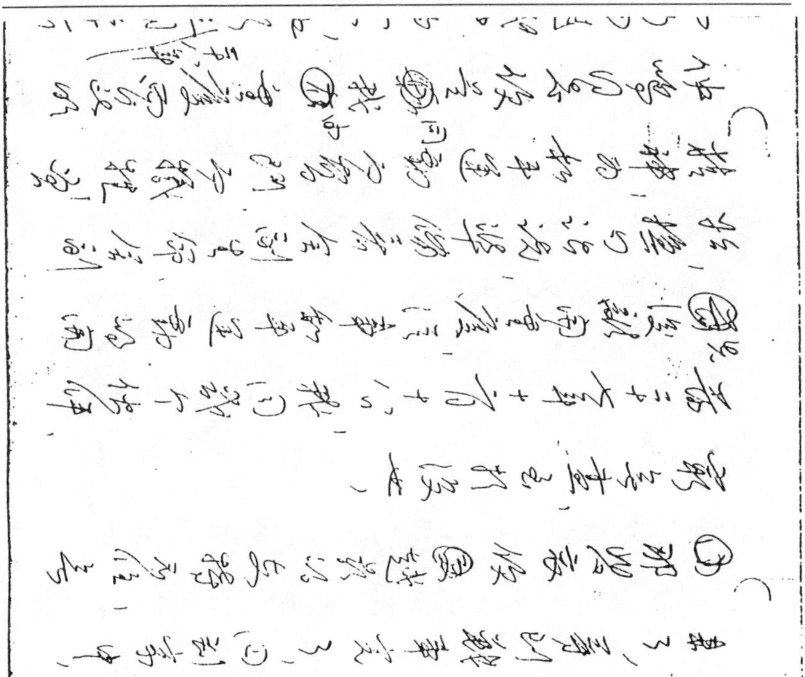

引自《汪偽檔案》

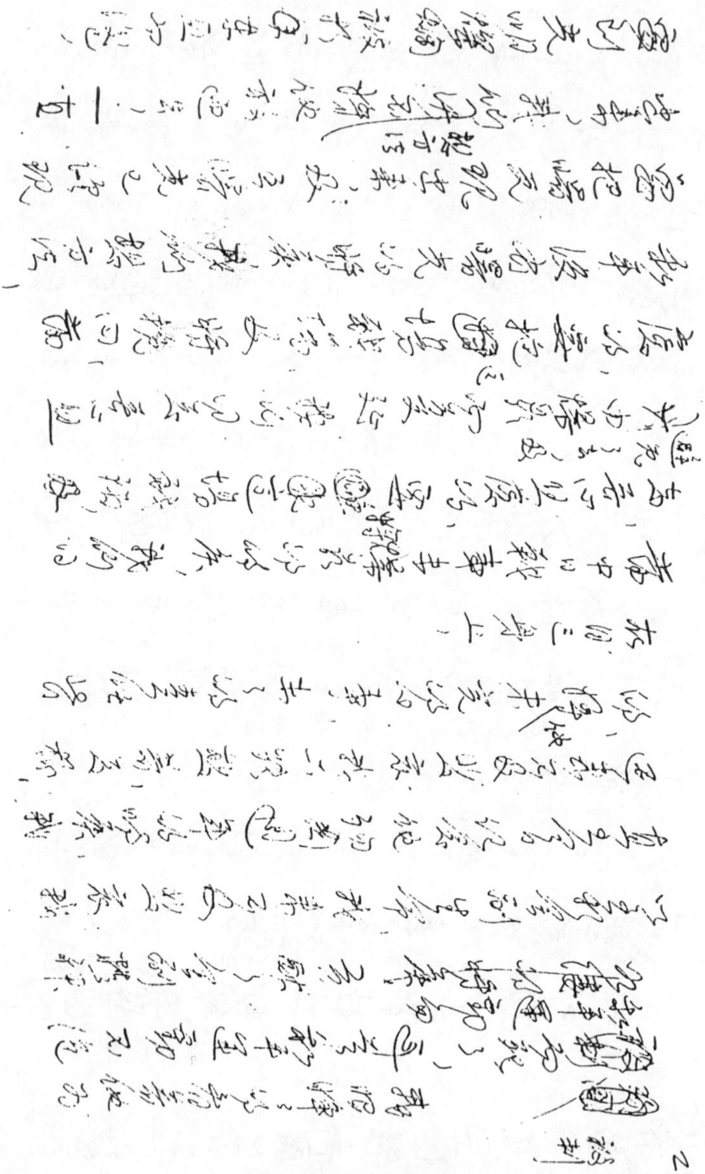

引自《汪偽檔案》

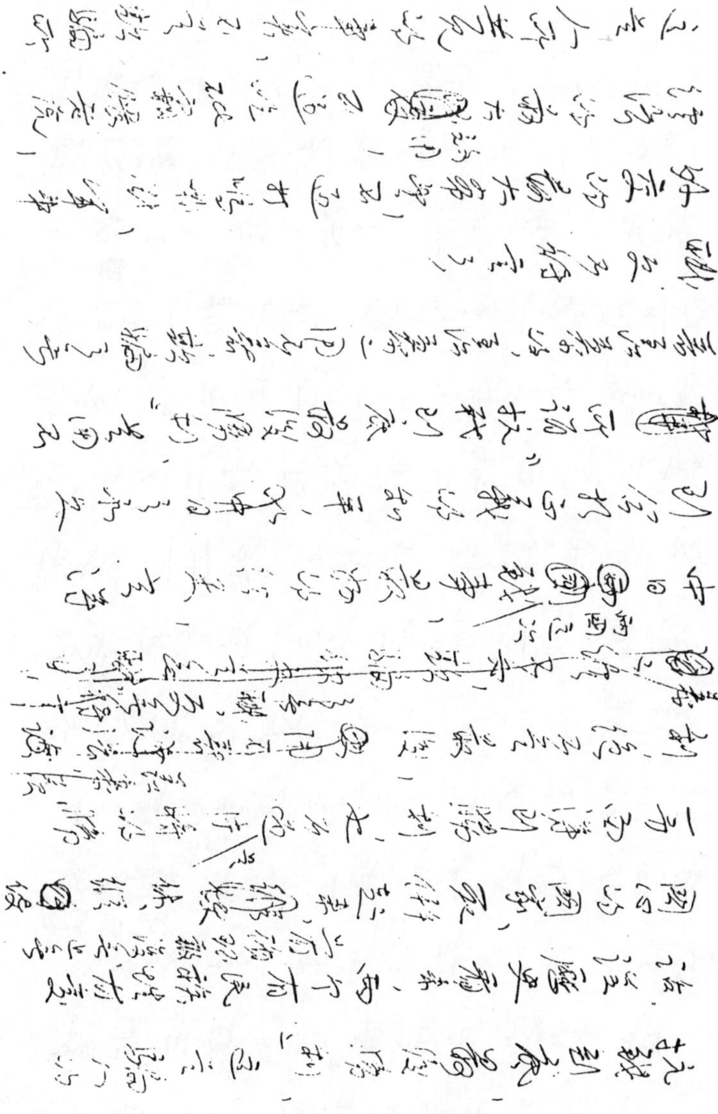

引自《汪偽檔案》

引自《汪偽檔案》

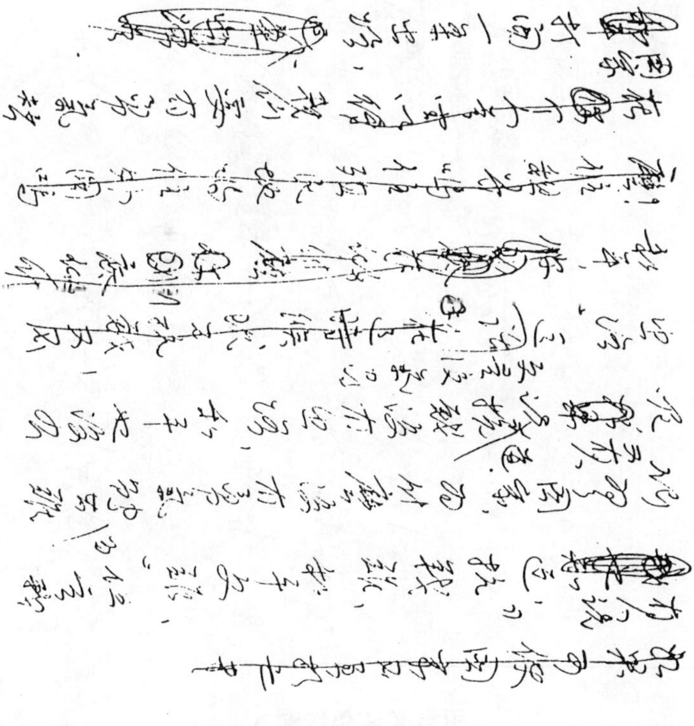

引自《汪偽檔案》

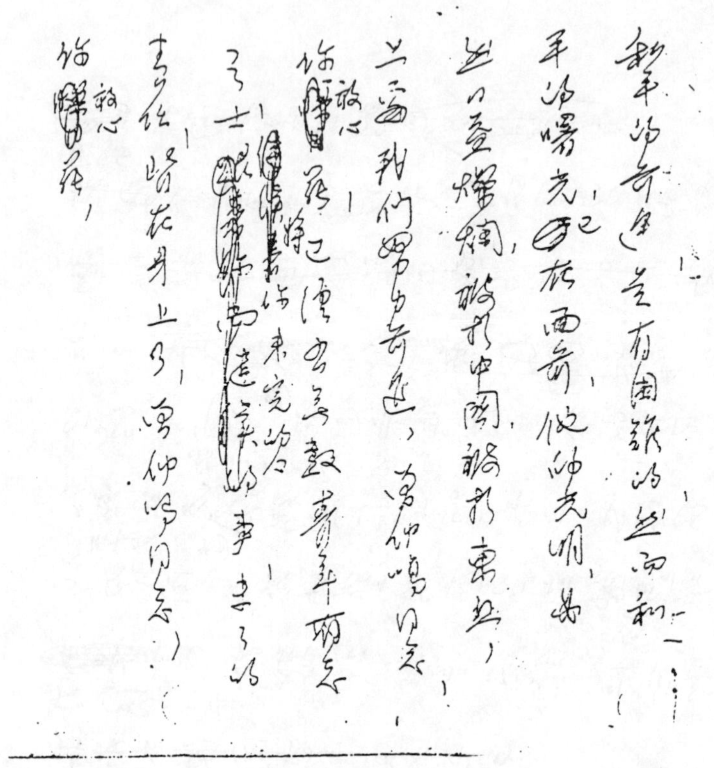

引自《汪偽檔案》

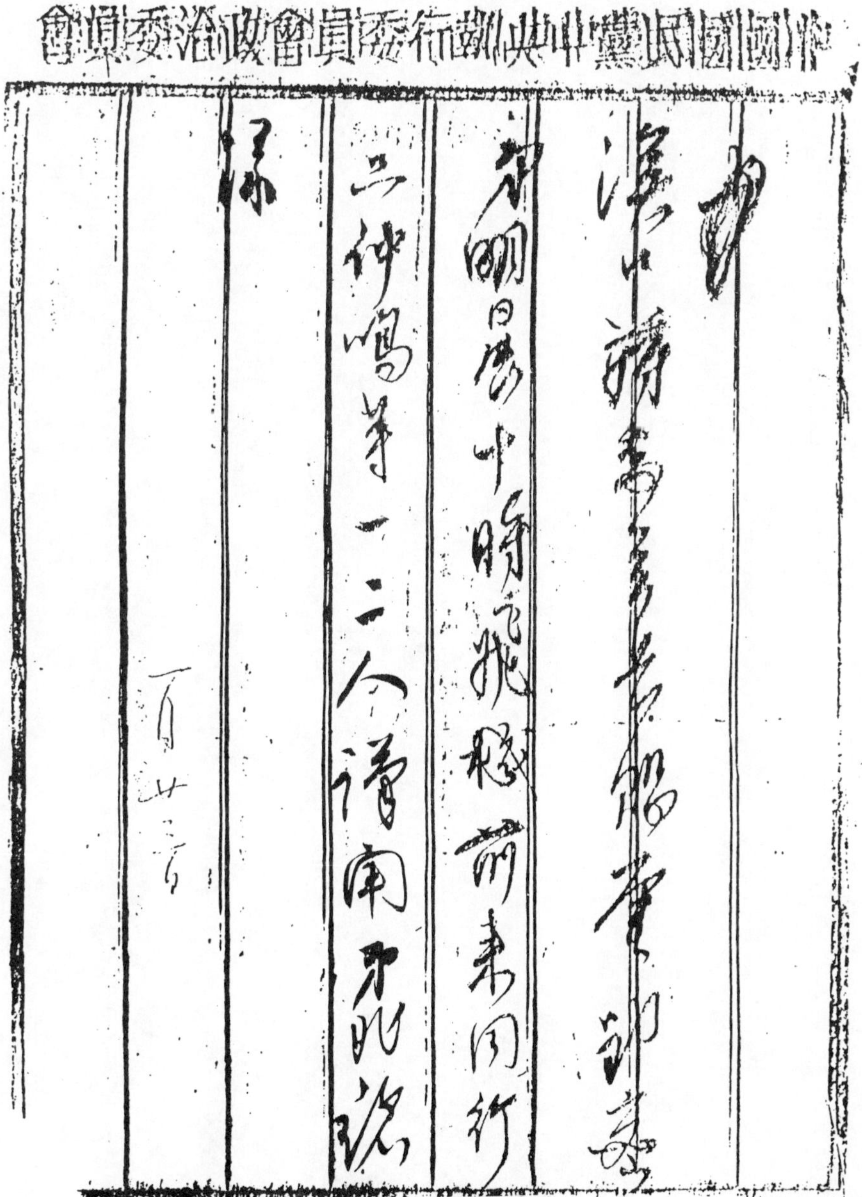

中國國民黨中央執行委員會政治委員會

[illegible]

漢口請[illegible]

君明日[illegible]中時飛機前來同行

[illegible]仲鳴等一二人[illegible]

[illegible]

一月廿二日

引自《汪偽檔案》

第四篇　從函電史料觀汪精衛與丁默邨關係梗概

壹、前言

汪精衛叛離重慶國民政府後，一些曾經也是國民黨籍的人士，也投入汪偽集團，受到封官任事，雖風光一時，但卻為時不久，丁默邨即是其中之一。本人擬從函電史料中觀察汪精衛與丁默邨關係梗概。

貳、丁默邨（一九〇三—一九四七）簡介

丁默邨，湖南常德人。早年加入革命隊伍，後投靠國民黨ｃｃ系，在上海文化界進行特務活動，曾主編《社會新聞》，並任江南學院院長。民國二十三年（一九三四）任國民政府軍事委員會調查統計局第三處（即郵電檢查處）處長。民國二十七年（一九三八）轉任軍事委員會少將參議、武漢特別市政府參事秘書長。同年逃往上海日佔領區，叛國投敵，與李士群一起組建親日特工隊伍。民國二十八年（一九三九）八月任汪偽國民黨中央常務委員、中

央社會部長、中央特務委員會副主任委員兼特工總部主任。民國二十九年（一九四〇）三月任汪僞中央政治委員會委員、軍事委員會委員、行政院社會部長。民國三十四年（一九四五）一月任汪僞最高國防會議秘書長、軍事委員會政治保衛部副總監，五月調任汪僞浙江省省長、汪僞國民黨浙江省黨部主任委員、軍事委員會駐杭州綏靖公署主任、浙江省保安司令等職。抗戰後期向重慶國民政府「軍統局」輸誠。日本投降後，一度被任命為浙江軍事專員。民國三十六年（一九四七）二月，國民政府以賣國罪判處其死刑，不久在南京執行槍決。①

參、從函電史料觀丁默邨與汪偽社會運動關係梗概

最初丁默邨與李士群一起搞特務工作，由於李士群的特工勢力日漸坐大，丁默邨乃不得志於特工總部，就專心來搞社會運動。汪僞初期，他以黨中央社會部長而兼行政院社會部長。所謂社運，即工運、商運、農運、青運、學運、婦運等項，以及教育界、文化界、新聞界的團體，丁默邨都派人四出組織起來，從而吸收情報，搞點小組織。就是汪僞中央一級的各機關中，丁也發展細胞，造成自己的系統。公館派的林柏生對此最為反感。丁感到應付困難，就於民國三十年（一九四一）建議把僞行政院社會部改為社會運動指導委員會（簡稱社運會），由周佛海兼委員長，拉進行政院有關各部的次長一級為委員，以周學昌為秘書長，丁本人則以常務委員資格，替周主持會務。實際只是以周的名義，拉進各部人員，減少阻

力，機構擴大了，人員經費增加了，各省市設社運分會，上海另設辦事處，有專用無線電臺。總之，是弄得更加龐大了，活動的方面更廣闊了，這更引起想抓群眾的林柏生們有所不滿。②

民國三十二年（一九四三），周佛海也不想做這個傀儡了，就再把社運會與賑務委員會合併，改為社會福利部，丁默邨任部長。據說丁想把這個部辦成日本內閣厚生省的樣子，丁還想伸其觸角於農村，辦了一個中國農村青年服務團，以陳端志為團長，招訓青年，也搞點實習農場。但受訓期滿的青年，當時只願在城市裏當小官兒，無一願往農村吃苦的。③

一、一封未敍明何年而署明二月二十三日二十時發，二十一時送之電報，來電地名為上海，係由丁默邨致汪精衛之函電，內容如下：

主席鈞鑒：本日民衆慶祝大會到二十五萬人以上，秩序奇佳，情形十分熱烈，友邦方面高級人員亦參與，公博先生摯臨致訓，會後遊行，參加人數，亦在十萬，詳細情形，另具報告，謹先電陳鑒察。職丁默邨叩梗。④

從此一函電史料觀之，電報上蓋有「社會運動指導委員會無線電臺」，應是民國三十年以後所設置之單位，上海地區設「社會運動指導委員會上海辦事處」，其功能有變相特務機構一般。丁先將上海市有關慶祝活動及陳公博動態，電告汪，讓汪掌握狀況，再輔以書面報告資料，乃情報資料之一種。

二、一封未敍明年時間，只敍明十二月二十一日之信函，係汪精衛致聚五、聘卿二人之信函，內容如下：

聚五、聘卿同志惠鑒：兩兄去後，細閱面交各件，洪門總會應組織與否，屬於社會運動指導委員會之事，兩兄對於警衛師，對於憲兵司令部，負有參謀長之重責，應盡心所職爲是，至於羅子實先生前所寄來軍事計劃，關係複雜，須加研究，李世庸君，如何推行新國民運動意見書，頗傷蕪雜，僅留待參考。總之，銘（指汪）所屬望於兩同志者；爲就其現有職務，加勤加慎，須知以兩同志之年齡、學力，現有參謀長地位，實須以全副精神，始克負荷，苦口之言，尚希體納，專此敬請刻安。汪。。十二月二十一日。⑤

從上述信函，汪談到「洪門總會應組織與否，屬於社會運動指導委員會之事」，可見汪已將社會運動指導委員會之觸角，伸到洪門幫派，與特務控制手段相結合，自是不言可喻。其次談到「新國民運動」乙事。事實上汪僞國民黨六屆四中全會於民國三十年十一月九日至十一日舉行三天，十一日第三次會議中決議通過汪精衛交議「由本黨發起新國民運動，在精神建設、物質建設兩方面同時著力，以促成和平反共建國之實現，其詳細辦法，由中央常務委員會議訂案」，此即汪僞開展所謂「新國民運動」之根據。

汪僞六屆四中全會還發表宣言，說明發起「新國民運動」之緣由，略謂：

> 此時所最需要者，爲吾人之精神及責任心。國命之阽危，惟吾人堅忍沈著之精神，始足以救之；民生之困憊，惟吾人刻苦耐勞之精神，始足以振之。吾人之從事和平運動，非以苟求安逸，乃明知此爲最難最苦之事，將以一己之受苦受難，減輕大多數同胞之苦難，故愈苦而決心愈堅，愈難而勇氣愈盛。過去新生活運動偏於精神，國民經濟建設運動，偏於物質，且動機不純，趨向遂歧。今當發起新國民運動，合精神建設、物質建設爲一。精神建設方面，期於使人人皆能有至誠惻怛，捨身救世之素養；物質建設方面，期於使人人皆能有勞身焦思，銖積寸累之習慣。認定和平反共建國爲中國唯一之出路，集合心力物力，契而不舍。人人以此自勗，以此互勉。⑥

而當汪僞宣佈要推行這項運動後，未及一月，日本即於十二月八日發動所謂「大東亞戰爭」。汪僞政府為表示對此一戰爭之支持及協力，遂標榜「新國民運動」應擔負起保衛東亞的責任與使命。民國三十一年（一九四二）元旦，汪精衛以僞國民政府主席的身份正式頒佈「新國民運動綱要」，開宗明義就指出：戰爭是國民的總檢閱，現在四年有餘的中日事變，已一轉而為保衛東亞的大戰爭，在這新關頭，沒有新精神，怎樣能擔負這責任，完成這新使命？根據這一綱要的要求，「新國民運動」所要倡導的新精神，主要內容有八項：㈠實現民族主義，須把愛中國愛東亞的心，打成一片，東亞諸國，互相親愛，團結起來，保衛東亞；㈡實行民權主義，團體要組織化，行動要紀律化；㈢實行民生主義，要以銖積寸累的精神，來發達國家資本；㈣提倡公而忘私的精神，個人對於國家，貢獻要多，享受要少；㈤說話要老實，心事要光明，要同甘苦，均勞逸，寧讓美，毋掠美，寧任過，勿諉過；㈥革除浮囂淺薄，知識要科學化；㈦增加生產，節約消費；㈧戒絕貪污，務在最短期間做到弊絕風清。⑦

偽國民黨中央宣傳部同時擬訂推行運動的計劃，分三個時期進行：第一期，為普遍宣傳，務使一般民眾了解做「新國民」之意義；第二期，為實際訓練，選擇各學校各機關團體優秀份子，為集體訓練，使接受如何做成一個「新國民」；第三期，為推廣期，由經受訓練份子，擴充普遍於一般民眾。而且規定第一期即自是年二月一日開始，於一個月內全部實施完成。⑧然後，逐次施行。

汪偽國民政府為謀「新國民運動」之積極開展，爰於民國三十一年六月在「行政院」下設置「新國民運動促進委員會」，根據上項綱要，於精神、物質兩方面，對民眾實施訓練。該會由汪精衛自兼委員長，周佛海、陳群、李聖五、梅思平、林柏生、丁默邨、陳春圃為常務委員，林柏生為秘書長，下設事務局、青年運動處、社會運動處、農業合作處等機構，「新國民運動」已由宣傳階段進入組織實施階段。其後，相繼在上海、南京、杭州、武漢、廣州、蚌埠等地，成立了偽省、市一級的「新國民運動促進委員會分會」。七月四日，「新國民運動促進委員會」召開第一次全體委員會議，通過「第一期組織計劃大綱」、「新國民運動青年訓練綱要」、「中國青年模範團組織原則」、「中國童子軍組織原則」等文件；七月九日，汪偽中央政治委員會議通過「國民實施訓練案」，決定在淪陷區普遍設立青年團與童子軍組織，作為實行訓練的機構。⑨此外，還舉辦優秀大學生暑期訓練班，參加訓練的有南京、上海學生四十五人，訓練的中心目標為促進對「新國民運動」的理解與實踐。

括而言之，「新國民運動」初由汪僞國民黨發起於太平洋戰爭之前，原為其內部之革新運動。太平洋戰爭之後，汪僞政權向日本要求「參戰」而不可得，乃從言論上及實際措施上作積極之表態，「新國民運動」便順勢成為汪僞「協力」日本「大東亞戰爭」極好表現。

汪精衛曾向日本國民宣稱：

> 新國民運動的意義，是使全國人民精神總動員，以從事於協力大東亞戰爭；使全人民知道中國之解放，須於大東亞戰爭勝利中求之；使全國人民知道必要加強國力和民力，以協力大東亞戰爭，俾之得到勝利。⑩

肆、結論

總之；從上述函電史料顯示，汪精衛與丁默邨關係非常密切，無論丁是掌管特工或掌管社會部或社會運動委員會，主要目的，是藉由社會各階層的組織來實施變相的特務工作，以幫助汪僞及日軍統治佔領區，進而遂其以華制華，以華亡華之目標，所謂的「新國民運動」也是社會運動的一種，其本質皆是為日軍的侵華來造勢宣傳及麻醉中國同胞而已。

註釋

① 黃美真、郝盛潮主編：《中華民國史事件人物錄》，頁四五四（上海：人民出版社，一九八七年九月第一版）

②③ 黃美真編：《僞廷幽影錄—對汪僞政權的回憶紀實》，頁六四（北京：中國文史出版社，一九九一年五月第一版）

④ 〈丁默邨致汪精衛函電〉（年不詳二月二十三日二十時發），《汪僞資料檔案》，法務部調查局資料室藏，鋼筆原件影本。

⑤ 〈汪精衛致聚五、聘卿函〉（年不詳十二月二十一日），《汪精衛僞組織檔案》，中央黨史會庫藏史料，毛筆原件影本。

⑥ 僞中央執行委員會秘書處編印，〈中國國民黨民第六屆中央執行委員會第四次全體會議紀錄〉，民國三十年十一月。臺北市，中國國民黨中央黨史會藏。

⑦ 〈新國民運動綱要〉，《汪主席和平建國言論選集》，頁二六四—二六六。

⑧ 〈全國新國民運動推進計劃〉，余子道、劉其奎、曹振威編，《汪精衛國民政府「清鄉」運動》，（上海：人民出版社，一九八五年五月第一次印刷），頁三七四—三七五。

⑨ 蔡德金、李惠賢編：《汪精衛僞國民政府紀事》，（北京：中國社會科學出版社，一九八二年七月第一次印刷），頁一六一—一六三。

⑩ 汪精衛：〈告日本國民〉，《汪主席和平建國言論選集》，頁三四五。

來電抄錄箋

來電總號 S.120　　第　　頁

原發報台　2月23日20時0分　轉送電文　2月23日21時0分

來電地名：上海

發電人姓名：丁默邨

校對電文者

示批

主席鈞鑒本日民眾慶祝大會到廿五萬人以上秩
序奇佳情形十分熱烈友邦方面高級人員亦參與
公博先生蒞臨致訓會後遊行參加人數亦在十萬
詳細情形另具報告謹先電陳鑒察職丁默邨叩梗

引自《汪偽檔案》

默邨
聘卿同志惠鑒：兩兄去後，細閱面交各件，洪門總會
應組織與否，屬於社會運動指導委員會之事，兩兄
對於警衛師、對於憲兵司令部，負有參謀長之重責，
應盡心所職為是。至於羅君實先生所寄來軍事
計劃，關係複雜，須加研究。李世庸君如何推行新國
民運動意見書，頗傷蕪雜，僅留待參考。總之，銘所屬
望於兩同志者，為就其現有職務，加勤加慎，須知以兩
同志之年齡學力，現有參謀長地位，實須以全副精
神，始克負荷。苦口之言，尚希體納。專此敬請
刻安
汪兆銘
十二月廿二日

國民政府

引自《汪偽檔案》

新國民運動與精神總動員

在去年十二月八日大東亞戰爭開始的第一天
我曾經以國民政府主席的名義、發表聲明闡
述這一次大東亞戰爭的重大意義、中國要與日
本同甘共苦、隨後我更廣播全國同胞、闡
明中國要趕快做到三件事、一是確立治安、
一是加強軍事力量、一是增加生產節約消
費、所謂同甘共苦、不是白說的、所說的三件事、
也不是隨隨便便就可以做到的、今年元旦我
更發表新國民運動綱要、鄭重提出現在

國民政府

30.4.1000

引自《汪偽檔案》

四年有餘的中日事變，已一轉而為保衛東亞的大戰爭，在這新問題、沒有新精神，不能擔負這新責任，換句話說，全國同胞對於這一次大東亞戰爭，要認定是東亞生死問題，也即是中國生死問題，立刻以精神總動員來擔負這責任，新國民運動綱要，就是指出精神總動員的內容和條件的，

現在的戰爭是總力戰，所謂總力，一切心力物力，都包括在內，我痛恨重慶方面『精神勝過物質』的標語，而代之以『精神創造物質』，

引自《汪偽檔案》

這兩句話雖相似，而實不相同。「精神勝過物質」
這句話是用之以掩飾一切文事武備、
苟簡的，其流弊與義和團的思想差不多。「精神
創造物質」則不然，以武器為例，一切最新武器，
不外科學研究的結果，而科學的力量，就是能
將從來所有的物質，加以變化，加以組織，使能 一樣的鐵
從來只能打造刀劍、火器，科學的力量，可以變化、加以組織，使能
製造出坦克車大砲來。「精神勝過物質」一語，
是把精神與物質看做兩件事，並且以為
勝過二字是玄學鬼的見解，
物質忘卻，精神已經
是有一種自命打倒玄學鬼的人，卻以為只要
物質看做萬能 [illegible]
看了物質，就得了這種見解，其實還是這

30. 1,000

引自《汪偽檔案》

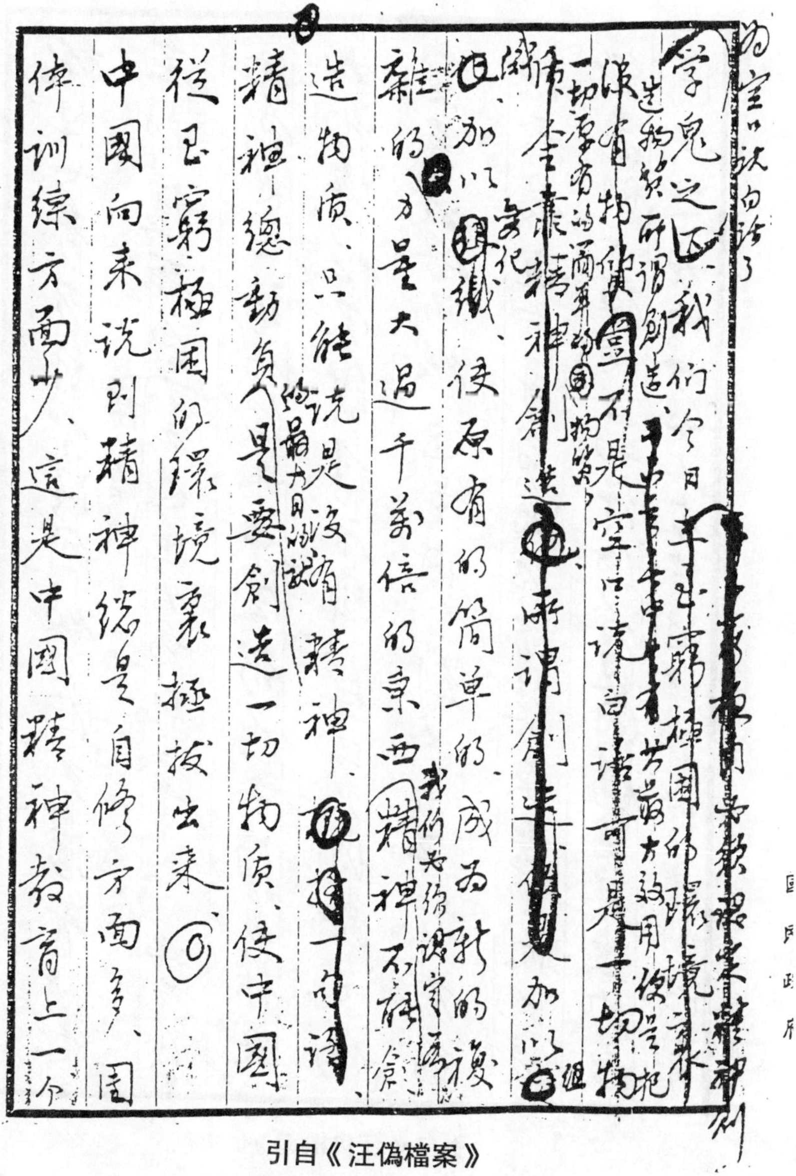
學兒之下，我們今日[illegible]窮極困的環境[illegible]
造物質所謂創造，[illegible]竭力致用經營把
很有物質不是空口說白話可是一切物
[illegible]精神創造所謂創造[illegible]加以組
織，使原有的簡单的成為新的複
雜的力量大過千萬倍的東西精神不能[illegible]
造物質，只能說是沒有精神[illegible]
精神總動員是要創造一切物質，使中國
從貧窮極困的環境裏極拔出來
中國向來說到精神總是自修方面多，團
体訓練方面少，這是中國精神教育上一个

引自《汪偽檔案》

現在世界的經濟大勢，以國防經濟、儘求自給之
原料、儘量節約製造出大量的產品、這是國
力創造力強的緣故。中國現在算得貧弱地
大物博、但由於種種原故、並未見得缺乏物
以上要件不振、這是因為創造力不夠、應該
從此最近四年間的消耗，要使國內物資
儘量利用極地、一切經濟[illegible]建設均要
從現起、我們必須以努力精神、從事創造并

引自《汪偽檔案》

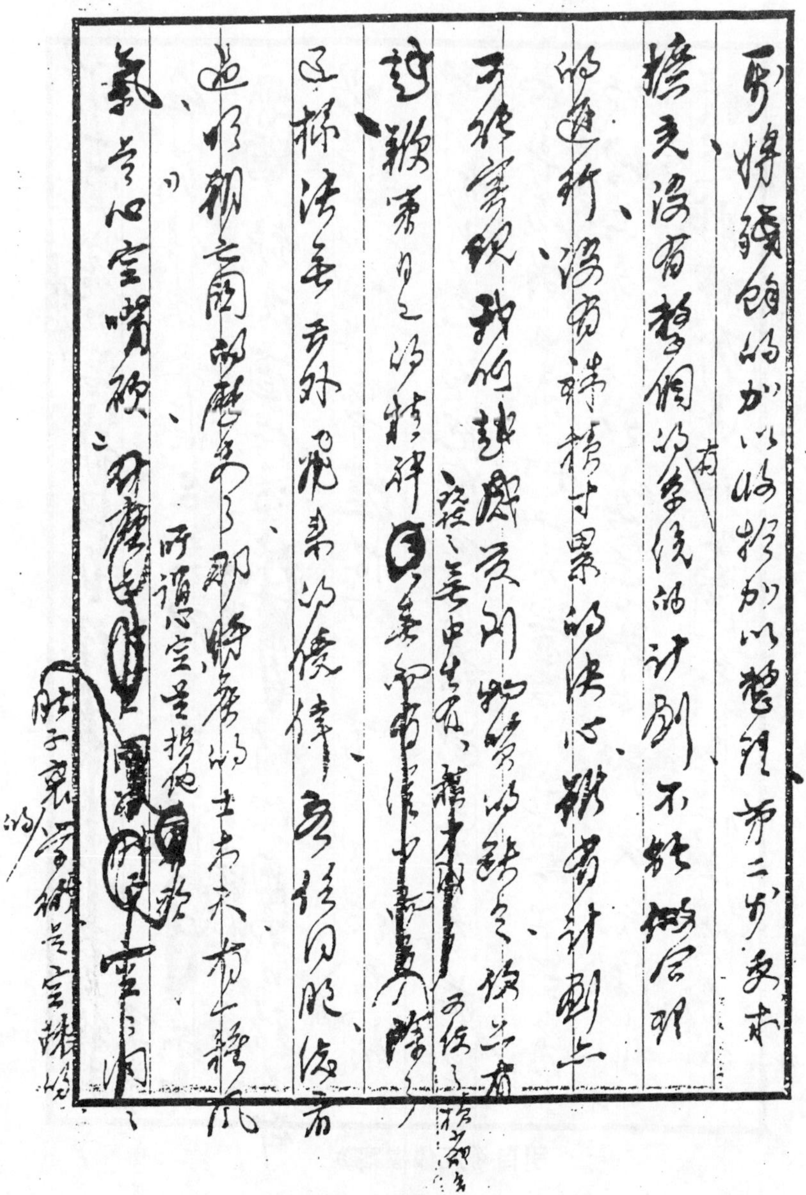

引自《汪偽檔案》

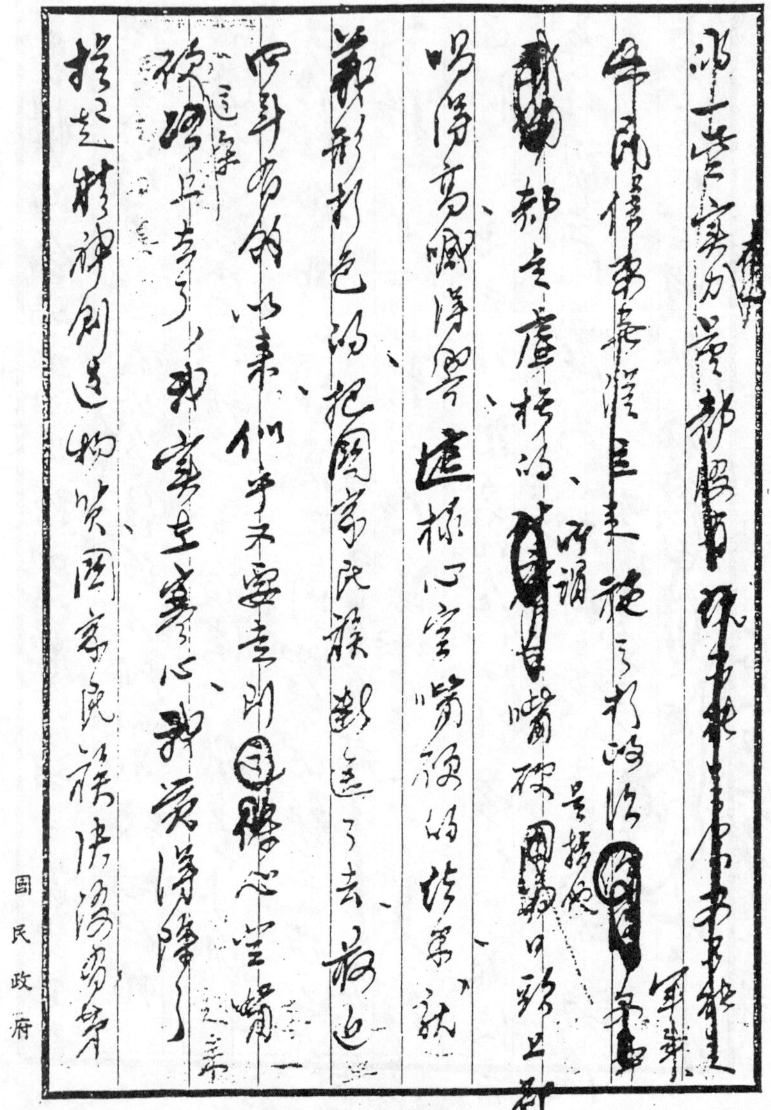

引自《汪偽檔案》

二拿出頭、

引自《汪偽檔案》

最大缺點，新國民運動，要注意到每一個人，都能發生力量，增進力量，同時還要注意到每一個人都能將發生增進的力量組織起來使成為整個國體的力量，不止這樣，現在要求生存，每一個國家都知道單獨行動是不夠的，猶如每一個人都知道單獨行動是不夠的一樣，所以同時要注意到每一個國家都能將發生增進的力量，組織起來使成為集團國家的力量，我們想平等，同時要知道，若要得到地位

國民政府

30.4.1000

引自《汪偽檔案》

平等、先要真正平等、而欲做到真正平等、先要能力平等、每一個人在團體裏想平等要如此、每一個國家在集團裏想平等也要如此、我們想自由的、說到這裏、我想起法國之首次當的一句話來了、法國人最愛自由、只當卻對法國人說、「你們現在有什麼自由、有受苦的自由、有饑餓的自由」這是何等沉痛的話、然而我對於中國人、卻不由得不要沉痛的說、「你們有什麼自由、有墮落的自由、有腐敗的自由」、蓋英美人也是愛自由的、他們自己的自

引自《汪偽檔案》

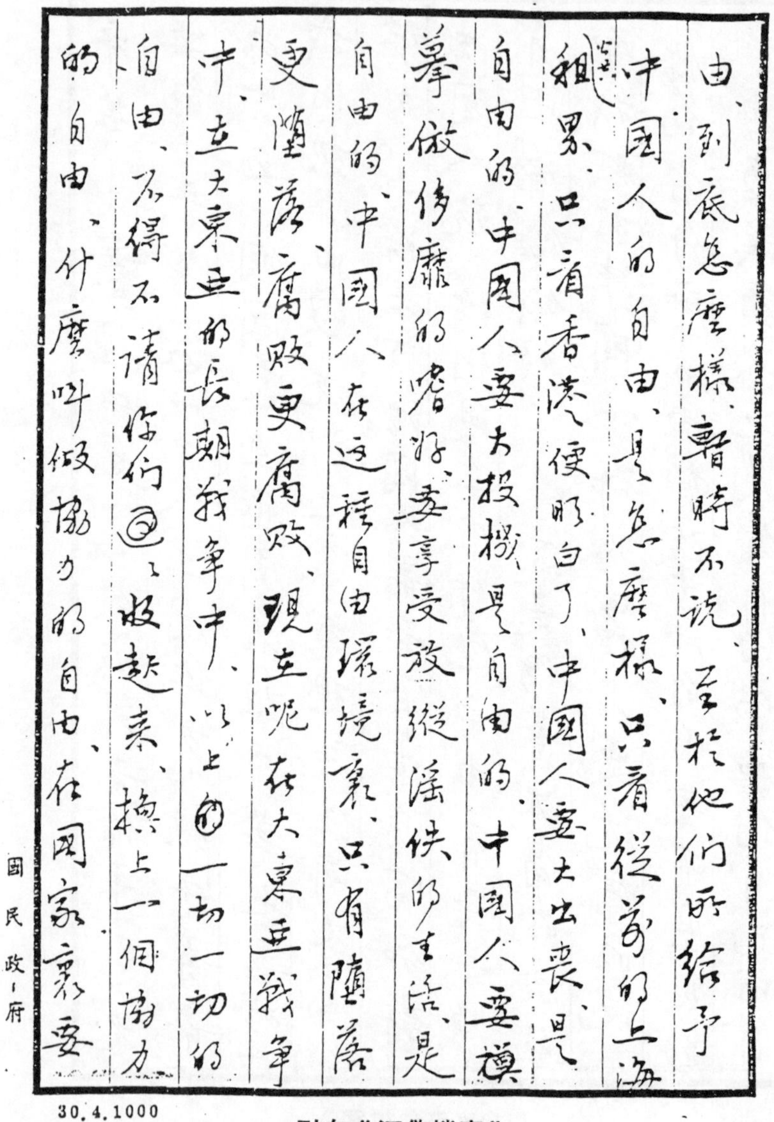

由，到底怎麼樣，暫時不說，至於他們所給予中國人的自由，是怎麼樣，只看從前的上海租界，只看香港便明白了，中國人要大出喪，是自由的，中國人要大投機，是自由的，中國人要模摹做侈靡的嗜好，要享受放縱淫佚的生活，是自由的，中國人在這種自由環境裏，只有墮落更墮落，腐敗更腐敗，現在呢，在大東亞戰爭中，在大東亞的長期戰爭中，以上的一切一切的自由，不得不請你們通通收起來，換上一個協力的自由，什麼叫做協力的自由，在國家需要

國民政府

30.4.1000

引自《汪偽檔案》

協力、在集團國家裏要協力、不要向能享受多少自由、只要向能貢獻多少力量、貢獻猶如耕耘、自由猶如收穫、若要收穫得豐富、只要耕耘得又勤又快、

在大東亞戰爭中、日本自己發出了無限的力量、同時也盼望中國發出力量、必須這樣、纔能支持長期戰爭、纔能在長期戰爭中確保勝利、要中國協力的、我們用不着顧慮、我們要顧慮的、是我們現在有究竟有多少力量、我們現在怎樣纔能夠發生力量、增進力量、因為有了力

引自《汪偽檔案》

纔有「協」、如果根本連「力」都沒有、從何「協」起、
於兩方是相摩相激然後發出的、我們不要聽
歷來英美的甘言、那是騙我們的、什麼「自由
的中國」、說得好聽、其實只是貽誤我們、自由的
墮落下去、腐敗下去、日本的輿論常常有責備
我們的話、這所謂「良藥苦口利於病、忠言逆耳
利於行」、英美的甘言、是願意我們墮落下去
腐敗下去、日本的責備、是看見我們這樣墮
落這樣腐敗、心裏恨極了、所以狠狠的指出
來、我們要知道在大東亞戰爭中、不必問將

國民政府

30.4.1000

引自《汪偽檔案》

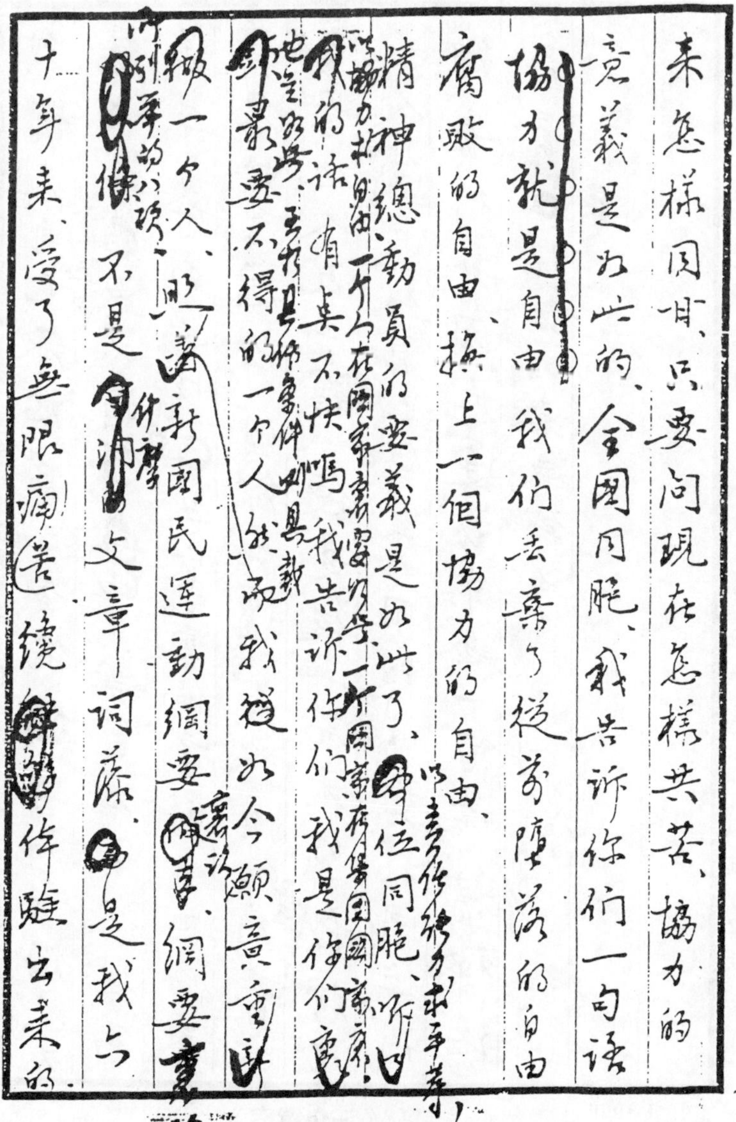
未怎樣同甘、只要問現在怎樣共苦、協力的
意義是如此的、全國同胞、我告訴你們一句話
協力就是自由、我們丟棄了從前墮落的自由
腐敗的自由、換上一個協力的自由、
精神總動員的要義是如此了、各位同胞、所以
我的話有真不快嗎、我告訴你們、我是你們底
頂要不得的一個人、就是我如今願意重新
做一個人、照著新國民運動綱要、綱要
不是文章詞藻、而是我六
十年來、受了無限痛苦纔體驗出來的

引自《汪偽檔案》

我首先自己承認、自己責備，因為只責備人不責備己，固是要不得的，但只責己不責人，也不是平等的辦法，並且容易偏重於自己修養而忽略了團體訓練，所謂「各人自掃門前雪，不管他人瓦上霜」，便是從此而來的，我們所說人人都注意於自己修養，同時都注意於團體訓練，實行新國民運動中的一句話，精神總動員，以協力大東亞戰爭，以

東

國民政府

30 4 1000

引自《汪偽檔案》

第五篇　從函電史料觀汪精衛與王蔭泰關係梗概

壹、前　言

從《汪僞資料檔案》中，吾人發現王蔭泰與汪精衛往來密切，不時以信函或電報往返，為解讀抗戰時期汪、王二人之關係，試以〈從函電史料觀抗戰時期的汪精衛與王蔭泰關係梗概〉為題研析之。

貳、王蔭泰（一八八八—一九四七）基本人資簡介

王蔭泰（一八八八—一九四七）字孟群，山西臨汾人，早年赴日本留學，畢業於東京第一高等學校，後又去德國留學，民國元年（一九一二）畢業於柏林大學，回國後在北京政府任職，研究法制和外蒙問題。後在奉系楊宇霆部任職。民國十年（一九二一）起任張作霖顧問。民國十六年（一九二七）任張作霖北京政府外交總長，翌年改任司法總長。旋因奉系失勢而去職，南下上海，任開業律師，抗日戰爭爆發後投敵，民國二十六年（一九三七）十二

月參加僞華北中華民國臨時政府，任議政委員會委員，民國二十七年（一九三八）出任實業部總長。民國二十九年（一九四〇）三月，華北臨時政府併入南京汪僞國民政府以後，改任華北政務委員會實業總署督辦，旋兼任中日實業公司總裁。民國三十四年（一九四五）二月任僞華北政務委員會委員長。抗戰勝利後被國民政府逮捕，以叛國通敵罪判處死刑，於民國三十六年（一九四七）在南京槍決。①

參、從函電史料觀抗戰時期汪精衛與王蔭泰關係梗概

在一封署明七月十日而未敍明年時間之信函，係由王蔭泰致汪精衛之密函，該函內容如下：

精衛先生道席：春間肅上一函，早塵尊覽琪山、叔雍兩兄，北來蒙垂問勤，曷勝感紉，日前騶從涖止，爲時匆促，未敢造次請謁而願言之懷，益增蘊結，溯自我公主張和平以來，歷時半載而戰區愈廣、兵禍愈深，國步艱頓，於斯爲極，近聞顏福慶博士在重慶語路透社記者云：事變迄今，軍人死傷數逾百萬，人民流亡至五千餘萬之多，而淪陷之區困於游擊戰，困於焦土政策者，其人民死傷流離，爲數殆不可勝紀，倘不能載戢干戈，吾民將無噍類，言念前途，可爲寒心，前月蔭泰東渡，曾本尊恉，呼籲和平，並將兩國搆釁癥結之所在以及國際之情勢，久戰之危機，凡人所未肯盡言者，罔顧忌諱，盡

爲傾吐，彼邦朝有識之士，靡不虛懷聽納，與以無限之同情，人心厭亂，祥和有徵，是則差徵，是則差堪幸慰者也。此次我公薄游扶桑，折衝壇坫，剛健不阿，胞與同欽，此後關於和議事項，度將有所預備，蔭泰見聞所及，堪資參考者。謹舉數端，藉貢斟采：

一、查近衛上年十二月二十二日聲明，希望吾國與滿洲進而有完全之國交，要求以內蒙地方，爲特殊防共地域，近聞彼方頗有主張華北五省，作爲特殊區域者，是宜預爲之防。鄙意將來滿洲現狀，勢將承認。察綏則宜恢復原來省境，而接受以內蒙爲特殊防共地域之要求，至華北五省，最少亦宜保持事變前之原狀，而不能再有更進一步之特殊組織。

二、關於中日關係，此後自將趨於提携與合作，現在臨時政府應付方針，一以互惠平等爲原則，俾期得稍保全其華北已經或預備成立之開發事業，除交通公司爲特殊組織，已由雙方協定，聲明其條例暫適用於軍事時期外，其他開發公司下之各子公司，其資本、人員，皆在力求平均支配，至華北原有各公私工商事業，事變而後，或爲軍管理，或爲日商所攘據，迄今皆尚懸而未決。鄙意以爲凡與國防有關者，可以合辦其他私有資產，亟應發還或商得同意而合作。聞東京興亞院亦尚同此主張也。

三、近衛聲明，期望我國容認日本臣民在內地得自由居住營業一節，現在事實上雖已如此，但在各國不平等條約未修改以前，凡條約有限制規定各條款如內地雜居、土地所有權等，日本視他國未宜獨異，以免各國藉口最惠國待遇，而使我國無法應付也。以上三端茲舉關係較爲重大者言之，是否有當，至乞裁奪賜教爲幸，耑肅布陳。敬頌

鼎綏諸惟、垂炤不朽　　王蔭泰拜啟　七月十日②

從上述王蔭泰給汪精衛之信函內容，茲研析如下：

一、雖然該函未敍明何年，經研判應是民國二十八年七月十日所寫。觀之汪精衛是在民國二十七年十二月十八日叛離重慶國民政府，因此，這封信是發生在汪精衛投敵半年多以後的事。

二、王蔭泰將渠與日方往來和赴日觀察所得，透過信函，列舉三項意見，供汪精衛參考。

第一項是關於日本近衛首相於民國二十七年十二月二十二日發表所謂「近衛第三次聲明」，聲稱：日本政府始終一貫對抗日國民政府期予徹底的武力掃蕩，而與華方眼光遠大之士攜手，努力建設東亞新秩序。現今中國各地更生氣象，澎湃而起，建設之機運甚高，因此，特將日本政府與更生中國關係應行調整之根本方針，昭告中外。此一根本方針，就是日、滿、華三國將以建設東亞新秩序為共同目的而結合，以期善鄰友好，共同防共、經濟提攜之實現。近衛聲明並舉出日本對於更生中國之具體要求為：

㈠承認「滿洲國」，與之建立完全之國交；

㈡以日、德、義防共協定之精神而締結日華防共協定；在該項協定期間內，允許日軍在特定地點駐軍防共，並指定內蒙為特殊防共區域；

㈢在經濟關係上，要求日、華之提攜與合作。承認日本人在中國內地居住、營業之自由，並予日人在華北及內蒙地域以開發利用資源之便利。

如果中國與日本成立協定，則日本準備交還租界及撤廢治外法權。③

王蔭泰向汪表示，將來勢必要承認偽滿洲國之地位，華北五省不宜劃為特殊區域，察哈爾省、綏遠省應恢復原來省境，只能接受以內蒙為特殊防共地域之要求。

第二項是關於「中日提携合作」方面，王蔭泰向汪建議以「互惠平等」為原則，對於華北重要企業，渠向汪建議「凡與國防有關者，可以合辦、發還、合作等方式辦理」，並表示日本方面也同意此種主張。

事實上，此一作法，等於是王蔭泰替日軍掠奪中國華北資源獻出計策，觀之日本為了控制華北工礦企業，已侵華初期，日軍即已全部接管了華北佔領區屬於中國的所有重要企業。這些企業首先實行「軍管理」，後來則移交給日本的「華北開發股份公司」控制。該壟斷機構陸續設置了二十九個子公司和十一個孫公司。日本國內的壟斷集團如三菱、三井、大倉等企業也紛紛向華北投資，成為華北企業的股份擁有者或直接經營者。如華北交通股份公司於民國二十八年（一九三九）四月創辦，僅僅三年，到民國三十一年（一九四二）三月，資本總額已達四億日元，綜合經營控制了華北的鐵路、公路運輸和內河航運事業。④

隨著侵華戰爭的擴大，日本國內日感資金不足，對華擴大投資遇到困難。同時，日本在華企業一味從事掠奪性經營，企業普遍陷入困境。嚴格的經濟統制政策不僅影響到日本自身對華投資的效益，而且也與偽政權發生了利益上的矛盾。為此，日本決定部分地放棄一些非重點企業的獨佔，改為中日「合作」經營，並引誘淪陷區一些資本家對上述企業實行投資。

中方資本家可投資百分之四十五，而日方則投資百分之五十五。實際上「中國老板們除了把他們的設備和財產去換取該公司的股票之外，別無他法」，⑤企業的經營、管理、產品銷售均由日方掌管，民國二十九年（一九四〇）後，由於經濟的更加困難和經營無力，日方還玩弄了部份企業的「發還」把戲，即把一部分遭到嚴重損壞的，與日本經濟開發重點關係不大的輕工企業「發還」中國資本家，使之成為在日僞指導下的「自治統制機構」。民國三十四年（一九四五），日本侵略戰爭敗局已定，經濟形勢江河日下，就連付出最大努力支援侵略軍作戰需要的物資運輸和軍用自給物資的生產亦難以確保。日本華北方面軍，決定緩和統制並逐漸向撤銷經濟統制過渡。其目的是把經濟交由僞政權處理，從而使日軍能夠把主要力量轉向更加焦頭爛額的軍事問題。但是，這對華北經濟的殖民與掠奪性質並沒有任何改變。

第三項是關於承認日本人在中國內地居住、營業之自由，王蔭泰認為事實上日本人已經強行在中國境內居住、營業，大家彼此默認，心知肚明，但希望汪精衛能予以把關，暫勿對外宣稱，以免在華之其他各國，皆要求以最惠國待遇比照日本模式，同時若中國堅守此一原則想必日本也不敢標新立異，得罪他國，其他國家亦得以聯合制衡日本之行為。⑥可是此時，日本已無視其他各國的存在了。

肆、結論

從上述信函內容、時間觀之，在民國二十八年七月十日，王蔭泰應是任僞華北中華民國臨時政府實業部總長之身份，渠向汪精衛提出三項建議意見，事實上都是向日本當局俯首稱臣的傀儡行徑，叛國通敵，最後也沒有好下場，民國三十六年在南京被執行槍決。

註釋

① 黃美真、郝盛潮主編：《中華民國史事件人物錄》，（上海：人民出版社出版，一九八七年九月第一版），頁四八一。

② 〈王蔭泰致汪精衛函〉（民國二十八年七月十日），《汪僞資料檔案》，法務部調查局資料室藏，毛筆原件影本。

③ 轉引自古屋奎二著：中央日報譯印：《蔣總統秘錄》，第十一冊，（臺北，中央日報社民國六十六年五月三十一日初版），頁一九三。

④ 費正、李作民、張家驥合著：《抗戰時期的僞政權》，（河南：人民出版社，一九九三年七月第一版），頁一〇四—一〇五。

⑤ 同前④，頁一〇五。

⑥ 同前②，〈王蔭泰致汪精衛函〉。

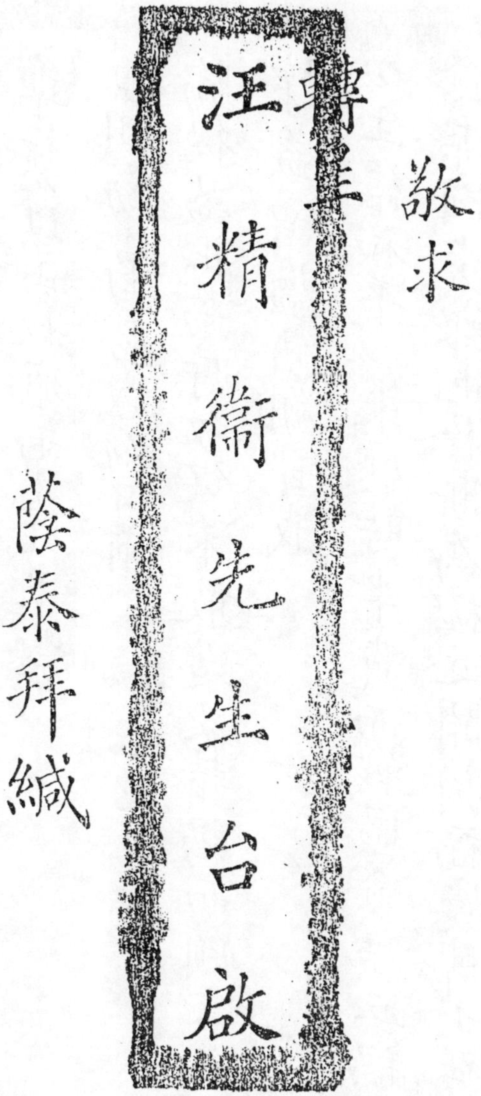

敬求
轉呈
汪精衛先生台啟
蔭泰拜緘

引自《汪偽檔案》

精衛先生道席春間肅上一函早塵
尊覽琪山叔雍兩兄北來蒙
垂問勤勤曷勝感紉日前
騶從蒞止為時匆促未敢造次請謁而願言之
懷益增蘊結溯自我
公主張和平以來歷時半載而戰區愈廣兵禍
愈深國步艱屯於斯為極近聞顏福慶博士在
重慶語路透社記者云事變迄今軍人死傷數逾

引自《汪偽檔案》

百萬人民流亡至五千餘萬之多而淪陷之區困於
游擊戰困於焦土政策者其人民死傷流離為數
殆不可勝紀倘不能戢干戈吾民將無噍類言
念前途可為寒心前月　蔭泰東渡曾本
尊旨呼籲和平並將兩國構釁癥結之所在以及
國際之情勢久戰之危機凡人所未肯盡言者罔顧
忌諱盡為傾吐彼邦朝野有識之士靡不虛懷聽
納與以無限之同情人心厭亂祥和有徵是則差堪

引自《汪偽檔案》

幸慰者也此次我
公薄游扶桑折衝壇坫剛健不阿胞與同欽此後關
於和議事項度將有所預備蔭泰見聞所及堪資
參考者謹舉數端藉貢
斟采
一、查近衛上年十二月二十二日聲明希望吾國與滿洲
進而有完全之國交要求以內蒙地方為特殊防共地
域近聞彼方頗有主張華北五省作為特殊區域

引自《汪偽檔案》

者是宜預為之防鄙意將来滿洲現狀勢將承
認察綏則宜恢復原来省境而接受以内蒙為
特殊防共地域之要求至華北五省最少亦宜保
持事變前之原狀而不能再有更進一步之特殊
組織
二、關於中日關係此後自將趨於提携與合作現
在臨時政府應付方針一以互惠平等為原則俾
期得稍保全其華北已經或預備成立之開發事

引自《汪偽檔案》

業除交通公司為特殊組織已由雙方協定聲明其
條例暫適用於軍事時期外其他開發公司下之各
子公司其資本人員皆在力求平均支配至華北原
有各公私工商事業事變而後或為軍管理或為
日商所攘據迄今皆尚懸而未決鄙意以為凡與國
防有關者可以合辦其他私有資產亟應發還或商得
同意而合作聞東京興亞院亦尚同此主張也
三、近衛聲明期望我國容認日本臣民在內地得自

引自《汪偽檔案》

由居住營業一節現在事實上雖已如此但在各國
不平等條約未修改以前凡條約有限制規定各條
款如內地雜居土地所有權等日本視他國未宜獨異以
免各國藉口最惠國待遇而使我國無法應付也
以上三端犄舉關係較為重大者言之是否有當至乞
裁奪賜教為幸耑肅布陳敬頌
鼎綏諸惟
垂炤不儩
王蔭泰謹啓
七月十日

引自《汪偽檔案》

第六篇　從函電史料觀汪精衛與高宗武關係梗概

壹、前言

隨著日本侵華行動日漸擴大，中國國土失陷愈多，和與戰為其可能採取之對策。民國二十六年（一九三七）七月，日本挑起盧溝橋事變，終於引發中國全面抗戰。國人都奮勇投入這場攸關民族盛衰與國家興亡之戰。唯獨一小撮人尚憂心於國力不足，內復有中共伺機坐大，外且乏國際正義有效之制裁力量，勢必窮於對抗強盛的日本，因而對「抗戰到底」之基本方針反抱持懷疑態度；認為中國實無支持此一方針之條件，硬戰到底的結果，徒會招致亡國慘境。高宗武，時任外交部亞洲司司長，對於抗戰時勢瞭解最為清楚，商議如何採取外交步驟，扮演一個非常活躍的角色。本文擬就抗戰前後，從函電史料中，探討蔣、汪與高宗武與對日外交關係。

貳、高宗武簡介

高宗武，一九〇六年出生於浙江溫州。二十二歲時留學日本，進九州帝國大學法學部，研習政治學；民國二十年（一九三一）三月畢業，繼入東京帝大肄業。翌年（一九三二）三月返歸南京，曾任教於中央政治學校。此後也在中央日報、外交評論等報刊發表政論文字，展露對政治的洞察力，漸引人注目。嗣被推薦為「國防設計委員會」外交問題方面的專員。民國二十三年春，曾赴日本、朝鮮、東北旅行觀察，並將詳細報告呈給蔣委員長中正。同年九月下旬起至年底之中、日通郵談判，高宗武是中國委員之一，表現獲得肯定，後來行政院長兼外交部長汪精衛任命高為亞洲司日本科科長，再升任司長。民國二十四年（一九三五）十一月，汪精衛遇刺後，張群繼任外交部長。高宗武之交涉長才益見發揮，同受中、日政府之器重。①

從九一八事變起至七七事變前一段時期，國民政府的外交可說是以處理對日問題為主。高宗武諳日語，熟悉日本政情，留學日本返國後，因緣際會，乃得以在政治舞臺上略展身手。而且從辦理對日交涉事務中，累積相當閱歷，建立與日本人士之間的人脈關係。此點與他後來在抗戰前期進行對日謀和活動有密切關連。

抗戰軍興，平津相繼淪陷後，八月初高宗武就曾負責與日本駐華大使川越茂在上海秘密進行了一次和平交涉，冀免事端繼續擴大，然因戰局趨緊無功而返。②淞滬大戰以後的八月十七日，高宗武復應周佛海約談，擬訂三項外交折衝方案：㈠、派員赴上海，再與日使川越茂接洽；㈡、或由在野名流赴東京，與日本政府交涉；㈢、致電駐英大使郭泰祺，出面與駐英日使接洽。③從這些方案，可見其為外交的努力，是不容否認的。

民國二十六年底，國民政府被迫遷至西南大後方以後，彼等謀和的腳步並不曾稍歇，反而因受到戰局惡化，以及日本在速戰速決策略嚴重受挫改採軍事攻擊與政治誘和並重策略等客觀情勢變化之影響，而加緊步伐，終促成民國二十九年三月汪精衛政權之出現。在這整個演變過程中，汪等主和份子能否成功的脱離重慶為至要關鍵所在。高宗武身當造橋工作，冒險出入陷區，往來東瀛，居間穿梭，協議條件，擬訂步驟，堪稱首功；而就在汪等建立新政權前夕，高宗武卻又最早乘隙脱離。本文擬就抗戰前後高宗武的對日交涉及其與蔣汪二人關係，作一初探。

參、抗戰前蔣汪與高宗武之對日交涉關係

此處所指抗戰前，係指民國二十六年七七抗戰以前，在民國二十四年十一月十九日蔣中正先生任行政院院長兼軍委會委員長，汪任中央政治會議主席，蔣副之。胡漢民任中國國民黨中常會主席，汪精衛遇刺後，張群於民國二十四年冬繼任外交部長，直到民國二十六年二月，期間高宗武任職外交部亞洲司司長。而在民國二十四年十二月至民國二十六年二月張群出任外交部長期間與日本駐華大使有吉明、川樾茂等人歷次會談情形以及有關的對日交涉情況。其所涉及的內容除「成都事件」外還包括中日間關於航空協定、共同「防共」、華北冀東僞組織處理等多項問題，這些文件表明了此期南京國民政府對日態度已趨於強硬，而在抗戰前扮演中日關係重要角色的人物，又非高宗武莫屬④。抗戰之前，高宗武除了將對日交涉

經過向張群報告再轉呈行政院蔣中正院長外，更於民國二十五年十二月二十一日致函汪精衛及陳璧君，隨時將對日交涉之經過向汪、陳二人報告，信函內容如下：

精公鈞鑒：溯違鈞侍瞬已經年，緬懷渠訓，嚮往彌殷，邇聞旌旆，即日東旋不勝雀躍，敬維道躬納祜旅祉，增庥式符，私頌爲祝中日關係，經我公歷年苦心擘畫已肇好轉之機，年來張部長蕭規曹隨，仍本中央既定之方針，積極謀邦交之改善，初以日使數易其人，進行不無遲滯，嗣因成都、北海事件相繼發生，川越奉命到京談判，頗有利用機會以貫徹計劃解決各項重要問題之意，經兩月餘之商談，雙方意見尚多未能接近，近以綏變發生，遂趨停頓所有交涉，情形除已隨時報告璧君夫人並將關係文件抄送請轉陳外，茲謹將一年來中日交涉之經過撮要，另文呈奉，敬祈察鑒耑肅敬請崇安。高武謹肅

十二月二十一日⑤

茲將高宗武所撰呈之〈一年來中日交涉之經過〉乙文引述如下，以使讀者進一步瞭解抗戰前的中日關係之真面目。其內容為：

年來中日糾紛愈趨複雜，兩國關係亦益見緊張，張部長就職後，認爲非將兩國關係納入正軌，作整個之調整，則邦交無由改善，去歲首次接見有吉，即告以此種決心與願望，希望日本停止一切策動關於兩國間各項糾紛問題，應循外交途徑，由雙方政府負責

交涉，藉謀根本解決，日方在原則上，雖不反對，但則以所謂廣田三原則爲基礎，我方以所謂三原則措詞過於廣泛，不便商談，而日方亦迄無具體內容提出，本年一月間廣田在貴族院演說聲稱，我國對彼所提之對華三原則，已經同意，本部即日正式聲明否認，雙方因此頗有爭論，我方始終堅決認爲不符事實，三月間有田任駐華大使，張部長曾與會談四次，彼此各以率直誠懇之態度，然正式交換意見談話要點，我方重在非法行動之停止，彼則注意華北問題之解決，所談雖無結論，但於雙方之意思不無多少之疏通，旋有田升調日本外務大臣，以川越繼之，對於所謂廣田三原則仍無具體辦法提出，惟迫切要求的，減低關稅、華北經濟合作，中日通航等問題，行以解決。我方以爲此與整個調整中日關係之意不符，未允照辦。迨八月間成都事件發生，死日人二名，繼之日商中野在北海被害，日方擴大宣傳，情勢緊張，幸我方處以鎮靜，除臨時揣日方情況，頗有利用此種機會償其大慾之意，九月間川越專命來京與張部長開始談判，我方主張先行解決蓉案，不與調整整個問題混爲一談，而彼則以爲蓉案不難解決，僅解決蓉案仍不能緩和日方其氣，然非調整整個問題先行討論不可，其則藉題發揮可想見也。乃於要求取締抗日外，更提出：㈠華北、㈡共同防共，㈢關税，㈣顧問，㈤聯航，㈥取締鮮人等問題要求解決，我方迫於情勢，爲泯除糾紛起見，除對於關稅、顧問、聯航及取締鮮人等項，就可能範圍內，相當容納其意見，並附以交換條件外，關於共同防共則拒絕商談，華北問題表示限於經濟合作，凡不管政治侵略意味而合乎平等互惠之原則，可以贊同，並以冀察二省爲限，同時提出我方認爲急須解決之具體問題，如取消塘沽、上海兩協定，取消冀東組織，停止不法飛行，停止走私與不干涉緝私，消滅察東綏北僞軍及匪類等，希望一併商討，川越態度強硬，要求撤回談判，幾瀕破裂，嗣桑島來華後方案略有變動，其後復經數次續商，一面由武與川越、須磨側面磋商，日方有相當之讓步，關於華北問題，以我方對維持冀察現狀現有困難，此次交涉允置不談，但晉、綏、魯三省希望中央政府，過必要時，就事端等令各該省當局，對日本予以經濟合作之便利，對我方所提冀東、綏東、察北問題，表示可爲日方對華之紳士協定，但不能作爲交換條件，惟對防共一事持之甚力，其談話亦多以此爲中心，我方仍本既定方針，予以拒絕，計川越與張部長前後會談七次，大體意見尚未一致，日前川越的歷次談話，經過製成備忘錄面交張部長，其中與所談者頗多出入，我方已發表聲明有關最近日方鑑於各項問題，商談尚無結果，對先行解決成都、北海兩案已表同意，成都事件連日經武與須磨磋商，業已決定解決辦法，其條件尚不超越國際慣例範圍，當即可了結，北海事件擬繼續商，一併予以解決，其他問題尚有待於日方，重行考慮其態度而加以努力也。十二月二十一日川越晉謁張部長除對蔣院長表示慰問之意外未談其他問題，總之：日方態度較前似略進步，對中央之認識亦日益深刻，川越個人更似具比較遠大之眼光，若能處理得當，途當非極端悲觀也。⑥

從上述信函可知中日兩國南京交涉調整邦交一案，實源於民國二十四年春王寵惠博士與日本廣田外相之會晤。洎張部長岳軍就任之後，亦深感中日國交有調整之必要，特於民國二十五年三月中與日本駐華大使有田氏剴切說明此意，有田返國升任外相之後，亦曾討論及此，但終以日本未準備為徹底之調整，而未見效果。民國二十五年八月二十七日成都事件突然發生，日人死二傷二，中國政府即表示準備依照國際慣例予以解決之意。日本大使川越則於開始談判之時，提出若干問題，要求先行解決一部，於是南京中日交涉乃於焉開始，本可從容談判。不意同年十一月十六日綏東戰事忽然爆發，中國乃於十一月十八日正式通知川越，告以日本如繼續暗助匪僞擾亂綏遠，則中日交涉勢將無法繼續進行，因之，交涉中斷。⑦

自民國二十五年九月十五日張部長首次會晤川越大使，以迄於十一月十日之會談，歷時約兩閱月，晤商達七次之多，終因雙方之意見相離甚遠而難以接近，故結果對中日邦交並無若何改進。中國方面之具體意見及態度大致如下：⑧

甲、關於取締排日運動：中國方面於交涉結束之後，擬自動履行左列兩項：

㈠中央黨部命令下級黨部切實指導實行政府邦交敦睦令。

㈡由蔣院長發表促進兩國邦交之演說或談話。

乙、其他具體問題：

㈠共同防共問題：一般防共問題，無論如何希望日方勿談。北部邊境防共問題，須日方提出具體內容後方可商談，但冀東及察綏區僞軍問題，務須同時解決。

㈡華北問題：對冀察兩省當時之狀況，中國方面甚為不滿，日方至少應設法逐漸改善。對晉、綏、魯三省，中央政府遇有必要時，可酌量就事論事，指令各省當局對日本予以經濟上合作之便利。

(三)上海福岡間聯航問題：中國方面可以答應簽訂合同，但實行日期須視華北日本自由飛行之能否停止而定。此項調解須經雙方確認。

(四)減低關稅問題：中國政府願自動調整關稅，但日方於民國二十五年所交之方案，只能作為參考之用。同時，日本須嚴厲取締華北之走私，並不應妨礙中國海關緝私之自由。

(五)顧問問題：中國政府準備自動酌聘日本專家數人充任投資顧問。

(六)取締朝鮮人問題：日方如指明不法事實及確實地址，中國方面可協助緝捕，但此事純出於自動的友誼，不能認為永久的諒解或協定。

總之，從民國二十四年冬到民國二十六年二月張群任外交部長之時，也正是高宗武任亞洲司司長之時，更是蔣先生任行政院長之時，有關對日外交，幕後主導推動之人，非高宗武莫屬，而高又與汪先生素有情誼，凡事無論大小，每事必報，此時蔣汪合作下的國民政府，正實行「攘外必先安內」之策略。高宗武與蔣汪此時，應屬蜜月期之關係。

肆、抗戰後蔣汪與高宗武之對日交涉關係

一、打通與日本交涉的管道

民國二十六年（一九三七）十一月三日起，德使陶德曼（Oscar P. Trautmann）奉令出面調和中、日戰爭，為主和份子帶來甚大鼓舞，即如行政院副院長兼財政部長孔祥熙都認為這是「天賜良機，絕不可失」，特建請蔣中正委員長鄭重把握。⑨

高宗武對德使的斡旋同樣也抱有很大期望。民國二十六年十二月十三日，南京淪陷後，此一調和工作因日方開出的條件加重問題而陷入僵局。高宗武遂於民國二十七年（一九三八）一月初，暗中派所屬第一科科長董道寧從漢口赴上海，往見日本大使川越茂，請求從旁協助緩和日方要求的條件。不料會見以後，不久獲悉陶德曼之調和交涉宣告破裂；⑩原因在於中國政府對日方過苛的條件遲遲未予回覆，日本政府決定於一月十五日正式停止調和。次（十六）日隨即發表「不以國民政府為對手」之聲明，不久兩國政府又各自調回大使，外交關係斷絕。

周佛海認為這是意謂著「和平機運，完全中斷」。⑪乃與高宗武商量，「必須找出一條向日本打通的路線才行」，「應當想出一個脫出漢口的方法才好」。⑫周氏時任軍事委員會侍從室副主任，以此立場設計在漢口設立一收集日本情報之機關，責由高宗武負責規劃。高擬妥計劃書後，由周提呈蔣委員長核裁，並乘機建議：為收集日本情報起見，應派高宗武到香港去，以方便進行。蔣委員長先是答允，後又覺得太冒險，電示外交部長王寵惠阻其成行。經周佛海再三向王表白願意承擔一切責任，高宗武才下決心飛赴香港。⑬

二月初，高宗武偕亞洲司日蘇科科長周隆庠到香港後，設立一「日本問題研究所」，對外稱「宗記洋行」。⑭一方面負責搜集有關日本情報資料，寄回漢口，供政府參考；一方面也要設法打通與日方交涉的渠道。首先高同意董道寧擬秘赴日本探取日方決策當局對中國確實之方針所在的構想，乃以該所名義支助其訪日旅費。董於是月下旬成行。⑮其次，高宗武也遵照周佛海在漢口行前之提示，於董道寧訪日期間暗地由香港到了上海。三月上旬，與舊識日人松本重治⑯取得連繫，經二次晤談。高告訴松本來上海的目的：一是想要搜集作戰以外情報，但在香港辦不到；二是順便瞭解董道寧訪日現況。此外還談及日本發表「不以國民政府為對手」聲明一事，詢問松本日本堅持該聲明之態度如何？⑰此乃高宗武對日謀和活動踏出的第一步。

董道寧在伊藤芳男⑱陪同下，二月二十五日從上海啟程，次日抵達長崎。西義顯⑲已經為這趟行程預先布置一切。二十八日，轉赴橫濱，其後又到東京。在橫濱和東京共住九天，先後會見了參謀本部次長多田駿、作戰課長本間雅晴、謀略課長影佐禎昭等人。其中以和影佐會談六次，次數最多；且以三月五日的會談最引人矚目。當日上午在參謀本部會見了多田與本間二人。本間曾坦白告稱，影佐也明白表示，「日方希望中國有大政治家親自出馬，與日方開始交涉最基本條件」。日方兩人談話，言外之意，似透露出元月間日本發表「不以國民政府為對手」的聲明，實含有製造中國政府分裂以削弱蔣委員長抗戰聲勢之政治作用。所以董道寧乃向本間表達日本應自動取消此一「無理聲明，以謀問題之正當解決。」至於影佐還提及的日本對議和條件，如中國放棄抗日政策，與日本合作；承認滿洲國，日本得在華北駐屯必要軍隊以共同防共等，應只是一套敷衍說詞，想非日方真意所在。董氏並受影佐之託，攜回兩封親筆致何應欽與張群的信，期盼何、張二人能夠奮起，促成兩國合作以確立東亞和平。⑳

董道寧三月十日從日本出發，取道大連，三月十五日返抵上海時，高宗武猶在等候，未幾同赴香港。四月二日，高宗武偕董道寧返回漢口，先向周佛海報告與日方接洽情形。周佛海隨後報告汪精衛。四月五日高謁見蔣委員長，㉑蔣委員長「告以日本急於求和，且有攻俄跡象，其欲以攻俄為名，而脅我速與言和之企圖，殆昭然若揭矣。」㉒十四日，高宗武肩負「秘密使命」飛往香港，繼續謀和活動。日人居間穿梭者為西義顯，惟未獲致令彼等滿意的結果。㉓

高宗武更進一步之具體謀和活動是親自出馬赴日探求日方真意。而促成他行動的最主要者自為周佛海。高在五月底返回漢口時，曾與周佛海談「中日關係前途二小時」。六月六日，再奉命飛香港行前，周佛海要求他直接到日本去連絡，試探日本政府關於實現和平之條件。高宗武初露猶豫之色，經周極力鼓舞，並保證負責報告蔣委員長，遂決心赴日。㉔其次是松本重治和西義顯。㉕後來便在彼等策劃下，六月二十三日由香港啟程，經上海，七月二日晚抵達橫濱，本宿橫濱，為安全計當夜又由西義顯護送至東京。七月九日，自東京動身，赴橫濱登船返香港。㉖留在東京剛好一個星期。

依據他手撰的《東渡日記》，停留東京期間，與其晤談之日方人士如下：

七月三日　晚，與松岡洋右談至十二時。

七月四日　上午，與陸軍省軍務課長影佐偵昭談一小時。下午，與參謀本部次長多田駿談兩小時。

七月五日　因對影佐、多田兩人之意見不能苟同，整日無意見客。

七月六日　晚，與首相近衛文麿之親信同盟通訊社總社長岩永裕會餐。

七月七日　下午，先後與陸軍省中國課課長今井武夫和該省大臣坂垣征四郎談一小時。晚，在岩永住所便飯後，談至十一時半。

七月八日　上午，往見首相近衛文麿，談一小時。晚，與近衛智囊團西園寺公一、犬養健㉗等人便飯，且談至十一時。

高宗武此番孤身深入敵國，與各方接觸會談，所獲得的觀感，據他後來向上級的報告，主要有三大方面：一為對日人的印象。除坂垣尚有傲慢之氣外，其餘諸人皆彬彬有禮，談話時都表示希望早日收拾戰局，且都承認日本過去確犯錯誤。軍人中以多田最坦白，文人中以松岡最健談而真誠。二為對日本政府之中心人物的觀察。軍部之中心人物是參謀次長多田、陸軍部長坂垣、軍務課長影佐，但因為多田係一好人，坂垣又有勇無謀，故重要計畫都出自影佐之手。內閣之中心則在首相近衛和坂垣兩人，而對華政策之中心人物為影佐、松岡、岩永及外相宇垣等人。三為對談話內容之綜合分析，認為日方用意不外兩點：㈠議和條件可減輕，㈡蔣委員長非下野不可。㉘

關於當時日方擬談的條件，是由影佐在會談時表示的：㈠一般提攜與共同防共，㈡在華北及上海設置高度之合作地帶，㈢經濟合作。仍然只是原則性方案而已，不值得重視。倒是日方這次對於蔣委員長下野一節，表現出非常堅強之態度和明確的立場。坂垣告訴高宗武：「日本自想結束戰爭，但非蔣介石先生負責下野，國府改組，日本只有忍痛犧牲一切，以求事件之根本解決。」影佐在會談時也以軟中帶硬的語調說：「可否請蔣委員長下野，由汪主席出任負責，則不但於日本方面容易轉旋，即中國方面亦易做到，於中國面子亦可保持。」影佐還特別強調蔣之下野已經是御前會議和五相會議一致的決定。極顯而易見，日方意圖促使蔣委員長領導之抗戰力量潰散的謀略，始終一貫。㉙所謂條件可減輕云云，毋寧說是個誘餌，或許恰當一些。

面對日方此一露骨的表白，高宗武也老實回告以不妥，要旨為：一、中國之抗日情緒乃積日本數十年來侵略之結果，如以為蔣委員長下臺，就可解消抗日情緒，這是極大的誤解；二、中國今日實非蔣委員長負責不可，只有他能與日本作戰，也唯有他能與日本講和。即使汪主席出馬，亦無法收拾局面。高在會談之中，一再提醒日方，如此的要求會給人是在離間中國內部，破壞團結，滅亡中國之手段；蓋蔣一旦下野，中國失去統制，國內四分五裂，日本便可為所欲為。所以高宗武向蔣委員長報告稱「此實敵方最毒之計，職已屢次向其表示失望」。㉚

於此要指出的是，日方當事人對此節之憶述，出入頗大。茲以影佐為證。他回憶說曾與高宗武在箱根見面兩次，關於以汪為談判對手的問題，是高宗武先提出的：

> 高說：歸根到底，日本現在不承認蔣政權，為了造成日中之間的和平，也許必須找蔣介石以外的人。汪早已痛感有迅速解決日中問題的必要，稱道和平論，而國民政府內部終

究不能容納他的主張。為此，不如從政府外部掀起國民運動，開展和平運動，由以造成蔣聽和平論的時機。這樣較為適當。㉛

這是值得探討的。難道高宗武向蔣委員長的報告隱瞞了若干實情，抑為日人故意扭曲真相？從日方工善謀略的角度來看，也許不難判斷孰真孰僞。由於高宗武這次秘密東渡，逾越了只能在香港研蒐日本情況資料的指令，無怪乎蔣委員長在六月二十四日聞高秘密離港赴日消息，當日日記記道：「高宗武擅自妄動，可謂膽大妄為矣！」㉜而高回到香港後，自知將無以面對，直至七月二十二日下午，始派周隆庠將赴日活動有關日記及會談記錄等件，交由周佛海轉呈蔣委員長。高並有一封致蔣委員長的信謂：

委員長鈞鑒：職於六月二十三日由香港秘密東渡，刻已平安返港。茲謹將職東渡日記及在東會談記錄與職個人觀感三項，分別呈閱。倘有可以供鈞座參考之處，則或可贖職擅越之罪於萬一也。」㉝

周佛海看到報告後，先呈給汪精衛。據陶希聖說，「汪看了這個報告，特別是其中說到日本參謀本部希望汪出馬言和的一段，大為吃驚。他立即將原件轉達蔣委員長。」㉞蔣委員長看過報告後兩三天，曾責問陳布雷說，高宗武真是太大膽了，是誰允許他去日本，表示今後將與高宗武斷絕關係，停發其活動經費。周佛海則為表示對高負責，乃從中央宣傳部經費中，每月提撥三千元給高宗武，讓他留在香港，暫時觀望形勢。高宗武從此就不曾再回到國內。㉟或謂：如無蔣委員長之默許，高宗武豈敢赴日秘訪。洵為無稽之談。

其後，高宗武曾因肺疾復發住院一段時間。八月下旬，松本重治到香港採訪，以了解中國方面對高訪日有何具體回應。此時，高宗武便以健康理由，向松本介紹梅思平，說他是周佛海的好友，以後可直接與梅思平交涉。㊱梅思平時為漢口半官方文化組織「藝文研究會」香港分會「國際問題研究所」之主持人，負責選擇外國報紙刊物資料，或剪報，或摘譯，寄回漢口，供總會參考。㊲他踩著高宗武已經打通的道路，從八月底至九月初，在香港與松本進行另一階段之謀和交涉。㊳高宗武則只居於諮商的角色。

二、「重光堂」密商議和條件與步驟

梅思平原擬於十月中旬回漢口向周佛海報告與松本重治會談之結果，因日軍猛攻武漢情勢危殆而延至十月二十二日始回到重慶。二日後，周佛海亦自漢口輾轉抵至，旋聽取梅思平的報告；二十五日，謁見汪精衛，「對於情勢有所報告及陳述」。㊴此後，汪精衛等人連日商議頻頻；至三十日汪終於下定決心，命高宗武與梅思平為代表，再赴上海和日方代表進一步接洽。關於他商議的內容，目前中文資料未有直接記載，惟是日周佛海日記載稱：

> 晚赴汪宅便飯，並商談時局。決疑定計，實非易事也。……十二時始返寓，輾轉不能成寐。英雄造時勢歟？時勢造英雄歟？時勢如此，能否旋乾轉坤，使國家不致於滅亡，端

賴今後努力。惟國運如何?實未能預料也。㊵

可見，他們確實是經過一番周密研議，纔作出此一企圖「旋乾轉坤」的決定。蓋其時，廣州陷落於前，武漢繼撤守於後，外在情勢促使彼等益覺抗戰前途之悲觀，遂採取較積極之行動。

日本方面，日本政府亦於十月一旬得到松本與梅思平在香港會談結果的報告，甚表重視。加上此時日軍軍事進展順利，佔領了廣州、武漢，近衛內閣把握時機，於十一月三日發表「東亞新秩序聲明」，即所謂近衛二次對華聲明，宣稱：日本所冀求者就是建設東亞永久和平的新秩序，如果國民政府拋棄以往的一貫政策，更換人事組織，取得新生的成果，參加新秩序的建設，日方並不予以拒絕。它表面上係對一月間「不以國民政府為對手」聲明之修正，實際上還隱含兩方面意義：㈠日本對華政策已作調整，政治誘降的策略公然浮出檯面；㈡暗示國民政府必須放棄抗日容共真正目的在於向重慶的主和份子表明日本政府已採取「和平」解決戰爭的立場。因為高宗武訪日之際，曾強烈表達要日方取消「不以國民政府為對手」聲明，近衛之聲明可視為對主和份子期望的一項呼應，無異為他們注入一針興奮劑，十天以後雙方代表即在上海舉行促成後來汪精衛等人出走重慶的「重光堂會談」。㊶

梅思平與高宗武分別在十一月上旬抵達上海。日方則先由今井武夫與伊藤芳男代表，第二階段改由影佐禎昭與今井主談。此外隨從者有周隆庠、西義顯、犬養健。「重光堂會談」分為預備會談及正式談判兩階段進行。預備會談自十一月十二日夜一直進行至十四日夜。㊷

關於會談內容及協議經過，根據日方所謂「渡邊工作現況」，㊸可以瞭解其梗概。

在預備會談上，雙方對一份所謂「中國方面的行動計劃」，均未表示異議。計劃分成發動、建立新政府、新政府的政策三個部分，歸納其要旨為：㈠兩方代表就「和平解決條件」達致協議，並經日本政府確定後，汪精衛等人藉日前往昆明，經河內到香港。俟日本政府公佈「和平解決條件」，汪則發表與蔣委員長斷絕關係聲明，並對國內及南洋華僑宣傳和平運動。與此同時，雲南宣布獨立，四川軍隊繼起呼應，日軍也配合採取軍事行動，隔斷中央軍向貴州等後方地區之討伐；㈡汪精衛在非日軍佔領區之雲南及四川建立獨立政府和新軍隊，迨廣東和廣西兩省日軍實行部分撤退後，再以此四省做為「新政府」的轄區；㈢「新政府」成立後，發表日華提攜及闡明共同「建設東亞新秩序」之政策，並得聘請日籍軍事及其他方面的教官。㊹

引起雙方代表較多協商的，是兩份文件：〈日華秘密同盟條約要點〉及〈新國民政府的對日政策〉（亦即上述行動計劃中所謂〈和平解決條件〉）。這兩份文件，係就雙方連絡人員以前在香港多次會談之意見整理而成，現在提到預備會談上，經部分修正後，進行正式協商。梅思平、高宗武表示對「秘密同盟條約要點」原則上同意，但因為尚未經汪精衛過目，其實行方案先予保留；對於「和平解決條件」，雙方反覆談判，結果綜合雙方的意見，暫取六項解決條件如下：

一、締結日、華防共協定，內容以日、德防共協定為準；

二、中國承認滿洲國；

三、中國承認日人在中國內地之居住、營業權，日本亦考慮廢除在華治外法權並交還租界；

四、日、華經濟合作依照平等互惠原則，合資合辦；

五、日軍在一定期間內駐兵內蒙；

六、和平解決條件達成後，除內蒙以外，其他佔領區內之日軍開始撤退；當中國國內治安恢復時，全部撤軍完畢，但時間不超過兩年。㊺

此外，雙方又對於「和平解決條件」之發表、日華秘密同盟條約要點在文件上的簽署以及「臨時」、「維新」兩政府之處理諸項問題，進行協議。除第一項問題未能獲得協議外，其餘兩項均達成諒解，大致內容為：㈠雙方代表不以正式代表身份，而以個人名義在秘密同盟條約要點及六款解決條件之協議記錄上簽字後，各自向日本政府與重慶方面提出報告，俟兩方皆回電同意，立即生效，並按預定程序進行工作；㈡汪精衛新政府成立後，臨時、維新兩政府發表聲明自行引退，屆時則由中國內部自行和解，希望日方不要特意支援兩政府。㊻

預備會談共進行兩天。結束後，今井武夫等人即於十一月十五日攜帶雙方協議之草案，趕回東京呈報，經陸軍省和參謀本部會議決定以之為基礎，大力推進日、華「和平運動」。陸軍省重新指派軍務課長影佐禎昭、參謀本部派今井武夫為協議記錄簽字代表，返抵上海，展開正式會談。

正式會談，自十一月十九日夜至二十日傍晚。作為議案的，乃是日方根據日本政府通過的「日華關係調整方針」，將預備會談上所達成之協議草案加以若干修訂而成者，故與原來協議草案在形式及內容上均有所更動，高宗武、梅思平亦逐一表達意見。最後達成協議。㊼雙方代表即於二十日下午七時在「日華協議記錄」及其附件「日華協議記錄諒解事項」上簽字；對另一附件「日華秘密協議記錄」僅取得一致意見，以上三項文件合稱為「重光堂密約」。此外，日方代表並備妥一份日本政府之聲明草案㊽送交高宗武、梅思平參閱，正式會談宣告結束。至此，高宗武對日謀和活動，更獲得具體的進展。汪精衛出面主和之態度益趨明朗化。

因此，對於汪精衛等人將如何脫離重慶的行動步驟，在重光堂會談中也已經預先規劃如下：

十一月二十二日　高宗武、梅思平兩人從上海出發；

十一月二十四日　高宗武、梅思平兩人到達香港；

十一月二十五日　梅思平到達河內；

十一月二十六日　梅思平到達昆明；

十一月二十九日　梅思平到達重慶；

十二月三日前後　日本方面向上海周隆庠答復同意與否，並向香港高宗武答覆同意與否；中國方面向上海伊藤芳男答復可否，並向香港西義顯答復可否；

十二月五日以前，汪精衛自重慶出發到達昆明；日本政府接到汪抵達昆明電報，即發表聲明。日方發表聲明後，汪精衛也發表與蔣委員長斷絕關係之聲明。汪精衛到達香港，發表中日合作建設東亞新秩序及反共政策的聲明。㊾

為防萬一，高宗武、梅思平還與日方代表約定，如果十二月五日前後的發動遭遇到困難，則延期至十二月二十日以後。從事後發展來看，汪精衛等人之脫離重慶，完全是依照重光堂會談秘密協議之安排而採取的行動。他們的計劃不可謂不周密。重光堂會談對日、汪雙方的謀和活動而言，具有一定的意義：㈠日本亟思與國民政府議和以取得侵略成果而卻無法實現的願望，從密約中暫時獲得滿足。㈡強化了原已對抗戰軍事失利極感悲觀的主和份子脫離重慶的決心。㈢日本分裂國民政府抗戰陣營之謀略，初步獲致效果。

重光堂會談一結束，日、汪雙方代表各自攜回「日華協議記錄」等秘密文件，並約定東京、重慶兩方面如均無異議，則分別透過上海和香港之聯絡人作出答覆，始告生效。在上海的聯絡人，日方為伊藤芳男，汪方為周隆庠；[50]在香港的聯絡人，日方為西義顯，汪方為高宗武。梅思平於十一月二十六日抵達重慶，旋即隨同周佛海赴上清寺汪精衛公館，趨前報告與高宗武在上海談判的經過，並一起商議經雙方代表簽字之條件及近衛聲明草稿，至中午十二時始散。[51]下午，周佛海與梅思平再到汪宅商討時，「汪忽對過去決定一概推翻，云須商量」，二人乃「以冷淡出之，聽其自決，不出任何意見」。[52]

次(二十七)日下午，周佛海、梅思平三度赴汪宅，與汪精衛和陳璧君一同會商。事後，周佛海憶稱：

> 汪先生忽變態度，提出難問題甚多。余立即提議前議作罷，一切談判告一結束。汪又轉圜，謂簽字部分可以同意，其餘留待將來再商。於是決定照此復電也。[53]

經過幾次商議，周佛海和梅思平發覺汪精衛之性情為「無一定主張，容易變更、無擔當、無果斷、作事反復，且易衝動」。惟平情而論，在抗戰國策之下，私通敵方，簽定秘約，對身為政府高級官員之汪精衛來說，難免會有瞻前顧後、猶疑不定之表現。[54]

十一月二十九日上午，汪精衛、陳璧君、周佛海、梅思平、陳公博、陶希聖等人群聚汪宅，將各項文件詳加研究後，決定予以同意，隨即電告香港的高宗武。下午，他們又一起研訂出走重慶的辦法：汪精衛八日往成都，十一日赴昆明；周佛海則先赴昆明等候。[55]陶希聖與陳公博因住成都，由成都逕赴昆明會合。一切計劃底定，翌（三十）日，梅思平便趕回香港。

梅思平回到香港以後，高宗武隨即通知日方連絡人，答復三點如下：㈠汪精衛承認「日華協議記錄」，惟對其中之附件「日華秘密協議記錄」尚有意見，保留後日再協商之餘地；㈡汪精衛預定十二月八日從重慶出發，經成都，於十一日到達昆明，在此期間務須特別保密；日方以十二月十二日左右發表近衛聲明最為適宜。㈢汪精衛將在昆明或河內或香港（地點未定）宣布下野。[56]

日方接獲答復後，於十二月初分別通知汪方連絡人，表示對「日華協議記錄」亦無異議。汪精衛等人遂在極秘密狀況進行脫離行動。為了避免引起外人懷疑，他們各自假藉不同口實作為掩護。周佛海以視察宣傳工作名義，於十二月五日先赴昆明，與龍雲聯絡，預為佈置一切；陶希聖以講學為名尾隨而至；汪精衛則假赴成都講演之名。他們所以選擇這時離開，蓋因蔣委員長自十一月底抵桂林後，正組織桂林行營，策劃第二期抗戰軍事。汪等估計蔣委員長十二月十五日前不致返重慶，遂決定乘隙潛逃。[57]

未料，蔣委員長提前於八日返抵重慶，使得汪精衛等人原訂出走的計畫，被迫展延。直到十二月十八日上午，汪精衛藉赴成都講演為詞，搭機直飛昆明，同行者有其妻陳璧君，及秘書曾仲鳴等人。考汪精衛所以選定是日潛走，綜合有關資料研析，其經過為：他事先獲悉蔣委員長預定於十八日飛往西安主持軍事會議，遂請交通部次長彭學沛預先購妥機票，擬俟蔣委員長離渝，隨之脫出；後因西安天氣不佳，蔣委員長延至二十日始首途。汪感到再待下去，將有敗露行跡的危險。十八日當天，正好蔣委員長召集國民黨的中央委員講話，汪可以不出席，乃得乘機飛離重慶。[58]汪精衛為了掩飾行動，是日早上臨搭機前，猶特地訪晤孔祥熙，表示就要前往成都演講。[59]

汪精衛等抵達昆明，雲南省政府主席龍雲親至機場迎接；晚上，兩人會談了數小時。不過，他們認為昆明亦非可久留之地，因決定次日即啟程赴越南河內；在龍雲協助下，向歐亞航空公司包租一架專機，於十九日下午直飛抵河內。從此，他們置身海外，「將來亡命至何時，殊難逆料。」[60]

三、二次東渡交涉

汪精衛抵達河內後，按照預定計劃，於民國二十七年（一九三八）十二月底公開發表主張和議之「艷電」，以呼應日本首相近衛文麿先幾日發表的第三次對華聲明。惟此舉既未能如他原先所估測的引起各方響應，反而招致海內外一片撻伐的聲浪。更不幸的是，接著而來新的一年民國二十八年開始的第一個月，汪精衛度過了讓他一生永不能忘卻的「孤獨的正月」。㉑究其原因有三：

一為元旦日中國國民黨中央決議永遠開除汪的黨籍。汪回想當時的心情，說：

元旦晚上，我得到情報，知道重慶方面在策劃剝奪我和同志的國民黨籍。對於這個情報，我與曾仲鳴俱頗黯然。這一晚，大家都沈思了一晚。㉒

二為日本近衛內閣竟在「艷電」發表之後五天——元月四日倒臺。繼之而起者，為平沼騏一郎內閣。此一日本政局之更迭，是否會影響及於對華政策之改變？令遠在河內的汪精衛，不能不審慎加以觀察。三為一月十七日發生香港《南華日報》發行人林柏生遭人襲毆受傷事件。㉓該報鼓吹和議論甚力。「艷電」即汪交林柏生由此報發布消息。不滿和議主張之人遂憤而出襲。這一事件，亦不免使汪精衛感到恐慌。

然而，一過了「孤獨的正月」，汪精衛便開始積極活動起來。二月一日，高宗武奉汪精衛電召自香港到達河內，商討今後對策。兩人從一日至五日，每天會商七、八小時。前三天汪向高徵詢兩方面的意見：㈠一般情況估計；㈡檢討汪本人應不應出馬拯救國家和民族。第四天起，汪則提出個人想法，彼此共同研究。經過商議，獲致三項方案：

第一方案，日本和蔣委員長妥協。此案對收拾時局最宜，汪願盡最大努力促成之。

第二方案，以王克敏、梁鴻志、吳佩孚及其他實力派人士負責中國之統一，汪則以在野之身積極予以協助。

第三方案，假如日方認為汪精衛纔是收拾時局最適當人選，則就汪所開列的條件為方針，加以妥善處理。

至於由汪出馬收拾時局之條件，歸納起來，主要有五項：㈠汪以國民黨名義，組織反共救國同盟會，負起重建民族國家的政治工作及軍事力量（以十二個師為目標）；㈡在日軍迫近西寧、南昌、南寧時，汪再次發表聲明，宣布由他收拾時局，擔當實現和平的負責人，並號召西南各將領通電響應；㈢與日本當局會見，發表共同宣言；㈣以雙十節（十月十日）為期，在南京組織新國民政府，同時解散同盟會以及取消「臨時」、「維新」兩政府，其人員併入新中央政府機構；㈤協商日本貸款兩億元，在新政府成立以前，每月先提供約三百萬元的活動經費。[64]

高宗武即偕周隆庠攜帶這些方案和條件，從河內經香港轉上海赴日；[65]二月二十一日在長崎登陸，由今井武夫陪同，二十六日抵達箱根，二十八日在箱根富士屋旅館與影佐禎昭舉行協商今後行止要點。影佐明確表示，日本準備以第三方案作為收拾時局之準繩，對於汪之計劃將以滿腔熱情贊許之，並盡力促其實現。[66]高宗武此行還與平沼首相、有田外相等要人晤談。其後，日本內閣在五相會議上作出要促使汪精衛出馬的決定，乃於三月十八日責由駐香港總領事田尻愛義，[67]將日方決議面達高宗武。接著，在四月一日的興亞院[68]會議上，又決定自四月份以後的六個月內，從海關餘款中按月支付三百萬元，資助汪精衛組織反共救國同盟會。[69]此即高宗武二赴東瀛謀和交涉之梗概。

特別要指出的，在汪精衛提出之方案中，已經明白說明他組織新政府之時間、地點、活動經費、以及對「臨時」、「維新」政府的處理方式，較諸「重光堂」會談時所構想的，更為具體。尤其是關於組織政府之地點。「重光堂」會談決定是計劃在非日軍佔領區雲南和四川建立獨立政府，此次汪之方案則改成在南京組織新國民政府。顯示出已有極大的轉變。

可惜，高宗武二度東瀛之行，並未能像重光堂會談一般，保密到底。四月五日，國內各大報均以醒目標題，揭發汪精衛起草之對日妥協條件，及高宗武赴日接洽的結果。重慶「大公報」嚴厲批評這一所謂「汪、平沼協定」，「真是喪心病狂到極點」，並謂：

> 汪精衛竟替暴日畫策，唆使敵人進攻西安、南寧、南昌、長沙、襄樊、宜昌，然後各路入川，以期中央突破。汪更對敵人買空賣空，說他能發動二十師以上的兵力，自任策動倒蔣反共的戰事，要求暴日月給活動費二百萬，並已兩次拿到共四百萬。組織反共救國同盟會，汪自任總裁。最後汪至南京組織政府，而自任傀儡。請問這是「主和」嗎？乃是降敵賣國的大陰謀！[70]

有人認為「大公報」此舉，乃政府授意為之，而政府則因為汪精衛為追悼其秘書曾仲鳴三月間遭刺殺而發表「舉一個例」一文，暴露了國防最高會議對德使；陶德曼調停之決議記錄，所採取的報復行動。為此，汪精衛特於四月九日發表「重要聲明」，替所謂「汪、平沼協定」辯稱：這是重慶方面應有之宣傳，況且消息又源自重慶大公報，大公報久為政府中國人之機關，失卻報紙應有之職責。故他「對於此種毫無根據之謠傳，不屑置辯，但為正中外之觀聽關係，用特鄭重舉出主張，以告國人。」[71]

在此，擬就「大公報」所謂「汪、平沼協定」一節，加以說明。究竟有無「協定」之情事？自法理上言，凡稱協定，必須經由雙方代表人簽署認可，始告成立。如上節所述「重光堂」之「日華協議記錄」。惟就目前資料所及，並無可資以證明此一「協定」之成立。況且高宗武也是在回到香港後，才接獲日方同意之答覆。可見當時在日本，雙方尚未達成最後決定，是對所謂「汪、平沼協定」似仍有必要持以保留態度。

高宗武後來接受美國學者邦克（Gerald E. Bunker）訪問時，否認在河內時曾與汪談論軍隊問題。[72]然而，大公報所透露的消息以及日方發表的檔案資料中又明明白白記載日軍如何採取進攻之行動計劃。根據邦克之觀察，以高宗武人格，似亦不致作出這般建議。況且高二月底回到香港後，因肺病關係，乃託周隆庠將報告帶給汪精衛，報告結論指出：「和平運動」時機還未成熟，最好在河內等待，或者赴歐休養。[73]如果高宗武所說屬實，則謂其在日本達成「協定」一事，根本不可能。龔德柏，當時為重慶國際問題研究所主任秘書，主管有關情報事務。據他表示，這件「汪、平沼協定」全文，係該所在香港的情報員王道源寄回的情報。龔德柏依王氏情報員身分地位判斷，此情報絕對不確實。惟該所主持人王生仍將它致送陳布雷，轉呈蔣委員長。蔣委員長閱後交由大公報張季鸞酌處。大公報乃予以披露。但是，龔德柏強調絕無所謂「汪、平沼協定」，認為「那完全是揑造的文件」。[74]但究竟是誰走漏了這項消息？日方懷疑是高宗武所提供。[75]惟目前並沒有直接而充分證據可以肯定為高宗武所透露。從另一項資料來看，知道高宗武東京之行者，確定有杜月笙和蔣委員長二人。杜月笙於三月二十六日致蔣委員長電有謂：「高（宗武）則謂近雖自動赴東（日本），而所作所為決不敢使國家民族蒙受不利，所有經過經鏞囑渠呈報後，業已備有詳函交由鄭亦同君賚陳。」[76]

值得注意的是，高宗武在三月十八日收到日方對汪精衛提出的方案之正式決議後，次（十九）日凌晨，戴笠自重慶向在河內主持監視汪派行動之軍統局幹員陳恭澍，下達了「霹靂震驚的『制裁令』」。[77]二十一日，便發生刺汪事件，時間頗為巧合。其間有無關連性，尚有待進一步探討。

四、最後的抉擇——懸崖勒馬

如前所述，高宗武是對日謀和活動的中堅人物，後於日、汪代表簽定「調整中日新關係協議文件」之後第四天，即民國二十九年（一九四〇）一月三日，偕陶希聖潛離陷區上海前往香港，時機上頗耐人尋味。

高、陶之相偕脫離，據稱係高宗武率作出決定，然後約陶一起行動。高宗武決意出走上海，早在民國二十八年十月間即已透過軍事委員會江浙行動委員會主任委員杜月笙派駐上海的代表徐采丞暗中進行，委徐至香港請託杜月笙設法安排。杜月笙認為機不可失，假如真能把高宗武接出來，並揭發彼輩勾結日本的內幕，對於抗戰前途及國家大局將會產生正面影響，遂決定親往重慶面報蔣中正委員長。後來他就依從蔣委員長指示，著手策劃，責由徐采丞、萬墨林積極展開行動。因事關緊要，杜月笙曾幾度前往重慶，親向蔣委員長報告進展的情況。

高宗武在取得重慶方面認可後，即赴上海法租界陶希聖寓所，互約一同赴港。汪、日雙方歷時二月經過七次以上談判，終於民國二十八年十二月三十日簽訂「調整中日新關係協議文件」。⑦⑧參與是項談判工作的陶希聖因已決定脱逃，故意稱病不出席簽字，以免留下痕跡。民國二十九年元旦，陶希聖為免引起他人疑心，仍「抱病」到汪精衛等人寓所賀年。一月三日上午，高宗武按照徐采丞、萬墨林等人的安排，離開法租界寓所，悄悄登上美國輪船「胡佛總統號」。陶希聖隨後亦趕來會合。五日，達香港。⑦⑨

儘管高、陶兩人此後迄未將為何出走的真相向外界披露，尤其是高宗武更三緘其口，毫無有關公開內幕的隻字片語。但是從相關的資料觀察，仍不難尋出導致他們走向脱離之途的脈絡。

就高宗武來説，有三點因素促成他的決定。其一、當汪精衛的「艷電」發表後，原擬在雲南、四川、廣東、廣西等非日軍佔領區成立政權的計劃，因得不到實力軍人的支持而告落空。關於此後對日謀和活動宜採取的行動方針，高宗武與汪精衛、周佛海等人有所歧見。高宗武主張汪留在河內，從事和平宣傳與號召；周佛海堅主前往上海，在淪陷區建立政權。汪則贊同後者意見。由於意見不協調，造成此後高宗武與汪、周關係逐漸疏冷，對建立新政權的活動亦不甚積極。[80]

其二、民國二十八年四月五日，重慶「大公報」揭載汪精衛與平沼騏一郎簽訂秘密協定的報導，曾引起日方對高宗武產生懷疑。此後，日方便對高宗武採取了防範措施。雙方關係日漸惡化。據日文資料記述，是年五月底，高宗武隨汪精衛首次赴日本訪問。日方安排汪精衛、周佛海、梅思平、周隆庠同住一處，卻藉口高宗武有肺疾，加以隔開，讓他獨住一處，甚至一度企圖殺害。[81]

高宗武這次乘逗留日本期間，即曾在長崎向僑居日本的黃溯初透露對汪等組建政權活動的不滿，想要離去。黃溯初亦從旁鼓勵，承諾予以幫助。故當高返回上海時，黃也到了上海，通過徐采丞居間連絡，得與杜月笙搭上線。

其三、高宗武既有意離去，因此回到上海後，仍獨自住在法租界，以便利行動。其後汪、日談判密約時，高並沒有被指定為談判代表，但是對日方提出條件的嚴苛，當亦有所悉，益發認清到日方推動和平運動之本質，實未脫侵略者的心態。是以，特別設法暗地攝得日、汪資以談判的「中日新關係調整綱要」草案，預備攜出公布。[82]

至於陶希聖在汪精衛等人由河內到上海時，他卻逗留香港一直持觀望態度。同年八月，陶希聖始由香港至上海，據陶龍生先生稱，事前陶希聖見過蔣委員長，蔣委員長要陶希聖跟隨汪精衛身邊勸他莫做出賣國行為，勸不住就回香港。[83]如果陶龍生所言屬實，則陶希聖之離開，乃時間遲早問題。及「調整中日新關係協議文件」——即所謂的「汪、日密約」簽定，陶知情勢再也挽回不了。

民國二十九年一月五日，高宗武、陶希聖逃抵香港。高於一月七日會見杜月笙、黃溯初之後，即書信給蔣委員長，謂：

頃晤玉笙（杜月笙之號）、溯初兩先生，得悉鈞座愛護之情無以復加，私衷銘感，莫可言宣。宗武於五日至此，回顧一年以來，各方奔走，祇增慚愧而已。今後唯有杜門思過，靜傾尊命。先此奉達，並托玉笙先生代陳一切。另帶上密件共三十八紙，照片十六張，敬請查收。㊹

「汪、日密約」的公布，是蔣委員長指令中央通訊社社長蕭同茲坐鎮香港執行。由於陶希聖眷屬尚留在上海，顧及他們的安全起見，故不便立時發布。一月二十一日，陶眷經杜月笙、萬墨林協助安抵香港。次日，香港「大公報」頭版，以極醒目的標題披露「日支新關係調整要綱」的譯文，又以第三版整版刊登了原文照片，同時還登載高宗武、陶希聖致《大公報》的信函和給汪精衛等人的電報。高、陶說，他們在道義上應有保守秘密之責任，但是，為中國之獨立自由之生存計，上述之道義責任，不復存在，切望汪等人「懸崖勒馬，放棄此於己無益於國有害之運動」。㊺

高宗武、陶希聖的脫離，帶給汪精衛等人以重大的打擊，自不待言。尤其是將「汪、日密約」公開揭露出來，幾乎使汪精衛等自詡的和平運動陷入絕境。難怪汪精衛要嚴厲指責高、陶之舉動係「變亂」的行為。⑯「大公報」刊登「汪、日密約」當天，汪精衛等人正搭船前往青島擬與王克敏、梁鴻志南北兩僞組織舉行會談途中；中午汪一接到陳璧君的告急電報，「焦灼萬狀」。周佛海當晚幾乎「徹夜未睡」，憤然表示對「高、陶兩人，今後誓當殺之。」二十三日下午，周看到高、陶致「大公報」的信後，「不禁髮指」，對日人犬養健和清水董三談及此事，「憤極之餘，不禁泣下」。⑰連朱子家後來在香港撰述汪政權史事時，依然不忘貶抑高、陶一番以洩恨，誣指二人為叛徒，因為爭不到好名位纔脫離，作為報復。⑱

為了應付輿論，汪精衛與周佛海商定，分別發表澄清的談話。二十三日，周佛海首先聲明，不得不承認高、陶公布的事實，但又說這只是日本最初的提案。二十四日，汪精衛也辯稱：高、陶兩人儘管自始即參加和平運動，但自曾仲鳴遭暗殺以後，對彼二人即懷極度戒懼心理；去年十一月左右，由於發現他們可疑形跡，故此後遇有重要交涉，即不復使彼等二人參加。現在他們所暴露的「日、支新關係調整要綱」只是日本方面該地當局，即日本派遣軍總司令部一部分人士之和案，既不代表日本政府，也不代表日本該地當局，更不是最後定案。汪還聲稱，高、陶兩人所發表的密約，完全出於嚮壁虛構，事實必有可證明。⑲

茲就「汪、日密約」再進一解。這一「密約」尚未被揭破之前，汪等向國人宣示的「和平理論」，簡單說，就是：和平與抗戰，殊途同歸；倘若和平條件而可以達到國家領土完整、主權獨立，為甚麼不可以和？於是他們不斷強調日本決無滅亡中國的野心，並且具有與中國共存共榮的誠意，巧為自己附敵行為披上一層堂皇外衣。及至該「密約」以影印方式真實披露於國人面前，汪等所謂「和平救國」的真實面目，乃無所遁形。

惟站在歷史研究立場，對於當時人及今人對「日汪密約」的一個誤解，不能不加以解說。究竟高宗武、陶希聖所揭發的文件，是汪派辯稱只是交涉中的「最初提案」？抑高、陶本人及當時輿論，甚至今人吳相湘認同的就是「最後定案」？⑨⓪根據中國國民黨黨史會皮藏的二十八年十一月二日「中日新關係調整綱要」原件，及日本外交檔案中的談判紀錄，可以確定高、陶揭露的文件，係日方片面提出做為談判基礎的「草案」；而最後簽定之「密約」，並非高、陶所稱的「日、支新關係調整要綱」，而竟是比這一「要綱」條目更為繁多、形式也不同的所謂「調整中日新關係之協議文件」，汪派豈敢公佈，來為自己申辯？汪精衛指責高、陶發表的「要綱」出於嚮壁虛構，當屬巧飾之詞。

民國二十九年四月，高宗武經歐洲赴美，此後便脫離了政治活動，一直寓居美國。陶希聖到香港後，遵照蔣委員長之指示，留在香港從事宣傳活動；日軍攻佔香港後，於民國三十一年一月隨同難民逃出，經桂林轉赴重慶，重獲蔣委員長之器重與信任。

伍、結語

對日抗戰時期，舉國上下，同仇敵愾，奉獻犧牲，一切都為了保家衛國。汪精衛、周佛海、高宗武、陶希聖等少數主和份子兀自採取對日謀和行動，其動機容或出於和與戰殊途同歸之一念，即其所謂以和平方法也能達到抗戰之目的——保全國家之獨立與生存；然在抗戰民氣高昂的時代，私通敵國、違背抗戰基本國策之言行，豈能見諒於國人。而高宗武居然充當開路先鋒，暗地開展對日謀和活動。綜括本文之論述，可知促成他行動的因素，主要有三點：

其一，自信憑他對日本問題的認知與日人周旋的歷鍊，當能游刃有餘。高宗武首次秘訪日本會見有關當局要員時，幾度聲稱「余自二十八歲起，即開始處理關於日本之事務」，言下之意，日方可以信賴他辦理交涉的能力。他且曾明告松岡洋右：「但余始終覺得余有未十分盡職之處。去年戰端初開，余本仍想努力和平，無奈大勢所趨，毫無結果。此余所最遺憾者也。」[91]所以，他深信經過一番折衝，當能為中、日兩國間找出一條可以妥協的路徑。

其二，周佛海鼓動與背後支持。如無周一再擔保可以向蔣委員長負責，高宗武儘管懷有交涉長才，為個人身命安全計，總會遲疑不前，其活動或許不出香港一地。因為高宗武初期在香港與日方松本重治、西義顯的接觸來往，是經蔣委員長認可的，由民國二十七年六月二十日高致蔣的一封信說到「西君於十五日由港返國，已遵照面諭各點作『我當局』之意見告之，但未提何人之意見，請其充分運用」等語，可以概見。[92]高宗武確實也曾提供了若干關於日本之內閣改組、對華方針、對外政策等內幕消息。其後來受周佛海鼓舞而潛赴上海、日本，已經逾越蔣委員長許可範圍，違反抗戰基本國策，無怪乎蔣委員長聞之動怒。

其三，年輕人的豪情。抗戰初期，高宗武不過是三十二歲的青年，有抱負，有膽量，故勇於孤身深入敵國，連日本當局要員會見他時，都要先表示敬意。相對的，太年輕沈穩性自亦較不足。尤其是面對詭詐多端的日本軍政要員，徒備勇猛精神並無濟大局。被高宗武形容為「對華政策之中心人物」的影佐禎昭曾很坦白告訴日本駐香港總領事田尻愛義，日方所要進行的和平工作，其實只是一種「幫助戰略的謀略工作」。[93]簡言之，就是以分化中國內部，另外樹立一個親日反蔣政權，潰滅抗戰勢力為總目標。高宗武是否能覺察到隱藏在日本政府深處的謀略？顯然在開始謀和階段，他也被日方偽善的誠意矇騙了，否則便不會有後來中途脫走之情事。

所謂識時務者為俊傑，所幸高宗武後來能夠適時警悟，在汪等積極走上築建「和平政權」途中，偕陶希聖潛走，並揭發日、汪談判密約內情。高宗武此一懸崖勒馬的抉擇，就其個人而言，固然遭到昔日志同道合者斥之為叛徒的責難，卻博得抗戰陣營之賀采與諒解；最值得慶幸的是，得免於蒙受漢奸之罵名與戰後法律之制裁。較諸鼓舞他進行謀和活動的周佛海，非等到政權成立以後，發現情勢變化不利於己之際，方才透過地下情報管道向政府輸誠，為時略嫌晚矣，不僅無法倖免於漢奸罪名與法律制裁，最後還病卒牢獄之內。高宗武確實要明智許多。

就對國家而言，高宗武計取並冒險攜出「汪、日密約」草案，一方面掀開汪等置國家民族利益不顧之真面目，使人民認清所謂「和平運動」之本質蓋如是；另一方面也使日本帝國主義獨霸中國的野心，再次暴露無遺。對政府正確堅持抗戰國策及國際視聽，皆有正面影響。

總而言之，高宗武對日謀和活動，開始倘無周佛海支持，後又未能得到汪精衛認同，勢必難以推展。但是，不可否認的，是高宗武運用個人與日本舊識關係負責為彼等主和份子打通對日交涉的途徑，也是他出面斡旋替彼輩擬妥出走重慶的方案。當他們在河內發現近衛第三次聲明中故意略去「日華協議記錄」明載「協定外之日軍隨著和平恢復，於兩年內撤出中國」一節，顯露日方對謀和已缺乏誠意之際，高宗武卻無力勸使同儕及時中止謀和行動。後來他與陶希聖懸崖勒馬的舉動，也未引發群起效尤，終究無法阻斷汪政權之誕生，讓日本謀略得逞。高宗武不應有所責疚乎。

註釋

① 〈高宗武略歷〉，參見松本重治：《上海時代》（上），頁二六七—九（東京：中央公論社，一九八八年十二月六版）；朱子家：《汪政權的開場與收場》第四冊，頁一四一，（香港：春秋雜誌社，一九六一年五月初版）。

② 邵銘煌：〈高宗武對日謀和活動〉，《近代中國歷史人物學術研討會》，（中央研究院近史所民國八十二年二月四至六日），頁二。

③ 《周佛海日記》（上），頁一九—二〇，（北京：中國社會科學出版社，一九八六年七月第一版）。

④ 中國第二歷史檔案館：〈有關張群出任南京國民政府外交部長期間中日交涉一組史料〉，《民國檔案史料》，第二期，頁一九—四四，（一九八八年二月出版）。

⑤ 〈高宗武致汪精衛函〉（民國二十五年十二月二十一日），《汪偽資料檔案》，〈法務部調查局資料室藏〉，毛筆原件影本。

⑥ 〈高宗武致汪精衛函附件〉（民國二十五年十二月二十一日，《汪偽資料檔案》，〈法務部調查局資料室藏〉，毛筆原件影本。

⑦ 同前④，頁四三—四四。

⑧ 同前④，頁四三—四四。

⑨〈孔祥熙致蔣委員長函〉，《總統府機要室特交檔案》第三十二卷。原函僅註日期為三十日，據邵銘煌先生推考，應在民國二十八年十一月。

⑩ 松本重治：《上海時代》（下），頁二五九，（東京：中央公論社，昭和六十三年二月七版）。

⑪ 周佛海：〈回憶與前瞻〉，《周佛海日記》（下），頁一二一五，（北京：中國社會科學出版社，一九八六年七月第一版）。

⑫ ⑬ 同前⑪，頁一二三〇、一二三二。

⑭ ⑮ ⑯ ⑰ ⑱ ⑲ 同前②，頁四。

⑳ ㉑ ㉒ ㉓ ㉔ ㉖ ㉖ 同前②，頁五。

㉗ 犬養健，日本前首相犬養毅之子，時為通信省參事官。此後與高宗武關係甚洽，積極投入議和工作。

㉘ 高宗武：〈個人觀感〉，《總統府機要室特交檔案》第二十七卷。

㉙〈高宗武與板垣和影佐之談話記錄〉，《總統府機要室特交檔案」第二十七卷。

㉚ ㉛ ㉜ 同前②，頁七。

㉝ ㉞ ㉟ ㊱ ㊲ ㊳ ㊴：同前②，頁八。

㊵《周佛海日記》（上），頁一七八。

㊶ 由於談判採秘密進行，會場特別需要隱密性，經慎重選定一所名為「重光堂」，曾經作為土肥原賢二特務機關所在地空房，故稱之為「重光堂會談」。

㊷ 同前②，頁九。

㊸ 「渡邊」，日人姓氏，日本陸軍參謀本部用以作為高宗武代號，「渡邊工作」即指日本與以汪精衛為首之主和派進行和平談判的活動計畫。

㊹ ㊺ ㊻ ㊼ ㊽ 同前②，頁一〇、一一。

㊾ ㊿ ⑤① ⑤② ⑤③ ⑤④ ⑤⑤ ⑤⑥ 同前②，頁一二—一三。

⑤⑦ 蔡德金：《汪精衛評傳》，頁二八三，（成都：四川人民出版社，一九八八年四月第一版）。

⑤⑧ 《周佛海日記》（下），頁一二三六；朱子家：《汪政權的開場與收場》（第五冊），頁三一；古屋奎二著：中央日報譯印：《蔣總統秘錄》，第十一冊，頁一九三（臺北：中央日報社，民國六十六年五月初版）。

⑤⑨ ⑥⑩ ⑥① ⑥② ⑥③ ⑥④ 同前②，頁一四—一五。

⑥⑤ 據高宗武事後寫給蔣委員長的一封信，說明此行大略時，並沒有提到這些方案，只曾提及臨行時汪精衛曾面囑二點：㈠勸日方速與蔣委員長講和，彼願促其成；㈡打聽日方能否做到「艷電」宣示的內容，因為近衛聲明與艷電大有出入。是否高有所保留，不敢和盤托出，尚不得而知。函存於《總統府機要室特交檔案》第二十七卷。

⑥⑥ ⑥⑦ ⑥⑧ 同前②，頁一六。

⑥⑨ 黃美真、張雲編：《汪精衛國民政府成立》，頁三五：（上海人民出版社，一九八七年十月第一版第二次印刷）。

⑦⓪ 《重慶大公報》，第一張第二版，民國二十八年四月五日。

(71) 中國國民黨中央宣傳部編印：《汪主席和平建國言論集》，頁三五，（上海：民國二十八年十二月十日初版）。

(72) (73) (74) (75) (76) (77) (78) 同前②，頁一七—一八。

(79) 高宗武、陶希聖逃出上海經過，參見萬墨林：《滬上往事》（第一冊），頁一九六—一九八，（臺北：中外雜誌社，民國六十六年七月再版）；章君穀：《杜月笙傳》，頁二二七—二三一，（臺北：傳記文學出版社，民國五十七年一月八日）。

(80) (81) (82) (83) (84) (85) 同前②，頁一九—二〇。

(86) 〈汪精衛日記〉㈠《檔案與歷史》總第十一期，頁二，（上海市檔案館，一九八八年三月五日出版）。

(87) (88) 同前②，頁二一。

(89) 汪精衛：〈關於高、陶事件的談話〉，原刊於《南京新報》，（民國二十九年一月二十六日）。

(90) 同前②，頁二一。

(91) 高宗武與松岡洋右、多田駿、近衛文麿等人談話記錄，《總統府機要室特交檔案》第二十七卷。

(92) 同前(91)。

(93) 田尻愛義：《田尻愛義回想錄》，（東京：原書房，昭和五十二年十月印行），參閱陳鵬仁先生譯稿。

精衛鈞鑒溯逵

鈞侍辭已經年緬懷

榘訓嚮往彌殷邇聞

旌旆即日東旋不勝雀躍歡維

道躬納祜旅祉增厤式符私頌爲祝中日關係經我

公歷年苦心擘畫已肇好轉之機本春張部長蕭

規曹隨仍本中央既定之方針積極謀邦交之改善

初以日使數易其人進行不無遲滯嗣因成都北海

外交部

引自《汪偽檔案》

事件相繼發生川越奉命到京談判頗有利用機
會以貫澈計畫解決各項重要問題之意經兩月
餘之商談双方意見尚多未能接近迨以綏變發生
遂暫停頓所有交涉情形除已隨時報告
[illegible]君夫人並將關係文件抄送請轉陳[illegible]
一年來中日交涉之經過[illegible]等件奉祈
[illegible]肅敬請
[illegible]

高宗武謹肅　[illegible]一日

外交部

引自《汪偽檔案》

一年來中日交涉之經過
年春中日侵略全盤複雜兩國關係亦益見膠葛張部長就職
以後深冀兩國關係納入正軌作整個之調整對於懸案由談
屢有嚴重華北走私非法種種惡感與糾紛者本部曾因本年傳
出一切事務關於兩國關係之種種傳聞內亂必謀建議外交途徑由雙方
政府負責交涉蔣院長解決辦法本方在原則上雖不反對但以
此項問題原因三原則內容建議我方所開諸三原則措詞應較其
他不便宣佈而日方遂無具體內容提出本年一月間廣田在
貴族院演說謂指我國對彼所提之三原則已經同意
本部即日發表談話否認對方固此極端覺幾分尊重我方治體隆情

引自《汪偽檔案》

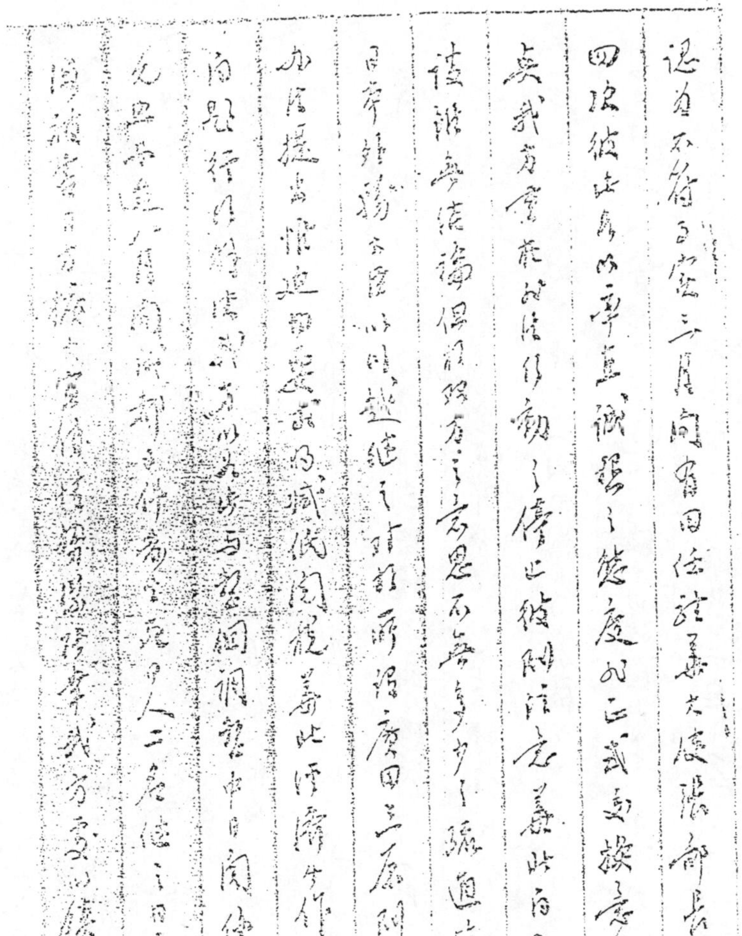

引自《汪偽檔案》

據日方情況頗有利用汪精衛繼任偽大總統之意九月間可越
華會來京與陸部長開始交涉我方主張先行解決蒙疆不
與調整之個別問題擱在一旁而總則的問題蒙疆不難解決但解決
蒙疆仍不能使日方與其心中的調整之個別問題先作討論而
只能藉此要挾而已乃提要求條件擬日外要提出(一)嗣此
(二)共同防共(三)關稅(四)顧問(五)駐兵(六)取締排日并向我要求解
決我方迫於情勢由張群作答凡除時期關稅顧問駐兵取
締排日事項就可能範圍內相當答覆但其意見并附以交換條件
外關於共同防共則拒絕當提議此向戰事和隱時詳細作只
不過誤解偏差之意味而今乎平等互惠之原則可以談判并以冀

引自《汪偽檔案》

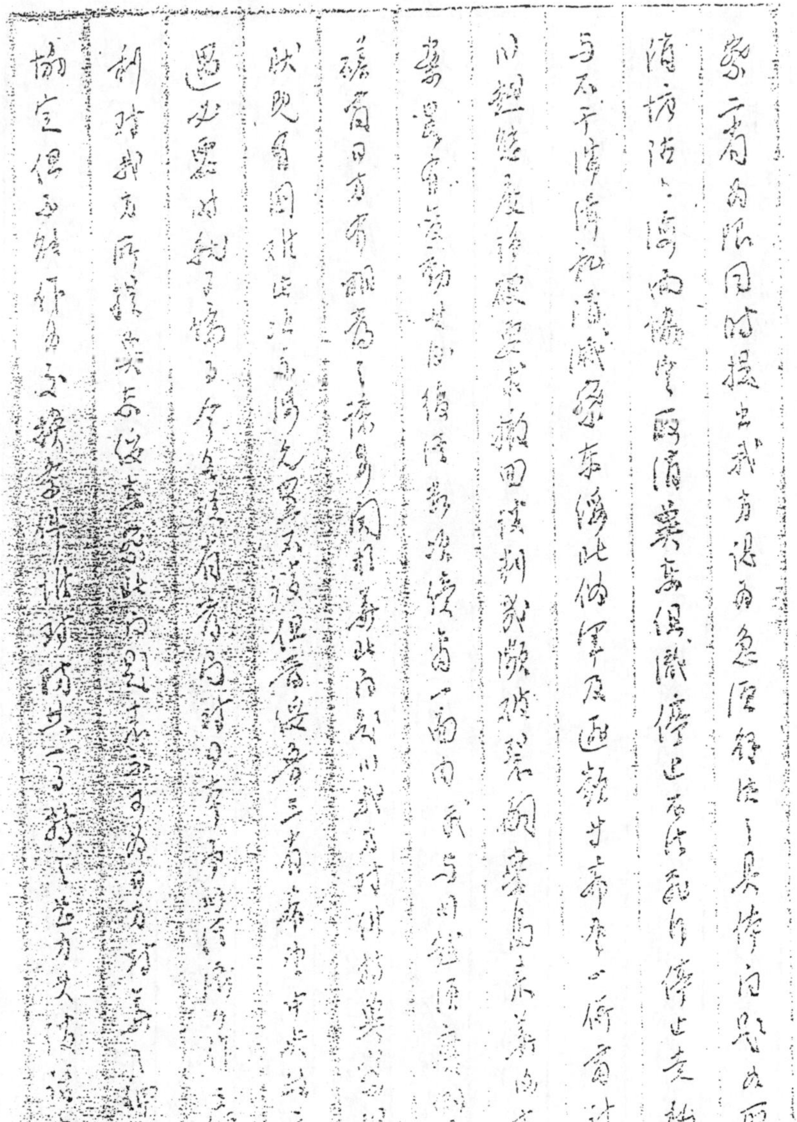

引自《汪偽檔案》

多以此為中心我方須本堅定條件事以維繫對此與張部長
前此會談之決大體意見尚未一致日前以越問題屢次談話情勢
緊張備受壓迫而張部長決定與敵談判勢必大難我方已深
表示雖無最近日方種種態度而靈深為憂慮業據實情
聲明對此協定已表同意成都事件速由談判與日方磋商
業已洽妥將談判其餘條件亦不難然國際環境範圍尚須
了結此後事件擬速決雖一時事以解決其他問題尚須待於日
方之實行其態度不明尚須留意
十二月二十五日越晉謁張部長陳對前說甚表贊同並云
外交談判他項問題一日方態度猶前似未進步對中央之認

引自《汪偽檔案》

識亦日益深刻。川越個人更似具比較遠大之眼光，若能處理

得當，前途當可極端樂觀也

引自《汪偽檔案》

第七篇　從函電史料觀汪精衛與陶希聖關係梗概

壹、前言

陶希聖先生於民國十七年十二月加入中國國民黨改組同志會，與汪精衛關係較近。抗戰軍興，國民政府於中央宣傳部下組織藝文研究會，陶先生出任研究組總幹事。該研究會並在香港成立分會，專司收集各方資料，按時彙報中央，提供決策參考。民國二十七年底，汪精衛自重慶出走陶先生隨行到上海，受命與日方談判「日支關係調整要綱」，發現日本有與蘇俄瓜分中國之圖謀，而汪對日方此項圖謀無能為力，使和平運動變質，成了賣國活動，乃拒絕於「要綱」上簽字，而與高宗武設計，於民國二十九年一月四日逃出上海，抵香港，將日、汪密約公諸於世。本文擬就陶先生生平作一簡介，再針對其於抗戰期間收集共黨及其同路人的資料，彙報汪精衛，再由汪轉呈蔣委員與參考之檔案史料，及隨汪自重慶出走後彼此往返函電史料作一初探。

貳、陶希聖生平簡介

陶希聖先生原名彙曾，以字行。清光緒二十五年（西元一八九九年）農曆九月二十六日生於湖北省黃岡縣。父月軻。母揭氏。月軻先生治史地經世之學，於前四史、資治通鑑、讀史兵略尤有心得，登癸卯年經濟特科一等，歷任河南省夏邑、新野、安陽等縣縣令。先生自四歲起隨父讀書，六經與前四史皆能成誦。九歲就讀開封旅汴中學（河南第一中學）。辛亥革命後，進入武昌外國語專門學校，民國四年，考取北京大學預科，在沈尹默教授指導下，研讀呂氏春秋等七部典籍，領悟中國哲學、文學及史學演變概略。民國八年，入北大法律系，參與「五四運動」。民國九年，修訂法律館懸賞徵文，先生所提論文得獎金一百元。民國十一年畢業，受聘於安徽法政專門學校，遵其師黃右昌先生指示，勤讀五禮通考及讀禮通考，決定其為學之方向；而英國學者亨利·梅因的古代法及清儒胡培翬的儀禮正義二書，更激起先生由法學轉入中國社會史學的興趣。

民國十三年秋，先生任商務印書館編譯所法制經濟部編輯。次年，上海英租界發生「五卅慘案」，先生援引英國法律，撰文指責英租界巡捕罪行，一時備受矚目。先生除編譯多部著作，兼於上海大學講授法學通論外，研讀西方方法學、社會學、民族學名著。當時，史學界掀起中國古史研究風潮，考古學派與疑古派之說流行一時，先生則另闢蹊徑，著手於喪禮服制之研究，尋繹古代以婚姻與家庭為根本之社會組織，由此推求神話與傳說中之史料，重建古代史，種下中國社會史研究基礎。①

民國十六年至十九年間，先生先後任教於武漢中央陸軍軍官學校、上海復旦大學、暨南大學、中國公學及南京中央大學，兼任《新生命月刊》主編，並與周佛海、樊仲雲等創設新生命書局。此時，國內受辯證唯物論及北伐革命浪潮之衝擊，社會結構激變，學者以經濟觀點探討中國社會發展、中國社會史分期及中國社會性質等問題，掀起中國社會史的論戰。其主要論點有二：一派認為中國社會是半封建、半資本主義社會；另一派則主張中國社會是商業資本主義社會。先生認為中國古代由原始氏族社會發展到封建社會，封建社會在秦漢帝制以前已解體，商業資本主義開始發達，但到帝制時代末期，殘餘封建勢力仍在。先生除了具有唯物史觀的眼光外，更精研親屬法，兼習許多社會科學理論與方法，對中國古代家族制度和宗法社會，見解獨特，為當時討論中國社會史重要學者。所著《中國社會之史的分析》、《中國社會與中國革命》、《中國社會現象拾零》、《辯士與游俠》、《西漢經濟史》等書，均風行一時。日本學界稱這一時代為《陶希聖時代》。

民國二十年，先生應聘回母校——北京大學——講授「中國政治思想史」及「中國社會史」等課程，同時輪流於清華、燕京、師大、朝陽等校兼課。先生感於參加中國社會史論戰的學者，單憑唯物史觀的理論和方法，使用貧乏的歷史材料，填入公式，流於空談無根，失去學術上討論的意義。為了矯正這種流弊，於民國二十三年十二月創辦了「食貨半月刊」，主張研究歷史必須從史料裏再產生才是真確的，反對「把方法當結論」的公式主義。指出歷史是社會科學，雖然不能輕視理論，但比理論更重要的是史料。為了實踐搜輯史料的信念，先生於北京大學成立「中國經濟史研究室」，領導一批學生仔細閱讀正史，將二十四史中有關中國社會經濟史的記載，分條紀錄，分類彙存，完成了唐代經濟史料八冊，並協助美國教授威特福格爾（Wittfogel Karl A.）搜集遼、金社會經濟史料。不幸，七七事變後，《食貨》停刊，先生辛苦搜輯的大部分社會經濟史的資料與整理好的稿件，多數在戰火中佚失。

② 先生本著理性的論學態度與開闊的胸懷，及在動盪的局勢中建立長久的學術生命的精神，創辦《食貨半月刊》。除了每期撰寫「編輯的話」外，共寫了三十六篇論文和二篇譯著。此外，在清華學報、中山文化教育館季刊、北大社會科學季刊等學術刊物發表論著多篇，並出版《中國政治思想史》四冊，及其他專著六種。當時和先生一齊蒐輯史料，參與食貨寫作的學生如楊聯陞、全漢昇、連士升、鞠清遠、沈任遠、曾謇、武仙卿等人，後來都成為中國社會經濟史的著名學者。由於先生運用各種社會科學的知識來研究中國歷史，成就既大，影響亦遠，各地大學相繼開設中國社會史和中國經濟史的課程，蔚成研究風氣。顧頡剛先生就指出先生使社會經濟史脫離革命家宣傳的窠臼，走上學術研究的大路，功不可沒，是中國社會經濟史研究的奠基者。

民國二十六年盧溝橋事變，先生結束了在北平的六年教書生活，投筆從政，先後任國防參議會議員、國民參政會參政員。先是，先生於民國十七年十二月加入中國國民黨改組同志會，與汪精衛關係較近。抗戰軍興，國民黨為宣揚抗戰建國之宗旨，並聯絡各報社及民眾團體，與中共及其外圍組織對抗，於中央宣傳部下組織藝文研究會，先生出任研究組總幹事。藝文研究會為觀察世局，在香港成立分會，專司收集各方資料，按時彙報中央，提供決策參考。而自抗日戰事爆發後，日本速戰速決戰略不能得逞，透過外國調停議和亦無效，乃轉謀與汪精衛和談。此時，藝文研究會香港分會亦與日本參謀本部派駐上海之特務機關取得聯絡。及武漢、廣州失守，汪妻陳璧君指示藝文分會試與日方談判，日本提出汪離開重慶，另組政府等四條件。民國二十七年底，汪自重慶出走，先生隨行到上海，受命與日方談判「日支關係調整要綱」，發現日本有與蘇俄瓜分中國之圖謀，而汪對日方此項圖謀無能為力，使和平運動變質，成了賣國活動，乃拒絕於「要綱」上簽字，而與高宗武設計，於民國二十九年一月四日逃出上海，抵香港，將日、汪密約公諸於世。在香港期間，先生與連士升等人編印「國際通訊」週刊，摘譯及評述英、日文書刊、報紙中有關國際政治、經濟、軍事論著，供重慶領導人士參考，並詳讀戰爭理論著作。太平洋戰爭爆發後，日軍占領九龍，攻擊香港，先生陷九龍四十八日才脫險。

民國三十一年二月，先生抵重慶，出任軍事委員會委員長侍從室第二處第五組少將組長，負責研究與撰述工作，起草《中國之命運》一書。民國三十二年，兼任中央日報總主筆。抗戰勝利，侍從室撤除，改任國防最高委員會參議，仍兼中央日報總主筆。民國三十五年，政府召開政治協商會議，先生奔走其間，促成青年黨、國社黨對國民黨及政府之諒解。隨後亦以遴選代表的資格參加國民大會，與各黨派折衝制憲及臨時條款。憲政實施後，先生應聘為總統府國策顧問、國民黨中央宣傳部副部長、中央日報總主筆等職，並當選候補立法委員。及時局逆轉，先生督責中宣部所屬宣傳事業及電臺等遷至臺灣，並予以充實，奠定爾後國民黨在臺文宣基礎。③

政府遷臺後，先生受命參與國民黨改造方案。民國三十九年八月，出任中央改造委員會設計委員會主任委員，繼而任第四組主任（主管宣傳政策及業務）、革命實踐研究院總講座。民國四十年，依法遞補為立法委員。民國四十一年，出任中央常務委員，並曾任中央日報董事長，為繼陳布雷先生之後，長期擔任先總統 蔣公文字工作的重要幕僚，曾協助 蔣公撰述「蘇俄在中國」及「民生主義育樂兩篇補述」等重要文獻。民國五十七年，先生自黨務退休，改任中央評議委員。民國六十年，自中央日報退休，除經常出席立法院院會外，曾任中國大陸問題研究中心董事長、中華戰略學會理事長等職。

民國五十七年，先生赴歐、美、日考察，發現《食貨半月刊》仍為各國研究中國社會經濟史學者所重視。次年，先生的四子晉生回臺大歷史系任教，當時年輕學者也感於史學界須加強社會經濟史的研究，醞釀《食貨》復刊。及先生自中央日報退休，乃邀集學者重新發行「食貨」，改為月刊，於民國六十年四月復刊，同時成立食貨出版社，印行史學著作。先生在《食貨》復刊的發刊詞中，強調「採用社會科學的理論與方法，以致力於中國歷史及社會研究的道路，迫切需要我們再拓寬、再延長」，以避免歷史研究走上見樹不見林、虛浮、幼稚，乃至支離的毛病，因此，不論採用何種理論或方法，或寫作、或翻譯，甚至書評、通訊，皆所歡迎，皆可刊載。

《食貨月刊》復刊至今，前後凡十八年，先生秉持創辦「半月刊」的原則——不自立學系或學派，不自命聖人或哲人——為保持純一的志趣、磊落的風格，始終維持學術立場，獨立經營，公開徵稿，是國內少數不以同仁為邀稿對象之學術期刊，為學界注入清新的氣象。先生除出資維持雜誌外，更親自研究撰寫論文，復刊以來共發表六十四篇論文，及《清代州縣衙門刑事審判制度及程序》、《中國法制之社會史的考察》、《孔子廟庭先賢先儒的位次》等三種專書。先生早年治學較重社會經濟結構之解釋與分析，晚年則轉向思想史的探索，由史學轉入經學，〈天道人倫一以貫之——太一論與天心論〉及〈春秋王者之事〉二文即是顯例。

民國七十六年十一月，值先生九秩榮慶，門生後學在楊聯陞、全漢昇兩先生倡議下，撰文祝賀，共輯得論文四十八篇，逾百萬字，以「國史釋論」為名，分裝二冊為先生壽。慶祝酒會中，先生猶自喻為「老兵不死」，蔣經國總統亦以「弘文益壽」推崇其貢獻。不幸，七十七年春以來，以年老體衰，由肝衰竭影響心臟，於六月二十七日病逝於中心診所，享年九十一歲。

先生德配萬冰如女士，系出黃岡名門，教養兒女，學成業立，功不可沒，民國六十七年七月逝世，享年七十七歲。育有一女六子，女琴薰，適沈蘇儒，陷大陸。諸子中除次子福來早亡外，長子泰來、三子恆生、四子晉生、五子范生、六子龍生都有成就，一門俊秀，書香不替，繼述有人。④

總之，先生的一生，正如在其五十歲感言中所說：「書生而論政，論政而猶是書生。」其一生的成就是多方面的，除實際參與政治外，同時是政論家，國際問題與共黨問題的權威，兼長戰略理論、法學與史學等，是國內少數通達數種學問的通儒，更是少數論政，甚至從政之餘，還能兼顧學術工作的學者。在史學研究上，先生以推動中國社會經濟史的研究，享譽學界，這項工作的推動，始於中國社會史大論戰，經《食貨半月刊》到《食貨月刊》的復刊，前後經過近六十年的努力，才把中國社會經濟史由革命家宣傳的領域，推到學術研究的殿堂，如今，更成為中國史研究的主流。先生以篳路藍縷的精神，創辦《食貨》雜誌，對中國社會經濟史研究有著鉅大的貢獻。（黃寬重：〈陶希聖先生傳略〉，《國史館館刊》，復刊第5期，頁二一九－二二三）

參、關於蒐報北平學生及人民陣線動態研析

自抗戰軍興，國民政府為宣揚抗戰建國之宗旨，並聯絡各報社及民眾團體，與中共及其外圍組織對抗，於中央宣傳部下組織藝文研究會，陶希聖先生出任研究組總幹事。藝文研究會為觀察世局，在香港成立分會，專司收集各方資料，按時彙報中央，提供決策參考。陶先生在北平渡過了六年教書生活⑤，直到發生盧溝橋事變才停止教書生涯，投向抗戰行列。抗戰期間，其充分表現反共愛國之情操，可從汪精衛致蔣總裁的函電史料中得到印證，該函電全文如下：⑥

牯嶺蔣委員長賜鑒：伯密頃接陶希聖同志自北平來函，評述北平學生及人民陣線情形，其結論謂：「左傾煩悶青年應加領導而企圖利用此種煩悶，以造成反政府之機緣者，須加打擊。蓋學生本無成見，疏導得宜，不被利用，所謂陣線自然解體而共產黨失所憑藉，就範亦易，至於藉人民陣線以反政府之少數份子，則必須制裁，若過於壯容適足長其氣燄，爲鞏固大陣線，切盼中央注意之」。所言頗有見地，謹備參考。

弟 兆銘養
六月二十二日

從上述函電史料可知一、陶先生充分受知於汪、蔣二人，倚重有加。二、陶對中共及其同路人如何搞學運，反政府，有深入的瞭解與體驗。三、陶認為對青年學生所重疏導，頑劣者，則必須加以打擊和制裁。在陶希聖所撰：〈北平二三事〉乙文中，對於共黨顛覆政府史實曾分析道：

> 共匪的「人民陣線」在北平抬頭和發展，使我陷入苦悶鬥爭的漩渦。……這時候，北平各大學有舊學聯與新學聯的鬥爭。舊學聯是中共操縱的外圍組織。新學聯中有中國國民黨的學生活動。幾個月之前，舊學聯派代表到大乘巷住宅來請我演講。代表們一見面就是「青年導師」和「當代學者」那一套。我當即拒絕他們的邀請。我對他們說：「中共的作法是捧老年，打中年，騙青年」。我說：「像吳檢齋、范文瀾們那樣，受他們抬舉。我只是三十九歲的壯年，今天你們如抬一塊匾，上面寫著青年導師的字樣，我一腳踢出大門之外。」代表們低頭而去。民國二十六年十二月十二日，北平大學學生大遊行，以景山大街媒山之下爲集合地點。任何人不知道他們遊行的目的，他們自己也不知道。他們只知道參加遊行的，每人可得一雙溜冰鞋。北海與中南海在冬天結冰之厚在

三尺以上。……到了夜半，才知道蔣委員長在西安蒙難的消息，也就知道舊學聯這次遊行的目的何在了。⑦

由於陶先生對共黨顛覆國民政府的血淚事蹟有刻骨銘心的經歷。大家都知道他是《中國之命運》的起草人。但一般還不知道，他也是《蘇俄在中國》和《民生主義育樂兩篇補述》的撰稿人，因此說他是蔣中正先生身邊的文胆，實不虛也。⑧

肆、蔣、汪、陶與「低調俱樂部」關係

三十年代，在中日關係上主張妥協、協調、和緩中日矛盾關係的言論和主張，謂之低調。所謂低調言論，是從北方開始的，到了南京政界就更具體化了。九一八事變後，日本侵佔中國東北，扶植「滿洲國」，民國二十一年（一九三二）國聯調查團公然建議東北三省實行自治（實際上讓它獨立自主），上海和南京的輿論大譁。只有北大文學院長胡適教授的言論是低調的。胡適說：東北三省「有這樣的一個自治的省政府，看不出有什麼可以反對的理由。」胡適的低調言論，在《獨立評論》是有一幫名流學者附和的。如蔣廷黻、傅斯年、丁文江、陳之邁和陶希聖。在南京則有一個受汪精衛、徐謨（外交部政務次長）支配的大型外交雜誌——《外交評論》，它發表中日關係、日本外交政策的研究論文，其論點多流露「親善」、友好色彩的。

「低調俱樂部」是胡適針對周佛海的南京私宅（西流灣八號）的政治氣氛而說的。它是周宅的代名詞。按蘆溝橋事變發生以後，蔣中正先生下了抵抗決心，民國二十六年（一九三七）秋，蔣、汪三次在廬山召開國是談話會，當時胡適、張伯岑、傅斯年等名流從北方來，他們同陶希聖一道住在周宅，經常同一些名流政客接觸，那裏的政治氣氛不是高昂的。⑨

在首次廬山談話時，胡適和陶希聖均參加。某日會後，胡、陶二人在山間散步提到談話會的空氣緊張，於是陶向胡適提議：國事意見複雜，難以統一協調，我二人是否帶發起一個組織，提出一套共同遵循的綱領？胡適當即回答說：「不是有一個『低調俱樂部』了嗎？哈，哈！」⑩當南京進入戰爭狀態時，周公館的地下室是保險的；在南京吃緊的時候（「八・一三」上海戰爭發生後），經常在周公館清談的人，早就撤離南京了。到了漢口，汪精衛從幕後走到前面來，每晚參加在湖北省艮行樓上的「低調俱樂部」。根據大陸學者方秋葦的回憶談到：

> 一九三八年冬，我從南京的兵荒馬亂中把《時事月報・抗戰半月刊》遷到漢口，某夜在一次文化界聚會上遇楊公達（那時代主編「國聯同志會中國分會」的會刊《世界政治》），他告訴我：到漢口後每晚參加在湖北省艮行樓上的「低調俱樂部」的活動，但聲明自己不是親日的，因爲當時一批立法委員很想聽聽汪、周等人對國事的見解。我問楊公達，參加這個俱樂部有那些主要人物？楊公達並不避諱，他說有：汪精衛、周佛海、曾仲鳴、陶希聖、谷正綱、高宗武、梅思平、褚民誼、羅君強以及一些立委……。

⑪ 事實上，「低調俱樂部」是一時的歷史現象。民國二十七年（一九三八）一月，行政院和國民黨中央宣傳部來了一個大變動。汪精衛擔任副總裁、國防最高委員會主席，行政院長則由孔祥熙繼任；周佛海擔任中央宣傳部部長，還兼國防最高委員會副秘書長，甚囂一時的「低調俱樂部」也停止了活動；《外交評論》於南京失陷後停版，李聖五啣汪命奔赴香港；梅思平、高宗武（同是溫州人），僕僕風塵於香港——武漢間，他們正籌劃更大的圖謀。

伍、蔣、汪、陶與宣傳部「藝文研究會」關係

周佛海領導的宣傳部於民國二十七年（一九三八）一月在武漢開始活動，陶希聖是四個宣傳委員之一；原《前途雜誌》（復興社畫記賀衷寒創辦的）社長兼主編劉炳藜任宣傳部秘書（等於部長助理）；原《日本評論》社長劉百閔任宣傳部普通宣傳處處長。抗戰時期文化界人士曾聚於漢口開會，總計有上百單位。周、陶二人分了戰局，號召眾人、各宣傳單位齊心協力，團結抗戰，響應政府的號召：「地無分南北，人無分老幼，無論何人皆有守土抗戰之責。」

周佛海、陶希聖向蔣中正、汪精衛出謀劃策，搞一個灰色的、半公開的文化團體，名叫「藝文研究會」，全部經費由軍費開支，含有開闢「文化戰場」的意思。它的職能是同中共

對抗、爭取中間力量；大辦報刊，用金錢補助新的出版社、資助文化人士。它的領導人是：周佛海、陶希聖；羅君強為總務組長，葉溯中為出版組長，地點設漢口天津街二號。⑫

民國二十七年三月二十九日，中國國民黨在漢口召開臨時全國代表大會，通過國民黨在抗戰時期內政、外交、軍事等一系列方針政策，特別是規定「組織國民參政會，團結全國力量，集中全國思慮與灼見，以利國策之決定與推行。」周、陶二人為了擴大《綱領》精神的闡述，決定約人編寫一套解釋《綱領》的小叢書，由周、陶二人主編，藝文研究會出版。民國二十七年三月三十日，周、陶二人約請幾人，研究如何寫法和各篇的聯繫：

《綱領》總則篇——著作人陶希聖
《綱領》政治篇——著作人童蒙經
《綱領》軍事篇——著作人方秋葦
《綱領》經濟篇——（待查）
《綱領》外交篇——著作人陳鍾浩
《綱領》教育篇——著作人汪奠基
《綱領》民眾運動篇——著作人潘公展
《綱領》總則篇——著作人陶希聖

為了戰時需要，這套叢書於一個月內出版；而各篇都必需貫徹「國家至上，民族至上；軍事第一，勝利第一；意志集中，力量集中」的精神。宣傳部和「藝文研究會」為擴大《綱領》宣傳，防止共產黨佔領武漢文化陣地，新辦了幾種政論刊物，如葉溯中、童蒙經主編的

《民意》周刊，陶百川主編的《血路》；沈巨塵等編輯的《政論》和雷錫麟（代表軍界）主編的《創進》。對胡秋原主編的《時代日報》增加補助。民國二十七年七月六「國民參政會」第一次大會在漢口舉行，《時代日報》社長劉叔模被邀為國民參政員。在「藝文」系統中，擔任本屆國民參政員的還有：陶希聖、盧冀野、劉百閔。迨軍委會政治部成立，部長陳誠又兼武漢衛戍總司令，他要求各界動員起來，保衛大武漢。這時，宣傳部和藝文的人，也開始籌組「武漢市編輯人抗敵後援會」，以《時事月報．抗戰半月刊》為首的十家報刊為召集人，舉行籌備大會，由劉百閔、劉炳藜、葉溯中、方秋葦、胡秋原為主席團，決定民國二十七年九月內正式成立。由於九月的形勢急轉直下，廣州危在旦夕，武漢三鎮震動了。迨武漢棄守後，「藝文研究會」到了重慶，縮小了規模，租菜園垻辦公，僅有沈巨塵數人。民國二十九年陶同高宗武又逃出虎口，再次回到重慶。陶曾任《中央日報》副總主筆，並未因曾追隨過汪精衛叛逃而遭受蔣中正的敝棄，仍然是蔣先生所倚重的文膽。這一事實，「也許反映了陶希聖為人深沈多變的性格罷」。⑬

陸、民國二十八年底汪精衛、周佛海致陶信函之研析

民國二十八年（一九三九）底，正是汪精衛集團緊鑼密鼓，準備粉墨登場之際，一方面日汪之間在上海秘密會談，討論簽訂《日華新關係調整要綱》，主子和傀儡之間曾經有過一番討價還價。另一方面，汪精衛集團內部則矛盾叢生，互相攻訐，冀圖在即將成立的偽政權

中多分一杯羹，這裏僅引幾封汪精衛和周佛海給陶希聖的信函，字裏行間可以看出上述種種情形，或許它也是促使高、陶二人逃出虎口的原因之一罷，茲引錄如下：⑭

(1)汪精衛函（11月3日）

希聖先生勛鑒：手示敬悉，尊慮極當。關於第一點，對方出席之人甚多，若只佛兄一人出席而兄及思平兄不與其列，佛兄未免太孤；故不如三兄同出席而互相約定，分功〔工〕合作，無形中以佛兄爲首席，似較便也。關於第二點，弟意散會時不妨約定後會之期，而附以條件，如內部討論未完，可臨時以電話通知改期，如此較爲得宜。仍希兄與佛、思兩兄商決爲荷。此候

公安

弟銘頓首　十一·三

(2)周佛海函（11月初）

希兄：示悉。尊見所顧慮者甚是。惟此次會談，最初即已聲明係以同志之資商討，而非外交談判，故情形並不如兄所顧慮之嚴重也。至弟粗枝大葉，非兄及思兄同往，則顧慮不周、見解不到之處必多，故仍請兄免〔勉〕爲其難也。至會期，弟意仍可約定，如因故不能會談，可延期也。尊意如何？敬叩

大安

弟海上

⑶汪精衛函（11月29日）

希聖先生惠鑒：關於參議室之辦事細則及用人行政，統祈先生負責處理，是所至荷。此上。

敬請

大安

汪兆銘謹啟　十一月廿九日

⑷周佛海函（12月16日）

希聖兄：上午承告外面有謂內子金剛鑽及大衣等事，因樸之在座，未便多談。此種指摘，一月以前弟即聞之，並謂財權在弟手，開支如何，無人得知，甚至有謂弟以公款買外匯者。目前謠語甚多，弟因現已麻木，故置之不理，今朝聞兄言，知此種謠言已入兄耳矣。弟不屑對此直接置辯，如兄處今後仍有人以此相告，盼爲弟解釋。㈠每月報銷連同單據均於次月二三號呈先生交人審查，均有先生批「閱」字以核銷之。上月公博來，先生並交公博閱過。二百多萬如何開銷，先生知之，夫人知之，春圃知之，有帳可稽，有數可核，非下愚決不致因其數款項之貪污而斷送永久政治生命。此點望兄有機爲弟向誤會者說明。㈡戰前弟即有家產二十餘萬，內子金剛鑽及翡翠手飾不少，非這次當漢奸、發國難財所購者；汽車、洋房戰前即享受八九年，並不是這次才有。兄爲二十年老友，兄當知之。如承兄說明，更易取信於人。㈢每月特費萬元，當然有剩餘，曾托陳柏年買過外匯，但爲數並不多，弟向兄爲此言，實竟無聊，但既有人在兄面前談金剛鑽等話，當知兄所聞者必更多。曾參殺人，雖係好友聽話過多，恐亦難免懷疑，故特爲兄言之。每月均有報銷所存之款，隨時可交出。如兄爲弟解釋，將來決不致使兄爲難也。前聞各項謠言，衝動很厲害，本擬辭去財委職務，一恐被人說負氣及鬧意見，二因政府成立之期將近（如不成功，則同歸於盡），政府成立之後，有法令可遵循，此種無謂之指摘自然消滅，故暫忍之（不過將來財政部或者指摘更多）。瑣瑣爲兄道之，兄得勿關我爲無聊耶。惟滿腔悶氣，只好向知我者一發耳，諒兄必能於精神上予以慰藉也。各處請款，兄爲我先擋一陣，擋去者甚多，弟深感謝。昨曾與思平、樸之談之，如兄滑頭，事事向財委會推而不先爲弟抵擋，則兄不致受人埋怨，此點對兄深表謝意。孤塵無聊，拉雜書之，置之一笑可也。敬叩

大安

弟海上

十二．十六晚

(5)汪精衛函（12月20日）

希聖先生惠鑒：手示敬悉。思平先生過於重視此等落伍政客，與宗武先生同。弟與之談

三小時以後，灼知其毫無見解，與二十餘年以前無異。不值得因而惹起我們之注意也。若因而惹起波瀾，尤不值得矣。先生既苦且勞，調停諸同志間，慪氣雖深，收效亦大，乞勿介意爲荷。此請

大安

弟銘頓首

十二・廿

(6)汪精衛函(12月25日)

希聖先生惠鑒：會案將於明日(廿六日)上午九時再行討論。先生心境，弟深知之。但弟以爲此時先生有可暫行閣(擱)置者，有不可不認真擔任者。人事問題，錯綜複雜，愈理愈棼，先生暫行閣(擱)置，弟所同感，不敢再以相煩。至於會案討論，大則關係國家民族之前途，小亦關係我輩和平運動之有無價值，先生宜以毅勇精神，擔當一切，即有非議，置之不顧，超毀譽禍福以從事，此必爲同志之所望於先生，而亦弟所馨香禱祝者也。敬祈屆時出席，無顧慮以教言，幸甚幸甚。此上。敬請

大安

弟銘謹啟

十二・廿五

柒、出入汪偽政府揭發日人野心

民國二十八年八月間，陶希聖前往上海，並成為汪精衛的「宣傳部長」，及後來他於二十九年一月五日逃抵香港，把「汪日秘約」公諸於世，揭發日本侵華的野心和欠缺和平誠意的事實，舉世震驚的這件事，傳說很多。惡意政擊者，曾經指陶某是「漢奸」，陶先生始終緘默。

與陶希聖同時的「汪偽政府內閣」，如陳公博、梅思平、周佛海等，在汪偽政府垮臺之後，都被國民政府列為「叛國犯」。陳公博、梅思平遭槍決，周佛海被判無期徒刑，死於獄中。與陶同時出走香港，發表秘約的汪偽外交部次長高宗武、也被列為漢奸，後來流亡病逝美國。

陶希聖則從香港走成都，由國民政府派專機接重慶。蔣委員長聘他為軍事委員會侍從室第五組組長（主任為陳布雷，俞國華先生為委員長隨身秘書，機要秘書包括曹聖芬先生與楚崧秋先生）然後他便起草「中國之命運」！任中央日報總主筆；做董事長十六年；在中國國民黨內後來任中央常務委員凡二十五年；並經續為蔣中正先生撰述文稿，自元旦文告至雙十文告，均參與其中。⑮

為什麼他不像梅思平、周佛海一樣，被控叛國的罪名？為什麼他不必像高宗武那樣，流亡海外？相反的，為什麼他這般地受到蔣中正先生的倚重和信任？

原來在陶希聖隨汪精衛往上海之前，他見過蔣委員長，委員長交給他一個秘碼電號，叫他在上海有急事時可使用，直通委員長辦公室。此外，委員長並指派軍統局毛人鳳，協助陶希聖。後來陶希聖全家逃離上海時，便是杜月笙手下的人協助（萬墨林先生指揮），才擺脫日本軍警的搜捕，安全脫走。在上海，有一天陶希聖接到重慶秘令，要他次日稱病在家不上班。他也不知究竟，次日便在家留一天。第二天早上看報，知道他全辦公室的重要職員，已被刺客衝入辦公室中用機槍格斃。⑯

陶希聖說，委員長要他「跟汪先生去上海，在他身邊，常常勸勸他，莫讓他做出賣國的事。如果勸不住，你就回來。」⑰

汪精衛也很倚重陶希聖在看到日軍交給他的秘約稿時，與陶希聖單獨在一起，垂淚說：「我沒有拒絕這秘約的選擇。我簽了字，汪某從今是賣國漢奸。我不簽它，他們（日本人）決不會放過我。」兩人唏吁不已。汪便把秘約交給陶研究。後來陶把它拿了出走香港公諸於世。在國際輿論的壓力之下，這秘約始終沒有簽署。⑱後來陶希聖曾對其子陶龍生說：「我救了汪精衛，使他不必簽字。我協助了重慶，使國際間了解了日本人的真相。我也聽從了委員長的指示。」⑲

如果陶希聖所說屬實，則陶希聖離開汪精衛，乃是時間遲早問題。及所謂「日、汪密約」簽定，陶已知再無法挽回汪精衛。民國二十九年一月五日，高宗武、陶希聖逃抵香港。高於一月七日會見了杜月笙、黃溯初後，即書信給蔣委員長，謂：

頃晤玉笙（杜月笙之號）、溯初兩先生，得悉鈞座愛護之情無以復加，私衷銘感，莫可言宣。宗武於五日抵此，回顧一年以來，各方奔走，祇增慚愧而已。今後唯有杜門思過，靜傾尊命。先此奉達，並托玉笙先生代陳一切。另帶上密件共三十八紙，照片十六張，敬請查收。⑳

「汪日密約」的公布，是在蔣委員長直接指令下，由中央通訊社社長蕭同茲坐鎮香港執行。由於陶希聖眷屬尚留在上海，故一直未能發布。一月二十一日，陶眷由杜月笙、萬墨林協助安抵香港。次日，香港「大公報」在頭版頭條，以極其醒目的標題披露「日支新關係調整要綱」的譯文，又以第三版整版刊登了原文照片，同時還登載高宗武、陶希聖致「大公報」的信和給汪精衛等人的電報。高、陶說，他們在道義上應有保持秘密之責任，但是，為中國之獨立自由之生存計，上述之道義責任，不復存在，切望汪等人「懸崖勒馬，放棄此於己無益於國有害之運動」。㉑

一月二十三日，蔣中正委員長為「日汪密約」發表「告全國軍民書」，揭露了日本吞滅中國，獨霸東亞的狂妄企圖，駁斥了汪精衛所謂日本「無害於中國獨立自由」的讕調。蔣委員長指出，這一「密約」，把近衛聲明「東亞新秩序」的一字一句，都具體化了；比之「二十一條」兇惡十倍。又謂：近衛「三原則」聲明中的「善鄰友好」就是「日支合併」，所謂「共同防共」就是「永遠駐防」，所謂「經濟提攜」就是「經濟獨佔」，這就是近衛聲明中所望於汪精衛將要成立的「更生中國」，亦就是「奴隸的中國」的要綱，這就是敵閥以分擔建設新秩序職責的名義，強迫「中國」分擔「支解中國自身」的任務。同日，蔣委長還發表了「告友邦人士書」，敬請各友好國家開誠佈公，共同合作，迅速採取有效的行動，以制止日本的侵略；迅即採取有效方法，斷日本物資及武器原料來源，確實援助中國抗戰，並立即對日本禁運。㉒

高宗武、陶希聖的脫離，給予汪精衛賣國集團以重大的打擊。尤其是高、陶將「日汪密約」公開揭露出來，幾乎使汪精衛等自詡的「和平運動」陷入絕境，任何人都因此了解他們是藉著和平招牌，來實行賣國勾當。汪精衛指責陶希聖、高宗武之舉動係「變亂」的行為㉓並招集幹部舉行會議，討論「善後辦法」。尤其在民國二十九年二月六日汪精衛電函其夫人陳璧君更談到：「陶希聖女在港發表上海脫險經過，長數千言，陶一家人可謂男盜女娼，我等忠厚太過，深為愧憤。」㉔可見汪對陶已痛恨至極。

站在史學研究的立場，究竟高宗武、陶希聖所揭發的文件，是汪派辯稱交涉中的「最初提案」？抑高、陶本人及當時輿論，甚至今人吳相湘認同的就是「最後定案」？根據邵銘煌先生引用中國國民黨黨史會庫藏之民國二十八年十一月二日「中日新關係調整綱要」原件，及日本外交檔案中的談判紀錄，可以確定高、陶揭露的文件，係日方片面提出做為談判基礎的「草案」；而最後簽定之「密約」，亦非高、陶所稱的「日、支新關係調整要綱」，竟是比這一「要綱」條目更為繁多、形式也不同的所謂「調整中日新關係之協議文件」，故汪派更不敢公佈，以為自己申辯。汪精衛指責高、陶發表的「要綱」出於嚮壁虛造，自為汪企圖遮掩之詞。但即此一「要綱」，已足以資為汪派假藉和平招牌，欺瞞世人，實則賣國的鐵證。[25]

民國二十九年四月，高宗武經歐洲赴美「遊學」，民國三十年二月十七日，國民政府撤銷對高之通緝令。此後，高脫離政治活動，一直寓居美國。陶希聖到香港後，按照蔣委員長之指示，留在香港從事宣傳活動；日軍攻佔香港後，於民國三十一年一月隨同難民逃出，經桂林轉赴重慶，重獲蔣委員長之器重與信任。

捌、結論

綜觀陶希聖之脫離汪派並揭發日、汪談判密約之內情，無疑的，對抗戰時期一群意志不堅的人，是一當頭棒喝，有立竿見影之效。另一方面揭露日本侵華野心，使日本在國際上陷於孤立地位。總之，陶的一生，正如在其五十歲感言中所說：「書生而論政，論政而猶是書生。」其一生的成就是多方面的，除實際參與政治外，同時是政論家，國際問題與共黨問題的權威，兼長戰略理論、法學與史學等，是國內少數通達數種學問的通儒，更是少數論政，甚至從政之餘，還能兼顧學術工作的學者。

註釋

① 黃寬重：〈陶希聖先生傳略〉，《國史館館刊》復刊，第五期，頁二一九－二二三（民國七十七年十二月）。
② 同前①，頁二二〇。
③ 同前①，頁二二一。
④ 同前①，頁二二三。
⑤ 陶希聖：〈北平二三事〉，《傳記文學》第二卷第一期，頁八－九，（民國五十二年一月）。
⑥ 〈汪精衛致總裁函電〉（民國二十六年六月二十二日），《汪僞資料檔料》，法務部調查局資料室藏，鋼筆原件影本。
⑦ 同前⑤，頁八。
⑧ 陶龍生：〈陶希聖先生秘辛〉，《中央日報》第一七版。（民國七十七年八月三日）。
⑨ 方秋葦：〈陶希聖與「低調俱樂部」、「藝文研究會」〉、《民國檔案》第三期，頁一二六－一三二（一九九二年出版）。
⑩ 同前⑨，頁一三〇。
⑪ 同前⑨，頁一三〇。

⑫ ⑬ 同前⑨，頁一三一、一三二。

⑭ 上海市檔案館馮紹霆：〈一九二九年底汪精衛、周佛海致陶希聖函〉，《檔案與歷史》，第二期，頁四九—五〇（一九八八年二月出版）。

⑮ ⑯ ⑰ ⑱ ⑲ 同前⑧。

⑳ 高宗武呈蔣委員長一月七日函，總統府機要室藏。

㉑ 高宗武、陶希聖致汪等電，轉引自汪大義編撰，〈汪日密約〉，嶺南出版社（出版時間不詳），頁四八。

㉒ 同前⑮，頁五〇、七〇。

㉓ 〈汪精衛日記㈠〉，《檔案與歷史》，總第十一期，頁二（民國七十七年三月五日出）。

㉔ 〈各方致汪精衛函電〉（民國二十九年），《汪僞資料檔案》，《法務部調查局資料室藏》，（毛筆原件影本）。

㉕ 邵銘煌：《汪僞政權之建立及覆亡》、《中國文化大學史學研究所博士論文》，頁一三四—一四三。（民國七十九年六月）

南京蔣委員長鈞鑒：頃接陶希聖
同志自北平來函，謂北平學生及人民陣
線情形甚佳，倫謂應使救國青年應加
領導，中共企圖利用此種救國心理以造成反政府
之機，須當嚴加打擊。至學生本無成見，惟
華北宜不被利用，所謂陣線自然解体，而
共產黨失所憑藉，就範亦易。至於藉人民
陣線以反政府之少數份子，則必須制裁。若
過予於寬，適足長其氣燄，而擾華北大陣
線，切盼中央注意之，所云頗有見地，請
備予採取。兆銘叩

引自《汪偽檔案》

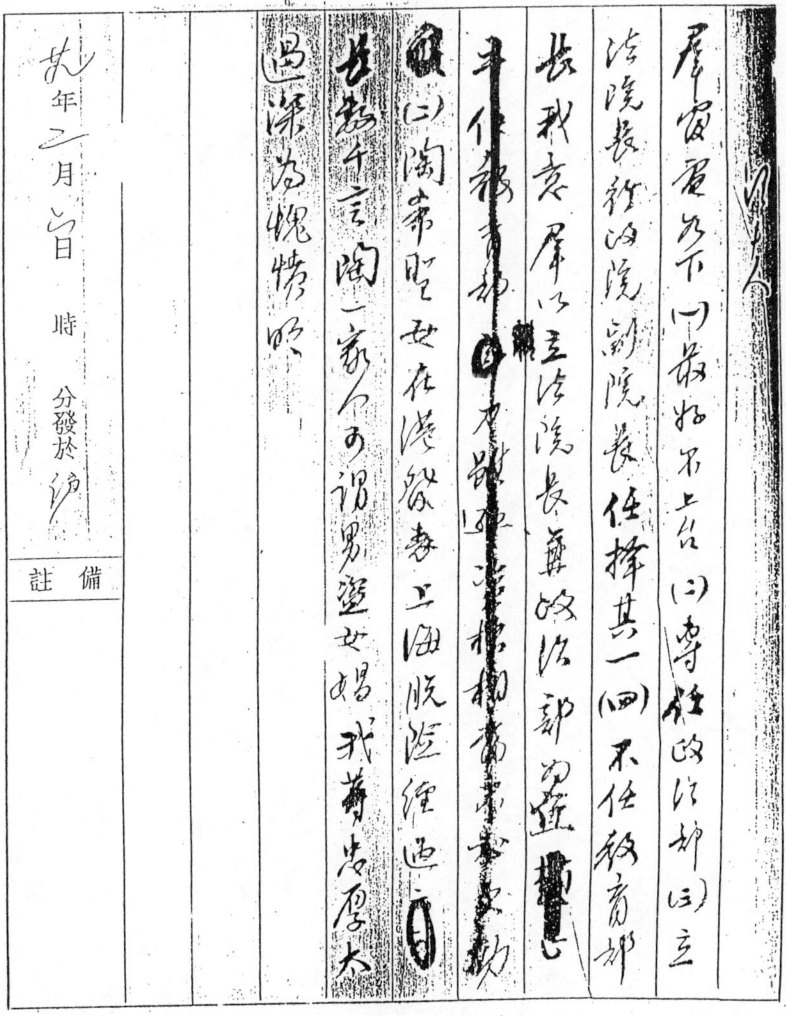
第　　頁

羣賢囿之下(一)最好不上台(二)專任政治部(三)立
法院長行政院副院長任擇其一(四)不任教育部
長我意羣以主法院長兼政治部為[redacted]
~~并作報告自大戰迄今消極情緒而不動~~[redacted]
[redacted](二)陶希聖在港發表上海脫險經過
長數千言陶一家可謂男盜女娼我等忠厚太
過深為愧憤明

廿九年二月六日　時　分發於[illegible]

備註

引自《汪偽檔案》

第八篇　從函電史料觀汪精衛與龍雲關係梗概

壹、前言

正當日本大舉侵華之時，中國國民黨副總裁汪精衛突然於民國二十七年（一九三八）十二月十八日叛離重慶國民政府，投向日本，另組汪偽政權。遍查坊間民國史著作，對汪叛國細節，有的學者，認為雲南省政府主席龍雲應為較先知道汪精衛等人脱逃行動的軍政首長，亦有人認為龍雲是否故意掩護汪等之行動與計劃，更有人認為汪與龍雲已結為秘密同盟，……所有這些説法，不一而止，然因無第一手史料，可資佐證，始終成為史家們眾説紛紜的懸案。本文擬從蔣、汪、龍三人函電史料中，試著找尋一些蛛絲馬跡，和讀者共饗。

貳、龍雲生平簡介（一八八四——一九六二）

一、龍雲的出身

龍雲，字志舟，雲南昭通人，民前廿三年生，是倮倮族。少年時家貧失學，日與流氓為伍，小有機智，刻薄寡恩，唯利是圖，為鄉里所不齒。因體格強壯，性喜習武，曾拜一位跑江湖賣跌打藥膏的四川拳師為師，從此龍雲就離開家鄉，跟著那位跑碼頭的拳師，到四川敘府練拳腳功夫，龍雲到了四川後，並上峨嵋學習內功，對峨嵋派的真傳，也學得甚多門徑。

到了民國元年九月九日雲南省光復，滇督蔡鍔率軍援川，部隊進抵敘府時，龍雲乃往投效滇軍師長李鴻祥部，擔任差遣職務。四川光復後，隨軍回滇。當他在外流浪了幾年，再回到昆明的時候，恰巧那時有一位俄籍拳師欲藉省運會大顯身手，俾能炫耀其勇武之力，一連幾天，都沒有遇到過敵手，他那驕傲的神氣，給予昆明人以莫大難堪和恥辱，當時年青氣盛的龍雲，聽得了這些狂話，尤其受不了，乃自願上臺比武，從容登上擂臺，與俄拳師較量，兩人對立臺上，一則碩大無朋，一則短小精悍，在觀眾眼中，適成強烈對照。當時不知龍雲之技擊者，多以為此番必敗無疑。迨至開始比武，雙方拳來拳往，各逞其能，兩皆無法取勝，即全場觀眾莫不為龍雲揑一把汗。結果，第一回合俄拳師僅以點數勝。龍雲雖居下風，然已窺得俄拳師之技，不過爾爾，俄人體健力大而技拙，不直以力勝，只可用智取。第二回合開始，龍雲已有成竹在胸，當互相一拳一腳，閃避攻防之傾，俄拳師突被龍雲擊中了一拳，而此拳卻恰巧猛擊在俄拳師的山根與印堂之間，當堂兩目腫突，鼻樑內凹，鮮血淋漓，終致不克支持，倒地仰臥。臺下觀眾群呼若狂聲如雷動。唐繼堯此時正在場參觀，更是心花怒放，興奮萬分，立刻傳龍雲來見，面加獎勉便把龍雲羅致起來，當一位隨身衛士，於是龍雲成為雲南的英雄人物。這就奠定了龍雲事業上的初基。

龍雲早年對唐繼堯，確也盡到了許多護衛的責任，不離左右，亦步亦趨。唐為了提拔他起見，特送他進雲南講武堂受訓，畢業後，即委任為「佽飛軍」的大隊長，「佽飛軍」是唐繼堯的禁衛軍，那是一共只有二百名衛士，龍雲不過就是護衛大隊的大隊長而已。但龍雲的官運特別亨通，不久後就連陞幾級，由大隊長而躍陞師長了，當滇軍攻打廣西的時候，唐繼堯的幾個軍長，都吃了敗仗，狼狽而歸。龍雲自告奮勇，以他的一師人，去和素有「小諸葛」之稱的白崇禧交手，公然旗開得勝，凱旋而歸，唐繼堯當即將他陞為第五軍軍長。那時的雲南軍隊，一共有五個軍；第一軍軍長是張汝翼；第二軍軍長王傑修；第三軍軍長唐繼虞（唐繼堯的兄弟）；第四軍軍長胡子嘉；第五軍軍長龍雲。論裝備則除第一軍外，就要算第五軍的裝備最好，論交情他和一二兩軍的軍長都是桃園三結義的生死弟兄，張汝翼是大哥，王傑修是二哥，龍雲是三弟，而張汝翼的老太太，又是龍雲的乾媽。此時龍雲，躊躇滿志，野心勃勃，竟動起唐繼堯的腦筋來了。他利用一次由唐氏召集五個軍長開會的時機，散會後，即約其他四位軍長就近到他的軍部繼續會商，并將四個軍長扣押起來，脅迫他們各自發出命令，曉諭所部，無條件地向龍雲投降。幸第四軍軍長胡子嘉的軍隊適時趕到，結果以其人之道還治其人之身，龍雲反被胡子嘉所扣留，並把龍雲囚在鐵籠裡，交由張鴻春營長（四川會理縣人）押赴曲靖（離昆明九十公里）發落。當時張汝翼軍長的老太太，聽說她的乾兒子龍雲闖了禍，還一再叮嚀張汝翼不要傷害三弟，無論如何，要保留他一條性命。但當時張汝翼卻很氣恨的說：「是他先扣留我們的，他不認大哥二哥，我們還認他是三弟嗎？再說，有計劃大家都是弟兄，儘可以慢慢商量，為什麼想一網打盡，一個人就當得了皇帝嗎？非幹掉他不可！」①

張鴻春營長去把龍雲起解到曲靖的途中，不知怎的居然又被龍雲説服了，竟把鐵籠打開，讓龍雲恢復自由，龍就利用張鴻春這一營人作本錢，衝回了昆明，又配合盧漢（龍雲的同胞兄弟）的一師人為內應，遂再度捉到了張汝翼大哥和王傑修二哥。龍雲一不做二不休，親自動手把張大哥處決了，而王二哥也被盧漢所槍斃。不久，唐繼堯亦吞金自殺，唐繼虞化裝逃到香港，第四軍軍長胡子嘉則逃竄四川再遠赴德國。

龍雲於唐繼堯死後，便自稱雲南督軍，後改為雲南省主席，他的願望，也總算達到了。論功行賞，張鴻春營長馬上就陞任團長，隨後又提陞為第一百師的師長，但結果仍免不了被龍雲所槍斃，「狡兔死，走狗烹」，自古皆然。

二、與中共勾結、反抗政府

龍雲於民國十六年起出任國民革命軍第十三路總指揮，兼雲南省政府主席，就任後標榜所謂「滇人治滇」口號，以作為自己把持地盤，排斥異己的藉口，對地方橫徵暴斂，盡力榨取，對中央則陽奉陰違，獨斷專行，純粹軍閥作風。當抗戰軍興，西北、西南成為我國防的屏障，雲南更為重要，龍雲為了發展個人勢力，盡量擴充軍隊，并使其長子繩祖為盧漢之副軍長，次子繩武為獨一師師長，用以鞏固私人勢力，此時，中共也想利用抗戰來壯大自己，此際龍雲與中共可以説想法相同，利害一致，因此，中共初則利用雲南一般人對文化教育界人士的尊敬心理，派出一批打著所謂「民主自由」招牌的教授、文化工作者到昆明活動，繼則利用龍雲自幼失學，但又自尊心重，好名而不肯服人的老氣橫秋的心理，首先表示贊同龍雲所謂「滇人治滇」的口號，同時，尊稱龍雲為開明的「民主人士」，極端的逢迎龍雲，尊敬龍雲，從而在雲南展開所謂民主運動，並透過所謂「民主人士」的羅隆基、潘光旦、潘大逵、周炳琳等人來接近龍雲，進而挑撥龍雲與中央的關係，於是雲南便成為中共與民盟勾結大肆活動的地區，龍雲也藉左傾勢力以自固。據共黨黨員張文實在《雲南內幕》一書中指出：「對於民主同盟，龍雲抱有同情的好感，因此，他願意保護民盟雲南支部在雲南內從事合法政治活動。龍雲曾經聘請民盟雲南支部的幾個領導人物羅隆基、潘光旦、潘大逵等為雲南省政府顧問。而民盟在雲南境內的一切活動都能與雲南地方當局的意向取得一致，保持最和諧的關係，民盟所以能夠在雲南發展，並領導昆明的民主運動，應該歸功於雲南地方當局的開明態度。」民盟又說雲南支部的工作最近已經迅速地發展到雲南的上層地方人士，由同情的好感進而為實力的支持。②

此即中共與龍雲祕密勾結的證明。當時龍雲曾將自己住宅劃分一半，名義上是送予西南聯大教職員做宿舍，實際上是為了安頓張奚若、潘光旦、周炳琳等一批左傾教授。他們不但住在龍雲家裡，而且時常得到龍雲的資助。龍雲說：「他們雖然窮困，我並沒有這樣做，不過，他們有時有文章而無力發表的時候，我是一定幫忙的。」

當時西南聯大學潮迭起，中共與龍雲之勾結與支援，實為主要原因之所在。

三、被中共誘騙、回歸大陸

抗戰勝利後，中樞為遏止軍閥割據隱憂，將龍雲調離雲南，勸使至南京擔任軍事參議院院長，龍雖勉強受令，但內心極端不滿。

徐蚌會戰前夕，龍雲突由首都飛抵香港，初則深居簡出，靜觀變化，旋與中共及一般叛國分子搭上關係，民國三十八年二月共黨及附共分子李濟琛分別電邀龍雲參加偽政協，左右勸其稍事觀望，故未貿然北上。同年四月初，龍雲為了媚共起見，令其子龍繩武發表談論，謂乃父對政治不感興趣，并於同月十二日親自招待記者，將其致李宗仁之荒謬函件發表，表示擁護毛酋八項條件，反對以雲南作為反共基地，此時，龍雲的心腹幹部對龍雲出路主張極為紛歧，形成三派：

第一派，以在中共佔領區之滇省軍人張沖、盧濬泉、潘朔端，龍繩曾等為主，主張直接與中共聯繫，并聯合劉文輝等宣佈獨立，組織「西南人民政府」。

第二派，隆子安，龍繩武及在港之雲南省資本家主張與國民政府暫時妥協，改革金融，發行雲南幣，俟有基礎，再觀局勢發展而決定行動方向。

第三派，顧映秋、繆雲臺、劉崇岳等雲南與政府幹部主張接受李濟琛之邀請，由顧映秋等訪問北平，觀察中共態度及中共對雲貴邊境越共與緬共之策略再作決定。

龍雲面對三派主張，終於決定以第三派之主為行動原則，是年七月盧漢宴請龍妻顧映秋、顧曾向盧表示，謂龍欲返雲南休養，盧則須龍先到北平一行，再行決定，故龍認為盧有拒其反滇之意。此時，龍雲被共黨及李濟琛、何香凝等人逼著表明態度，於是八月十三日龍雲在香港發表〈我們對於現階段中國革命的認識與主張〉通電，公開投共。十月被中共任令為偽「中央人民政府」委員，及「人民革命軍委員會」委員；十二月被選為偽民革中央委員。同月九日盧漢在昆明發動叛亂，龍雲恐怕盧漢被國軍圍攻消滅，影響其返回雲南的夢想，曾由港四次致電毛澤東及李濟琛，請速令劉伯承進軍昆明，龍此時原欲乘機返滇，攫取雲南政權，詎接北平中共中央電，謂雲南混亂，已令劉伯承率部入滇，囑其勿往，并促剋日赴北平，商討西南政局，龍雲獲電後，內心雖感憤懣，然為環境所迫，莫可奈何，只好托病派代表李培元於同月廿八日赴北平與中共周旋，彼則留港戒毒，準備北上，民國三十九年一月四日晚葉劍英派親信中共幹部二名，攜長函一件至港會晤龍雲，促其即刻赴廣州轉赴北平，五日晨龍雲偕私人祕書方某隨中共幹部等赴廣州，轉飛北平。③

四、心願落空、慘遭整肅

龍雲之所以下定決心，肯投靠中共，與葉劍英的長函內容有關，葉劍英的長函內容沒有公佈，但中共一定明白龍雲的心願，就是返回雲南，重溫舊日的迷夢，相信葉劍英的長函內容一定有相當的表示讓龍雲有機會返回雲南，否則，龍雲就是不會到北平去的。但龍雲從民國卅九年年初回大陸後，雖然掛有西南軍政委員會副主席的空銜，實際上卻被羈留在北平，生活行動失去了自由，致使龍雲投靠中共的惟一心願落空，鬱鬱不得志。據民國三十九年八月廿二日第一三一期的《新聞天地》報導：「據經常出入於淺水灣龍雲公館的『民主人士』消息：龍雲在北平，現在不特鬱鬱不得志，抑且行動起居，都受中共武裝人員監視，形同軟禁。龍雲初由香港赴北平時，喜氣洋洋，認為滇省主席一缺，非他莫屬，在香港的滇系『民主人士』，也彈冠相慶，但今天消息，他們都不特神色黯然，而且淺水灣公館，近日也門庭冷落車馬稀。幸而龍雲在港置有大批產業，所以在港家人戚屬，生活仍是優遊自得。」④

龍雲不特不得意，而且回大陸的第二年，即是民國四十年六月七日僞「民革」在北平召開中常會，討論響應抗美援朝總會三大號召時龍雲被套上所謂捐獻委員會副主席名義，這種被迫式的副主席，首先就逼使龍雲將他在昆明的兩幢大房子捐出，據民國四十年六月十五日中共《人民日報》說：「龍雲在民革的捐獻會中，首先就把他和他夫人顧映秋在昆明的兩幢大房子捐出，共有一百多間約十億萬人民幣。」

民國四十六年，中共掀起「鳴放」運動。龍雲想到返回大陸六、七年，不但沒有機會重回雲南，而且損失財產，失去自由，內心不滿，達於極點。既然聽說可以「大鳴大放」，於是乘機對毛等共黨向蘇俄「一邊倒」的政策進行批評。他在僞「民革」的一次座談會上說：「抗美援朝戰爭的經費全部由中國負擔不合理」；「兩次世界大戰中，美國借款給盟國，又實施租借法案，後來有的賴了債，有的美國不要還了。而蘇聯對我國借款，十幾年來都還不清，還要付利息，要中國為社會主義而戰，結果如此」；「蘇軍解放我國東北時，拆走了廠中的機器，有無代價？償還不償還？」龍雲這一番話，立刻惹來大禍，指為破壞中（中共）

俄友誼的「右派言論」，由共黨發動反擊。⑤

先是唆使雲南籍的僞「人大」代表清算龍雲舊帳，說他：「在一九四二年龍雲到攸樂山收稅，遭到當地人民的反抗，龍雲老羞成怒，派了一團兵去鎮壓，燒了二十多個村子，殺了不知有多少人。」；另一位代表又說他：「在龍雲統治雲南十八年的時期，龍雲是鴉片煙老板，種煙的是他，運的是他，吃的是他，禁的也是他，他統購統銷，統起來發財等等」，一系列的批判謾罵，迫使龍雲低頭認罪，提出自我檢討，承認「自己過去反革命，對革命沒有貢獻，今後還要加緊學習」。接著是剝奪龍雲的一切職務；民國四十七年二月由僞民革會撤銷他「民革中央副主席」；由僞全國人民會常委會罷免他常務委員，並停止他代表職務；由僞人代會撤銷他僞代表資格。⑥

此後，龍雲被囚禁北京，羞忿地度過了四年多，於民國五十一年六月抱恨以終，臨死未償重溫雲南王迷夢。龍雲這種下場，自然不值得同情，但對夢想投靠中共以滿足政治慾望的人來說，也是最好的前車之鑒。

參、蔣中正、汪精衛與龍雲有關的函電史料研析

一、汪精衛與龍雲有關的函電史料研析

就筆者參閱《汪僞資料檔案》後，所看到有關汪精衛與雲南省主席在抗戰期間往返的函

電大致如下：

其一，龍雲於民國二十七年九月三十日上午一時十五分自昆明致汪精衛函電，內容如下：

重慶汪主席勛鑒：儉及儉戌電均悉，慶密，昨日午前九時敵重轟炸機九架侵入昆明於城西學校區及飛機場投彈共百餘枚，在學校區師範學校略有損壞，附近之苗圃內炸死疏散之人民婦孺共六十餘人，傷二十餘人，機場投彈雖多但損害不大，只重傷法機械師一人，死衛兵二人，擊壞飛機三架，係法方所售於我，然尚未接收又汽車二輛，內則安全無恙，敵機被我擊傷三架落於路南宜良之間，機壞人死。每機內六人中有一人未死逃脫後，被人民拿獲名曰池島，面部受傷，所攜圖表甚多，現飭解省，明日可到，此次未襲之敵機，係最新式且極健全，內裝有收音電報、照相等器，其速度最快，我方驅逐機不易趕及，除擊落之三架外，其逃去之六架，聞亦有負傷在桂境墜壞，但未證實，詳情待查。承關廑念，謹將昨日經過具復尊夫人，因空襲改期，明日可望起飛，際（附）此佈聞。龍雲艷機。昆明九月三十日上午一時十分發下午二時五十分譯。⑦

上述函電除了報告日軍轟炸昆明之狀況以外，主要是汪精衛夫人陳璧君原本九月間擬自廣州飛往昆明會見龍雲，因日軍空襲昆明，只好改在十月間起程與龍雲秘密聯盟。根據大陸學者蔡德金：《汪精衛評傳》一書中之第八章〈逃離重慶〉，談到陳璧君與龍雲的秘密聯盟部份，玆摘述如下：

高宗武的日本之行，溝通了汪精衛與日本方面的聯繫，使汪加速了反對抗戰，準備叛國投敵的步伐。汪精衛的第一步，就是拉攏地方實力派，組織反蔣反共力量。……除兩廣外，龍雲等人則是汪竭力拉攏的第二個目標。民國二十七年（一九三八）四月十五日，雲南省主席兼國民黨昆明行營主任龍雲和西康省主席劉文輝，親筆致信北平偽臨時政府行政委員會委員長漢奸王克敏，信中說，他們想在四川、雲南、西康、貴州四省地區，結成聯盟，發起反蔣「和平運動」，並且已經有了相當程度的聯絡。他們希望此事能夠得到王克敏的支持，並且能在王的諒解下，和日本方面取得聯絡。……龍雲等人在主張反蔣「和平」上，與汪精衛等人是一致的。因此，十月間，陳璧君由廣州轉往昆明時，住了長達一個月的時間。她曾多次會見龍雲，進行游說和拉攏；龍雲也想利用汪的聲望，對陳招待甚周。於是通過陳璧君的活動，汪與龍雲在一致反蔣「和平」的基礎上達成默契，結成了祕密聯盟。⑧

關於陳璧君多次會見龍雲，似可在此找到一些證據，史家對於汪之叛國投敵，其妻幕後運作鼓動，居最大原因之一，所謂「成也璧君，敗也璧君」，或許也在此處找到一些註腳。

其二，在廣州淪陷的前一天，即民國二十七年十月二十日零時五十八分龍雲自昆明致電汪精衛，內容如下：

> 重慶汪主席精公鈞鑒：茲密信陽放棄後，日軍在大鵬灣登陸，相繼佔領惠陽，粵省軍備薄弱，於此可見英方受其威脅，不置一詞，粵漢、平漢均已不通，前途危險，可以概見。而國際間始終持觀望態度，我則孤立無援，職邊疆遠寄，午夜思維，彌切憂懼，未識中央處此，如何應付，鈞座高瞻遠矚，當茲千鈞一髮，國命攸關，今後一切伏乞指示，俾有遵循。職龍雲皓秘。昆明十月二十日零時五十八分發，上午十一時譯。⑨

從上述函電，可知日軍攻向東南各省之時，龍雲已開始擔心西南的局勢，乃向汪請示如何應付的辦法。

其三，當廣州、武漢相繼撤守後，龍雲於民國二十七年十月二十九日下午一時五十分自昆明致電汪精衛，內容如下：

> 重慶汪主席鈞鑒：元密儉電並有日手諭均奉悉。慨自中日戰爭開始以來，我軍事上失於統算，已無可諱，其流弊所及，往往顧此失彼，貽誤滋多，如上海之戰，敵從金山衛登陸，滬上之軍，即陷於崩潰，魯南一役，土肥原搶渡黃河，由董口而黃口遂影響魯南全局，此次敵犯華南，在大鵬灣登陸，粵不旬日遂陷，武漢亦因以不守，先後失著，如出一轍，粵省軍政當局，此次得此結果，固屬一言難盡，而參謀本部於統等上實多遺憾，亦不爲無因，現以湘爲抗戰中心，西南各省均爲後方策源基地，滇緬路線亦成唯一

國際交通，而湘省成爲目前抗戰中心，一切軍實悉委積衡陽，敵睽睽矚目，亦莫不知最可慮者，敵雖短期不能以侵粤之敵，抽調西犯，萬一另派一部，再由北海登陸直達滇黔斷絕滇緬交通，或直擣桂林以窺湘南，各省部隊今已調赴前方，後方空虛實甚，若敵竟冒險而來，恐至不堪設想，望鈞座對此加以考慮，並隨時申儆，軍事當局思患預防，免一誤再誤至大局陷於僵局，誠如公言，純由依賴外力估量所望者過高，結果失望致陷孤立，言念前途至深，悲憤共匪爲害民族國家。職深惡痛絕，當凜箴言，特別注意，仍望不吝教誨，時賜南針，俾有遵循，不勝感禱。職龍雲叩艷，昆明十月二十九日下午一時五十分發，十月三十一日上午九時半譯⑩

由上述函電可知龍雲對於日軍攻佔廣州、武漢、而我方之戰略策略有所失算與流弊，多所批評，深恐日軍進攻西南，因此請求汪精衛多考慮西南抗日前途，同時不要太過依賴外力之支援，如國際友邦的援助，只有「希望愈大、失望愈大」而已，並對中共利用抗日壯大力量，表示深惡痛絕。

二、蔣中正與龍雲有關的函電史料研析

汪精衛等人是最早觸及關於建立僞政權問題，是民國二十七年（一九三八）十一月中旬，汪、日雙方代表在上海「重光堂」舉行秘密談判，至汪等脱離重慶之間約一個月時間，

其後，他們之逃經雲南昆明，潛入越南河內，均係依「重光堂」秘密協議既定之計劃而行，亦正其為實現組織僞政權而採取的必要步驟。由於一切皆暗中進行，且計議周密，一般國人對他們的活動全無所悉。蔣委員長或能瞭然於汪精衛有主和之傾向，卻也始料未及他會私離重慶抗戰陣營。

雲南省政府主席龍雲應為較先知道汪精衛等人脱逃行動之軍政首長。但他等到民國二十七年（一九三八）十二月十九日汪等離開昆明以後，才電告蔣委員長，略稱：「汪副總裁於昨（十八）日到滇，本（十九）日身感不適，午後二時半已離滇飛航河內。」⑪蔣委員長當時在西安主持軍事會議，輾轉接到此一電報時，為二十一日，汪等已抵達河內二日餘矣。蔣委員長因即於民國二十七年十二月二十一日上午九時五十分自武功致電龍雲轉致汪精衛一電，詢汪近況，該電內容如下：

> 昆明龍主席轉汪先生邃密聞兄到滇後即病，未知近狀如何？乞示復。中正叩馬（二十一）辰武、武功十二月二十一日上午九時五十分發。⑫

至此，龍雲始將詳情再電呈蔣委員長：

> 查汪到滇之日，身感不適，未及深探，其態度亦不似昔日之安祥，不無詫異。臨行時，始道出真語，謂與日有約，須到港商洽中日和平事件，若能成功，國家之福，萬一

> 不成，則暫不返渝，亦不作爲離開鈞座之工作。職觀其言行，早有此種心理，惟關係重大，未識在渝時與鈞座切實討論及此否？⑬

龍雲是否故意掩護汪等之行動與計劃，尚難遽下推斷。惟從此一電報顯示，他並未及時通報內情，致延誤機先。蔣委員長得悉汪精衛意圖，喟然道：

> 不料精衛之糊塗卑劣乃至於此，誠無可救藥矣。黨國不幸，竟有此類寡廉鮮恥之徒，無論任何待之以誠心義膽，而終不能邀其一顧，此誠奸僞之尤者也。⑭

民國二十七年十二月二十四日，蔣委員長自西安飛抵重慶，乃約集黨政首長會談，確知汪精衛有整個背叛黨國陰謀；次日，晉謁國民政府主席林森，為談汪私與日本約和行為。雖則如此，政府對此事尚嚴加保密，蔣委員長亦不忍汪自毀政治前途，仍盼其不致進一步作出危害國家民族利益之行為，遂於十二月二十七日電香港大公報張季鸞總主筆，希對汪之有關輿論，寬留餘地；並召見與汪頗友善之彭學沛，囑電汪，「駐港不如赴歐」，欲動之以至誠，使能迷途知返。同時電駐英大使郭泰祺，囑迅向汪懇勸，早日赴歐暫事休養。⑮

惜汪精衛及其一派，竟一意孤行，仍按照原來計劃，向另組偽政權之目標逐步推進。彼等自十二月十九日從昆明飛抵河內，至翌（二十八）年四月二十五日離開河內赴上海，計居留河內四月餘，由於形勢之發展變化，汪派所謂「和平運動」，亦由完全秘密，趨於表面化。民國二十七年十二月二十九日，汪精衛河內發出「艷電」，即為其轉化點。

汪發出「艷電」以後，與日本方面預計將會響應的軍政界要員如龍雲、張發奎、陳濟棠、何鍵等，接到汪派通知以後，不僅未有任何動搖的跡象，即連素以汪派自稱的彭學沛、張道藩、甘乃光、王世杰等人也不敢贊同汪的主張。汪在久候之餘，不得不自覺估計錯誤。⑯其中又以龍雲遲未表態，最讓汪感到失望無助。

龍雲應是完全清楚汪精衛等人之主和主張與行動方案。汪派能夠以昆明作為會合和轉移地，非得龍雲之臂助將難以為功。而且在「重光堂」秘密協議中，即已以雲南為首先響應及建立新政府的地區之一。汪匿居河內期間，龍雲透過汪之內弟陳昌祖⑰關係，仍與汪保持密切聯繫。但是限於客觀形勢，龍雲不便妄動：㈠「艷電」之發表，海內外一片聲討，汪派在政治上陷於孤立；㈡龍雲雖擁有相當軍力，但政府軍早已有幾個師進駐雲南。汪等脫離重慶後，蔣委員長又加強軍事部署，龍雲不能不有所顧慮。⑱

當民國二十八年三月二十一日河內刺汪案發生，龍雲因派李鴻謨前往慰問汪精衛，並探察實情。龍雲得訊後，即電告蔣委員長，有謂：「查其（汪精衛）言語間，對中央不無誤會，或因此而更趨極端，亦未可知。」⑲三月三十日，汪託李鴻謨攜給龍雲一封親筆函及「舉一個例」一文。汪函中略謂：其久居河內，唯一意義，欲有所裨益雲南；以待龍雲之從容佈置。如果龍雲毅然公開表示同意「艷電」主張，其當即來昆明。切望龍雲審慎考慮，予以決定答覆。倘如龍雲否定，則其不能不另謀他去，蓋日本以一再遷延，已有迫不及待之勢。

汪精衛函中極力拉攏龍雲，以響應其主張，甚至表露「蟄居三個月，日夕引領」之情。此函後來被軍統局偵查到，拍成照片，呈報中央。⑳蔣委員長為免龍雲受汪煽惑，特派唐生智赴昆明，對龍雲進行說服：在唐生智懇切勸導下，龍雲於民國二十八年五月初發表致汪函表明不贊同汪之主張，並申明擁護抗戰決策的立場㉑惟唐生智進行勸說龍雲期間，影佐禎昭等人已抵河內，策劃協助汪精衛離開河內。蓋汪一直等候不到龍雲回音，遂放棄以雲南為據點之初衷。

茲將《總統府機要檔案》中，有關蔣中正與龍雲在民國二十七年十二月十八日汪叛逃後，二人往返的函電史料，按時間順序列表如下：㉒

1、龍雲以汪兆銘經滇飛往河內呈蔣委員長之效電

——民國二十七年十二月十九日

重慶。委員長蔣鈞鑒：僭密。汪副總裁于昨日到滇，本日身感不適，午後二時半已離滇飛航河內。昨夜及臨行時兩次電詳呈。職龍雲。效秘印。

（錄自總統府機要檔案）

2、龍雲以汪兆銘將赴港與日洽和未識在渝曾否討論及此呈蔣委員長之馬電

——民國二十七年十二月二十一日

重慶。委員長蔣鈞鑒：僭密。汪先生此次匆匆離滇，曾以效電略呈在案。查汪到滇之日，身感不適，未及深探，其態度亦不似昔日之安祥，不無詫異。臨行時，始道出真語，謂與日有約，須到港商洽中日和平事件，若能成功，國家之福，萬一不成，則暫不返渝，亦不作爲離開鈞座之工作。職觀其言行，早有此種心理，惟關係甚大，未識在渝時與鈞座切實討論及此否？現陳公博繼續赴港，鈞座致汪馬電，因無從探轉，已交其攜往矣。謹呈。職龍雲。馬秘印。

（錄自總統府機要檔案）

3、龍雲轉呈汪自河內致蔣委員長如對方所提非亡國條件宜及時謀和以救危亡而杜共禍梗電之迴電

——民國二十七年十二月二十四日

長安。委員長蔣鈞鑒：僭密。頃奉汪先生自河內電命轉呈鈞座電一件，謹將原文錄呈如下：「邃密。在渝兩次謁談，如對方所提非亡國條件，宜及時謀和以救危亡而杜共禍，詳容函陳。弟兆銘。梗。」職龍雲。迴秘印。

（錄自總統府機要檔案）

4、龍雲以汪主和對內毫無影響此後如有所聞當隨時報告之歌電

——民國二十八年一月五日

重慶。蔣委員長介公鈞鑒：僭密。冬侍秘渝手啟電奉悉。自抗戰開始後，汪先生壹志在主和，國人盡知。此次建議，不在渝就近詳商，而在異地突然發表，一般觀聽，不無驚疑。幸國人在委座領導之下，確知國策久定，毫不爲其動搖。故汪之議論，對外雖屬奇聞，受敵愚弄；對內仍毫無影響，祈釋廑注。此後如有所聞，當隨時報告，謹復。職龍雲叩。歌印。

（錄自總統府機要檔案）

5、龍雲自陳昌祖處悉汪居河內情形建議勸汪回國免其挺而走險之魚電

——民國二十八年一月六日

重慶。委員長蔣鈞鑒：僭密。汪先生離滇後，有謂其已到香港、九龍者，有謂仍在河內者，甚至謂其到上海者，其說不一。本日其內親即陳璧君之弟現充飛機製造廠副經理陳昌祖者到滇相晤，始悉汪本人尚在河內，因在旅館樓板上滑跌，傷及膝蓋，正醫治中。日前到港者係陳公博等，據陳昌祖言，自中央臨時會議決議發表後，汪態度消極，其夫人則甚憤慨，目前將有到歐洲或其他國家之行，內部正密商中，似此汪已在猶豫情況之

下，若無轉圜，將來縱不爲日人利用，亦必與法西斯帝國勾結反共，顧慮實多。愚見此時最好由鈞座派汪之親信一二人到河內，以私人歡迎其回國，如能回渝最好，否則在國內任何一處居住，均可避免再與日人勾結，以免挺而走險，對外則團結之裂痕不現，對汪則以後無從活動，日人亦無從挑撥。未識鈞意如何？伏乞電示。再：職曾面告陳昌祖，鈞座此次提會，係不得已服從多數主張，但心中始終爲汪留餘地，請其轉告汪，切勿誤會云云。謹併奉聞。職龍雲叩。魚秘印。

（錄自總統府機要檔案）

6、蔣委員長對汪案處置致龍雲之庚電

——民國二十八年一月八日

昆明。龍主席勛鑒：魚電悉。對汪事，此時只可冷靜處之，置之不問爲宜。蓋急求諒解或爲彼代謀，徒增其疑竇，而於事無補，且據法人消息，汪到越後之言行，絕不如吾人所想像之汪先生，現若勸其返渝，則彼必以惡意推測，且彼亦必不出此。至於留住國內，無論何地，不惟敵國可借此造謠，甚或假借其名義，多所引誘，即國際亦復懷疑，而全國軍民之惶惑更無論矣。如爲彼計，此時當以赴歐爲惟一上策，否則皆於公私有損。當此次開除黨籍決議時，本有通緝令同時並發一項，僉以爲汪之言行，不僅違反黨紀，而且毀壞國法也，卒因中力加阻止乃已。如彼此時留住國內，則全國要求通緝之令無法遏阻，如此則公私更難爲懷

矣。吾人於此，惟有先公而後私，只要抗戰有利，國家有益，則私人關係雖受損失，亦惟忍痛一時，但求吾心之所安而無愧怍耳。如其再派人來說時，請以正這告之。未知兄意以爲何如？中正手啟。庚未機印。

（錄自總統府機要檔案）

7、龍雲為汪及曾仲鳴等在河內遇刺呈蔣委員長之馬電

——民國二十八年三月二十一日

重慶。委員長蔣鈞鑒：僭密。頃據駐滇法領事稱：汪先生在河內住室內遇刺，幸未受傷，曾仲鳴夫婦及從人數人均受傷，刺客已拏獲三名等語。謹電奉呈。職龍雲。馬戌秘印。

（錄自總統府機要檔案）

8、龍雲陳汪在河內遇刺言語間對中央不無誤會或因此而更趨極端亦未可知之東電

——民國二十八年四月一日

重慶。委員長蔣鈞鑒：僭密。日前汪先生在河內遇刺，當時因不明真相，乃派員前往慰問及視察確情去後，茲接復電，有刺客被警捕獲，且直供不諱等語。查其言語間，對於中央不無誤會，或因此而更趨極端，亦未可知，謹電陳聞。職龍雲。來秘印。

（錄自總統府機要檔案）

9、龍雲以汪在外招搖有意簧鼓滇省與公同命決不為其所動呈蔣委員長函

——民國二十八年四月十三日

介公委員長鈞鑒：滇省委周惺甫先生，年來多病，在滇專負修輯省志之責，無意遠游，此次遵命飛渝，實緣盛德所感，義不敢辭，到時若其體力能支，鈞座亦可留備諮詢，若不能支持，亦請不必挽留，免久在客中，一切不便。茲就其赴渝之便，將汪氏經滇赴越始末摘要略陳。查汪氏前由滇赴越及發出艷電，又曾仲鳴被刺前後大概情形，均經先後電呈。近接薛伯陵來電，始知汪氏及其左右，不免在外招搖，有意簧鼓，實際上職與汪氏素無往還，此次短期接觸，已稔知其爲人，既不磊落光明，又不忠厚安分，在其艷電發出後，職未加上攻擊，猶本古人薄責于人之義，未肯論其短長，且各方正攻擊汪氏，亦不必再下井投石，亦即遵鈞座寬厚待人，不咎既往之旨，爲留餘地，但此種謠諑，對內雖自問坦然，對外仍恐不免有人懷疑，擬在相當時期，將其前後經過，完全公布，純用事實，以正視聽。自抗戰迄今，國家重要基地，已在西南，滇省目前對國家之關繫，及所負之責任，不但職明瞭，一般民衆已深切了解。總之在鈞座領導之下，任何艱難危險，苟一息尚存，始終不貳。蓋滇省與我公同一命運，在此敵人加圖分化，汪氏被敵利

用之時，吾輩軍人，不論任何職責，惟有立定腳跟，不爲利害所動，確遵既定國策，以待鈞座從容應付，此即剝復之機，亦國家之幸民族之福也。謹布悃忱，伏乞垂鑒。不盡之懷，統由惺甫先生面陳，專肅，祇請

崇安。

職龍雲謹肅。

二十八年四月十三日。

（錄自總統府機要檔案）

10、龍雲以敵機連日襲滇但不炸省會似含威脅滇省生變性質呈蔣委員長之刪電

——民國二十八年四月十五日

連日敵機侵作滇境轟炸省會附近，元日敵機又炸蒙自，損失慘重。但不直接來炸省城，似含有威脅壓迫，使滇有所恐怖而生變化之舉。職意汪黨與日勾結，有此作用亦未可知，此以不肖之心待人，未知鈞座觀察以爲何如？

蔣委員長復：此間觀察與兄全同，汪勾敵害國事實太多，擬屬孟瀟兄不日來滇面詳一切也。

（錄自總統府機要檔案）

11、蔣委員長致唐生智請龍雲函汪兆銘與敵斷絕關係命駕遠遊勿再作進一步賣國行為之感電

——民國二十八年四月二十七日

昆明省政府轉唐委員孟瀟兄勛鑒：楫密。養敬兩電均誦悉，志舟兄所談，坦白誠摯，皆在情理之中，此事採取如何方式爲宜，自應尊重志舟兄之意見，由彼考量決定，中意人情與道理不可偏廢，而公私之間尤當兼顧，然後有益於國，不害於事。今日要點，宜使汪覺悟於公私皆非，不再作進一步之賣國行爲，同時尤須斷絕其賣空買空、挑撥離間、誣陷我忠實同志以資煽惑人心藉敵自重之妄念，此固救國，亦所以救汪也。中爲國家利益與志舟兄個人立場著想，以爲應由志舟兄覆汪一信，表示不直其來信所言，而寓正言勸戒之意。此函寄發以後，應否公開，或何時發表，當由志舟兄酌定，如能公開發表，不僅足以正中外之視聽，而且可以打破敵軍進逼之企圖，有益於抗戰之前途，豈可限量。去函措詞大旨酌擬如下：在滇時承面告和戰問題之意見，某以公當時所言，均以國家利害爲前提，言戰言和，同爲國家，深諒公苦心孤詣，故以爲陳述意見，亦無所謂，且深信公動機純潔，不疑有他，故以爲將來可爲國人所共諒，及見公在港發表「舉一個例」之文，乃極駭怪，嗣讀三月三十日大函，更覺某雖知公而公未能知某，抑某雖愛公而公竟不能愛某以德，誠不勝歎惋之至。「舉一個例」文中，將國家機密洩露中外，布之敵人，此已爲國民對國家初步道德所不許，至三月三十日大函，則竟欲謀背叛黨國，破壞統一，毀滅全國軍民抗戰犧牲之代價，違反舉國共守之國策，此不僅斷送我國家民

族之前途，且使我無數將士與民衆陷於自殺之慘境。此豈和平救中國之道，直是自滅我中國，以挽救敵國之命運耳。某卅年軍旅，盡瘁革命，僇力統一，終始不渝，縱不自愛歷史，寧能負我國家，抑更何忍負我艱苦奮鬥慘烈犧牲之全體袍澤，良知所在，縱甚愛我公，亦不能不深慨公之未爲知我，更不能不爲公之前途痛惜而危懼也。吾輩立身行事，應求磊落光明，悠悠世論，一時不諒，誠無足念，然萬不可激於意氣，以國家資敵，而永隳其生平。尊函所云，不惟公不應以此期之於某，即某亦萬不願公爲一時氣所役使，而竟自陷於荊棘。默察公之來函，必非離渝時之初衷。然如循此陳徑，孤往不返，千秋後世，孰爲公諒？某爲公計，此時千萬勿動於激憤，忽惑於群小，屏除客氣，恢復靈明，則公之胸懷，猶終可見諒於抗戰勝利之日，務望立下英斷，絕對與敵人斷絕往來，命駕遠游暫資休憩，斬除一切葛籐，免爲敵人播弄，庶幾國家能早獲得最後之勝利，而公亦克無損其歷史之令譽，愚直之見，敢附諍友之列，以盡最後之一言，知我罪我，唯公裁之，等語。請以此意切商志舟兄斟酌採用，唯對汪來函，則務望能以正面明白之詞句指而斥之，此發布之後，涇渭清濁，劃然分明，敵人必爲膽落，國人益佩公忠，想志舟兄爲愛護大局肅正視聽計，必與中同其見解也。中正。感機渝。

（錄自總統府機要檔案）

12、薛岳陳龍雲東電擬正告汪氏免其始終執迷以正國人視聽呈蔣委員長之魚電

——民國二十八年五月六日

重慶。委員長蔣：玉密。接龍主任東電開：近來戰局轉佳，自是吾弟領導之功，良深欣慰。迭電承示，我輩惟在委座領導之下，共成抗建大業，名言偉論，地義天經，與拙見不謀而合，尤深欽佩，此乃國家今日惟一途徑，非此不能救國，國中群衆，皆稔此理，況我輩久承委座優遇，躬膺疆寄，大義所在，詎敢後人。擬一面明告汪氏，免其始終執迷；一面謀有以正國人視聽者，不日當邀呈察。今千鈞一髮，我輩惟有竭盡忠誠，擁護鈞座，貫徹既定國策到底，始終不渝，此乃所以上報國家及委座知遇，捫心自問，下乃不愧怍于屋漏也等語。除電復感佩共勉外謹呈鑒察。職薛岳。魚山印。

（錄自總統府機要檔案）

肆、結論

總之，從函電史料可以看出蔣、汪與龍雲在抗戰時期有微妙的三角關係，而這種關係對其三人而言，都是經歷了曲折的道路，首先蔣、汪自民國二十一年合作以來，卻在民國二十七年十二月十八日分道揚鑣，互相拉攏龍雲，以爭取西南地盤勢力，而蔣、龍之關係，龍雲在抗戰初期是擁蔣反共但抗戰後期卻秘密地加入了民盟，轉變為聯共反蔣，而汪、龍的關係，抗戰初期是擁蔣擁汪反共，迨汪於十二月十八日叛離重慶國民政府後，曾一度猶疑不定，後轉為擁蔣反汪反共，抗戰後期轉為聯共反蔣。三位對民國史的影響頗大，其對抗戰之功過褒貶，有待史家深入探究，給予適當之評價。

註釋

① 陳豐義：〈龍雲的悲劇〉，《共黨問題研究》四卷十二期，頁七〇。（民國六十七年十二月）

② 同前①，頁七〇

③ ④ 同前①，頁七一

⑤ ⑥ 同前①，頁七一—七二

⑦ 〈龍雲致汪精衛函電〉（民國二十七年九月三十日），《汪僞資料檔案》，法務部調查局資料室藏，鋼筆原件影本。

⑧ 蔡德金：《汪精衛評傳》，頁二七二（四川人民出版社，一九八八年四月第一版）

⑨ 〈龍雲致汪精衛函電〉（民國二十七年十月二十日），《汪僞資料檔案》，法務部調查局資料室藏，鋼筆原件影本。

⑩ 〈龍雲致汪精衛函電〉（民國二十七年十月二十日），《汪僞資料檔案》，法務部調查局資料室藏，鋼筆原件影本。

⑪ 秦孝儀主編：《中華民國重要史料初編—對日抗戰時期，第六編，傀儡組織（三）》，頁四六（臺北，中央黨史委員會，中華民國七十年九月初版）。

⑫ 秦孝儀總編纂：《總統蔣公大事長編初稿》，卷四上冊，頁二七七（民國六十七年十月三十一

日）另參閱〈蔣中正致龍雲轉汪精衛函電〉（民國二十七年十二月二十一日），《汪偽資料檔案》，法務部調查局資料室藏，鋼筆原件影本。

⑬〈龍雲呈蔣委員長十二月馬電〉，《總統府機要檔案》，總統府機要室藏。

⑭同前⑫，《總統蔣公大事長編初稿》，卷四上冊，頁二七七。

⑮同前⑪，頁四八。

⑯今井武夫：《支那事變的回想》，頁九三，（東京，昭和三十九年九月三十日第一刷）。

⑰陳昌祖，時任昆明飛機製造廠副經理，中德航空公司經理。

⑱蔡德金：〈汪精衛叛逃與龍雲〉，《檔案與歷史》第一期，（上海市檔案館出版，一九八八年三月五日），頁八八。

⑲同前⑪，頁七七

⑳陳恭澍：《河內汪案始末》，頁二九八—二九九，（臺北，傳記文學出版社，民國七十二年五月十五日初版）

㉑同前⑪，頁一一七—一二三。

㉒秦孝儀主編：《中華民國重要史料初編——對日抗戰時期，第六編，傀儡組織（三）》，頁四六、四八、四九、五〇、五四、七七、一一五、一一七、一一九（臺北，中央黨史委員會，民國七十年九月初版）

重慶汪主席鈞鑒儉及儉戌電均悉慶密昨日午前九時敵重轟炸機九架侵入昆明於城西學校區及飛機場投彈共百餘枚在學校區師範學校略有損壞附近之苗圃內炸死疏散之人民婦孺共六十餘人傷二十餘人機場投彈雖多但損害不大只重傷法機械師一人死衛兵二人擊壞飛機三架係法方所售於我然尚未接收又

引自《汪偽檔案》

汽車二輛內則安全無恙
敵機被我擊傷二架落於
路南宜良之間機壞人死
在機內六人中有一人未死
逃脫後被人民拿獲名曰
池島西部受傷所携圖表
甚多現飭解省明日可到
此次來襲之敵機均係最
新式且極健全內裝有收
音電報照相等器甚速
度最快我方驅逐機不易
趕及除擊落之三架外其
逃去之六架聞亦有負傷

引自《汪偽檔案》

在桂境墜壞但未證實
詳情待查一承閣下念謹
將昨日經過具復尊夫人
因空襲改期明日可望起
飛附際此佈聞龍雲艷機
昆明九月三十日未一時十五分發
未十二時五十分譯

引自《汪偽檔案》

重慶汪主席精衛鈞鑒茲密悉湯放葉後日
軍在大鵬灣登陸相繼佔領惠陽粵省軍備
薄弱於此可見英方受其威脅不置一詞粵
漢平漢均已不通前途危險可以概見而國
際間均持觀望態度我則孤立無援職
遠羈邊遠寢不夜思維彌切憂懼未識中央處
此應付鈞座高瞻遠矚當亦千鈞一髮國
命攸關今後一切伏乞指示俾有遵循職機電
浩秘依 巧 十月廿日十時五十八分發 本十一時譯

引自《汪偽檔案》

手諭均奉悉。慨自中日戰爭開始以來
我軍事上失方[於?]統籌，已無可為諱。甚流
弊所反[及?]往往顧此失彼，貽誤滋多。如上
海之戰，敵從金山衛登陸，滬上之軍即
陷于崩潰。魯南一役，土肥原搶渡黃河，
由董口而黃口，遂影響魯南全局。此次
敵犯華南，在大鵬灣登陸，粵不旬日遂
喋[陷?]武漢亦因以不守。先後失着，如出一
轍。粵省軍政當局此次得此結果，固屬
一言難盡，而參謀本部於巇[統?]籌上實
多遺憾，亦不為無因。現以湘為抗戰中心，
西南各省均為後方策源基地，滇緬路
線亦成唯一國際交通，而湘省成為目
前抗戰中心，一切軍實委積衡陽，
敵睽睽目亦莫不知。最可慮者，敵錯
矣胡不能以侵粵之敵抽調西竄[犯]，萬一
分派一部再由北海登陸，直達滇黔，斷

絕滇緬交通，裸或直搗桂林以窺湘南

者，甚至部隊今已調赴前方，後方空虛，實

甚若敵竟冒險而來，恐至不堪設想？望

鈞座對此加以考慮，並隨時申儆軍事

當局思患預防？免一誤再誤，至大局陷

于僵壓，誠如公言，純由依賴外力，估量所

望者過高，結果失望，致陷孤立，言念前

途，至深悲憤，共匪為害民族國家，職禪

深惡痛絕，當稟箴言，特別注意，仍望不

吝教誨，時賜南針，俾有遵循，不勝感禱。

職龍雲叩艷

昆明十月廿九日下午一時五十分發

卅一日上午九時中譯

民27

引自《汪偽檔案》

抄件

昆明龍主席轉汪先生　密
閱兄到滇後即病未知近狀如何乞示復中正叩
馬（廿一）辰武

武功十二月廿一日上午九時五十分發

民廿七年

引自《汪偽檔案》

第九篇　從函電史料觀汪精衛與何鍵關係梗概

壹、前　言

何鍵，湖南醴陵人。民國十八年（一九二九）三月至二十六年（一九三七）十一月連續九年任湖南省政府主席，統治一省時間之長，當時在全國是除山西閻錫山外僅有的，也是湖南自辛亥革命至新中國成立三十八年間統治湖南最久的一個。在軍閥混戰的年代裡，何鍵何以能取得湖南政權，並維持九年之久，是值得吾人探討的。本文擬從何鍵長期統治湖南的原因探討起，進而參考其與汪精衛往返的函電史料，以觀汪、何兩人在抗戰前後的關係。

貳、何鍵長期統治湖南的原因

一、建立穩固的軍事集團

何鍵（1887—1956）字芸樵。湖南醴陵人。民國五年（一九一六）畢業於保定軍官學校第三期步兵科，回湖南湘軍服役。民國七年(一九一八)被湘軍總司令程潛委任為游擊隊司令。後歸唐生智麾下；先後任營長、騎兵團長和第九旅旅長。民國十五年(一九二六)七月北伐戰爭開始，任國民革命軍第八軍第一師師長，並加入中國國民黨。後升任第三十五軍軍長，駐漢口。民國十六年(一九二七)四月，參加武漢國民政府北伐。回師武漢後，反對工農運動，密謀策劃兩湖反共軍事叛變。同年秋桂唐之戰後，率部退入湖南，明靠桂系，暗通蔣中正。民國十八年(一九二九)蔣桂戰爭爆發，擁蔣反桂，並率部脅迫李宗仁、白崇禧下野，被南京國民政府任為湖南省政府主席。民國十九年(一九三〇)中原大戰結束，追隨蔣中正，積極參與對江西中央革命根據地的第一、二、五次軍事「圍剿」。抗日戰爭爆發後，任國民政府內務部長。曾發起組織孔學會，出版《孔學月刊》。民國二十八年(一九三九)春，任軍事委員會撫恤委員會主任委員。民國三十八年(一九四九)春，由長沙遷居香港。民國三十九(一九五〇)年夏到臺灣，被聘中華民國政府總統府國策顧問。民國四十五年(一九五六)死于臺北。①

何鍵從辦瀏醴游擊隊開始，就清楚軍權對一個人擢升的重要。任第三十五軍軍長後，何鍵開始著手建立以己為中心的軍事集團。首先是，用人唯親，建立軍幹核心網，第三十五軍將、校級主要軍官，大都是何鍵的同鄉、同學、親戚及老部下。副軍長劉建緒，第三師師長陶廣，都是醴陵人，又都是從瀏醴游擊隊起家的患難兄弟，何鍵與劉建緒還是保定軍校同學。第三師副師長李覺既是何鍵的同鄉、同學、又是其女婿。另外如戴斗垣、周希武、羅藩瀛、彭松齡、陶柳、羅樹甲、余湘三等高級軍官，都是何鍵的同學、同學、老部下。這樣，何鍵這個軍事集團中，自首腦至高中層骨幹，形成了一套有鮮明依附性質的人脈關係，易於何鍵的控制與掌握。

其次，親自培養中下級軍官。早在民國十五年（一九二六）冬，何鍵升任第三十五軍軍長後，即招募青年學生和部隊中的優秀士兵，組織漢陽學生隊，次年又成立第三十五軍教導團、學生大隊，民國十七年（一九二八）又創設三十五軍幹部訓練處於長沙，以培訓下級幹部，幹部訓練處第一期畢業的七百餘人中，絕大部份為湘籍，而醴陵人竟達一二九人之多。何鍵任第四路總指揮後，又於民國二十年（一九三一）成立了第四路軍幹部教導總隊，專門培訓師以下的各級軍事幹部和技術教官，何自兼總隊長，劉建緒為副總隊長，至民國二十四年（一九三五）第六期結束，共輪訓幹部六、七千人。從民國十五年冬到民國二十六年冬的十來年中，何鍵辦了六個軍事教育單位，共培訓軍事幹部一萬多人，②這些幹部成了鞏固何鍵軍事的最大力量。

再次，突出個人，強調「絕對服從」。何鍵很重視軍威、軍紀與「絕對服從」。他說：「軍隊乃幾百幾千萬人的集團，每個官兵耳目心思與行動，都要團體化與紀律化……長官要我去死，我即不敢生；長官要我生，我就不敢隨便去死。」他經常利用各種機會，對全體官兵演講訓話，以擴大他個人在官兵中的影響，他還強調氣節，以培養官兵唯他之命是從，為他的利益赴湯蹈火之精神。他說：「凡目的所在，正義所指，雖赴湯蹈火，萬死不辭。」③同時強調感情的力量，即「官長視士兵如子弟，士兵視官長如父兄。」④用感情來籠絡官兵。

通過以上措施，何鍵建立了穩固的軍事集團。到民國二十二年（一九三三），這個軍事集團已擁有五個正規師，一個獨立旅，四個補充團，二十四個保安團，五個獨立保安營，還有水上警察總隊，省政府衛士隊四個中隊，總兵力達十萬人以上。⑤這是他奪取湘政大權的主要資本，也是也得以長期主湘的支柱。

二、擁蔣反共，取得蔣中正先生的信任。

民國十六年（一九二七），蔣中正先生進行清黨反共之工作，何鍵利用這種形勢，堅決反共，從而博得了蔣中正先生的支持。策劃馬日事變，是何鍵撈取政治資本的第一張王牌。民國十六年五月初，何鍵派余湘三、魏鎮、陶柳到長沙主持策劃軍事政變。五月十四、十五日，在余的策劃下，三十五軍許克祥部進入長沙，五月二十一日晚，許在長沙發動政變，捕殺共產黨人。為此，何鍵獲得了蔣中正先生的賞識和湖南地方人士的擁護。民國十九年（一九三〇）十月，蔣中正先生開始對共黨根據地大舉「圍剿」。何鍵追隨蔣中正先生圍剿共軍。民國二十一年（一九三二）初夏，蔣中正來長沙視察，聽取何鍵在湖南、江西等地「清剿」匯報，蔣先生對何鍵推行碉堡政策和保甲制度，對紅軍區域逐步推進，以及「進剿」與「清剿」相結合的辦法，大加讚賞，對何鍵堅決擁蔣、反共到底的表態，慰勉有加。⑥

三、利用蔣、桂矛盾，在夾縫中生存發展

要取得湖南政權，在湖南穩住陣腳，還必須在蔣、桂之間求平衡。因為湖南處於桂鄂之間，既是桂系向外延伸勢力的必經之路，也是桂系護衛老巢的屏障，更是蔣抑制桂系勢力向外膨脹的必爭之地。因此，湖南在統屬上非蔣即桂，非桂即蔣，如果站錯了隊，地位就容易喪失，何鍵正是利用這點，適時調整策略。

我們從何鍵「附桂驅魯」就可以清楚何鍵是怎樣在蔣桂之間求生存的。民國十八年（一九二九）一月，蔣中正先生召開編遣會議，企圖削弱桂系和其他地方軍閥的實力，遭到白崇禧等的極力反對，從此，蔣、桂矛盾激化。此時，桂系勢力已由桂、湘、鄂、豫直達北平，而湖南此時已成為桂系聯絡鄂、豫、平、津的樞紐，湖南省主席魯滌平是譚延闓的嫡系，譚、蔣在南京正勾得很緊，這樣，魯就成了桂系的威脅。而此時何鍵與魯的矛盾衝突在清鄉督辦署的問題上暴露出來，何鍵掌握了會辦實權，給魯很大威脅，因而魯處心積慮要把何擠走，雙方矛盾加深。民國十八年二月二十日，桂系葉琪部直逼長沙，魯滌平倉皇出走，二十一日，武漢政治分會任命何鍵為湖南省政府主席。⑦何鍵夢寐以求的夙願，到此時可謂實現，但為了在蔣桂之間求平衡，在夾縫中求生存，何鍵採取了狡兔三窟的辦法。一是在桂軍開抵長沙前夕，向魯討好，告訴魯滌平說：「鄂方有軍隊南開，請預為準備」。⑧並對魯的撤退，暗為掩護，表示他置身事外。二是對桂系表示感恩，但藉口剿共尚未終結，難以分

身，居醴陵遲遲不赴長沙就職。三是暗中派人向蔣疏通，想取得蔣的諒解和承認。蔣中正先生對地方實力派，向來是採取分化瓦解的手法，蔣先是譴責桂系違背了中央「不得以分會名義任免該特定區域內的人員及編遣委員會，現有各部隊應靜候檢閱，非奉命令不得移動之決議案」，⑨後又對湖南局勢採取了一個折衷辦法。民國十八年二月二十七日，南京中央政治會議任命何鍵代理湖南省主席。何鍵始由醴陵來到長沙，於三月二日宣誓就職。這樣，何鍵既接受了武漢方面委任，不開罪於桂系，又得到南京政府的命令，敷衍了南京。

四、拉攏湖南各派地方勢力爲己所用

為了穩固在湖南的統治，何鍵一上臺，就力行「為政不難，不得罪於巨室」⑩的政治哲學，對湖南地方各派勢力盡量拉攏、利用。當時，在湖南最有影響的地方勢力派人物有三個，這就是譚延闓、趙恒惕和唐生智。他們都當過湖南的最高統治者，在湖南的時間較久，與各方面淵源較深。同此三人關係處理得好，不僅可以消除工作阻力，而且還可擴大影響，對鞏固統治非常有利。何鍵正是出於這種考慮，在上臺後第一屆省府委員人選中，權衡利弊，最後確定為何鍵、賀耀祖、葉開鑫、宋鶴庚、曾繼吾、黃士衡、曹伯聞、陳渠珍、張開挺等九人。⑪除賀耀祖是蔣中正指派的外，葉開鑫是趙恒惕的死黨，宋鶴庚在湖南軍界資望很高，而且是譚延闓的人，曾繼梧與譚延闓私交甚篤，這兩人可以為何鍵在行政院長譚延闓面前講點好話。黃士衡在唐生智主湘期間，先後任過實業司長和教育廳長，曹伯聞又是長期追隨唐生智的人，這二人對湘省事務瞭如指掌，再加上何本人是唐的老部下，曹、黃理所當然在省府委員中榜上有名。陳渠珍可以說是湘西地主武裝的代表人物，何鍵拉他當省府委員，小對湘西地區的統治安定，大對整個根基未固的全省政權來說，都可以起一定的作用。由此可見，省府委員中，除張開挺是何鍵親信外，其他都是各派的代表，至於他的嫡系將領一個也沒有安排。這是何鍵「不得罪於巨室」的一種計謀，這個安排，符合何鍵拉攏地方勢力的原則。也正是由於何鍵對各派地方勢力安排恰當，才得以在湖南統治長達九年之久。

五、開展「復古運動」作為統治湖南的精神支柱

何鍵統治湖南期間，竭力宣揚孝、悌、忠、信、禮、義、廉、恥「八德」。提倡尊孔讀經。其目的是禁錮人民的思想，維護政權的穩定。民國二十二年（一九三三）十月十九日，何鍵在船山學社以「主忠信」為題的一次演講中，對「八德」思想作了符合於自己統治的精闢論述。他說：「孝悌忠信四字，是聖學的總綱領，能包括一切德行」，「孝悌就是仁義」、「忠信二字，是學聖賢的入門功夫，成聖賢的根本要素」，他還解釋說，忠的標準主要是「對國之忠」，簡單說，就是：「勤職業、守本分、遵守國民應盡的義務」。⑫

何鍵是靠在蔣桂之間，排擠魯滌平而上臺的，因此，他處處防範，事事小心，生怕自己蹈前人之轍。首先，對部屬，告誡他們不要犯上作亂。「如以部屬倒長官，就是犯上，因爭地盤爭權利而動兵，就是作亂」。⑬勸導湘省各派地方勢力團結同心，服從他的統治。其

次，對軍隊，更是大談軍人應恪守三種天職。一是絕對服從；二是明瞭主義，即三民主義，三是仁民愛物，「仁民即愛百姓之謂，愛物即愛物質之謂」。⑭何鍵主湘期間，其軍事集團在頂峰時，曾達十萬之眾，但很少出現過尾大不掉，倒戈等情況，這與他的精神教育，有很大的關係。

六、採取一系列穩定湖南的措施

何鍵統治湖南的九年中，能夠勤於政事，尤其重視教育。何鍵深知：「治軍難，而治政尤為不易」，故「欲求革命之成功，非努力政治，其道莫由。」⑮基於這個認識，作為一個地方軍閥，為了其統治的鞏固，何鍵首先考慮的是為政之道，即怎樣建設湖南，使湖南安居樂業，不生動亂之由。為此，何鍵在治湘期間，做了幾件引人注目的大事。第一，建立了出巡制度，經常巡視各縣，考察民情，並設立湖南省委出巡辦公處，作為經常性機構。第二，是充實倉儲。即劃全省為七十五縣，各縣設立糧倉，儲備糧食。這樣便於應付天災人禍。民國二十至二十五年（一九三一—一九三六），湖南全省除龍山、慈利、桑植、大庸等個別縣外，其餘各縣糧倉都有餘糧。第三，堅決禁菸、禁毒。自從辛亥以來，湖南政局一直動盪不安，吸毒者日盛，嚴重危害湖南人民的身心健康，同時不利於統治者的長治久安。為此，何鍵在湖南採取一系列禁菸、禁毒措施：首先是於民國二十四年（一九三五）設立省縣禁菸委員會及禁菸專員督察員；其次是編訂四年禁菸禁毒計劃（一九三五—一九三八），從禁種、禁運、禁售、禁吸四個渠道來消滅菸毒。同時，還配合輿論宣傳，喚起民眾，認識菸毒之危害。第四，建築國貨陳列館。通過提倡國貨，達到振興實業，振奮民族自尊心，挽回利權之目的。民國二十二年（一九三三），湖南省國貨陳列館建成，到民國二十六年，該陳列館商場出售國貨收入達五十萬元，並發行國貨月刊，報導全國提倡國貨之消息，⑯收效頗大。第五，重視教育。教育是治國安邦之根本，這為歷代統治者的共識。何鍵治湘期間，確定了明確的教育方針與發展教育之途徑。首先是釐正學風，即以民族主義所講忠孝仁愛信義和平作為規範學生思想的道德標準，以禮義廉恥為國訓。為了防止教育之「越軌」行為，規定必須檢查教本講義，由教育廳檢定小學教師。其次是力圖教育普及。如民國十八年（一九二九）湖南省有小學一萬八千餘所，民國二十五年增至二萬三千餘所。再次，重視培養高等專門人才。為了辦好湖南大學，使湖大有充足的財源，民國二十六年（一九三七），省府呈請把湖南大學改為國立，得國民政府批准。同時，省內經費照給。最後重視社會教育。用何鍵的話說，是「挽回積弱散漫之弊習」⑰，為此，舉辦了中心圖書館，民眾教育館，農民教育館。並在全省推行識字運動，體育運動，高中以上學生的軍事訓練。通過這些措施，提高了群眾素質，增強了省民的凝聚力，達到了鞏固統治的目的。

參、從函電史料觀汪精衛與何鍵關係梗概

筆者試著從〈汪精衛投敵前與政府首要函電〉檔案中，搜集有十三件汪精衛與何鍵往返

的函電史料，希望藉由這些函電史料，研判汪精衛與何鍵彼此的關係程度。茲一一列舉研析如下：

一、一封未署明時間，但由何鍵致汪之函電，該函電內容如下：

汪主席鈞鑒：戰密巧艷兩電奉悉。寧方將領與我軍誠意結合，自是幸事。但據五普艷電稱，奉與原軍委會命令，請我軍勿再前進等語，似對我軍懷疑慮，職惟遵照中央命令而行，不計其他，現我三師已進至舒城、三河、鎮豊、樂河、合肥之敵，因柏軍奮擊兼聞我軍來援，業已退卻，一師已由孔城進至盧、江，二師之一部，已向無爲前進，又以一部由棕陽、浮江而下，令期速達，咨縣、含山之線，軍費奇絀，雖困難，自應共體時艱，勉副鈞囑。職何鍵叩。⑱

從上述函電研判，何鍵於民國十五年（一九二六）冬天升任軍長，於民國十七年（一九二八）以後升任第四路軍總指揮，因此可能以軍長或第四路軍總指揮之名義致電函給汪精衛報告軍情，而尊稱汪主席，則可能汪當時曾任國民黨中央政治委員會主席，故以禮貌性稱呼。

二、一封未署明時間但印有「國民革命軍第四方面軍總指揮部來電紙」字樣的函電史料，係由何鍵致唐生智及主席團之函電，內容如下：

國急及西園總司令唐鈞鑒：極密集密，傾據劉師魚電轉段團報告，據四軍二十一師富師念參謀來小池口。面述：①黃軍長對富師參謀長云：因富離職現代師長四軍及十一軍，中央已不負責該師須開南昌整理，辭氣間已有叛意。②該師不願與共黨合作，目下苦無脫離方法，倘三十六軍，能以一師開抵九江，富師即可明白表示。③請報告武穴軍部預備船隻，以便富師在封家碼頭渡河。④四軍、十一軍政治人員奉張指揮命令，限三日內一律脫離軍隊，又密令先麇南昌集合，一俟有機會仍可國共合作各等語，查富師經鈞座提護改編，忠誠恍服此次孤軍深陷，似應設法援救，俾及全師脫出，擬請令三十六軍開潯剋日過往，庶彼就近投歸較爲安全職已一面備船，以待一面派員密函晤富，令其設法保全脫出，如能來封家碼頭，即在武穴對靡固，正簡便但黃既有叛意並令移南昌，自己暗中派隊監視，如三十六軍不克以一部馳抵九江孤軍脫退，終恐不克損失耳，如何處理謹請電示，因無特別密本，故未報告主席團，合併陳明。職何鍵呈魚未印⑲

從上述函電史料研判民國十六年二月至四月，唐生智任第一集團軍第四方面軍總指揮，因此該函電應該離此時期不遠，又民國十六年（一九二七）三月，為削弱蔣中正先生的軍權，國民黨二屆三中全會修改軍事委員會組織大綱，規定軍委會由國民黨中執會於最高級軍官中選出九至十二人和不任軍職之中央委員中選出六人共同組成；並指定其中七人組成主席團，內須有不任軍職之委員三人。主席團執行國民黨中執會及軍委會全體會議之決議，並處理日常事務。軍委會及其主席團之重要議案及辦法，須經國民黨中執會通過方能生效。主席團之決議及發佈命令，須有主席團委員四人以上簽名。軍長以上高級軍官由軍委會提請國民黨中執會通過任免，師長至團長及同等官佐由軍委會全體會議通過任免。主席之下設總政治部及參謀、軍工製造、海軍、陸軍、航空、經理、祕書、軍事教育八處和革命軍事裁判所。⑳因此函電中所指涉「主席團」應與此有關才對。

其次，民國十六年四月十八日蔣中正先生在南京另立國民政府，四月二十一日又以國民革命軍總司令名義通電軍委會已由穗遷寧，並即日開始辦公，實為另組軍委會。七月十二日，南京國民政府公佈新的軍委會組織大綱，規定軍委會為國民政府之軍事最高機關，負全國陸、海、空軍編制、統御、教育、經理、衛生及充實國防之責。委員由國民黨中執會遴選負有軍事重責之富有軍事政治學識經驗者若干人，由國民政府特任之，委員互選五至七人為常務委員，常委互選一人為主席，戰時最高軍事長官得出席常務會議，發佈重要文件命令，由全體常委署名。軍委會設總務、參謀、軍務、軍事教育四廳，海軍、航空、經理、政治訓練四處。民國十六年十一月，蔣中正先生下野，再次廢除主席制，改設主席團，由國民政府於軍委會委員中指定若干人組成。執行軍委會決議及用軍委會名義發佈命令時，由主席團常務委員會署名；緊急重大事件由常委負責處理，尋常事件由常委公推一人處理。常委由軍委會所在地主席團委員推定。軍委會內設主席團辦公廳、參謀廳、軍政廳、總務處、經理處、審計處、軍事教育處、政治訓練部和兵站總監部。民國十七年（一九二八）一月蔣中正先生復職，二月軍委會改設常委十一至十五人，並以一人為主席，均由國民黨中執會指定。發佈重要命令與文件，由主席及常委署名，緊急重大事件由主席與常委負責處理，國民革命軍總司令得兼軍委會主席。會內設常務委員辦公廳、參謀廳、軍政廳、總務處、經理處、政治訓練部、法規編審委員會等。

三、一封未署明時間，由何鍵致軍事委員會主席團總司令唐生智之函電史料，該函電內容如下：

軍事委員會主席團總司令唐鈞鑒：華密秘安慶政務停頓，多設軍長咸感困難，除前省垣各機關，徙逃一空外，奸吏政務無主，乘機捲逃，此仍續出也。穹長此放企何堪設想，連日迭經各機關法團代表，請暫予主持，職以在職權上非有特別委任，不敢稍有侵越，乃今午後，據前皖省政府秘書鮑植面稱，竊即捲逃之前，省政府主管鵬及政務委員等在蕪湖，假陳調元軍之庇護，竟敢通電全皖聲稱已與李軍長宗仁議定，爲行政利便計，暫將省政府移置蕪湖繼續辦公，將來問題俟九江會議解決，通電各縣及全省各征收機關，將稅收一律提解蕪湖，陳調元迫蕪湖商會、銀行及縣於十日內等繳現款二百萬元，則彼等欲爲第二次大規模捲逃，顯然可見，若皖政不速派人主持，即日改組各縣民財機關既待前政府委任且等攜有印信，算待搜括無法制止，將見皖省克復，如獲石田且庶政久任蹂躪，雖有能此無以善後，職睹此情形，迫不得已，以江左前敵總指揮名義，通佈各機關未逃各員，照常服務，一面通各縣聲明，各廳攜逃印信一律作廢，所有稅款照常解安慶財政廳驗收，並電蕪湖商會、社、行，略及各縣，無論何人以何名義在安徽籌款或預征丁漕，非經本總指揮轉報中央核准，或函移主管機關備案，此外一律無效，將來省政府來立概不負償還責任，暫爲消極制止，至應如何積極，藉改組之處，仍懇中央迅速(賜)主持，即上項處置，職現在地位點覺不便置問，然中于皖既迄無挐救濟辦法，職爲保全皖政，尊重公款計，不得不已權宜緊急之處置，仍懇察准備案後，交省政府追認，現在以杳目前情形各主席委員散在各地，待依法議定遴咨改組，需時撥多，可否請鈞座速定臨時維持皖政辦法，候貴政府遷定再行移請政務委員會追認，以應目前急切需之處，候電遵辦。職何鍵呈嘯。㉑

從上述函電可知係何鍵向軍委會主席團總司令唐生智報告安徽省政概況，要求儘速擬定挽救安徽省政之辦法。函電中提到陳調元，現將其人基本資料簡述如下：

陳調元（一八八六—一九四三），字雪暄，一作雪軒，河北安新人。一九〇六年入保定軍官學堂，一九一〇年畢業後留校任教。民國初年馮國璋任江蘇都督期間，任南京憲兵營長。民國六年（一九一七）十二月任陸軍第七十四混成旅旅長，後任江蘇第五混成旅旅長。民國十二年（一九二三）任江蘇淮海鎮守使。民國十四年（一九二五）幫辦江蘇軍務善後事宜，旋兼蘇皖宣撫軍第三路總指揮。民國十五年（一九二六）任師長兼安徽軍事幫辦，十一月任孫傳芳部第五方面軍總指揮，負責安徽江防。民國十六年（一九二七）三月在安慶倒戈歸附北伐軍，任國民革命軍第三十七軍軍長，同年十一月任安徽省政府主席。民國十七年（一九二八）一月任第一集團軍第二軍團總指揮，同年六月出任北平臨時政治分會委員。民國十八年（一九二九）五月爲接青島、濟南特派員，旋出任山東省政府主席，十月任討馮軍總預備隊總指揮，民國十九年（一九三〇）參加中原大戰，任右翼軍總指揮，同年十一月調任安徽省政府主席兼安徽黨務整理委員會委員。民國二十一年（一九三二）四月辭安徽省主席職，任國民政府委員。民國二十三年（一九三四）一月任贛粵閩湘鄂五省剿共預備總司令，十二月任軍事參議院院長。民國二十五年（一九三六）十二月西安事變時被拘，後獲釋。民國三十二年（一九四三）病死四川。㉒

另外亦提到李宗仁其人，以李軍長宗仁相稱，謹將李氏人事資料簡述如下：

李宗仁（一八九一—一九六九）字德鄰，廣西桂林人，一九〇七年入廣西陸軍小學堂。一九一〇年加入中國同盟會。民國六年（一九一七）秋任桂軍營長，參加護法戰爭。民國十二年（一九二三）三月與廣東政府建立了聯繫，年底加入中國國民黨。民國十三年（一九二四）十一月被孫中山先生任爲廣西陸軍第一軍軍長，率部擊敗舊桂系沈鴻英部。民國十五年（一九二六）一月被選爲國民黨候補中央監察委員。同年三月被任命爲國民革命軍第七軍軍長，七月初率第七軍參加北伐戰爭，曾指揮汨羅江、賀勝橋之戰以及武昌攻城戰。民國十六年（一九二七）四月，參加蔣中正先生在上海召開的「清黨反共」會議，支持蔣中正先生的清黨，同年八月聯合何應欽逼蔣下野，十一月又率部西征，擊敗唐生智部，控制兩湖。民國十七年（一九二八）十月任國民政府委員，軍事參議院院長。民國十八年（一九二九）三月蔣桂戰爭爆發，兵敗出走香港，同年十一月接受改組派的護黨救國軍第八路總司令職，聯合張發奎反蔣，失敗後回廣西。民國十九年參與閻錫山、馮玉祥反蔣，失利後退守南寧。民國二十年（一九三一）五月，又與陳濟棠在廣州聯銜通電，要求蔣中正下野，同年底任國民黨中央監察委員、西南政務委員會常委，與陳濟棠分掌兩廣實權。民國二十五年（一九三六）聯合陳濟棠發動反蔣（六一事變）。民國二十六年抗日戰爭爆發後，被任命爲第五戰區司令長官，兼任安徽省主席。民國二十七年二、三月間指揮臺兒莊戰役，取得了勝利。抗戰勝利後，任軍事委員會北平行營主任，支持蔣中正發動反共戰爭。民國三十七年（一九四八）四月當選爲副總統。民國三十八年（一九四九）一月蔣中正先生被迫引退後，代行總統職權。民國三十八年十月前往香港，再飛美國就醫。民國四十三年（一九五四）被蔣中正免去副總統職務。民國四十四年（一九五五）在美國公開提出和平解放臺灣的建議。民國五十四年（一九六五）七月回到中國大陸，民國五十八年（一九六九）一月三十日在北平病逝。㉓

從上述陳調元及李宗仁二人頭銜，研判函電發出的時間可能在民國十六至十七年之間。

四、一封未署明時間係由何鍵致軍事委員會主席團唐總司令之函電，該電內容如下：

軍事委員會主席團總司令唐鈞鑒：華密㈠王普部在徐家桀，劉家塘一帶之兵，向石牌退卻，夏軍因我軍行進甚急，原駐宿松彌陀寺二宋河，劉家板等處之兵悉退獎湖。職曾令其向潛山、舒城、合肥前進，據李團長昨日來報，夏軍大部向安慶路撤退，小部開潛山又態度當未表明等語。㈡職巧西抵張家板，明日向桃花鋪、法華寺等處前進，劉、陶所部本日達到何處，當未來提。㈢軍行所至，民衆歡騰，但水災之餘，米、油俱乏。㈣鈞處來電，請由太湖探送較爲快便。職何鍵呈巧戍由張家畈發㉔

上述函電史料中所提「劉、陶所部」，劉應指劉軍長佐龍，陶應係指何鍵其軍隊中之高級軍官陶柳，不外乎何鍵的同鄉、同學、老部下等關係。

五、一封未署明時間而由何鍵致軍事委員會主席團之函電，該史料內容如下：

軍事委員會主席團鈞鑒：接龔參謀處長，已電知劉軍長佐龍，因擅殺被拘查辦。我革命軍去秋克復武漢、陽夏，先撥劉佐龍響應，功多可否追念前勞，原情省釋，以資激勸，伏乞垂崇。職何鍵叩咅。㉕

上述函電史料，係何鍵向軍事委員會主席團求情，希望軍委會能寬恕其屬下劉軍長佐龍，盼能將功贖罪，免於被查辦。

六、一封未署明時間而由何鍵致軍事委員會主席團總司令唐之函電，該史料內容如下：

軍事委員會主席團總司令唐鈞鑒：華密㈠據報王普部在石牌望江。因我軍進行甚急紛向○○退卻，劉師已無石做陶師，巧日進至水沂驛。㈡職皓午抵桃花舖，因信址難，尚未得第一師周代師長進至○○地，消牲故判斷可賴飛鎮。㈢由石牌至安慶現因漲水未落且船隻盡被王、夏兩軍護去須繞道篤行。㈣各縣長多攜即逃走，民政無人主持，軍隊經過岵於設置遞步哨，雇夫等事亦困難異常，太湖爲○軍，目前池其攀檬，令參謀何鵬翔代理，胃竊懈予備案至潛山，望江孟松等處縣長乞即遴委。職何鍵呈皓午。㉖

上述函電史料所提「第一師周代師長」可能是何鍵的屬下周希武。又何鍵亦在函電中向唐生智報告軍隊動態及沿途所見，有些地方縣政已荒廢，期盼軍委會能儘速遴派，以利民政之遂行。

七、民國二十六年十一月十五日十時五十四分發自長沙，係由何鍵致汪精衛之函電，該史料內容如下：

南京中政會主席汪：密頃讀　總理誕辰紀念日鈞座所發表之論文，正世界之觀聽，導人民於軌轍，立國之旨不昧致勝之機在茲。鍵久受三民主義薰陶，聆此名言愈益感奮，謹掬誠悃藉志景行敬，祈垂鑒。何鍵叩元印。㉗

從上述函電發出的時間，可知正值對日抗戰時期，汪精衛於民國二十六年十一月十一日出席中央黨部總理紀念週，談必須以三民主義為中心，以此統帥軍事、政治、財政、教育、文學等方面。㉘何鍵對汪之演說，相當崇拜與佩服，於此可見汪之擅於言辭演講，煽動力非同小可。同時汪以毛筆親書回覆何鍵，內容為「長沙省政府何主席勛鑒：元電誦悉。密吾兄軍書旁午中察納鄙言，至深感動。謹覆。汪兆銘洸。」㉙當時曾任湖南省政府主席的何鍵，在抗戰爆發，擔任國民政府內務部長之職務。汪對何鍵的「察納鄙言，至深感紉。」

八、一封未署明時間，而由何鍵致軍事委員會主席團總司令唐之函電，該史料內容如下：

軍事委員會主席團總司令唐鈞鑒：職部陶師進駐舒壯，並仗一部進駐吸河鎮爲合肥，柏、楊兩軍之聲援，接柏軍長來電，合肥之敵，業經擊破，已向定遠方向退卻，戰鬥力不甚強，然傾向我政府似較他軍爲速，此次以疲。力抗侵犯合肥之機，即其明證，軍子彈將盡。茲懇酌發若干即解安慶轉發藉資安慰。職何鍵叩艷。㉚

上述函電史料係何鍵向唐生智報告其軍隊在安徽省境內作戰的經過，前述不少函電皆提到唐生智其人，謹將其人事資料簡述如上：

唐生智（一八八九－一九七〇）字孟瀟，湖南東安人。民國元年（一九一二）入保定軍官學校，畢業後進湖南陸軍。民國五年（一九一六）任湘軍第一師營長、旅長。民國十二年（一九二三）任湘軍第四師師長。民國十五年（一九二六）任代理湖南省省長、國民革命軍第八軍軍長兼北伐軍前敵總指揮、湖南省政府主席。民國十六年（一九二七）二至四月先後任中國國民黨中央政治委員會委員、國民政府委員、軍事委員會委員、第一集團軍第四方面軍總指揮，四月十二日以後，任第四集團軍總司令，力主東征討蔣。七月十五日汪精衛叛變後，出席廬山分共會議，指揮武漢政府軍沿江東下討蔣，十二月與桂系之戰失敗後逃往日本，所部爲桂系改編。民國十八年（一九二九）蔣桂戰起，接管舊部，被蔣中正先生委爲討逆軍第五路軍總指揮，同年十二月聯合石友三反蔣，失敗後匿居天津、香港。民國二十年（一九三一）參加粵方反蔣，任反蔣派廣州國民政府及軍事委員會常委。民國二十一年（一九三二）任南京國民政府軍事參議院院長。民國二十三年（一九三四）至二十八年（一九三九），歷任訓練總監部總監、軍委第一廳主任、南京衛戍司令、軍委會運輸總監。其後閒居重慶、東安兩地。民國三十五年（一九四六）國共內戰後，勸蔣停戰言和，在國民黨上層人士及在野各黨派中，做了一些謀求和平的工作。民國三十八年（一九四九）八月通電響應程潛等人的投共通電。中華人民共和國建立後，歷任湖南省人民政府副主席、副省長、政協湖南省委員會副主席，中南軍政和行政兩委員會委員，全國人民代表大會常務委員會委員，政協全國委員會委員、常委，國防委員會委員，中共「中國國民黨革命委員會中央常委等職。民國五十九年（一九七〇）四月六日在長沙病逝。㉛

由唐生智之基本人事資料來與前述函電史料相互印證，研判該函電發出的時間，可能在民國十六至十七年之間。

九、一封未署明時間而由何鍵致軍事委員會主席團總司令唐之函電，該函電史料內容如下：

軍事委員會主席團總司令唐鈞鑒：華密㈠職梗午抵安慶，除前省政府各機關人員，攜即捲款潛逃外，城中秩序井然。㈡昨報合肥有東軍一部，查以三十三軍柏部所係王天培部地舒城。㈢夏部全退，般家匯、王普全部貴池東魯軍有一部至榮縣大部在淮北〇〇〇職何鍵呈梗安慶來。㉜

根據研判，該函電發文時間可能亦在民國十六至十七年之間，所談論大多與進軍安徽省有關之事項。

十、一封由何鍵署名發出之函電，並未註明時間，該函電內容如下：

份經費僅萬七千元，貳萬元以侵舒時僱，而剩軍行再該部七月份經費僅萬七千元，據稱除零外尚欠六千餘元之鉅官少兵多，此項費用，若不僻給，實屬不易，維持可否准予照數補發之處，自鈞裁並倉電示只遵。職何鍵叩儉。㉝

從上述函電史料研判可能係何鍵致唐生智之電文，要求增加軍費以應軍需。

十一、一封由何鍵署名致軍事委員會主席團之函電，該函電內容如下：

軍事委員會主席團鈞鑒：華密，職軍附屬之兵站二支部，所領款項，均係庫券，比採買糧秣各費；極爲困難，現自顧未通，何能接濟軍食，茲又繼續前進，務懇改發現金，以便接購，又該處運夫極少，運力有限，加以皖北，佩駘兩地陸行，再該部七月份經費僅一萬七千元，二萬元以便臨時僱夫而利軍行，又該部七月份經費僅萬七千元，據稱除零外尚欠六千餘元之巨，官少兵多，此項費用若不改給，實屬不易維持，可否准予照數補發之處，出自鈞裁並乞電示祇遵。何鍵叩儉。㉞

上述函電史料，經研判可能與前述函電史料相同，皆以軍中需要費用為由，又以缺人缺錢為由，懇請唐生智能發給何鍵所屬部隊以現金方便應急，而駐軍地點應在安徽省北部地區。

十二、一封署明二月十一日未署明何年而由何鍵致汪精衛之信函，該函內容如下：

精衛先生賜鑒：鶴琴兄歸，接奉手教敬悉一切，時局艱危，非和平不足以謀統一，非統一不足以禦外侮。我公黨國泰斗，對於黨的根本理論政制問題，能按事實一一正之，則國人意志相同，糾紛自易解決，否則彼此一時互相利用，戰禍永結，和平之望無期，徒苦民衆已年，鍵虞日通電，實正義良心之主張，想公能諒之餘，請世安先生代達，此請榮安。何鍵敬上。二月十一日㉟

由上述函電史料研判可能是在北伐時期，何鍵致汪之函電，對汪「主張非和平不足以謀統一，非統一不足以禦外侮」，認為只有靠汪黨內（指中國國民黨）的影響力，以和平的方式解決爭端，才能解除百姓之苦難，對汪氏贊譽有加。

十三、一封署明九月十五日未署年而由何鍵致汪精衛之信函，該函內容如下：

精衛先生崇鑒：久違塵訓，彌切葵思，職奉令東征督師入皖，溽暑不煥長途，忘苦所以如此者，皆欲遠承先總理之遺志，近秉諸領袖之指導，亟謀統一黨國，完成革命，上下一心，有進無退，迨師次江表，寧方陡變，蔣告下野，人稱合作，意謂寧方同志必已徹底悔悟，幡然來歸，一致擁護中央，聯轡繼續北伐，黨國幸事無逾此者，故不俟命令即移東下之師，進援合肥脅威津浦，皆出至誠，不稍迴顧，初未敢以緩兵之計度人，亦自有移師之迹可證，不意旬日以來，蘇、杭、寧、滬之間，擁蔣之聲浪彌高，毀公之惡音繼至，何來桀犬，竟見吳牛，夫陰霾不開，恐有風雷密雲，不雨或成洪水，黨國之憂危，時局之混沌，又未有勝於今日者，曩聞東南諸士，每誤以反共為崇古，以清黨為報復，馴成土劣揚眉，官僚伺隙，遂使同志吞聲，青年扼腕，然猶意以為告者過也。夫以公在吾黨潔白精瑩，微塵無染，艱貞堅苦，歷久不渝，人格學問道德勛勞，凡列黨籍，靡不景從，竟敢信口雌黃，實屬別具肺腑，則其昔為緩兵，今為局騙，無可疑者。頃由唐總座轉誦鈞電，謂同志間退讓不成問題，苦衷孤詣，語重心長，仰體宏言，益增遠慮，若拋權利，以成吾黨之主義則摩頂放踵所不辭，如屈主義而徇他人之權利，則裹糧坐甲，尚覺有待，即以此番職所親歷而論，甫近皖境則信使椷電先後蜂至，一則曰君勿來此，再則曰吾應駐彼，凡劃地使人不得入或吾必欲駐者，皆屬地盤思想，若真正黨軍則只知奉黨國之命，以為進止，無所謂不可入，無所謂必欲駐，今彼等不自悟其非而反誣人有地盤觀念，欲蓋彌彰，誠諺所謂此地並無紋銀也此其一。入皖之日前省政府竊印捲款，棄職潛逃，皖局中斷，庶事停頓，群情惶惑，莫知所出，一再環請出為維持，鍵以未奉中央命令，未便問政，迭經婉卻，允電請中央遴員，迅來改組，嗣奉艷日電令，在明令改組以前，由鍵暫行負責維持，仰體黨國艱難，擬具過渡辦法電呈請示，亦迄未得覆，一面前省政府反通電聲稱，得李總指揮同意移蕪辦公並派員持畏公私函來皖，謂欲遷回安慶，目無中央艷令，亦可見司馬氏之心矣，此其二。前省黨部亦同時捲逃一空，同樣聲稱移蕪，竟敢通電附和，張溥泉之謬論，詆誣我公，要求下野，彼輩朋比爲奸，仍圖篡竊黨權，盜假政柄，誣衊領袖，證迹昭然，非可掩飾，此其三。凡此皆足以見其所謂合作之僞，總之，目前皖省軍隊複雜，應付綦難，政務雖曰由鍵維持又無明確辦法，足繭手僵，莫能舉措，此中艱困，匪可言宣，帶念黨國前途，只得跼蹐容隱，我公黨國柱石，革命領袖，力行三民主義久爲萬衆生佛，爲黨爲國必有嘉謨，一線生機盡繫於此，鍵等追隨革命，始終擁護悉率所部，惟公命之。茲派殷秘書德洋晉謁，未盡之意，托其面陳，尚祈進而教之，俾有循率無任感禱。敬頌黨祺。何鍵拜啟，九月十五日。附奉誠密一本，意見書一件。㊱

上述信函，未署明年時間，惟所使用之信紙，印有「國民革命軍第四集團軍江左前敵總指揮部用牋」之字樣，據此研判，應該是在民國十七年（一九二八）十月國民政府宣佈北伐完成，軍政時期結束以前才對，蓋民國十五年（一九二六）六月，為準備北伐，廣州國民政府任命蔣中正先生為國民革命軍總司令。同年七月，公佈總司令部組織大綱，規定國民革命軍總司令統轄國民政府下之陸海空各軍，對國民政府與中國國民黨在軍事上完全負責。出征動員會後，凡國民政府所屬軍民財政各機關，均須受總司令之指揮，秉承其意旨辦事。總司令兼軍委會主席，總司令部設於軍委會內，置參謀長一人，由軍委會參謀部長兼任，或由總司令呈請國民政府委任；設參事廳，以參謀長、總參議、高等顧問若干人組織之，參贊戎機，襄助總司令處理事宜。設政治訓練部和參謀、軍需、訓練、航空、交通、軍械、軍務、軍醫、秘書、副官十處，及兵站總監部等，軍委會所屬各機關也直屬於總司令部，總司令出征時，於後方設立治安委員會代行總司令職權，該會受國民黨中央政治委員會之指揮，其議決案關於軍事者，交由總司令部執行。民國十六年（一九二七）三月，國民黨中執會在加強對軍委會控制的同時，也限制國民革命軍總司令的權力，規定總司令由國民黨中執會於軍委會委員中指定一人擔任，在戰時有統帥陸海空軍從事戰鬥準備，統一指揮各軍作戰之權，對國民黨中執會負責。作戰動員令經軍委會決議、國民黨中執會核准後由總司令執行。總司令於作戰區域及警備地帶有宣佈戒嚴權，又得指揮前方軍民財政各機關。

民國十七年（一九二八）五月，再次修改總司令部組織大綱，規定總司令由國民政府特任，直隸於國民政府，凡編入作戰軍戰鬥序列之陸海空軍均歸其統轄指揮，並對於直轄戰鬥序列內軍隊之統御、經理、教育、衛生等負完全責任，未加入作戰軍戰鬥序列之各軍仍由軍委會直轄，但應作戰上之要求，總司令得咨請軍委會調遣之。總司令部內設有參謀總長、參謀次長、總參議、高等顧問、高級參謀、參議、參事、顧問、咨議、侍從秘書、侍從參謀、侍從副官，並設總司令辦公廳與參謀、副官、軍法、經理、營房設計等處和兵站總監部。㊲

伍、結　論

綜上所述，何鍵能從民國十八年三月到二十六年十一月連續九年任湖南省政府主席，除了勤於政事與重視教育外，另有一個原因是民國十七年北伐時期，以李宗仁為首的桂軍攻打湖南省主席魯滌平並造成以蔣中正為首的中央政府出兵討桂（李宗仁），因此促成了何鍵的出頭。意即在蔣先生派兵討桂戰役中撿到最大便宜者是何鍵，他原先跟李宗仁走的近，故被武漢政治分會任為湖南政府主席，後來中央（指以蔣為核心）爭取他，也任他為湖南省主席和第四路軍總指揮，掌握湖南軍政大權，幾近九年，直到對日抗戰發生後的民國二十六年（一九三七）十一月始行卸職。㊳

再從何鍵與汪精衛往返的函電書信中更可看出，何鍵不僅利用蔣、桂（李宗仁）之間的矛盾，在夾縫中求生存外，更時而利用蔣汪之間的矛盾，發展自己的勢力。

註釋

① 黃美真、郝盛潮主編：《中華民國史事件人物錄》，（上海：人民出版社，一九八七年九月第一版），頁五九二。

② 周琦：〈淺析何鍵長期統治湖南的原因〉，《湘潭大學學報》（社會科學版），第十五卷第一期，（一九九一年一月出版），頁一一八，轉引自《湖南文史資料》第七輯，頁四一—四二。

③ 同前②，轉引自《湖南省政府公報》九六〇案卷，第一〇〇頁。

④ 同前②，轉引自《何芸樵先生講演集》。

⑤ 同前②，轉引自《株洲文史資料》第八輯，第一〇〇頁。

⑥ 同前⑤，轉引自《株州文史》第八輯，第一〇二頁。

⑦ 同前②，轉引自《湖南文史資料》第七輯，第三頁。

⑧ 同前②，轉引自《湖南文史資料》第七輯，第四頁。

⑨ 同前②，轉引自《湖南省政府公報》一九二九年第一期。

⑩ ⑪ 同前⑧，轉引自《湖南文史資料》第七輯，第四頁。

⑫ 同前②，轉引自《湖南省政府公報》一九三三年十月，第二四六頁。

⑬ 同前.②，轉引自《湖南省政府公報》九四九案卷一六二號。

⑭ 同前②，轉引自《湖南省政府公報》九〇六案卷，第一〇〇頁。

⑮ 同前②，轉引自何鍵：《湖南省政府九年政治述要》總敍第六頁，省檔案館全宗二一。

⑯ 同前⑤，何鍵：《湖南省政府九年政治述要》建設編第九七頁。

⑰ 同前⑤，何鍵：《湖南省政府九年政治述要》教育編序言。

⑱ 〈何鍵致汪精衛函電〉（未署明年月日），《汪偽資料檔案》，法務部調查局資料室藏，毛筆原件影本。

⑲ 〈何鍵致唐生智函電〉（未署明年月日），《汪偽資料檔案》，法務部調查局資料室，毛筆原件影本。

⑳ 李祚明：〈國民政府中央軍事統御機關設置演變述略〉《歷史檔案》一九九三年第一期，一一五—一一六頁。

㉑ 〈何鍵致唐生智函電〉（未署明年月日），《汪偽資料檔案》，法務部調查局資料室，毛筆原件影本。

㉒ 同前①，引自《中華民國史事件人物錄》，第六二九頁。

㉓ 同前①，引自《中華民國史事件人物錄》，第五六三頁。

㉔ 〈何鍵致唐生智函電〉（未著明年月日），《汪偽資料檔案》，法務部調查局資料室，鋼筆原件影本。

㉕ 〈何鍵致唐生智函電〉（未署明年月日），《汪偽資料檔案》，法務部調查局資料室，鋼筆原件影本。

㉖〈何鍵致唐生智函電〉（未署明年月日），《汪僞資料檔案》，法務部調查局資料室，鋼筆原件影本。

㉗〈何鍵致唐生智函電〉（民國二十六年十一月十五日），《汪僞資料檔案》，法務部調查局資料室藏，鋼筆原件影本。

㉘《中央日報》民國二十六年（一九三七）十一月十二日。

㉙同前㉗，〈何鍵致唐生智函電〉（未署明年月日），（民國二十六年十一月十五日），《汪僞資料檔案》，法務部調查局資料室，毛筆原件影本。

㉚〈何鍵致唐生智函電〉（未署明年月日），《汪僞資料檔案》，法務部調查局資料室，毛筆原件影本。

㉛同前①，引自《中華民國史事件人物錄》，第七四二頁。

㉜〈何鍵致唐生智函電〉（未署明年月日），《汪僞資料檔案》，法務部調查局資料室，鋼筆原件影本。

㉝〈何鍵致唐生智函電〉（未署明年月日），《汪僞資料檔案》，法務部調查局資料室，毛筆原件影本。

㉞〈何鍵致軍委會主席團函電〉（未署明年月日），《汪僞資料檔案》，法務部調查局資料室藏，毛筆原件影本。

㉟〈何鍵致汪精衛函電〉（年不詳，二月十一日），《汪僞資料檔案》，法務部調查局資料室藏，毛筆原件影本。

㊱〈何鍵致汪精衛函電〉（年不詳，九月十五日），《汪偽資料檔案》，法務部調查局資料室藏，毛筆原件影本。

㊲同前⑳，第一一五頁。

㊳王禹廷：〈桂系異動、自取敗亡〉《傳記文學》第四十五卷第一期，民國七十三年七月出版，第五二—六二頁。

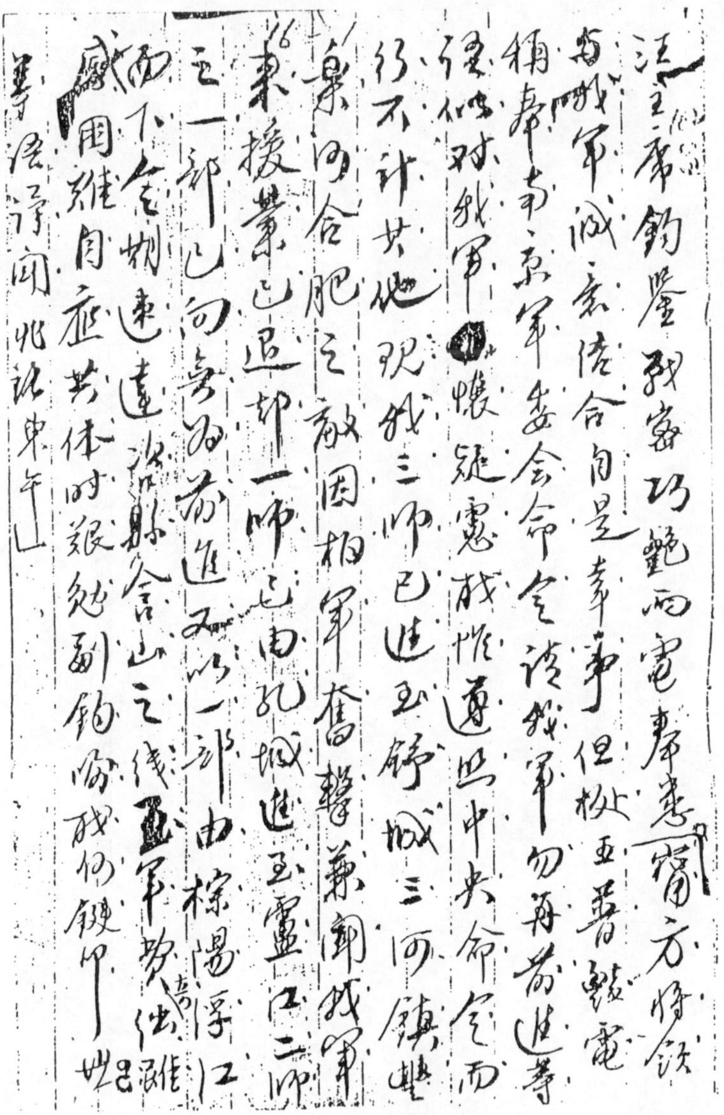

引自《汪偽檔案》

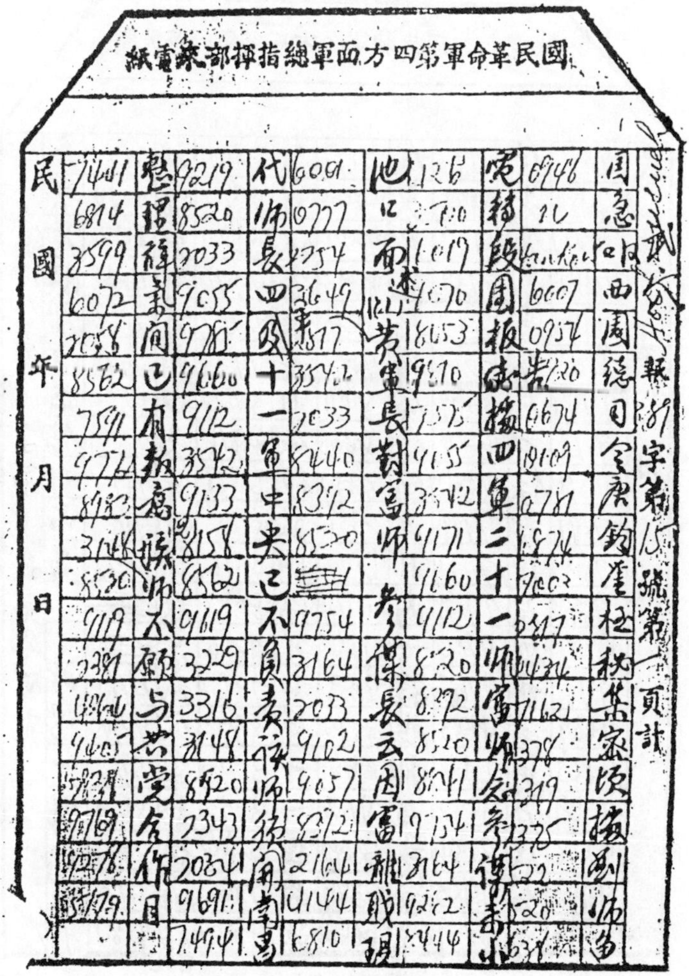

國民革命軍第四方面軍總指揮部來電紙

民國　年　月　日

報　字第　號第　頁計

引自《汪偽檔案》

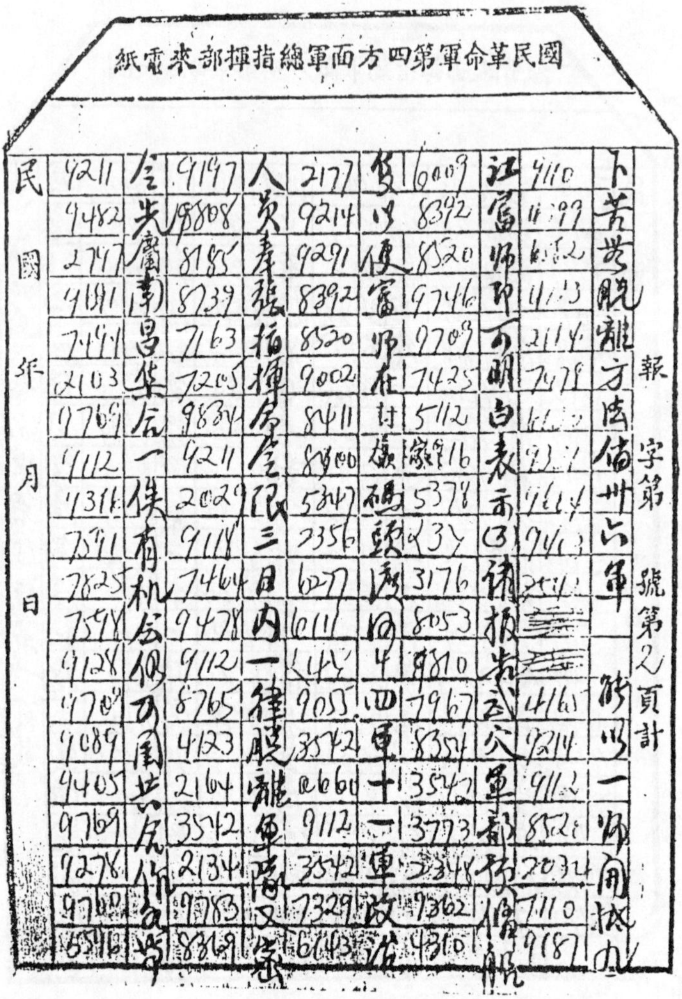
國民革命軍第四方面軍總指揮部來電紙

報 字第 號第之頁計

民國 年 月 日

引自《汪偽檔案》

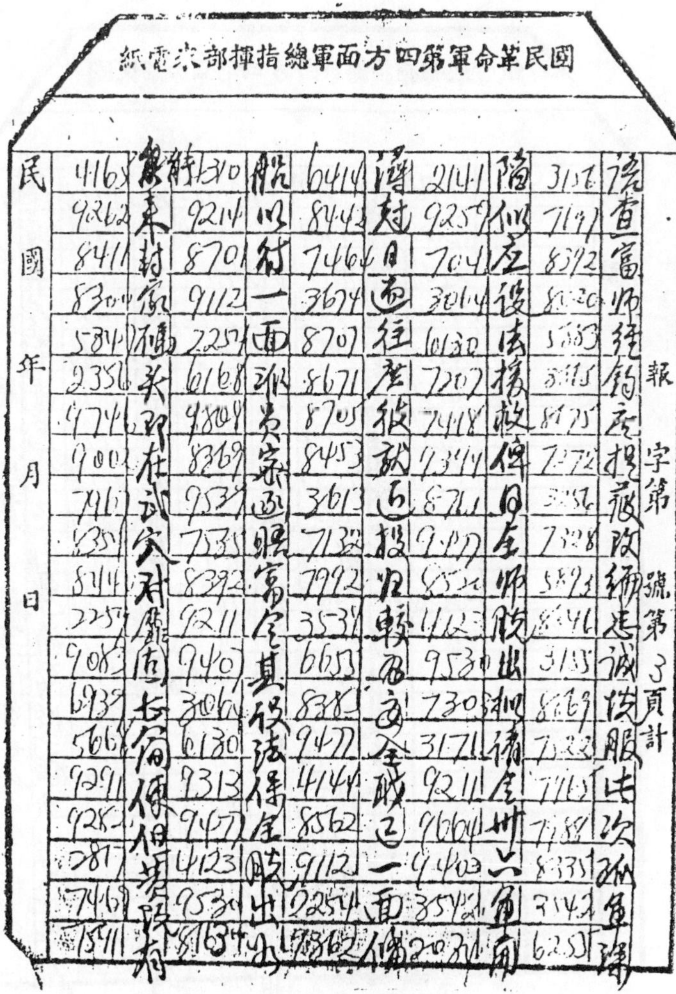

引自《汪偽檔案》

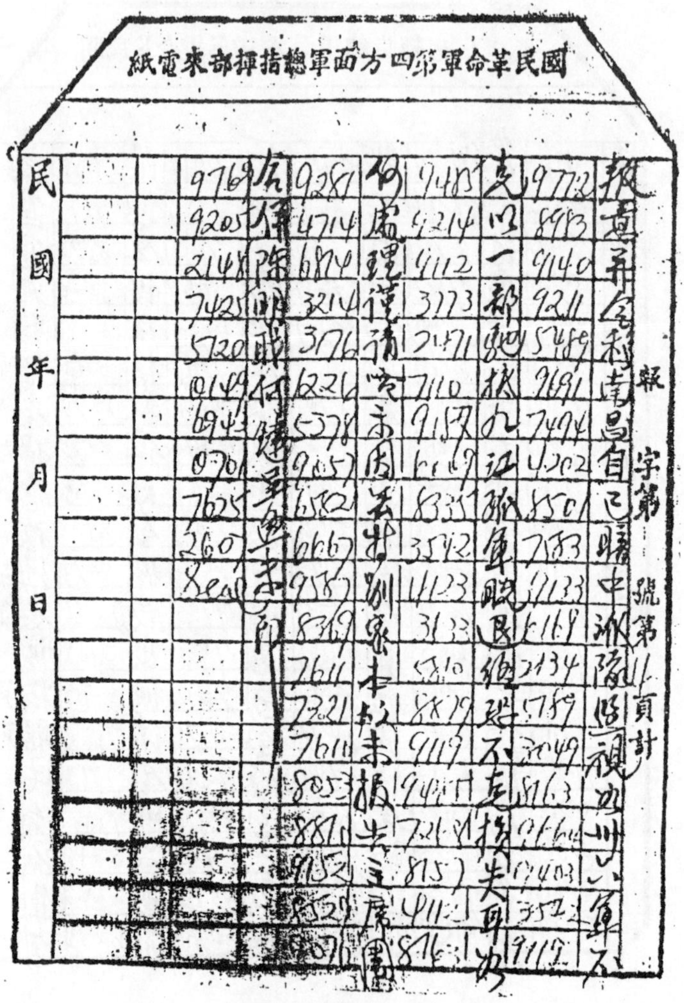

引自《汪偽檔案》

第　號　第　頁

軍事委員會主席團總司令唐鈞座革

[illegible]安慶政務傳款多設軍長咸感

困難除前首恆多机關從此一定外奸更

政務委主乘機據此仍總出也實行總

放任何堪設想連日迭經各機關法團代表

請願予主持聯以安聯权上非有特別委任

不敢稍有侵越乃今午後據前皖省政府

秘書長鄭植面稱錦即據此之前省政府主

中華民國　年　月　日

引自《汪偽檔案》

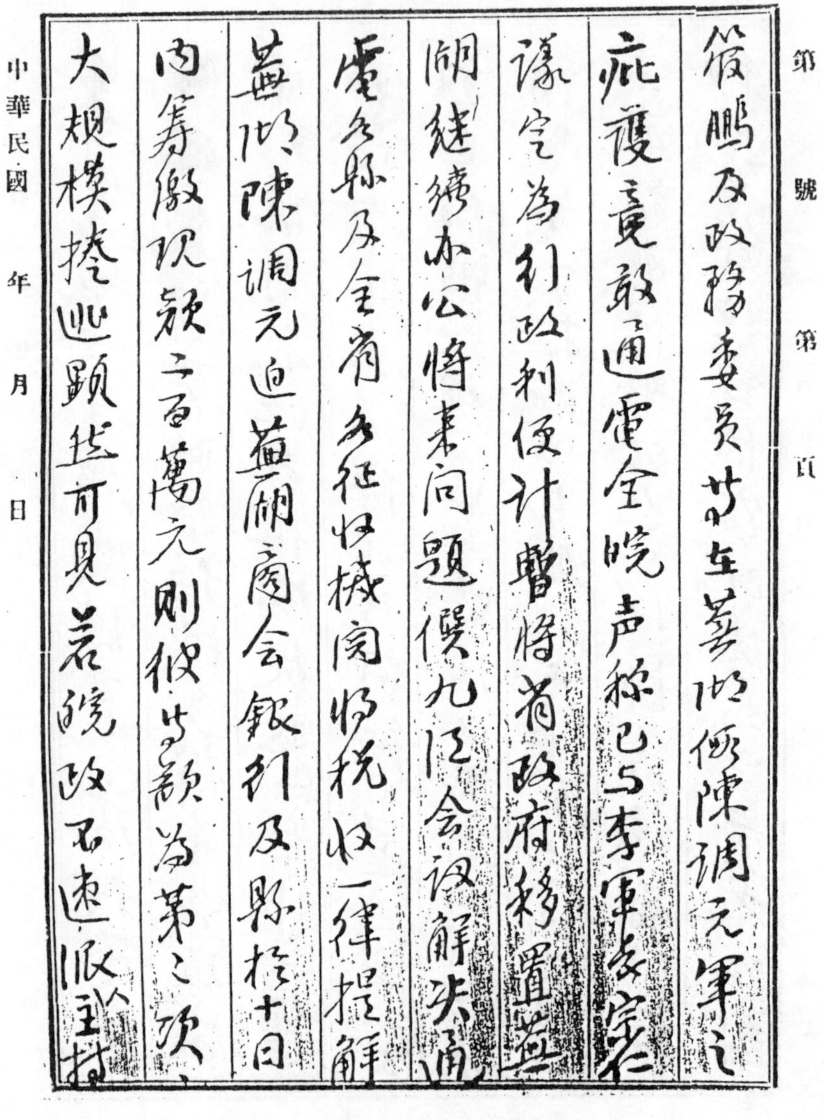

第　號　第　頁

笈鵬及政務委員若干人基此倆陳調元軍之
庇護竟敢通電全皖声称已与李軍長宗仁
議定為行政利便計暫將省政府移置蕪
湖繼續辦公將來問題俟九江会議解决通
電各縣及全省各征收機関將稅收一律提解
蕪湖陳調元迫蕪湖商会銀行及縣於十日
內籌繳現款二百萬元則彼此款為第二次
大規模搜刮顯然可見若皖政不速派主持

中華民國　年　月　日

引自《汪偽檔案》

第　號　第　頁

即日改組各縣民財機關既授前政府委任
且業據有印信算付搜括無法制止惟見從
有克復各縣石田且庶政久經蹂躪甚有能者
無以善其後職睹此情形迫不得已以左前敵
總指揮名義通飭各機關本此各員照常
服務一面通令各縣声明各廳據此印信一律
作廢所有稅款照常解安慶財政廳驗收
并電蕪湖商会社行界及各縣無論何人以

中華民國　年　月　日

引自《汪偽檔案》

第　號　第　頁

何名義在安徽籌款設卡征丁漕那經本
總指揮部報告核准或呈移主管機關備
案此外一律禁劾將來省政府亦主概不負償
還責任暫為消極制止至應如何積極籌備
改組之處仍懇此央迅賜主持取上項處置
職現在地位立覺不便置問然中于院既遂
從事救濟辦法職為保全院政尊重法令欲
計不得不已權將緊急之處置仍懇鈞准

中華民國　年　月　日

引自《汪偽檔案》

第　號　第　頁

備案廣東省政府近況現在以省目前情形
各主席委員散在各地特依法設定遷[illegible]政
細需時擬多可否請鈞座速定臨時維持殘
政辦法廣東政府遷定再行移請政務委員
會追認以應目前急切需之處廣東省政府遷辦
職何健呈嘯

中華民國　年　月　日

引自《汪偽檔案》

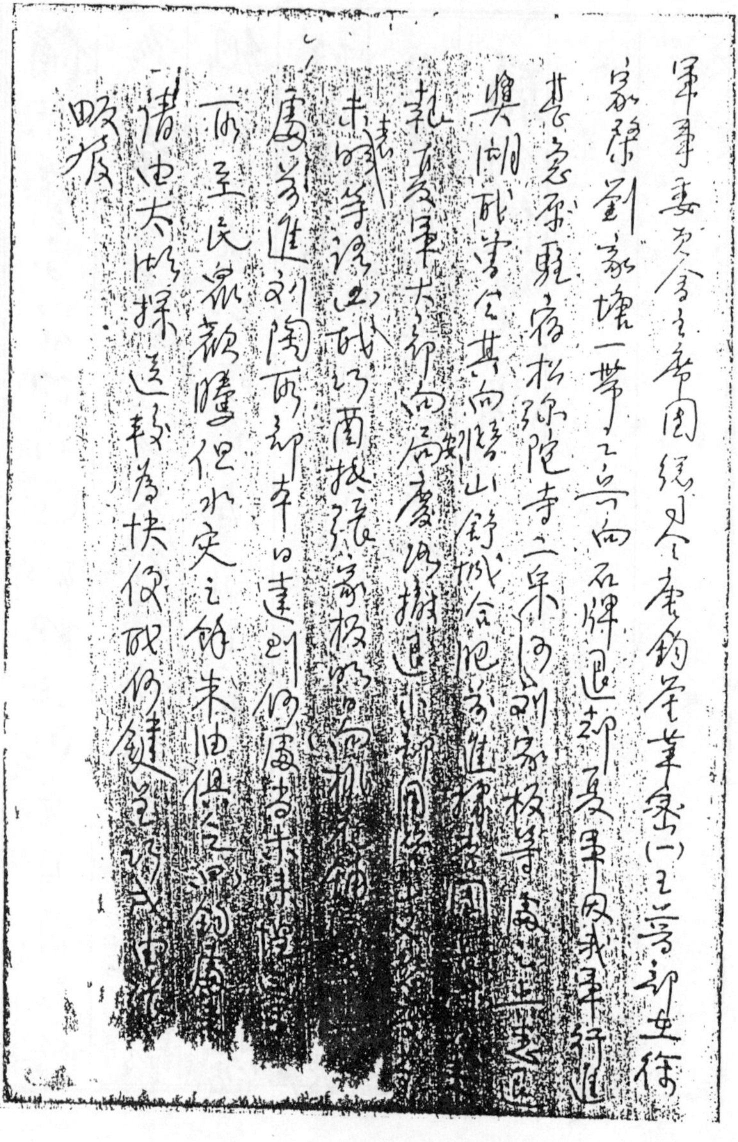

引自《汪偽檔案》

軍事委員會主席團鈞鑒：接龔參謀長已
電知劉軍長佐龍因擅殺被拘查辦。我革命
軍去秋克復武漢陽夏，先拔劉佐龍，響應功多，
可否追念前勞，原情有釋，以資激勸。伏乞垂
察。職何鍵叩[illegible]

16—72

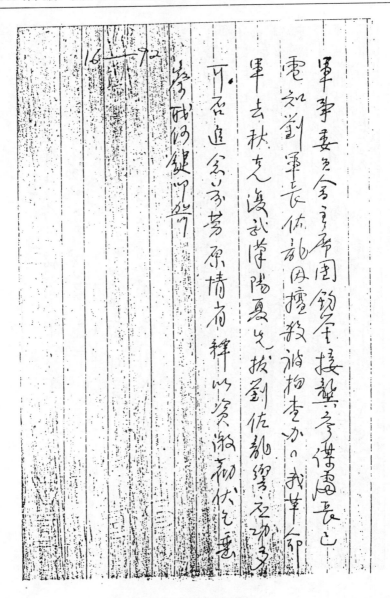

引自《汪偽檔案》

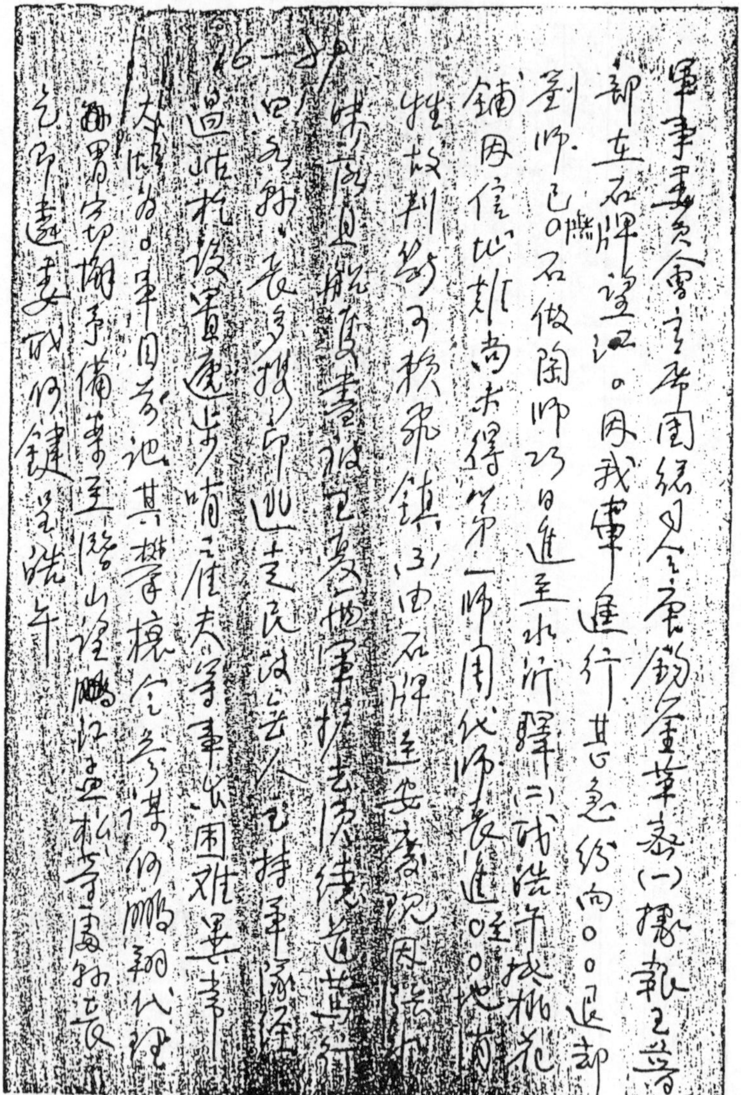
軍事委員會主席團鈞鑒：金華密(一)據報：莒、
部在石牌渡江。因我軍進行甚急，約向○○退卻。
劉師已[illegible]石牌，陶師巧日進至水浒驛。(三)[illegible]桃花
鋪因[illegible]地雖尚未得，以第一師周代師長進駐○○地帶
[illegible]
[illegible]
[illegible]
[illegible]
[illegible]
[illegible]

引自《汪偽檔案》

中國國民黨

中央執行委員會秘書處譯電紙

何處來	長沙	發報	26 年 11 月 15 日 10 時 54 分	原號	7764
		收到	26 年 11 月 15 日 18 時 15 分	字數	81.84W

南京中政會主席汪○察頃讀　總理誕辰紀念日
鈞座所發表之論文正世界之觀聽導人民於軌徹
立國之旨不昧致勝之機在茲鍵久受三民主義薰
陶聆此名言愈益感奮謹摛誠悃藉志景行敬祈垂
鑒何鍵叩元印

長沙省政府何主席勛鑒元電誦悉。密。吾人
[illegible]中樞採納鄙言至深感紉特復汪兆
銘[illegible]

十一月十六日

譯

引自《汪偽檔案》

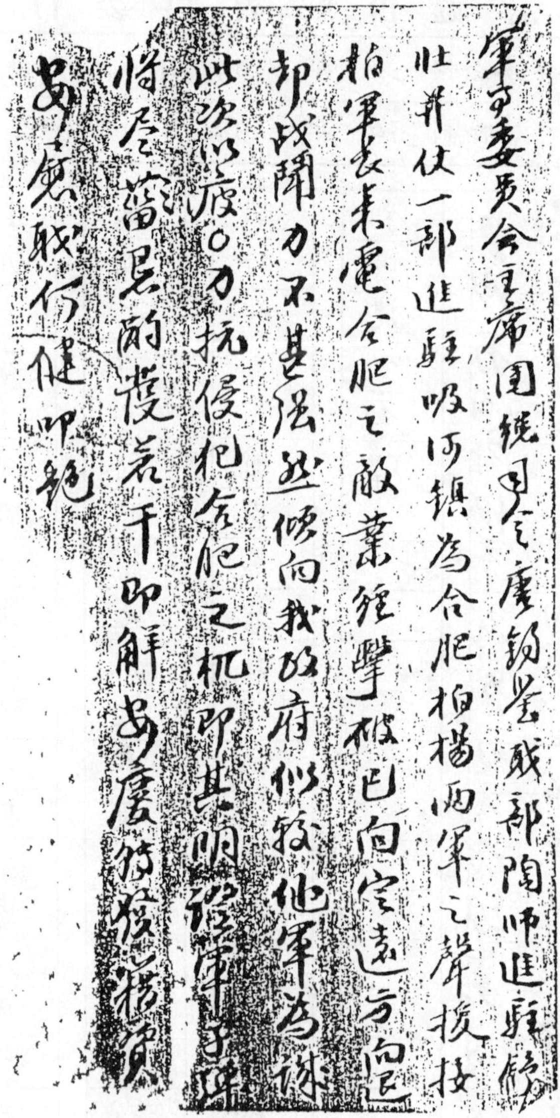

軍事委員會主席團鈞鑒：廣銘鑒戡部陶師進駐舒
城並伏一部進駐吸河鎮為合肥柏楊兩軍之聲援按
柏軍長來電合肥之敵業經擊破已向官亭方向退
卻戰鬪力不甚强盛傾向我政府似較他軍為誠
此次以夜○力抗侵犯合肥之机即其明證軍事殊
將其留置附近若干即解安慶請從優犒賞
安惠戡何健叩艷

引自《汪偽檔案》

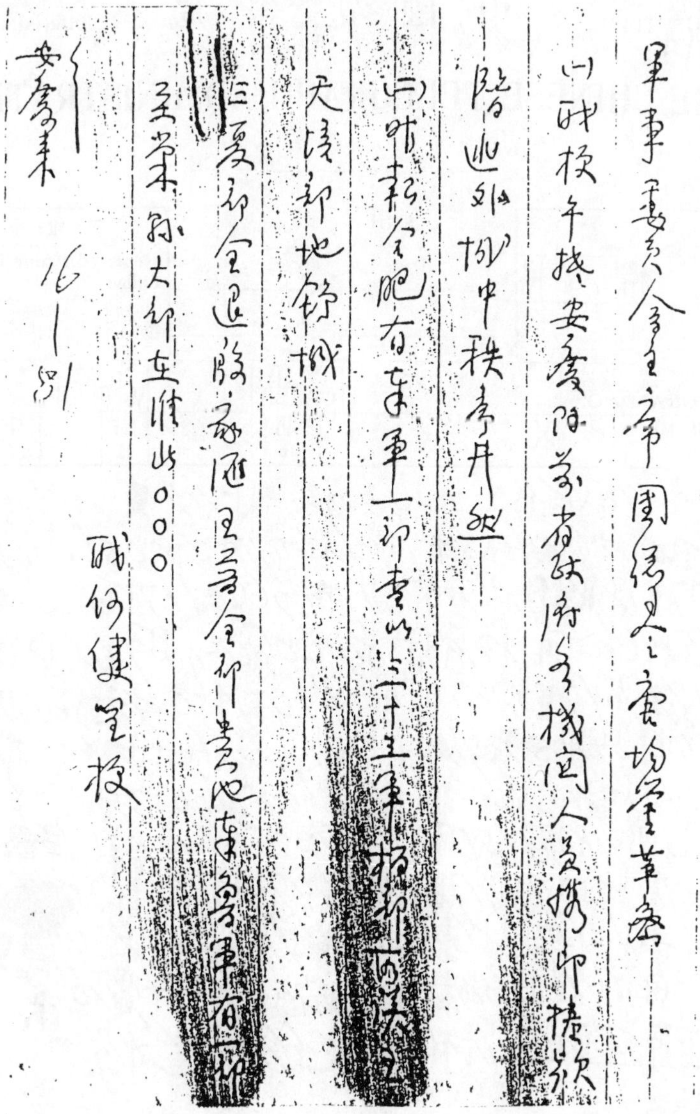
軍事委員會主席團總理之處均[illegible]革命
(一)職於午接安慶陳[illegible]省政府各機關人員攜印接收
[illegible]外城中秩序井然
(二)昨[illegible]令肥有東軍一部由此二十三軍指揮[illegible]
天[illegible]部地[illegible]
(三)夏部全退[illegible]王[illegible]全部集[illegible]東各軍有一部
至[illegible]大部在[illegible]此○○○
職何鍵呈[illegible]
安慶來
16/1/29

引自《汪偽檔案》

來報紙 RECEIVING FORM

中國電報局

本局 JOURNAL NO.

THE CHINESE TELEGRAPH ADMINISTRATION

局 OFFICE

由 From		附註 —REMARKS—	由電報局收到 Received From Telegraph Office
時刻 Time	點 H 分 M		日期 Date 點 H 分 M
簽名 By			

原來號數 TELEGRAM NO.		等第 CLASS		字數 WORDS	
發報局 Office from		日期 Date		點 H	分 M

[illegible]

引自《汪偽檔案》

第　號　第　頁

軍事委員會主席團鈞鑒華密
職軍附屬之兵站二支部所領經費均係
庫券故採買糧秣殊費拮据困難現自未
通何能接濟軍食茲又繼續前進務懇迅
予設發現金以便採購又該處運夫極少運
有限加以皖北佩點兩地陸利再該部七月份經
費僅一萬七千元二萬元以便臨時催夫而利
軍行又該部七月份經費僅萬七千元据稱除

中華民國　年　月　日

引自《汪偽檔案》

第　號　第　頁

軍事委員會主席團鈞鑒密
職軍附屬之兵站二支部所領餉[?]均係
庫券收採買糧秣頗費拮為困難現自[?]未
通何能接濟軍食茲又繼續前進務懇迅
予設發現金以便採購又該處運夫極少運
有限加以皖北佩點兩地陸利再該部七月份經
費僅一萬七千元[?]二萬元以便臨時僱夫而利
軍行又該部七月份經費僅萬七千元搭稱陳

中華民國　年　月　日

引自《汪偽檔案》

第　號　第　頁

需款為六七千元之巨 官少兵多此項費用
若不敷給實屬不易維持可否准予照
數補發之處出自鈞裁并候電示祇遵
何鍵叩儀

中華民國　年　月　日

引自《汪偽檔案》

精衛先生賜鑒鶴琴兄歸接奉
手教敬悉一切時局艱危非和平
不足以謀統一非統一不足以禦外
侮我
公黨國泰斗對於黨的根本理論
政制問題能按事實一一述之則

引自《汪偽檔案》

國人意志相同糾紛自易解決否
則彼此一時互相利用戰禍永結和
平之望無期徒苦民衆已耳鍵寒
日兩電實正義良心之主張想
公能諒之餘請世安先生代達此請
崇安　何鍵敬上
二月十一日

引自《汪偽檔案》

國民革命軍第四集團軍江左前敵總指揮部用箋

精衛先生崇鑒久違
塵訓弥切葵思職奉
令東征督師入皖溽暑不燠長途忘苦所
以如此者皆欲遠承
先總理之遺志近秉
諸領袖之指導亟謀統一黨國完成革命
上下一心有進無退迨師次江表甯方陡變
蔣告下野人稍合作意謂甯方同志必已

引自《汪偽檔案》

國民革命軍第四集團軍江左前敵總指揮部用牋

澈底悔悟翻然來歸一致擁護
中央聯轡繼續北伐
黨國幸事無逾此者故不俟命令即移東
下之師進援合肥脅威津浦皆出至誠不
稍迴顧初未敢以緩兵之計度人亦自有
移師之迹可證不意自日以來蘇杭甯滬
之間擁蔣之聲浪彌高毀
公之惡音繼至何來桀犬竟見吳牛夫陰

引自《汪偽檔案》

國民革命軍第四集團軍江左前敵總指揮部用箋

靁不開恐有風雷密雲不雨或成洪水
黨國之憂危時局之混沌又未有勝於今
日者曩聞東南諸士每誤以反共為崇古
以清黨為報復馴成土劣揚眉官僚伺隙
遂使同志吞聲青年扼腕然猶意以為
告者過也夫以
公在吾黨潔白精瑩纖塵無染艱貞堅
苦歷久不渝人格學問道德勛勞凡列黨

引自《汪偽檔案》

國民革命軍第四集團軍江左前敵總指揮部用箋

籍靡不景從竟敢信口雌黃實屬別具肺
腑則其昔為緩兵今為局騙無可疑者頃
由唐總座轉誦
鈞電謂同志間退讓不成問題苦衷孤詣
語重心長仰體
宏旨益增遠慮若拋權利以成吾黨之主
義則摩頂放踵所不辭如屈主義而狥
他人之權利則裹糧坐甲尚覺有待即以

引自《汪偽檔案》

國民革命軍第四集團軍江左前敵總指揮部用牋

此番職所親歷而論甫近皖境則信使械
電先後蜂至一則曰君勿来此再則曰吾
應駐彼凡劃地使人不得入或吾必欲駐者
皆屬地盤思想若真正黨軍則只知奉
黨國之命以為進止無所謂不可入無所謂
必欲駐令彼等不自悟其非而反誣人有
地盤觀念欲蓋彌彰誠諺所謂此地並
無紋銀也此其一入皖之日前省政府竊印

引自《汪偽檔案》

國民革命軍第四集團軍江左前敵總指揮部用牋

捲款棄職潛逃皖局中斷庶事停頓羣
情惶惑莫知所出一再環請出為維持鍵
以未奉
中央命令未便問政迭經婉却允電請
中央遴員迅來改組嗣奉豔日電令在
明令改組以前由鍵暫行負責維持仰體
黨國艱難擬具過渡辦法電呈請
示亦迄未得覆一面前省政府反通電嚴稱

引自《汪偽檔案》

國民革命軍第四集團軍江左前敵總指揮部用箋

湯李總指揮同意移蕪辦公並派員持
畏公私函来皖謂款遲回安慶目無
中央監令亦可見司馬氏之心矣此其二前
省黨部亦同時捲逃一空同樣嚴稱移蕪
竟敢通電附和張溥泉之謬論詆誣我
公要求下野彼輩用此為奸仍圖篡竊黨
權盜假政柄誣衊
領袖証迹昭然非可掩飾此其三凡此皆足

引自《汪偽檔案》

國民革命軍第四集團軍江左前敵總指揮部用箋

以見其所謂合作之偽總之目前皖省軍
隊複雜應付綦難政務雖曰由鍵維持又
無明確辦法乏藺手僅莫能舉措此中
艱困匪可言宣苐念
黨國前途不得踊躇容隱我
公黨國柱石革命領袖力行三民主義允為
萬衆生佛為黨為國必有
嘉謨一線生機盡繫於此鍵等追隨革命

引自《汪偽檔案》

國民革命軍第四集團軍江左前敵總指揮部用箋

始終擁護悉率所部惟
公命之茲派殷秘書德洋晋謁未盡之意
托其面陳尚祈進而
教之俾有循率無任感禱敬頌
崇祺
何鍵拜啓 [illegible]月十五日
附奉誠密一本 意見書一件

引自《汪偽檔案》

第十篇　從函電史料觀汪精衛與張景惠關係梗概

壹、前　言

中國近百年史上的傀儡政權，都出現在民國二十年（一九三一）九一八事變以後的日本侵略中國時期。民國二十一年（一九三二）三月，日本利用愛新覺羅．溥儀等建立偽滿洲國；民國二十四年（一九三五）十一月，日本唆使殷汝耕等成立偽冀東防共自治委員會，不久又改名為「冀東防共自治政府」，民國二十五年（一九三六）五月，日本扶植德穆楚克棟魯普（德王）建立偽蒙古軍政府；民國二十六年（一九三七）九月日本在張家口唆使于品卿等成立偽察南自治政府；同年十月，在大同唆使夏恭等成立偽晉北自治政府；同月，在歸綏把偽蒙古軍政府改組為「蒙古聯盟自治政府」；民國二十六年十二月，日本網羅王克敏等在北平建立偽中華民國臨時政府；民國二十七年（一九三八）三月，日本指使梁鴻志等在南京成立偽中華民國維新政府；民國二十八年（一九三九）九月，日本策動偽蒙古聯盟自治政府與偽察南自治政府、偽晉北自治政府合流為「蒙古聯合自治政府」；民國二十九年（一九四〇）三月，日本又支持汪精衛等建立偽「中華民國國民政府」。所有這些都是在日軍刺刀保護下，為日本侵略中國服務的傀儡政權。本文擬從函電史料觀汪精衛與偽滿洲國國務總理大臣張景惠之關係梗概。

貳、張景惠其人其事初探

偽滿洲國第二任國務總理大臣張景惠，字敍五，遼寧省臺安縣人。一八七一年生於普通農家，上有一兄，二姊，排行第四。童年家境貧寒，只讀過兩年私塾。其父死後，全家生活重擔落在長兄張景泉身上。好在張景泉有做豆腐的手藝，就開了一個豆腐坊，而張景惠又有賣豆腐的訣竅，所以張氏兄弟這個豆腐坊經營不久，就成了附近聞名的殷實小商了。

當時的遼西，「胡子」遍地，賭錢成風。張景惠見賣豆腐不如聚賭贏錢來得快，便步入賭場，當上了賭徒。後來他又感到贏錢也不解渴，乾脆當了「胡子」。他拉起一群地痞流氓，弄到一些槍支彈藥，幹上了謀財害命，搶男霸女的勾當。

張景惠靠那兩年私塾的學識，加上他能言善道，使許多目不識丁的「胡子」們，從心底佩服。因之，他的匪股發展很快，靠其聲勢，一舉攻佔了臺安縣城。他亦隨之搖身一變，道貌岸然地打出了維持社會治安，保護家鄉商賈客旅的招牌，把土匪隊改名為保險隊，自任隊長。他靠這支握有槍桿子的「官匪」，對各行各業，按地畝門户攤款收捐，幹起了更大規模的搶劫勾當。

對張景惠這種「亦官亦匪」的做法，其他匪股十分仰慕。張作霖正苦於自己的隊伍人少力單，難成大氣候，考慮再三，便前來投靠大幫頭子張景惠。張景惠看到張作霖有膽有識，氣度不凡，覺得自己這個隊伍如果讓張作霖當了大頭目，會發展得更快更大。於是，他下決心把大頭領這把交椅讓給了張作霖。「二張」的主次頭領交換之後，成了莫逆之交。張作霖發號施令，聯絡官府，收攏散匪，果然發展了人馬，擴大了地盤。遼西一帶的人民，也隨之陷入更大的劫難之中。①

一九〇三年日俄戰爭結束後，清政府奉天將軍增祺為擺脱領地內盜賊充斥，官難坐穩的困境，採用了「以盜治盜」的辦法，派大小官員四出招撫匪群。新民府知府曾子固，以官祿為籌碼，收撫了張作霖。張作霖被任命為捕盜管帶（營長），張景惠被委以哨官（連長）之職。②

從此，張景惠就由胡子頭和白封的保險隊長，一躍而為清政府在地方上的正式命官。但他並未因此改掉匪性。他為了升官發財向上爬，變得心更毒，手更狠，常常翻臉不認人，直到動手殺害他的至友親朋。奉天省西城一帶有個巨盜叫杜立三，知府曾韞多次派人捉拿，尋覓不見，張作霖得知張景惠與杜立三是結盟兄弟，過往甚密，於是就讓張景惠處置杜立三，張景惠設法找到杜立三之後，詭言新民府有招降他的意思，要他速去應招。杜立三不去，張景惠找到杜立三的母親，一再起誓表白，他全是為了立三老弟的宏圖著想。杜母信以為真，非讓杜立三跟景惠走不可。可是，杜隨張到新民府後，張景惠變了臉色，杜立三立即被預先埋伏的兵丁解除了槍械，綁赴刑場，就地正法了。③而張景惠卻心安理得地領了一份重賞。

張景惠施展陰謀手段，為張作霖幹了許多事。張作霖為了培養他這個不可多得的助手，在一九一一年送張景惠進了奉天講武堂栽培。同年十月，辛亥革命爆發了，武昌起義的槍聲，動搖了腐敗清廷三百年的統治，為中國人民帶來了希望的曙光。當時駐奉天陸軍第二混成旅協統蘭天蔚，在張榕的支持下，準備帶領所屬官兵響應革命，驅逐奉天總督趙爾巽，張景惠得知後，立即派人找到駐在鄭家屯的張作霖，要他以保衛總督的名義趁機帶兵開進瀋陽，張作霖依計而行，親帶騎兵急奔瀋陽進行鎮壓，辛亥革命在東北即將點燃的一支火炬，就這樣遭到張景惠的暗算而被撲滅了。④

民國元年（一九一二）張作霖的軍隊被北洋政府的袁世凱改編為中央正規軍第二十七師。張作霖被任命為師長，張作霖為報償張景惠，將他提拔為該師炮兵團團長。民國四年（一九一五）又將他提拔為陸軍五十三旅長。⑤

袁世凱死後，黎元洪任大總統，馮國璋任副總統，段祺瑞任國務院總理。當時馮、段之間有利害衝突，都力圖擴大自己的勢力，以求吞噬對方。張作霖經過利弊權衡，覺得段祺瑞的勢力大，於是決定依附於段。就在這時，馮國璋和山西的閻錫山從日本購進三萬支槍，準備擴充自己的軍隊，這批槍支訂在秦皇島交貨。段祺瑞的心腹徐樹錚得到情報後，立即派人給奉天的張作霖送信，讓他設法將這批槍支截留，張景惠自告奮勇，親自帶隊巧妙地完成了這個任務。張作霖得到這批軍火，將原來的兩個師，編了七個混成旅。⑥張景惠此舉又受到了張作霖的盛贊，稱他為有勇有謀，功勛卓著。

後來，孫中山先生在廣州組建革命政府，並發兵北上，討伐軍閥。北洋軍閥政府，命令已掌握東北軍政大權的張作霖，出兵南下阻擊革命軍。張景惠又充當了急先鋒，他被張作霖任為奉軍暫編一師師長，兼湘西司令。

受命南下阻擋革命軍北上的奉軍，由段祺瑞的心腹徐樹錚為副司令，楊宇霆為參謀長。徐、楊出於發展個人勢力的欲望，利用張作霖久居瀋陽，難知下情的機會，招募新兵第四旅，在洛陽等駐地進行祕密訓練。這件事被張景惠知道了，他謊稱要回東北向張作霖報告前線情況，日夜兼程回到瀋陽，向張作霖告了密。張作霖聞之，勃然大怒，當即下令將楊宇霆等人撤職。而張景惠又被提升為奉軍副司令兼察哈爾督統，並委任他為張作霖的代表常駐北京。⑦第一次直奉戰爭期間，張作霖任命他為奉軍西路軍司令，結果吃了敗仗。撤軍後，他本該退回瀋陽，但卻滯留北京，與直系軍頭領曹錕勾結在一起。曹錕不僅奉張景惠為上賓，而且還以月薪兩千元的聘金聘他督辦全國國道事宜，頓時成了北洋政府中顯赫人物之一。⑧張作霖得知情況，大發其火，痛恨張景惠背叛他，責罵自己有眼無珠。

第二次直奉戰爭，馮玉祥倒戈，直軍敗北，曹錕也因此淪為階下囚。這時奉軍已有三十五萬之眾。張作霖擁兵入關，再次進駐北京，自任大元帥，任潘復為內閣總理，組成了安國軍政府，掌握了北京政權。這時張景惠慌了手腳，除懇求張作相為他說情外，他還面見張作霖，痛哭流涕，跪地請罪。張作霖念他當年功績，沒有深究，又任他為陸軍總長。張作霖死後，張學良接管東北軍政大權，委任張景惠為東北特別區行政長官。南京國民政府又封他為國民政府軍事參議院院長之高位。就在張景惠欲赴南京就任之時，震驚中外的「九一八」事變爆發了。張景惠立即決定改換門庭，想在日寇的卵翼下，實現其「東北王」的美夢。

張景惠對日寇的依附和勾結，並非始於「九一八」之後，早在二十多年前的一九〇四年就已與日寇狼狽為奸了。當日、俄為爭奪中國遼東半島而交戰時，張景惠正在曾琪的清軍中服務。⑨日軍為了打敗俄軍，收買了一些清軍和土匪為他們效勞，張景惠積極參與了這種勾當。他把日軍的一些密探，安插在自己的隊伍裡，讓他們戴上假辮子，裝扮成他的部下，打入到俄軍佔領地區，進行搜集情報的活動。張景惠有時親自帶領他的隊伍直接參加活動，如為日軍運送軍火，帶人到俄軍後方騷擾，割電線，毀鐵路、燒倉庫等。⑩為此，日軍對他極為賞識，張景惠對自己這種腳踏幾隻船的心計也十分得意。

張學良掌握東北軍政大權以後，由於國恨家仇，與日寇矛盾日深。民國十七年（一九二八）十二月二十九日，張學良不顧日本反對，毅然宣佈東北改旗易幟。日軍對此極為不安，擔心這會給他們侵略東北帶來麻煩。於是，派人找到張景惠，讓他去做張學良的工作。民國二十年（一九三一）六月初，張景惠回到哈爾濱，以慶祝壽辰的名義大擺宴席，並在公館附近搭起戲臺，邀來北京國劇名角馬連良獻演助興。在這聲勢浩大的祝壽活動中，日本駐哈爾濱總領事館一等秘書大橋中一和外務官松本益雄都慨然赴宴，並向張景惠陳述了他們對日中關係的發展及東北現狀的意見，殷切希望張景惠能夠勸說張學良不要與日方不睦。⑪張景惠心領神會，不日專程趕到北京，以長輩的身份和口氣，對張學良提出了規勸。張學良對此不予理睬，他只好灰溜溜地離開北京，返回東北。⑫

「九一八」事變的當天，張景惠正住在瀋陽的私宅，那天夜裡，日軍闖入張學良、張作相、榮臻等重要人物的家宅，唯獨對張景惠的公館日軍專門派了四名衛兵嚴加保護。⑬因為日本在發動「九一八」事變前，已經與他密談串通了。民國二十年九月二十二日，即「九一八」事變發生後四天，日本關東軍高級參謀坂垣征四郎密訪張景惠，要他速回哈爾濱，帶頭宣佈獨立，脫離國民政府。張景惠當即應允，答應回哈爾濱後一定竭盡全力為日本人做事；同時要求日軍給他一些槍支軍火，以圖擴充實力，坂垣亦滿口應諾，決定撥給他步槍三千支，商定到哈爾濱總領事館提取。

九月二十三日午後一時半，張景惠隨日軍派出的「隨員」荒井宇治離開瀋陽，回到哈爾濱。九月二十七日午後三時，張景惠在哈爾濱宣佈成立「特區自治維持會」，自任會長。隨之，打著維持地方秩序的招牌大肆招兵買馬，建立所謂「特區警察隊」。哈爾濱市群眾以為他在組織抗日隊伍，紛紛前往報名，當他們發現所發武器都是日本供給的，知道上當了，許多人不僅當即退出，還因此而引起一股反張怒潮。⑭張景惠見勢不妙，故又要出新花招，貼出告示，安撫民眾，極力辯解，但暗地裡的活動依然不斷。他為了配合關東軍侵略行徑，放任和支持日本特務在哈爾濱瘋狂活動，致使關東軍對北方無所顧忌，得以抽兵西向，攻打錦州。

民國二十年（一九三一）十月下旬，在張景惠的公館裡突然出現了兩個日本白鬚老人，其中一人走到張景惠面前問道：「你還認識我嗎？」張景惠為之一怔，但很快就想起來了，此人名叫邊見勇彥。這兩個人都是張景惠當年隱藏進來喬扮中國人深入到俄軍後方刺探情報的日本「黑龍會」會員和青木特別支隊（別動隊）的重要成員。⑮他們此次是奉日本特務機關之命來找張景惠的，目的是利用與張的舊情，進一步拉住張景惠，要他為日軍儘快佔領東北多獻力。

民國二十一年（一九三二）一月，日本關東軍命令于琛澂帶兩個旅的兵力進犯哈爾濱。當于的僞軍步步逼近哈爾濱時，日本大特務土肥原來到了哈爾濱進行活動。他企圖採用的內外夾攻辦法，使哈爾濱早日落入日軍手中。正當哈市人心惶惶，形勢岌岌可危之時，主張抗日的依蘭鎮守使李杜與旅長馮占海也率部趕到了哈爾濱。丁超雖無抗日誠意，但他為了保住自己的地盤，也極力表示願與李杜、馮占海合作抗日。要抗日總得有個頭領。李杜、馮占海等考慮到張景惠在東北的影響，想請張景惠出面領導抗日，卻遭到他的斷然拒絕。⑯因為他已與日本訂了密約，又向漢奸熙洽也表示了一同投靠日寇的山盟海誓。⑰

李杜、馮占海、丁超等人聯合抗日，在廣大群眾的支持下，終於打垮了進犯哈爾濱的于琛澂僞軍。日軍對此惱羞成怒，要張景惠向哈爾濱全市下令，限一月二十九日前，家家户户都得懸掛日本國旗。張景惠立即照辦，下達了命令。但是，他的命令無人執行。因為，李杜也下達了命令：如有撤換中國旗者，以軍法論處。⑱李杜的命令，受到全市各界的擁護。

于琛澂僞軍進犯哈爾濱大敗時，錦州已被日軍攻佔，日軍立即調兵北上，對哈爾濱再舉進攻。哈爾濱全市軍民毫不畏懼，英勇抵抗，致使張景惠既氣憤又不敢阻攔，只得攜帶家眷匆忙轉移躲避，直到日軍攻佔了哈爾濱後，他才悻悻返回。

黑龍江省的省城齊齊哈爾被日軍攻佔後，日本人指使張景惠去籌備「新政府」，並委任他做省主席。他當即應允，但消息傳出，引起各界人士的強烈反對。張景惠遲遲不敢就任，他怕日本人一旦撤走，難以對付馬占山，為此，他急忙與本莊繁派來哈爾濱的坂垣商議，誘迫馬占山與之在呼蘭會面。馬占山雖與他相見，卻沒有改變初衷，馬厲聲對張說：「你在哈爾濱不抗日，可也不該幫助敵人啊！」張景惠仍不死心，又想通過馬占山信任的漢奸趙仲仁去勸降。⑲關東軍參謀部急不可耐了，要張景惠在民國二十一年（一九三二）一月一日發表黑龍江獨立宣言，宣佈與張學良斷絕關係。張景惠不敢怠慢，當即照辦。民國二十一年（一九三二）二月十七日，日本卵翼下的「東北行政委員會」成立，張景惠被日本關東軍指定為委員長，並發表了脫離國民政府的聲明⑳。

東北「獨立」不久，張景惠又在其主子（日軍）的操縱下，開始了籌備建立偽滿洲國的活動。在迎接、安排溥儀來東北，登上「執政」寶座的一系列活動中，他到處奔波，並得到高丕昆支付的五十萬元酬金。㉑張景惠因參與「建國」有功，於民國二十一年（一九三二）二月，被日本人舉薦為參議府議長兼東省特別行政長官，同年九月任軍政部總長。

張景惠還曾多次率領偽軍「討伐」抗日部隊。例如民國二十二年（一九三三）二月，他任「討伐」熱河的總司令，指揮偽軍從通遼、魯北、綏中三路向熱河進犯，瘋狂攻擊戰鬥在熱河地區的抗日隊伍，使抗日軍民受到重大損失。㉒

「滿洲國」的國務總理大臣，本來是鄭孝胥，可是他在這個座位上沒坐多久，就被張景惠代替了。鄭孝胥對日本夠效忠的了，但日本還嫌他不夠得心應手，在鄭上臺不久，就想把他換掉，經過反復挑選，最後選中了張景惠。過去曾有不少人說，張景惠沒能力，是個「老糊塗」。豈不知「糊塗」正是張景惠的能力和聰明之所在。老奸巨滑的張景惠非常清楚，他要想在這總理寶座上坐得穩，坐得久，唯一的辦法就是甘當日本人的馴服工具，既不要像鄭孝胥那樣喋喋不休講「復辟」，更不能像凌升那樣爭「獨立」。正因為張景惠滿身奴骨，所以他這個國務總理才能一直當到偽滿洲國徹底垮臺。

張景惠當上國務總理之後，凡是關東軍頭目和日籍高級官員策畫制定的決策、措施，他都劃圈，舉手通過。參議會上偶有些許異議，凡是他在場，總是對發表異議者看不順眼，嚴加斥責。有時討論日本人提出的方案，張景惠也是大講特講，但在內容上只是更附合日本人的心意罷了。有一次總務廳長官在國務會議上鼓吹日滿「一德一心」的謬論，會議臨終請張景惠講幾句話，張說：「咱是不識字的大老粗，就說幾句粗話吧，日滿兩國是兩隻螞蚱（東北土話，兩隻螞蚱）拴到了一根繩上，誰也離不開誰，應該一德一心嘛！」日本人對這句話很欣賞，廣為傳播。㉓

日本要在中國東北實行「拓殖移民」政策，法案規定按土地價的四分之一或五分之一強征農田。張景惠迎合說：「滿洲國的土地多得不得了，滿洲人是老粗，沒知識，讓日本人來開荒，搞點新技術，是兩頭都佔便宜嘛！」法案當然是通過了，而張景惠的「兩頭都佔便宜」這句話又被日本人經常引用㉔

日本強力推行糧谷出荷政策，張景惠就針對中國人的不滿情緒說：「日本皇軍賣命，我們滿洲出糧，很合情理嘛！鬧饑荒算什麼，勒緊褲腰帶就過去了。」這「勒緊褲腰帶」又成了日本人到處鼓噪的一句話。㉕

張景惠如此奴顏卑膝，使關東軍極為贊賞，稱他為難得的「好宰相」，是「日滿親善的身體力行者」。㉖張景惠的日本秘書叫松本，他長期在中國活動，「九一八」後，在哈爾濱總領事館做過書記官，會說一口流利的北京話。當張景惠擔任總理大臣之後，日本外務省就特意把松本安插到張景惠的身邊，給他當秘書。㉗

大凡日本人在僞滿要幹的事情和實行的許多重大決策，經常是先通過松本透露給張景惠，使他心領神會，然後他再按主子的旨意，去推行，舉手通過。

張景惠就任總理大臣後，不斷為日本侵略者搖旗吶喊，民國二十九年（一九四〇）九月二十八日，他代表「滿洲國」發表聲明，支持日、德、意三國軍事同盟，㉘民國三十年（一九四一）十二月，日本對英、美宣戰後的第四天，張景惠立即去關東軍司令部和海軍武官府拜會，表示滿洲政府決心與日本一道進行太平洋「聖戰」，並祝賀日本的「赫赫」戰果。㉙

民國三十一年（一九四二）三月十一日，為慶祝僞滿洲國建國十周年，張景惠等十六人做為「謝恩使節」親赴日本東京拜謝天皇。㉚同年五月七日，汪精衛到達「新京」，祝賀僞滿洲國「建國十周年」。一九四二年六月十五日張景惠率使團赴南京答謝。他在宴會上說：「現在咱們處境因難，日本的處境更難，咱們應當與日本同甘共苦，同舟共濟。」還說：「我是既幹上了，就幹下去，決不後悔。」㉛

民國三十二年（一九四三）四月一日，日本首相兼參謀總長東條英機，在所謂太平洋戰爭取得赫赫戰果聲中，來到「僞滿」視察，趾高氣揚，不可一世。張景惠卑躬屈膝，極力逢迎，對東條向「滿洲」提出的各種苛求都一一做了使東條滿意的回答，把中國東北的大批物資奉送日本遠征軍。㉜

張景惠是死心塌地效忠日本的大漢奸，他以為歷史會按著他的意志去運轉，他曾洋洋得意地說過：「等戰爭結束以後，我要用兩年的時間漫遊一下全世界。」可是，他的美夢沒有實現，卻成了泡影。一九四五年八月十五日，日本天皇向全世界宣佈無條件投降，於日本投降前四天，即八月十一日，他隨溥儀倉皇逃到通化，後又奉命從通化返回長春，匆匆忙忙拼湊「治安維持會」，準備迎接重慶國民政府前來接收。㉝但是張景惠並未如願，蘇聯軍隊已經進佔長春，一週後，他和他的同僚們即被蘇軍押送蘇聯，關進監獄。民國三十九年（一九五〇）移入撫順戰犯管理所，民國四十五年（一九五六）病死於監獄中。

參、從函電史料觀張景惠與汪精衛之關係梗概

民國三十一年五月四日上午九時五十分乘「海鶼」號專機離南京，赴滿洲國訪問，林柏生、褚民誼、楊揆一、陳君慧、陳昌祖、周隆庠等隨行。下午一時半抵大連，寓野浦滿鐵株式會社公館。華北政務委員會教育總署督辦周作人作為隨員之一，由北平抵大連，授權林柏生對滿洲國記者發表談話。㉞

民國三十一年五月九日，上午八時，汪精衛於東北偽滿洲國會見滿洲國總理張景惠，並遊覽新京，十一時四十五分赴大和旅館，應張景惠宴，下午二時二十分，出席協和歡迎大會，發表演講，重申此次訪問是以休戚相關，安危相共之至情，以為滿洲國朝野相見的。㉟

民國三十一年五月十一日，上午十時乘「海鶼」號離大連，下午一時二十分飛抵南京，發表談話，表示此次訪問滿洲帝國，獲接皇帝陛下之光榮。三時半，陳公博、周佛海來謁，

告以滿洲情形，決定本年下半年以青年訓練及幣制改革為中心政策，並談及強化中央黨部、調整機構各問題。㊱

民國三十一年六月九日上午，汪精衛赴汪偽國民政府接見滿洲國專使張景惠一行。中午，在寧遠樓設宴招待張景惠一行，並由行政、立法、司法、監察、考試等五院聯合在北極閣設茶會招待。㊲

民國三十一年八月六日，上午汪精衛召開中央政治委員會第一〇四次會議，決議派代表團赴滿洲國，參加滿洲國建國十年慶祝，任命陳濟成為代表團團長，祝惺元為副團長，接見大阪《朝日新聞》南京分社社長石尾，發表談話，稱：「將盡其可能以物資協助日本，以表示吾國協力大東亞戰爭同甘共苦之精神。」㊳

茲從《汪偽檔案》函電史料，觀汪精衛與張景惠關係梗概如下：

一、汪精衛於民國三十一年七月自南京以「中國國民黨中央執行委員會主席」身份致電函給「新京協和會會長」張景惠，內容為：

新京協和會張會長閣下：本日爲貴會創立十週年紀念，良辰敬申祝賀，並願爲結成東亞軸心，實行共同宣言，致一致之努力，以完最大之使命。

中國國民黨中央執行委員會主席汪兆銘任㊴

二、張景惠於民國三十一年九月十八日自新京致電函給汪精衛，內容為：

十月一日本會舉行創立十週年紀念，全國會員大會併開全國聯合協議會，屆時敬懇

賜祝電及激勵電。

滿洲帝國協和會會長張景惠㊵

三、基於上述函電的往返，汪精衛於民國三十一年九月二十六日致函電給協和會會長張景惠，內容為：

新京協和會張會長閣下：欣逢貴會舉行創立十週年紀念之期，謹致滿腔之賀忱，並祝貴會會務日益發達，本協恭和衷之古訓，舉精誠團結之大效，敝國益當相與努力以實行共同宣言，完成東西共榮之偉大使命。專此佈臆，諸維鑒察。中國國民黨中央執行委員會主席、東亞聯盟中國總會會長　汪兆銘㊶

四、汪精衛於民國三十一年十二月十七日致電新京給滿洲國國務總理張景惠，對於汪精衛集團中部份人士往訪滿洲國，受到張景惠的熱烈招待表示感謝，該函電內容如下：

新京張國務總理大臣閣下：戴英夫、劉仰山、戴策諸君旅行貴境，備承優待，茲返抵首都，特此致謝汪兆銘篠：㊷

肆、結　論

總之；自太平洋戰爭爆發以後，日本大肆鼓吹所謂「大東亞共榮圈」的謬論，為日本的侵略戰爭編造理論根據。他們把自己打扮成亞洲各國人民的解放者，用確立永久和平，反對美英稱霸世界、侵略亞洲的動聽言詞，掩蓋它取代美英獨霸亞洲的侵略野心。汪偽宣傳部門極力為日本發動新的侵略戰爭張目，從汪精衛與偽滿洲國國務總理張景惠往來的函電中，汪精衛不時強調「完成東亞共榮之偉大使命」，而且以「東亞聯盟中國總會會長」具名，例如汪精衛聲稱，日本在太平洋對美英開戰，這標誌著大亞洲主義「已經由理論時代而進入於實行時代」。公然把日本對東亞各民族的侵略說成是大亞洲主義的實行，把日本的美英在亞洲發動的非正義戰爭說成是保衛東亞，渠更要和偽滿洲國張景惠共同致力完成東亞共榮」之使命，一起隨著日軍的魔棒起舞。

註釋

① 楊光：〈張景惠其人其事〉，《社會科學戰線》，第一期，頁二〇七—二一二。（一九八七年出版）

② 同前①，引《吉林文史資料選輯》，第四輯，頁一九一。

③ 同前②，引《吉林文史資料選輯》，第四輯，頁一九三。

④ 同前②，引《吉林文史資料選輯》，第四輯，頁六一。

⑤ 同前②，引《吉林文史資料選輯》，第四輯，頁一九六。

⑥ 同前②，引《吉林文史資料選輯》，第四輯，頁一九七。

⑦ 同前②，引《吉林文史資料選輯》，第四輯，頁一九九。

⑧ 同前②，引《吉林文史資料選輯》，第四輯，頁二〇一。

⑨ ⑩ ⑪ ⑫ 同前①，轉引自（日）松本益雄：《回憶張景惠總理》。

⑬ 同前①，轉引自《僞滿洲國史》，頁七五。

⑭ 同前①，轉引自《僞滿洲國史》，頁九九。

⑮ 同前①，轉引自（日）松本益雄：《回憶張景惠總理》。

⑯ 同前①，轉引自〈張紹偉回憶〉。

⑰同前①，轉引自《吉林文史資料選輯》，第一輯，頁九。

⑱同前13，轉引自《偽滿洲國史》，頁七七。

⑲同前①，轉引自《東北淪陷紀實》，頁二三三。

⑳同前①，轉引自《偽滿洲國史》，頁一三五。

㉑同前①，轉引自溥儀：《我的前半生》，頁三四五，並據〈高丕昆回憶〉。

㉒同前①，轉引自《偽滿洲國史》，頁六二三。

㉓㉔同前①，轉引自溥儀：《我的前半生》，頁三四七。

㉕㉖同前①，轉引自溥儀：《我的前半生》，頁三四八。

㉗同前①，據〈高丕昆回憶〉。

㉘同前①，轉引自《偽滿洲國史》，頁六五一。

㉙同前①，轉引自《偽滿洲國史》，頁六五五。

㉚同前①，轉引自《偽滿洲國史》，頁六七〇。

㉛㉜同前①，轉據〈高丕昆回憶〉。

㉝同前①，轉引自溥儀：《我的前半生》，頁三八六。

㉞《中華日報》（一九四二年五月五日），轉引自蔡德金、王升編著《汪精衛生平紀事》，頁二三六，（北京：中國文史出版社出版，一九九三年六月第第一版）

㉟《中華日報》（一九四二年五月十日），轉引自《汪精衛生平紀事》，頁三三七。

㊱《中華日報》（一九四二年五月十二日），轉引自《汪精衛生平紀事》，頁三三七。

㊲《中華日報》（一九四二年六月十日），轉引自《汪精衛生平紀事》，頁三三八—三三九。

㊳《中華日報》（一九四二年八月九日、八月十日），轉引自《汪精衛生平紀事》，頁三四一。

㊴〈汪精衛致張景惠函電〉（民國三十一年七月），《汪僞資料檔案》，法務部調查局資料室藏，毛筆原件影本。

㊵〈張景惠致汪精衛函電〉（民國三十一年九月十八日），《汪僞資料檔案》，法務部調查局資料室藏，毛筆原件影本及日文版電報打字原件影本。

㊶〈汪精衛致張景惠函電〉（民國三十一年九月二十六日），《汪僞資料檔案》，法務部調查局資料室藏，毛筆原件影本。

㊷〈汪精衛致張景惠函電〉（民國三十一年十二月十七日），《汪僞資料檔案》，法務部調查局資料室藏，毛筆原件影本。

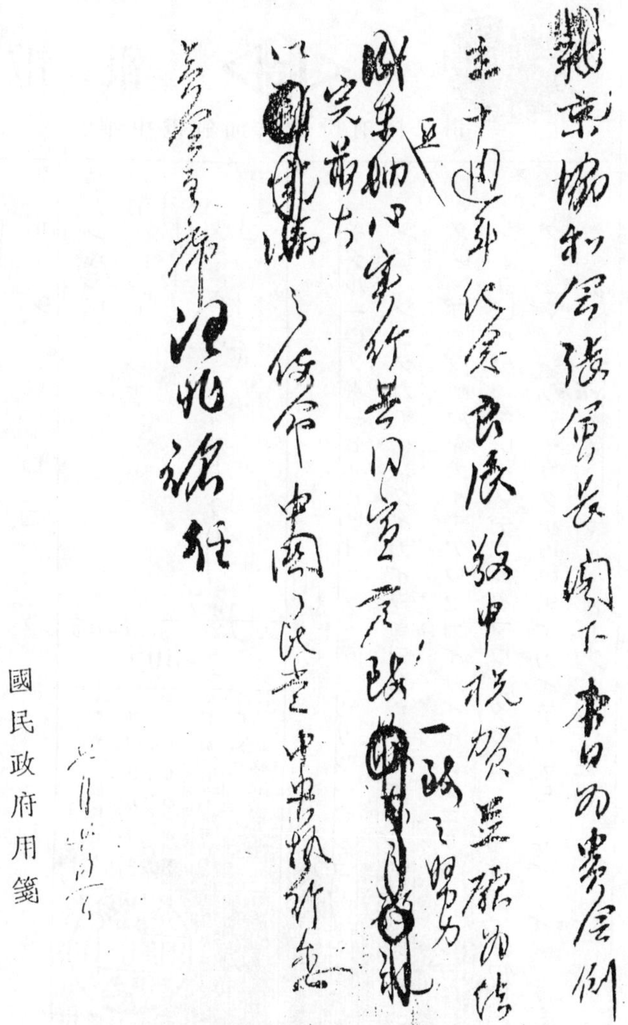

引自《汪偽檔案》

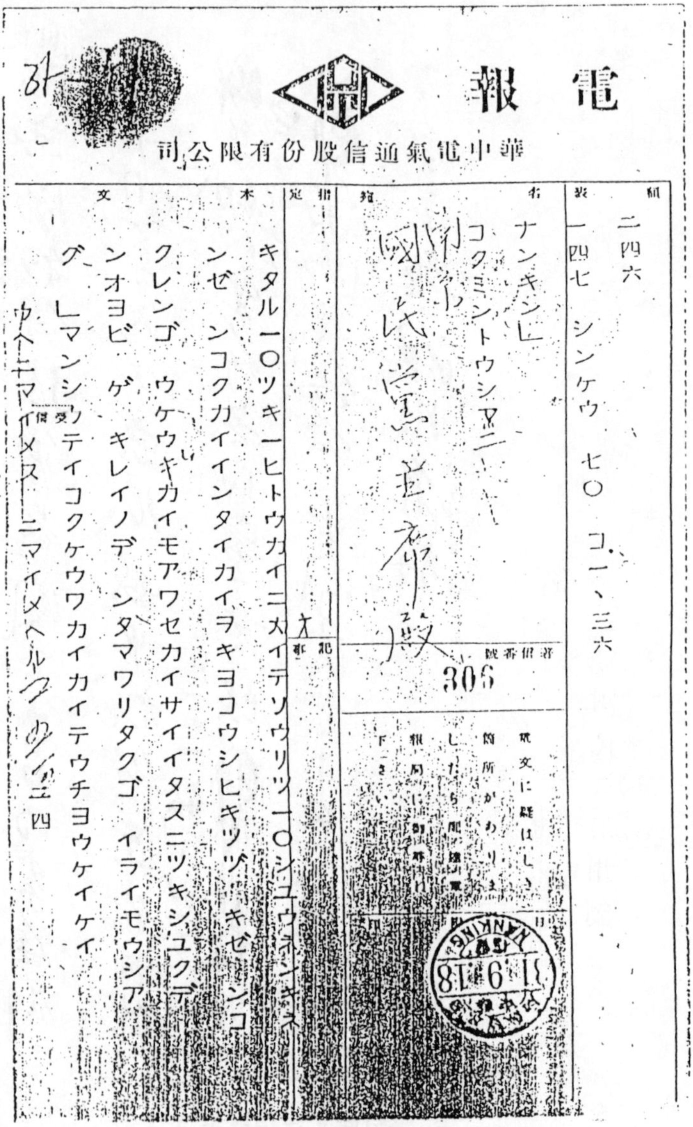

電報

華中電氣通信股份有限公司

二四六

一四七 シンケウ 七〇 コ一、三六

ナンキンヒ

コクミントウシヤ二ー

國民黨主席殿

着信番號 306

キタル一〇ツキ一ヒトウカイニオイテソウリツ一〇シユウネンキネ

ンゼンコクカイインタイカイヲキヨコウシヒキツヅキゼンコ

クレンゴウケウキカイモアワセカイサイイタスニツキシユクデ

ンオヨビゲキレイノデンタマワリタクゴイライモウシア

グ マンシウテイコクケウワカイカイテウチヨウケイケイ

引自《汪偽檔案》

（譯文）

十月一日本會舉行創立十週年紀念全國會員大會併開全國聯合協議會屆時敬懇賜祝電及激勵電「滿洲帝國協和會會長張景惠

九月十八日新京發

十九日上午

中央黨部轉來

引自《汪偽檔案》

(原文)

来ル十月一日當會ニ於イテ創立十週年
紀念全國會員大會ヲ舉行ス引キ
續キ全國聯合協議會モ併ハセ開催
致スニ付キ祝電及激勵ノ電賜ワリ
度ク御依賴申上グ　滿洲帝國
協和會會長張景惠

引自《汪偽檔案》

新京協和會張會長閣下欣逢貴會舉
行創立十周年紀念之期謹致[illegible]之賀忱並
祝貴會之務日益發達本協恭和衷之古訓
舉精誠團結之大效兩國益臻相與協力以實
行共同宣言完成東亞共榮之偉大任務專此佈臆
諸惟鑒察　中國國民黨中央執行委員會主席東
亞聯盟中國總會會長汪兆銘

國民政府用箋

引自《汪偽檔案》

35—413

執事 張國楨送明於府下載萬山人
猥致貴境
謝仰山戴傳賢諸君晤承優待於己
遞擬晉郵特此詩謝兄先生

十二月廿八日

國民政府用箋

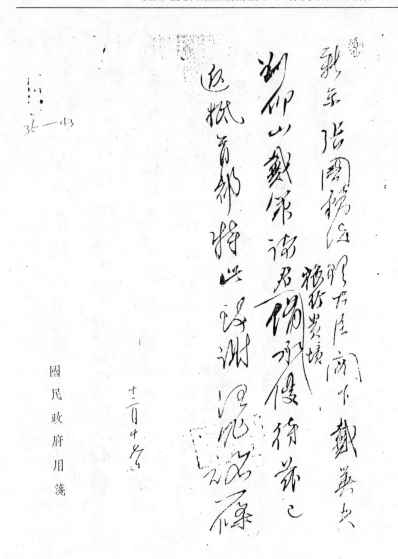

引自《汪偽檔案》

引用及參考資料目錄

一、檔案、會議記錄及文件

(一)中國國民黨中央委員會黨史委員會藏會議記錄及檔案

中國國民黨第五屆中央執行委員會常務委員會第一〇八次會議（臨時會）記錄，民國二十八年一月一日。

日華協議記錄（日文），民國二十七年十一月二十日。華方提出關於收拾時局之具體辦法及日方之意見（日文），民國二十八年六月。

關於保障中國主權獨立之最低條件，民國二十八年六月。

華方要望實行尊重中國主權之原則日方對此之意見（中、日文）民國二十八年六月二十六日。

中日新關係調整綱要及附件，民國二十八年十一月二日。

中日新關係調整綱要修正案，民國二十八年十一月十二日。

中日新關係調整綱要修正案（中、日文），民國二十八年十一月十五日。

關於中日新事態之秘密諒解事項，民國二十八年十一月十五日。

調整中日新關係之協議文件及附錄，民國二十八年十二月三十一日。
青島會談關於保留事項答覆之態度，民國二十九年一月。
青島會談綱領，民國二十九年一月。
青島會談秘密諒解事項，民國二十九年一月。
青島會談第一次、第二次記錄，民國二十九年一月二十四日、二十五日。
汪兆銘指定僞中央政治會議委員暨當然委員名單，民國二十九年一月。
中央政治會議預擬議案，民國二十九年三月。
中央政治會議議事日程，民國二十九年三月。
中央政治會議宣傳工作日程表，民國二十九年三月。
汪精衛指定中央政治委員會委員名單，民國二十九年三月二十四日。
中日調整邦交會議正式會議公認議事錄，第一次至第十六次，民國二十九年七月至八月。
關於中華民國日本國間基本關係條約案，民國二十九年八月三十一日。
關於校對協議文件之節略（日文），民國二十九年八月。
汪、日同意修正「中日滿共同宣言」及「關於中華民國日本國間基本關係條約附屬文書案」之節略，民國二十九年十月一日。
「中日條約」簽字典禮程序，民國二十九年十一月三十日。
汪僞國民政府對英美宣戰聲明，民國三十二年一月九日。
汪精衛論僞國民政府文官處婉拒祝壽文編，民國三十一年七月。

汪精衛親撰曾仲鳴同志殉國週年紀念辭，民國二十九年三月二十一日。

汪精衛於曾仲鳴逝世三週年親撰紀念辭，民國三十年三月二十一日。

(二)法務部調查局（薈廬資料室）《汪僞資料檔案》（按本書章節順序及函電先後時間）

史事部份

1.關於汪與中國國民黨早期家變問題之函電史料

(1)〈李世榮致汪精衛留內報告〉民國十六年八月二十六日。

2、3關於汪歡渡六十大壽與南京特工活動問題之函電史料

(1)〈特工總部杭州區區長謝文潮致汪精密電〉年不詳（可能是三十一年）五月十二日。

(2)特工總部南京區區長馬嘯天致汪精衛密電〉年不詳（可能是民國三十一年）五月十二日。

(3)〈調查統計部駐滬辦事處處長傅也文致汪精衛密電〉（可能是民國三十一年）五月十二日。

(4)〈特工總部上海實驗區區長萬里浪致汪精衛密電〉年不詳（可能是民國三十一年）五月

十二日。

(5)〈特工總部紹興站全體同志致汪精衛密電〉年不詳(可能是民國三十一年)五月十二日。

(6)〈特工總部主任李士群等致汪精衛密電〉年不詳(可能是民國三十一年)五月十二日。

(7)〈特工總部華南區區長王玉華致汪精衛密電〉年不詳(可能是民國三十一年)五月十二日。

(8)〈特工總部江蘇實驗區區長胡均鶴致汪精衛密電〉年不詳(可能是民國三十一年)五月十二日。

(9)〈特工總部鎮江站站長呂澤民等致汪精衛密電〉年不詳(可能是民國三十一年)五月十二日。

(10)〈特工總部揚中站致汪精衛密電〉年不詳(可能是民國三十一年)五月十二日。

(11)〈特工總部句容站致汪精衛密電〉年不詳(可能是民國三十一年)五月十二日。

(12)〈特工總部吳興站致汪精衛密電〉年不詳(可能是民國三十一年)五月十二日。

(13)〈特工總部吳江站致汪精衛密電〉年不詳(可能是民國三十一年)五月十二日。

(14)〈特工總部丹陽站致汪精衛密電〉年不詳(可能是民國三十一年)五月十二日。

(15)〈特工總部漢陽站致汪精衛密電〉年不詳(可能是民國三十一年)五月十二日。

(16)〈特工總部太倉站致汪精衛密電〉年不詳(可能是民國三十一年)五月十二日。

(17)〈特工總部武昌站致汪精衛密電〉年不詳(可能是民國三十一年)五月十二日。

(18)〈特工總部常州站致汪精衛密電〉年不詳（可能是民國三十一年）五月十二日。

(19)〈特工總部江陰站致汪精衛密電〉年不詳（可能是民國三十一年）五月十二日。

(20)〈特工總部上海復興鐵工廠致汪精衛密電〉年不詳（可能是民國三十一年）五月十二日。

(21)〈特工總部常熟站致汪精衛密電〉年不詳（可能是民國三十一年）五月十二日。

(22)〈特工總部崑山站站長楊玉清致汪精衛密電〉年不詳（可能是民國三十一年）五月十二日。

(23)〈特工總部青浦站致汪精衛密電〉年不詳（可能是民國三十一年）五月十二日。

(24)〈特工總部無錫站致汪精衛密電〉年不詳（可能是民國三十一年）五月十二日。

(25)〈特工總部武漢區致汪精衛密電〉年不詳（可能是民國三十一年）五月十二日。

(26)〈特工總部嘉興站致汪精衛密電〉年不詳（可能是民國三十一年）五月十二日。

(27)〈奚則文、翦建年、茅子明致汪精衛密電〉民國三十一年五月十一日十六時三十分發。

(28)〈偽廣州市市長周化人致汪精衛密電〉民國三十一年五月十二日下午六時二十分發。

(29)〈偽滿駐汪偽之大使呂榮寰致汪賀電〉民國三十一年五月。

4 關於汪與偽國旗問題之函電史料

(1)〈汪精衛致陳璧君函電〉民國二十八年十二月一日。

(2)〈汪精衛致未署明何人之函電〉民國二十八年十二月九日十四時發。

人物部份

1關於汪精衛與陳璧君關係之函電史料

(1)〈汪致陳璧君函電〉民國二十八年十二月一日十八時發。

(2)〈汪致陳璧君函電〉民國二十八年十二月九日。

(3)〈汪致廣州當局函電〉民國二十八年十二月九日四時發。

(4)〈汪致陳璧君函電〉民國二十八年十二月十四日二十一時發。

(5)〈汪致陳璧君函電〉民國二十八年十二月二十一日。

(6)〈汪致陳璧君函電〉民國二十八年十二月二十一日十八時發。

(7)〈汪致陳璧君函電〉民國二十八年十二月二十四日。

(8)〈汪致陳璧君、陳耀祖函電〉民國二十九年二月五、六日。

(9)〈汪致陳璧君函電〉民國二十九年三月二十日十七時發。

(10)〈汪致陳璧君函電〉民國二十九年四月十六日。

(11)〈汪致陳璧君函電〉民國二十九年四月十九日。

(12)〈汪致陳璧君、李謳一函電〉民國二十九年四月二十日。

(13)〈汪致陳璧君、李謳一函電〉民國二十九年四月二十一日。

(14)〈汪致陳璧君函電〉民國二十九年四月二十四日。

(15)〈陳璧君致汪函電〉民國二十九年四月二十六、二十七、二十九日。
(16)〈陳璧君致汪函電〉民國二十九年四月二十六、二十七日。
(17)〈汪致陳璧君致汪函電〉民國二十九年四月二十六、二十七、二十九日。
(18)〈林汝珩、仲豪、李謳一致汪精衛、陳公博、陳耀祖函電〉民國二十九年四月二十九、三十日。
(19)〈汪致陳璧君函電〉民國二十九年五月四日。
(20)〈汪致陳璧君函電〉民國二十九年五月五日。
(21)〈李謳一致汪精衛、陳璧君致汪函電〉民國二十九年五月十八、二十日。
(22)〈陳璧君致汪函電〉民國二十九年六月三、四日。
(23)〈陳璧君致汪精衛、陳公博、周佛海函電〉民國二十九年六月七日上午九時十分發自廣州。
(24)〈陳璧君致汪函電〉民國二十九年六月二十二日、二十三日。
(25)〈陳耀祖致汪函電〉民國二十九年七月十八日、二十一日。
(26)〈陳耀祖致陳璧君函電〉民國三十年一月四日、五日。
(27)〈陳耀祖致汪、李士群函電〉民國三十年二月十九、二十日。
(28)〈陳璧君致汪函電〉民國三十年三月二十七日。
(29)〈汪致陳璧君函電〉民國三十年三月二十七日。
(30)〈汪致陳璧君函電〉民國三十年四月三日。

2關於汪精衛與陳公博關係之函電史料

(1)〈汪精衛致蔣總裁函電〉民國二十七年十一月。
(2)〈蔣總裁致汪精衛函電〉民國二十七年十一月二日。
(3)〈汪精衛致蔣總裁函電〉民國二十七年十一月四日。
(4)〈蔣總裁致重慶中央黨部函電〉民國二十七年十一月三十日。
(5)〈陳耀祖致陳公博函電〉民國二十九年二月四日。
(6)〈汪致陳璧君、陳耀祖函電〉民國二十九年二月五、六日。
(7)〈汪致陳璧君函電〉民國二十九年二月二十日十七時發。
(8)〈汪致陳璧君、陳公博函電〉民國二十九年二月二十二日十八時發。
(9)〈汪致陳公博函電〉民國二十九年二月二十三日十六時發。
(10)〈汪致陳璧君函電〉民國二十九年四月十六日。
(11)〈汪致陳璧君函電〉民國二十九年四月十九日。
(12)〈汪致陳璧君函電〉民國二十九年四月二十四日。
(13)〈陳璧君致汪函電〉民國二十九年四月二十六日、二十七、二十九日。
(14)〈汪致陳璧君函電〉民國二十九年五月四日。
(15)〈汪致陳璧君函電〉民國二十九年五月五日。
(16)〈陳璧君致汪精衛、陳公博、周佛海函電〉民國二十九年六月七日上午九時十分發自廣州。

3 關於汪精衛與曾仲鳴關係之函電史料

(1)〈汪精衛致妹（指陳璧君）函電〉民國二十八年十月二十一日。

(2)〈汪精衛致妹（指陳璧君）函電〉民國二十八年十月二十四日。

4 關於汪精衛與丁默邨關係之函電史料

(1)〈丁默邨致汪精衛函電〉年不詳，二月二十三日二十時發。

(2)〈汪精衛致聚王、聘卿函〉年不詳，十二月二十一日。

5 關於汪精衛與王蔭泰關係之函電史料

(1)〈王蔭泰致汪精衛函〉民國二十八年七月十日。

6 關於汪精衛與高宗武關係之函電史料

(1)〈高宗武致汪精衛函〉民國二十五年十二月二十一日。

7 關於汪精衛與陶希聖關係之函電史料

(1)〈汪精衛致蔣總裁函電〉民國二十六年六月二十二日。

(2)〈各方致汪精衛函電〉民國二十九年月日不詳。

8關於汪精衛與龍雲關係之函電史料

(1)〈龍雲致汪函電〉民國二十七年九月三十日。

(2)〈龍雲致汪函電〉民國二十七年十月二十日。

(3)〈蔣中正致龍雲轉汪精衛函電〉民國二十七年十二月二十一日。

9關於汪精衛與何鍵關係之函電史料

(1)〈何鍵致汪函電〉年月日不詳。

(2)〈何鍵致唐生智函電〉(七件)年月日不詳。

(3)〈何鍵致軍委會主席團函電(二件)〉年月日不詳。

(4)〈何鍵致汪精衛函電〉民國二十六年十一月十五日。

(5)〈何鍵致汪精衛函電〉年不詳,二月十一日。

(6)〈何鍵致汪精衛函電〉年不詳,九月十五日。

10關於汪精衛與張景惠關係之函電史料

(1)〈汪精衛致張景惠函電〉民國三十一年七月。

(2)〈張景惠致汪精衛函電〉民國三十一年九月十八日。

(3)〈汪精衛致張景惠函電〉民國三十一年九月二十六日。

(4)〈汪精衛致張景惠函電〉民國三十一年十二月十七日。

汪精衛為「中日和平」之商榷致日本近衛文隬首相函，毛筆原件，民國二十七年三月，黨史會藏，以下同。

汪精衛致重慶中央黨部蔣總裁暨中央執監委員電（艷電），鋼筆原件，民國二十七年十二月二十九日。

㈢文　件

汪精衛：「舉一個例」，鋼筆原件，民國二十八年三月二十七日。

汪精衛覆華橋某君書，鋼筆原件，民國二十八年三月三十日。

汪精衛：「曾仲鳴先生行狀」，鋼筆原件，民國二十八年四月六日。

汪精衛覆吳佩孚函，毛筆原件，民國二十八年十月九日。

汪精衛：「我對於中日關係之根本觀念及前進目標」，鋼筆原件，民國二十八年七月九日。

汪精衛：「怎樣實現和平」，鋼筆原件，民國二十八年八月九日。

汪精衛在僞國民黨第六次全國大會致詞，鋼筆原件，民國二十九年八月二十八日。

汪精衛在僞中央政治會議開會致詞，鋼筆原件，民國二十九年三月二十二日。

汪精衛在僞中央政治會議閉會致詞，毛筆原件，民國二十九年三月二十二日。

汪精衛就任僞國民政府主席通電，毛筆原件，民國二十九年十一月二十九日。
汪精衛：「中日滿共同宣言」簽字典禮致詞，民國二十九年十一月三十日。
汪精衛：「東亞聯盟與興亞同盟」，毛筆原件，民國三十年十二月七日。
汪精衛：「怎樣同甘共苦」，打印原件，民國三十一年十二月九日。
汪精衛致日本首相東條英機函，毛筆原件，民國三十一年五月。
汪精衛：「十年來的和平運動」，鋼筆原件，民國三十一年七月。
汪精衛：「今年新國民運動之重點」，毛筆原件，民國三十二年一月一日。
周佛海致汪精衛函（二封），鋼筆原件，民國二十九年三月三日及六日。
一九三九年底汪精衛、周佛海致陶希聖函（六封），《檔案與歷史》，總第十二期，上海市檔案館，一九八八年六月五日出版。
汪精衛與近衛文麿談話錄（一九三九年六月），《檔案與歷史》，總第十四期，上海市檔案館，一九八八年十二月五日出版。
汪精衛：「汪精衛日記」㈠，民國二十九年，《檔案與歷史》，總第十一期，上海市檔案館，一九八八年三月五日出版。
汪精衛致近衛文麿函（一九三九—一九四一年）計四封，《檔案與歷史》，總第十二期，上海市檔案館，一九八八年六月五日出版。
周佛海：「中日事變秘聞—我的鬥爭記」，原載「華文大阪海日新聞」當史會藏照片。
重光葵關於同汪精衛會談情況的報告，一九四二年二月二日，《檔案與歷史》，總第十三期，上海市檔案館，一九八八年九月五日出版。

桂永清、陳介等為德國擬調停中日戰爭及承認汪僞事致蔣介石密電一組，一九四〇年十月—一九四一年十月，《民國檔案》，總第十八期，南京，民國檔案編輯部，一九八九年十一月出版。

二、專書論著

㈠中文書籍

日本防衛廳防衛研修所戰史室編撰，國防部史政編譯局譯，《日軍對華作戰紀要—治安作戰㈡：大戰期間華北「治安」作戰》，臺北，國防部史政編譯局，民國七十七年六月出版。

日本防衛廳防衛研修所戰史室編撰，國防部史政編譯局譯，《日軍對華作戰紀要—初期陸軍作戰㈢：歐戰爆發前後之對華和戰》，臺北，國防部史政編譯局，民國七十六年七月出版。

（僞）中央電訊社編印，《汪主席和平建國言論選集》，南京，民國三十三年九月出版。

中國陸軍總司令部編，《中國戰區中國陸軍總司令部處理日本投降文件彙編》，上卷，民國三十四年十月；下卷，民國三十五年四月。

中國國民黨中央執行委員會宣傳部編印，《汪逆賣國之鐵證》，重慶，民國二十九年一月二十四日。
（偽）中國國民黨中央宣傳部編印，《汪主席和平建國言論集》，上海，民國二十八年十二月十日版。
（偽）中國國民黨浙江省執行委員會編印，《廣播專刊》，杭州，民國三十一年四月出版。
中華民國外交問題研究會編，《中日外交史料叢編㈣—盧溝橋事變前後的中日外交關係》，臺北民國外交問題研究會，民國五十五年七月。
中華民國外交問題研究會編，《中日外交史料叢編㈤—日本製造偽組織與國聯的制裁侵略》，臺北，民國外交問題研究會，民國五十五年六月。
少石編，《河內血案—行刺汪精衛始末》，北京，檔案出版社，一九八八年第一版。
正論出版社編印，《國人皆日汪精衛賣國》，第六、七、八輯，民國二十九年二月五日出版地點不詳。
古屋奎二著，中央日報譯印，《蔣總統秘錄》，臺北，中央日報社，民國六十六年五月三十一日初版。
朱子家（金雄白），《汪政權的開場與收場》，香港，春秋雜誌出版；第一冊，一九六〇年八月四版；第二冊，一九六一年三月再版；第三冊，一九六〇年九月再版；第四冊，一九六一年五月初版；第五冊，一九六四年二月初版；第六冊，臺北，古楓出版社，一九八六年。

朱金元、陳祖恩，《汪僞受審紀實》，浙江，人民出版社，一九八八年十二月第一次印刷。冷欣，《從參加抗戰到目睹日軍投降》，臺北，傳記文學出版社，民國五十六年九月一日初版。
白雄，《戴笠傳》，上、下冊、臺北，傳記文學出版社，民國七十一年十一月二十日再版。
李理、夏潮著，《汪精衛評傳》，武漢，武漢出版社，一九八八年四月第一版。
李雲漢，《盧溝橋事變》，臺北，東大圖書公司，民國七十六年九月初版。
吳相湘，《民國百人傳》，第三、四冊，臺北，傳記文學出版社，民國六十年元月十五日初版。
吳相湘，《第二次中日戰爭史》，上冊，臺北，綜合月刊社，民國六十二年五月初版。
吳學誠，《汪僞政權與日本關係之研究》，中國文化大學碩士論文，民國六十九年。
余子道、劉其奎、曹振威編，《汪精衛國民政府「清鄉」運動」，上海，人民出版社，一九八五年五月第一次印刷。
何應欽，《日軍侵華八年抗戰史》，臺北黎明文化事業股份有限公司，民國七十二年九月出版。
青韋編，《汪精衛與日本》，一九三九年七月，出版地不詳。
邵毓麟，《勝利前後》，臺北，傳記文學出版社，民國五十六年九月一日出版。
岩淵辰雄著、雲明譯，《日本軍閥禍國史》，上海，國際文化服務社，民國三十七年出版。

周佛海著、蔡德金編注，《周佛海日記》，上、下冊，北京，中國社會科學出版社，一九八六年七月第一版。

服部卓四郎著，軍事譯粹社譯，《中東亞戰爭全史》，全四冊，臺北，軍事譯粹社，民國六十七年三月版。

近衛文麿著，高天原、孩識齊譯，《日本界二十年—「近衛手記」》，上海，國際文化服務社，民國三十七年四月初版。

馬嘯天、汪曼雲遺稿，黃美真整理，《汪偽特工內幕—知情人談知情事》，河南，河南人民出版社，一九八六年十二月第一版。

南華日報社編輯部，《汪精衛先生重要建議》，香港，南華日報社，民國二十八年一月二十日出版。

重光葵著，徐義宗、邵友保合譯，《日本之動亂》，香港，南風出版社，民國四十三年三月初版。

秦孝儀總編纂，《總統蔣公大事長編初稿》，卷四上、下冊，民國六十七年十月三十一日。

秦孝儀主編，《中華民國重要史料初編—對日抗戰戢時期，第六編，傀儡組織㈢、㈣》，臺北，民國七十年九月初版。

徐達人編，《汪精衛是什麼東西?第一輯》，遂溪，嶺南出版社，民國二十八年十月初版。
徐達人，《汪精衛罵汪兆銘》，遂溪，嶺南出版社，民國二十八年十月十日初版。
馬子超，《中國抗戰史》，山東，正氣書局，民國三十六年四月再版。
郭廷以編著，《中華民國史料口誌》，第四冊，臺北，中央研究院近代史研究所，民國七十四年五月初版。
黃友嵐，《抗日戰爭時期的「和平」運動》，北京，解放軍出版社，一九八八年八月第一次印刷。
黃美真、張雲編，《汪精衛國民政府成立》，上海人民出版社，一九八七年十月第二次印刷。
黃美真編，《僞廷幽影錄—對汪僞政權的回憶紀實》，北京，中國文史出版社出版，一九九一年五月第一版。
黃美真主編，《汪僞十漢奸》，上海人民出版社，一九八六年十月第一版。
黃美真、姜義華、石源華，《江僞「七十六號」特工總部》，上海人民出版社，一九八五年五月第二次印刷。
黃美真、張雲著，《汪精衛集團叛國投敵記》，河南，人民出版社，一九八七年六月第一版。
陶菊隱等著，《汪政權雜錄》，澳門，大地出版社，一九六三年八月。
陶希聖，《汪記舞臺內幕》，江西，戰地圖書出版社，中國民國二十九年九月初版。

陶希聖，《潮流與點滴》，傳記文學叢刊之二，臺北，傳記文學出版社，民國五十九年九月一日初版。
張玉法，《中國現代史》，下冊，臺北，東華書局，民國六十六年七月初版。
張其昀，《黨史概要》，第三、五冊，臺北，中央文物供應社，民國六十八年三月二十九日再版。
張同新編著，《蔣汪合作的國民政府》，哈爾濱，黑龍江人民出版社，一九八八年。
《陳公博、周佛海回憶錄合編》，香港，春秋出版社，民國六十年九月再版。
陳公博著，李鍔、汪瑞尚、趙令揚編注，《苦笑錄》，香港大學，一九七九年。
陳恭澍，《河內汪案始末》，臺北，傳記文學出版社，民國七十二年，五月十五日出版。
陳嘉庚，《南僑回憶錄》，上冊，新加坡，民國三十五年二十日出版。
國防部情報局編印，《戴雨農先生年譜》，臺北，民國六十五年五月二十五日再版。
第二戰區司令長官司令部政治部編，《汪逆賣國醜史》，黃河書局，民國二十九年十月一日初版。
粟顯運，《日汪密約的解剖》，出版地不詳，國民圖書出版社，民國二十九年九月初版。
程舒仲編著，《汪精衛與陳璧君》，長春市，吉林文史出版社，一九八八年三月第一版。
復旦大學歷史系中國現代史研究室編，《汪精衛漢奸政權的興亡—汪偽政權史研究論集》，上海，復旦大學出版社，一九八七年七月第一次印刷。
萬墨林，《滬上往事，第一冊》，臺北，中外圖書出版社，民國六十六年七月再版。

廖毅甫編，《汪精衛是什麼東西？第二輯》，遂溪，嶺南出版社，民國二十八年十二月初版。

聞少華，《汪精衛傳》，臺北，李敖出版社，一九八八年十二月三十一日初版。

蔡德金、李惠賢編，《汪精衛國民政府紀事》，北京，中國社會科學出版社，一九八二年七月第一次印刷。

蔡德金，《汪精衛評傳》，四川，人民出版社，一九八八年四月第一版。

蔣祖緣、方志欽主編，《簡明廣東史》，廣東人民出版社，一九九三年七月第一版。

陳耀祖編，《廣東省政概況》，汪僞廣東省政府出版，一九四二年五月出版。

費正、李作民、張家驥著，《抗戰時期的僞政權》，河南人民出版社，一九九三年七月一版。

㈡日文書籍

維新政府概史編纂委員會編，《中華民國維新政府概史》，南京，維新政府概史編纂委員會，民國二十九年，三月三十日出版。

犬養健，《揚子江》，東京，中央公論社，昭和五十九年二月十日。

今井武夫，《支那事變》，東京件昭和三十九年九月第一刷。

臼井勝美編，《現代史資料⒀—日中戰爭⑸》，東京件昭和四十一年七月月三十日第一刷。

臼井勝美，《日中戰爭—和平擴大東京，中央公論社，昭和六十三年一月二十五日二十五版。

風見章，《近衛內閣》，東京，中央公論社，昭和五十七年八月十日。

鹿島平和研究所編，《日本外交史》，第二十四卷，大東亞戰爭，戰時外交。東京，鹿島研究所出版會，昭和四十九年七月三十日第二刷。

田中香苗、村上剛，《汪兆銘東京，日本青年外交協會，昭和十五年二月二十日。

西義顯，《悲劇—日華和平工作秘史》，東京，文獻社，昭和三十七年三月三十日。

晴氣慶胤，《上海作76號》，東京，每日新聞社，昭和五十五年四月二十五日。

防衛廳防衛研修所戰史室編，《戰史叢書—大本營陸軍部大東亞戰爭開戰經緯(1)》，東京，朝雲新聞社，昭和四十八年五月二十七日。

防衛廳防衛研修所戰史室編，《戰史叢書—大本營陸軍部大東亞戰爭開戰經緯(3)》，東京，朝雲新聞社，昭和四十八年一月二十日。

堀場一雄，《支那事變戰爭指導史》，東京，時事通信社，昭和三十七年九月十日初版。

益井康一，《漢奸裁判史（一九四六—一九四八）》，東京，一九七七年四月八日。

松本重治，《近衛時代（上）、（下）》，東京，中央公論社，昭和六十一年一月二十五日、六十二年一月二十五日。

㈢英文書籍

Bunk-er, Gerald E. *The Peace Conspiracy: Wang Ching-wei and China War1973-1941.* Cambride: Garvard University Press, 1972.

Dorn. Frank. *The Sino-Japanese War. 1937-41.* New York: Macmillan Publishing Co, Inc., 1974.

Green, O.M. *China's Struggle with the Dictators.* Plymouth: Mayflowers Rress.1941.

Hsu, Immanuel C.Y. *The Rise of Modern China.* New York: Oxford University Press, 1970.

Iriye, Akira edited. *The Chinese and the Japanese: Essays in Political and Cultural Interactions.* New Jersey: Princton Unviersity Press, 1980.

Jansen, B Marius. *Japan and China: From War to Peace, 1894-1972.* Chicago: RandMc Nally College Publishing Company. 1975.

國家圖書館出版品預行編目資料

從函電史料觀汪精衛檔案中的史事與人物新探㈠
／陳木杉著. --初版. --臺北市：
臺灣學生，民86；
面；　公分
參考書目：面
ISBN 957-15-0826-8 (精裝)
ISBN 957-15-0827-6 (平裝)

1.中國 - 歷史 - 民國26-34年 (1937-1945)

628.5　　86006702

從函電史料觀汪精衛檔案中的史事與人物新探㈠

著作者：陳木杉
出版者：臺灣學生書局
發行人：孫善治
發行所：臺灣學生書局
臺北市和平東路一段一九八號
郵政劃撥帳號〇〇〇二四六六八號
電話：三六三四一五六
傳眞：三六三六三三四
本書局登記證字號：行政院新聞局局版北市業字第玖捌壹號
印刷所：常新印刷有限公司
地址：板橋市翠華街八巷一三號
電話：九五二四二一九
定價　精裝新臺幣五六〇元
　　　平裝新臺幣四八〇元

西元一九九七年九月初版

62808

ISBN 957-15-0826-8 (精裝)
ISBN 957-15-0827-6 (平裝)

史 學 叢 刊

①李鴻章傳	李守孔著
②民國初期的復辟派	胡平生著
③史學通論	甲凱著
④清世宗與賦役制度的改革	莊吉發著
⑤北宋茶之生產與經營	朱重聖著
⑥泉州與我國中古的海上交通	李東華著
⑦明代軍戶世襲制度	于志嘉著
⑧唐代京兆尹研究	張榮芳著
⑨清代學術史研究	胡楚生著
⑩歐戰時期的美國對華政策	王綱領著
⑪清乾嘉時代之史學與史家	杜維運著
⑫宋代佛教社會經濟史論集	黃敏枝著
⑬民國時期的寧夏省（一九二九～一九四九）	胡平生著
⑭漢代的流民問題	羅彤華著
⑮中古史學觀念史	雷家驥著
⑯嵇康研究及年譜	莊萬壽著
⑰民初直魯豫盜匪之研究(一九一二～一九二八)	吳蕙芳著
⑱明代的儒學教官	吳智和著
⑲明清政治社會史論	陳文石著
⑳元代的士人與政治	王明蓀著
㉑清史拾遺	莊吉發著

㉒六朝的城市與社會	劉淑芬 著
㉓明代東北史綱	楊暘 著
㉔唐繼堯與西南政局	楊維眞 著
㉕廿二史劄記研究	黃兆强 著
㉖廿四史俠客資料匯編	龔鵬程、林保淳 編
㉗王安石洗冤錄	孫光浩 著
㉘從函電史料觀汪精衛檔案中的史事與人物新探㈠	陳木杉 著